真实的记录

# 在公司高管的岗位上·文集

ZAI GONGSI GAOGUAN DE
GANGWEI SHANG · WENJI

◎高海潮　著

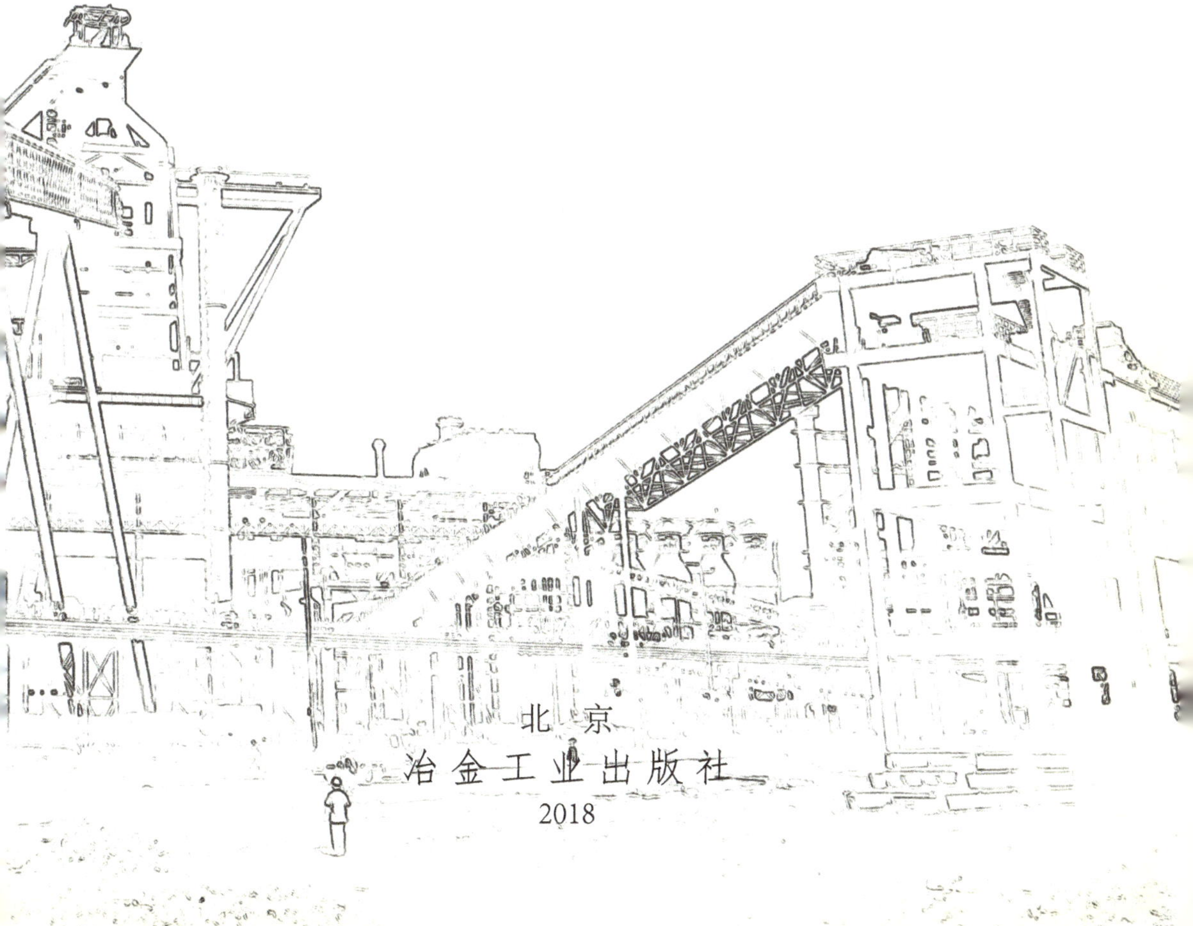

北　京
冶金工业出版社
2018

# 序

# PREFACE

秦朝，有名小吏，叫喜，负责法律执行和法律解释的相关工作。他白天兢兢业业断案审案，晚上回家伏于灯下，仔仔细细记录一天的各项案件，整理补录相关法律条款。他好似“手账鼻祖”，其抄记的法条内容，涵盖行政管理、刑事、经济、民事，甚至官员作风建设等多个领域。

两千多年后，喜历时二十余年记录的1155枚竹简被挖掘出土。记录节奏鲜明，内容饱满生动，书法质朴秀朗，为秦隶唯一存世者。后人通过这些竹简，不仅了熟大秦全盛时期的法治概况，更看到一个勤勉敬业、恭敬奋力的身影，那是普通人用岁月打磨的光辉。

不知在历史长河中，有几多这样的身影。他可能不过是芸芸众生中的某一人，无法改变时势，左右全局，但却因自己每一天踏实的脚步，丈量出人生别样的风景。

在我心里，高海潮便是如喜这样的人。

案上这部著作五十余万字，记录着高海潮2013年2月回马钢股份公司任副总经理、总工程师、公司首席质量官至今的讲话实录，展现了他五年来呕心沥血的日日夜夜。可谓字字珠玑，逻辑清晰，主旨明确，读来不教条死板，紧扣工作重点，语言极接地气。海潮对工作饱满的热情与朴质的人格魅力一一尽显，随意翻读任意一篇，便能从字里行间感受到他对马钢的拳拳赤子之心。甚至仿佛能够看到居于会场一隅的他，正在全神贯注、语重心长地向与会者讲述、交流工作的模样。是的，任意一篇。

因为他始终如一，或许某些时刻，他会偶尔在讲话中稍露性情，但更让我感受到一颗红彤彤热乎乎的真心。

近几年，钢铁行业遭受前所未有的重创。高海潮调回股份公司，其实是临危受命。当时他虽已五十五岁，但仍以一名老共产党员的职业担当知难而上。五年里，夯实了质量管理机制，加强了技术创新机制，倾注心力加强了对公司高级技术主管的培养，更鲜明地指出了科学的现场管理与产品质量之间的密切联系。是的，海潮是个爱跑现场的人。多少年来，许许多多难点、重点工作，都是通过他蹲守在现场反复观察、总结、揣摩、联动，才得以圆满解决。不夸张地说，在我心中海潮就是一个上得了高堂念报告、下得了基层拿扳手的实干家。

每一个认真活在当下、努力用人生注脚时代的人，才会被时代选为注释。而正是因为心中的这份坚定的信念，才让我们无论何时拿起这部《文集》都会心生感慨，充满致敬，并受益匪浅！

高海建

2018年3月28日

# 目录 CONTENTS

# 附 录

# 技术质量工作必须持之以恒

## ——在股份公司6月份技术质量工作会议上的讲话

（2013年6月21日）

我们每月召开一次技术质量工作会议，参会的人员都是各单位分管技术质量的副厂长、技术质量部部长、公司的高级技术主管。公司现在生产经营仍在艰难状况中，我们都要思考，技术质量工作能为公司再做些什么。我们每个人的眼睛要向内看，从自己做起，为公司的生产经营贡献一份力量！集团公司董事长高海建十分关心股份公司的新产品开发、产品质量、两头市场的采购与销售，只有把有限的资源多生产一些高附加值产品，多方位突破，马钢公司才能在激烈的竞争中生存下去。

4月份和5月份股份公司没有亏损，是因为集团公司折让了一部分矿价，股份公司本部仍在亏损中。从6月份起，国际矿石价格的下跌已逼至公司矿石的生产成本，没有了矿石价格继续折让的空间，原燃材料的现价与钢材价格的跌价之差这个数值对当月经营影响极大。保证二季度不亏损，保2013年全年不亏损，马钢股份公司不能贴上ST的标签，是马钢人、马鞍山市、安徽省领导高度关注的大事！要实现这个经营目标，公司内部有三个努力方向：一是靠采购，二是靠销售，三是靠生产，而这三者都涉及到我们技术质量人员的工作范畴，也都需要得到我们坚强有力的支撑，除此以外还要有其他办法！因此，我们都要结合自己的工作职责，想想自己为公司做了什么工作，还能再做些什么。

公司的生产规模已经走到尽头了，一方面是目前铁产量已经达到最大值，要长期保持大、中、小高炉的全部稳定，并提升指标。技术本身也有平凡的工作要坚持去做。另一方面，大量的铁水对钢轧总厂也产生了压力，按订单组织生产，调整库存结构，而不是仅仅消化铁水生产大陆货。这些矛盾都在交织的变化中。目前来看，在双降的通道中，公司产品都有边际贡献，我们就要足量生产，保持铁钢比不变，有利于公司综合效益的提高。采购部门通过进一步比价来降低成本，销售部门能通过新产品提高些销售利润，技术质量部门应在新产品市场开拓，产品设计降本和工艺规定的执行力上做好工作。希望各位对此都有一个清醒的认识。

例举几件我们的工作：

1.2007年3月出口GE-P3机车轮，出现了开裂的质量问题，初步判断是氢致裂。在美国已经是同一个炉号的第三个了。幸运的是机车车轮在巡检时被发现，没有导致严重后果。公司已决定对这批车轮全部召回，仍感到极大的担忧，毕竟对于车轮这样的高风险产品，如果是车翻路毁的大事故，将给中国产品在世界抹黑，马钢公司也将承担可怕的责任。车轮产品质量责任是一个终身责任，每起事故最终公司都要从上到下追溯，找出管理责任人和直接责任人，该处理处理，该免职免职。从这些方面看，从事产品质量工作的人员不仅需要为客户负责，也要对自己负责。

近日特钢公司生产的车轮钢集中出现了夹杂造成的探伤废品。电炉要生存就要干车轮钢，车轮钢就是高风险产品。发生了问题，从事质量管理的人要认清自己的责任，找不出问题产品的原因就是你的原因了！如果车轮钢的生产工艺是正确的，那就是管理的事！必须从全流程抓好每一个环节的生产质量，如钢包中间保留不达洁净钢的要求也有可能造成对钢水的污染。质量管理要扎扎实实，把各种不利因素考虑到，控制住。

2.公司车轮产品质量的检验分一检二检，一检重在对内在质量检验，二检是对表面和尺寸公差的检验。这样做是为了让质检人员工作更加专业和细致，也是将检验责任进行明确划分。6月18日轧制车轮有33件返工，产品内外部质量全都合格，只是车轮上标注日期格式的打印错误。现场管理者认为每天人工打印那么多车轮日期，这种失误有时是难免的。细查是把机器打印的字码装错了位置，没有按照图纸，装载后也没有检查，打印完成后直接交给二检。二检对照图纸发现错误，车轮公司一件一件返工，这纯属职工责任心的问题。

3.公司要在原燃材料的采购上降本，市场资源的变化有时难以控制。三钢轧反映公司采购的石灰石颜色不对了，烧熔爆裂。的确，江苏船山供石灰石的成色品质和之前的有些不一样，但是成分检验是通过公司标准的，派出调查人员去矿山现场才知道矿体岩相变了，但大量供给宝钢，少量供给马钢。我们用过去的烧制方法就适应不了现在的原料，简单的调整不见成效就畏难了。为何不出去学习或再调整烧制方法，找出应对办法？如果我们搞技术质量的就这样人云亦云，不从逆向角度或学会换位去思考，跟踪事情的进展，在变化中找出解决问题的办法，那我们的工作还有什么意义？

4.合肥格力5月15日通过了我们生产的WLD电工钢质量检验，可以用于空调压缩机电机。向我们追加订购100吨产品，再扩大批量试验，订单下了却兑现不了。什么原因？还不是没人来落实这个事情，原料已经备好了，人人都坐在那等着别人来做，没人主动承担工作。一旦出了问题，我没责任？都是别人的责任？电工钢新产品，公司明确技术中心专人负责，你的上面还有人可以报告。现在马钢新产品的研发工作，更多的是靠团队的力量，一旦定下的任务就是硬性的。我们负责一件事情，就要从头到尾去负责，掌握全面的信息，而不能把自己的工作范畴划分得很窄。

5.5月4日马钢牌M550L汽车大梁钢在江淮汽车冲压开裂的事情，公司调研后给出的结论是开裂是由于冲压磨具棱挤压造成的，不是我方的责任。5月26日马钢牌M550L梁发生了边部分层，分层的直接原因是铸坯存在严重缺陷，在将宽度1800mm

的板坯改切成1650mm造成产品边部分层。这难道没有技术问题吗？难道没有一个技术人员考虑到这样做会出问题吗？紧接着S650MC大梁钢又发生冲压开裂，技术中心低倍检验后检验人员称，从没看过这么大的裂纹缺陷，这么高的偏析度，这里面一定有问题。江淮已经停止了马钢550梁的供货，可怕的产品质量问题，会使我们自己砸了自己的饭碗！今后只要生产650梁用钢，一定要做低倍检验，没有缺陷再往后推进。技术中心的低倍检验工作必须无条件地全程支持650梁用钢的生产。

6.汽车板推进处的工作压力比较大，和四钢轧的业务又交织在一起，类似一个共同体。推进处现在对汽车板生产过程中所发生的质量问题，不仅是统计报告要拿出550梁和650梁质量问题定量定性的分析。一定要查出问题原因所在，不能让问题不清不楚就放任过去。我们要尽快形成在关键品种生产过程中，有意识安排工程技术人员去关键工序控制点检查是否达到工艺要求，及时发现并指出问题所在，将质量隐患扼杀在萌芽状态，变事后分析为提前预警，过程管控。

我们抓生产，抓规模，抓新产品开发都很有办法，但是抓质量管理的水平还有较大欠缺，这需要我们有斗志，有耐性，需要我们在今后相当一段长的时间里付出不懈的努力。公司下半年降本增效的空间要从降低质量损失、带出品损失上来挖掘。6月7日《马钢日报》头版报告了一、四钢轧总厂1~5月内部质量总损失，其目的是要告诉各位，搞质量搞技术的人不能只谈成绩，而对问题却回避，有喜讯就报，有问题就掩盖，有责任就推卸。

7.统计数据显示，1~5月份外部质量总损失同比去年下降了36.35%，外部质量索赔起数同比下降了12.64%，但内部质量总损失不但没有下降，反而还上升。有人解释称，这是因为外部质量把关严了，所以都堆积在公司内部成了内部质量损失。这说明我们的技术质量工作还不到位，没有从根源上解决质量损失问题。各个单位特别是一、四钢轧总厂要拓展思路，找出从根本解决造成质量损失问题的办法。另外，销售公司也要统计每年质量异议赔付的去向，看看是不是集中于少数的几家，有没有什么问题，以便后面我们采取相应措施来避免公司的商务损失。

面对质量问题和技术攻关问题，我们要尝试用一种改革的方法，大胆地用正能量等激励手段推进并取得实质性突破，让有本事的人能干实事，人的积极性充分得到调动和发挥，来解决现行生产中技术质量环节中的关键难题。在座的技术质量管理人员也要积极为单位提供解决问题的意见和建议，要围绕真实解决现场问题的事情多沟通，多借鉴过去一些有效的方法，来解决问题。

技术质量工作是一项持久的工作，不能抱着急功近利的心态、浮躁的心态。每一个从事技术质量工作的人都要给自己增加一些压力感，紧迫感。在现行变化一下机制体制的情况下，各位都能有所成长和提高，走向更高的管理岗位，但这个前提的关键是要创造出业绩，业绩是最大的话语权。想要干出成绩，在抓技术质量的工作中，不

怕得罪人，不当老好人、无用的人，找出问题的同时找解决对策。如果将技术质量视为软性的工作，我们就不清楚自己的目标，做不出成绩，如果视为硬性的工作，每个月的工作布置完成后，进行一轮PDCA循环检查，看看有没有达到预设的目标，不断反馈，不断总结，这样工作才能不断深入和提高。

希望在座的各位回去后好好思考一下，把每个月的技术质量工作层面再分细一些，责任再明确一些，今天例举的几件事，所谈工作方法和思路，希望大家可以有所借鉴，把工作干到实处，使现在的技术质量状况得到大的改变。今后的技术质量月会上，我们要结合特例多说些实质的工作，针对问题更加客观具体，每次会议都有新的提高。

# 附 录：

## 2013年上半年工作汇报

（2013年6月26日）

按照董事长、总经理给我的分工，我主要负责技术质量工作。2月16日接受任务后即进入角色。由于股份公司亏损的压力，降本增效从内到外都成了突出要抓好的重点工作。

一. 自身分管工作：

1.启动并推动科研项目委托制。1~5月份A类项目30个，B类项目15个，共计45个，比去年翻番。更重要的是技术中心员工有了压力感，科研人员有了危机感，唯有凭业绩获取奖励。

2.硬性抓产品质量的稳定。制定了2013年全年对外质量赔偿起数下降10%，对外赔偿金额下降30%的计划，也是考核我的指标。将责任单位、责任分厂、责任人每月在马钢日报公布一次，现在运行达标。

3.加快完成了外购原辅材料检验集中管理。将分别取样、集中制样、单独检验隔离开来，堵塞了管理上的漏洞，规避了干扰，支撑了采购降本。

4.新产品开发后并未给公司带来较好的效益，技术的把握上、产品价格的竞争力与市场需求差距不小。车轮钢、汽车板、电工钢等关键产品质量的波动，不仅造成负面影响，有的还丢失市场订单。

二. 下半年工作重点：

1.分管公司战略性产品电工钢。把产品由中低牌号向中高牌号推进。把硅钢二期工程的产品设计当成奋斗目标，在空调压缩机电机用硅钢上取得实绩。

2.特钢公司要达到2013年全年经营目标，也是考核我的指标。必须充分行使事业部具有的体制机制的权力。我积极参加外闯市场，苦练内功的活动。

3.从技术质量的层面上，支撑一钢轧总厂CSP热轧板卷向四钢轧酸洗线实现保质保量地供料；支撑四钢轧总厂开发中高牌号电工钢热轧卷与一钢轧硅钢新线联合开发高端产品。

4.从分管的责任上抓好科技质量部、技术中心、检测中心的重点工作。

三. 给公司的建议：

认真抓好各级干部的工作作风，强化执行力的问责！

# 在艰难中磨砺 在困境中启航

## ——在特钢公司“百日活动”动员大会上的讲话

（2013年7月19日）

今天，我想了解下上次布置工作的落实情况：一是炼钢分厂的钢包扒渣机模拟练习是否做过？二是连铸机三流电磁搅拌的参数的设定技术档案是否建立？三是上半年轧钢分厂四个班的考评业绩有没有评出来？我们不仅是布置工作，更重要的是检查落实情况，我们都对特钢公司充满信心！各级都要有执行力，才能保证确定目标的实现。

明天特钢公司就要开始又一轮的生产。今天我们在这里开这个动员会，特钢公司发起百日质量与技术经济指标提升的竞赛活动。有人想：这次为什么特钢公司要在高温酷暑中生产，不能再等等吗？虽然总量只有2万多吨，但客户的订单有时间要求。公司原本的意见是暂时不要生产，因为二铁的2号高炉刚检修完还在恢复中，铁水资源不足。但考虑特钢公司现在按事业部制运作，开拓市场的难度很大，因此同意先把7、8月份生产订单捏在一起干，边干边去再找些订单。

记得2008年也是这个时候，气温也很高，当时我在一钢轧工作。八月公司接到了3.8万吨电工钢的大订单，市场售价也很高，一些人感到兴奋，一些人感到难过，有人戏言又要战高温夺高产了。当时我们的口号是：酷暑高温淌淌汗，排毒健身保平安，干群一心迎难上，兑现硅钢大订单！各级管理者扑在现场，职工斗志昂扬，五年过去了，所创的辉煌依然难忘。这次特钢生产也一样，是特钢公司设定第二阶段盈亏持平的重要时刻。我们必须满足这些来之不易订单的需求，做到按期交货。铁水资源再紧张，公司挤出一部分保特钢公司。外部条件满足了，不知道各位行动上准备好了没有？不能有畏惧困难的思想，能否干得漂亮，最终的业绩是对我们今天动员会效果的考评。

今年365天，特钢公司干得少停得多，公司始终关注着我们，也因为我们实现阶段性目标，直至产品有边际贡献，使得我们职工的收入依旧在中上等水平，并没有受到客观条件的影响，这在其他单位是不可能的。在干部大会上苏鉴钢副书记说，各单位要珍惜市场上的每一份订单，没有订单就没有收入！每一个干部职工都要珍惜自己的岗位。现在马钢效益不好，但想进入马钢工作的人依然不少。这次马钢矿山系统招聘263个岗位，就有6000人报名争夺。为什么这么多人风起云涌地想进马钢，首先马钢是国企，职工待遇好，设备自动化水平很高，而劳动强度不高。其次，马钢管理不严，人的自由度高，待着很舒服，工作没什么压力。但这种状况是不可能持续下去的，是一定会实施改革的。省领导对马钢新班子提出了三点要求：1.干部必须去行政化；2.坚定不移拉开收入差距； 3.大刀阔斧地实施改革和改制。这也正是要从根本上改变马钢的现状。

上周，总经理召开了三个事业部专题调研会。特钢公司是首个成立的事业部制单位，以此为模板才推出了彩涂板事业部和车轮公司。三个事业部现在面临的共同问题就是市场订单不足。车轮公司现在也停产等待，但上半年它创造了1.67亿的利润；彩涂板事业部和特钢公司类似，虽没完全停产，但都是低负荷生产。彩涂板事业部一个月生产20天左右，只停10天，唯独特钢公司生产的时间最少。现在，车轮公司发挥了1/2的生产能力，彩涂板事业部发挥了1/3的生产能力，特钢公司只发挥了1/4的生产能力。公司允许彩涂板事业部每个月亏损500万，但他们比照这个指标，通过努力，上半年少亏了167万。公司允许特钢公司每月亏损1500万，可上半年还超出了790万，这么一比较，特钢公司的压力最大。公司成立三个事业部，就是要改革体制机制，减亏扭亏，为公司增效。不得不承认，特钢公司难度是三个事业部中最大的，挑战性也是最强的，因为其他两家事业部都属于来料加工，而特钢公司的生产工艺中牵涉了太多的物理和化学变化，稍有不慎就出问题。

特钢公司的今年的生产划分为三阶段：1~4月份是一段，5~8月份是一段，9~12月份是一段。7月份生产业绩如何，就决定特钢公司今年能否实现经营目标。因此，这次生产，一是要千方百计降本，控制一切消耗水平。要守住现有降本指标，不允许后退，凡是退步的必须查明原因追究责任，在此基础上寻求突破，再降指标；二是要认认真真抓产品质量，产品质量是特钢公司的生命线，过去我们取得了不少的成绩，但稍有不慎出了质量问题，将会葬送我们拥有的一切。抓产品质量就是抓每一个岗位的标准化操作，落实到每一个职工的工作中和行动中，提升责任心。车轮钢转至特钢生产以来，今年就已经整炉报废了4炉，如果车轮钢都不好，更不用说别的产品了。我们还在起步阶段，本钱少，损失不起。只有干一炉成一炉，干一份订单保质保量地完成一份订单，才是特钢公司赖以生存的基础。6月份出厂产品质量把关较严，目前为止出厂的产品未收到用户的质量异议，这很好，我们要把好质量关，决不能让有问题的产品交付到客户手中。研究质量问题的专家有个共识：质量问题的直接赔付和企业的实际损失比例是1：6，也就是赔1万实际损失6万，赔10万实际损失则有60万。原因很简单，因为产品质量不稳定，成不了或砸了品牌，而没有品牌效应的支撑，市场上就不可能卖到满意的价位，市场竞争就是这么的现实和残酷。

高海建老总从特钢工程建设到投产后跑市场倾注了很大的精力，也是格外关注特钢公司的发展。高总也多次强调特钢的重要性，如果能按预定的目标发展，一定会闯出一片崭新的天地。今天我看到特钢修磨线厂房东面的蓝色彩涂板都是从原厂房上一

片片移贴过来，工厂和建设单位都在千方百计降成本。江苏永钢上了特钢线，山东莱钢的特钢线投产了，河南济源有了特钢，广东韶关特钢线也投产了，钢铁企业都看到了普钢赚不了钱，都看中了特钢的潜力和未来。我们考察了其他特钢企业，发现他们的设备不如我们的先进，设计不如我们的合理，技术人才也不如我们，唯一优势的就是他们的用人机制灵活，可以随时招聘能人，高薪请贤。我们的差距存在各级，差在执行力弱，技术人员敬业、能力不够，员工吃苦耐劳不行，这一切问题的责任还是在管理者。马鞍山一些民营企业的员工每天工作长达12小时，还没有休息日，月薪却只有2200元，无论工作环境还是生活条件都是异常艰苦。身在马钢的我们要扪心自问，想想看自己的付出是否对得起自己每个月的收入。如果图舒服，每天浑浑噩噩地混日子，等到马钢垮了，最终损失的还是我们自己。我们必须要有与企业同生存共生死的意念，主人翁的意识。

高董事长在公司的就职演讲上提出为了下半年马钢不亏损，确保马钢股份明年不会进入ST板块，要打造降本增效升级版。具体来说就是围绕转型发展，打造观念转变的升级版；抓住政治机遇，打造凝心聚力的升级版；破除瓶颈制约，打造指标进步的升级版；面对用户和市场，打造管理创新的升级版。身处困境中的特钢公司面对下半年的生产经营，也要打造一个适合自己的升级版。我认为，第一是职工爱岗敬业，打造生产稳定的升级版；第二是严格工艺纪律，打造产品质量的升级版；第三是层层指标分解，打造降耗降本的升级版；第四是上下同心同德，打造马钢特钢的升级版。

现在，我们在困难中磨炼，在艰难中等待，一旦我们公司的动车轮、机车轮、连铸的车轴坯、高速列车轴等主打产品有了需求，一旦特钢的风电法兰、油井管钢、轴承钢等系列产品有了订单，一旦特钢公司每个月能拿到3万吨、4万吨以上的订单，马钢特钢就一定会创出新的业绩。特钢公司就是要外拓市场，内抓质量，在座的各位要经得起职工的评价，各级管理者要身先士卒，带头吃苦，甘于奉献。我们转变作风就从每个人的工作岗位开始。

# 从三个老故事 谈检验流程再造

## ——在检测中心原辅料检验流程再造总结会上的讲话

（2013年7月22日）

钱总指示我抓原燃料制样集中工程后，来这里的次数不少。今天参加项目实施总结会，看到经过精心设计、旧房改造、旧设备利用，我们的集中制样系统正式运行起来了，这个成果告诉我们要想干，总有办法。我和检测中心的工作相连是从顾总几次安排我和他来这边，调整干部和专项调研开始的！现在检测中心这一块工作压力比较大，和过去完全不一样了，我的做事风格是认真，抓管理不怕干扰，也许是希望我能够加强这块工作的力量。更没想到我回到股份公司后，跟陆总配合分管理这方面，今天听了各位的工作介绍，我们更有信心了！

今天，我就给大家讲三件过去的事：

第一个是公司废钢验收。2009年质检中心评判验收各类废钢的扣款，一年是470多万，2010年公司成立抽查组，加大了废钢验收力度，一年质量扣款是1.47亿。这说明了什么，在监督下的检验和没监督制约的检验，人为的结果相差是巨大的。当时我们在想，质检中心负责废钢质量检验的人是怎么检验质量的。检验工作重要的不得了，我们手中流失着公司的现金。今天在座的就有参加废钢抽查组的人，为了判定准一车废钢质量，扒开钢堆进行人工分检，从早到晚一天干了8个小时，中午就在现场吃盒饭，为的就是给供应商一个真实的判定结果。那时公司的废钢采购、判定、入厂均有问题，时常一车废钢送到站里，小老板也跟着来了，我们当着他面来判定，他就在边上看着。检验工作非常难做，直接面对的就是供应商，产生两个问题：第一，别人悄悄给过你好处，心虚不敢判；第二，虽没拿别人的好处，但利差驱使人威胁你，也不敢判。工作起来非常有难度，你可知道你的笔把杂质多少、铸铁件多少、次级料多少一填，这些数据上传上去，针对每一个指标，公司就把钱支付出去了。马钢的废钢管理是上、中、下都感到头疼的事情，影响也不好！现在废钢公司成立了，这是一个英明决策，采购、验收、供应合在一起，现在的废钢质量和过去天壤之别。

第二个故事，是一钢轧作业长吴建新和供应商合伙干坏事。吴某在一钢轧管精炼钢水用的钙铁线，因为收了供应商好处，哪些原料有问题，他心知肚明。质检的人去现场取样，他绝不会把问题样品让你带走，想方设法也要把替换掉。更有我们少数质检人员图省事，不负责，打个电话通知他来代为取样，他就会把事先准备好的合格备样交给你。最后他们使坏把好的供应商都挤走了，然后明目张胆地勾结在一起，继续供给公司劣质原料，让公司损失很大，吴某收受贿款470万，最终被判刑。

第三个是我当了总工程师后遇到的一个问题，中国五矿供应的铬铁合金检验差别的处理。当时五矿送来的铬铁合金在我们这边化验是61.5，五矿不认可，拿着留存的备样，在北京化验结果是62.6。我们和五矿都不认可对方的数据，问题交给了我。我召集技术中心、质检中心和采购中心，达成共识，把我们检验的61.5和对方检验的62.6加起来除以2，等于62.05，双方都认为可以这样处理。我之所以敢这么做，是因为对方是国字头企业，是我们很大的供应商，长期稳定供应，我也不认识他们人，合金的判定与实物质量肯定有误差。若换个其他企业，只有重新取样仲裁，我是不会做这个决定的。

检验工作看似简单，其实是职业、道德、公平的工作。所有的权力都要在公开的监督之下。人在做，天在看。反过来说，在我们取制样这样重要岗位上，你若存心想捞油水，肯定是能捞到的，但也总有一天事情是要败露的，就像一钢轧吴某一样。同时，在这种岗位上，也容易受到干扰的。一旦被攻破了底线，成了供应商的俘虏，金钱的奴隶，就会被动地听从别人的差遣，最后迟早要出事。所以，在这个岗位上，没有制约的机制，没有硬性的隔离的方法，少部分人很难把握住自己。

今天检测中心实现了流程再造，把制样集中起来了，制样是一个关键环节，但是前面还有一个最重要的过程是取样。刚才陆总说的我都赞成，我建议再好好设计，把取样也集中起来。取样一下子集中不起来，就先把取样的人集中起来，用一种随机派工的方法，让人员流动起来，用这种机制帮你避免干扰，人为地隔离，形成一道屏障。公司采购原材料，一年支出400多个亿，都要经过我们检验这道关卡，这个岗位直接关系公司的效益，并且这个岗位的权力真的是在基层，在每一个检测工自己的手上。很多时候，你们的经验让你们一眼就能分辨出来料是否有质量问题，但关键在于把持住道德的底线、工作的底线，能否真的本着对公司负责任的态度。

这些年原辅材料的检验一直是公司弱项，也是公司效益的黑洞。公司目前亏损厉害，各级领导已经注视到，了解到我们与同行在检验管理环节的差距，进口矿和自产矿是一类，外购焦和煤是一类，其他散购的辅料是一类，我们工作的重点不一样，开始细致规划，利用多种监督手段，逐步把工作做完善。这方面我们要做的工作还很多，后面路也很长，需要大家持久的坚持，这一块的的确确是和公司的效益关联很大，制样集中只是第一步，今后还要把其他可集中的理化检验集中，我们不急于求成，我们要形成好的机制，能够把一件好事认认真真从头到尾办好，无论大事还是小事。我今天还和站长说了，不要因为今天我们来这里，你把环境弄好了，而平时机器上蒙一层灰。要知道隔壁是价值5000万的特钢精密检测仪器，污染就把这些仪器也搞糟了，一定要把好的保持下去。

最后，我想把今天每个发言人的材料都收集上来，通过新闻中心搞一个专版，做一个有着较大影响力的报道，不仅要宣传给我们马钢内部职工，也是宣传到我们的供应商，告诉他们公司在这里已竖起一道壁垒。让马钢全体职工都知道，不仅主线在降本，我们检测中心从原料降本上也在强力支撑。现在一个主线厂拼死拼活，一个月降本1000万元，但是你们所做的工作一定是更大数额的降本。比如说现在一个月有250万吨到300万吨的来料检验，按照全年400个亿的金额算，一个月也有35个亿左右，如果你查出问题原料，降价0.5%，1%会是多少钱？数字是惊人的！站长刚才的汇报中提到，现在检验的偏差越来越小，真实度越来越高，以后还要利用公司早调会的窗口，多通报一些重要的外部原料检验结果，批量大的，质量异议的问题，点名点姓点问题。陆总主管采购供应链，负责其中的商务处理，我主要把关质量标准，质量检验方面。对待原料质量问题，你们只要报上来，情况核实后，公司一定处理，不回避矛盾，坚决一查到底，这样也才是真正支持检测中心的工作。

# 强化质量管理 确保市场份额

## ——在公司7月经济活动分析会上对产品质量问题的点评

（2013年8月5日）

今天我重点点评一下公司目前的产品质量问题。公司这两个月供给江淮的汽车板，富士康的家电用板几次出现质量问题。客户不断抱怨、发来意见书，甚至下令停用我们的部分产品，我们应该认真检讨，查出问题的根本原因。

产品质量是市场竞争第一要素，是企业的生命线。过去产品价格决定市场销量的形势早已变为当今质量、服务和价格三足鼎立的局面，质量甚至首当其冲。质量可靠才能让人信赖，质量稳定才能积累起忠实的客户群，最终形成品牌，创造更多的经济利润。马钢的汽车板、家电板、彩涂板、电工钢这些产品，必须培育出自己的品牌优势，才能在市场中占有稳定的份额，保持我们的生存空间！

本周四《马钢日报》详细地公布了各条生产线上半年外部质量赔付的起数和金额，并列出了上半年较大质量事故的责任单位和责任人。将质量赔付信息进行公开化，是为了让每一位管理者和每一位员工都直观地认识到我们质量工作所面临的问题，引起重视。各级管理者要尤为重视这些赔付信息所传递出的压力，提高对质量问题的敏感性，还要善用奖惩机制调动员工的积极性，共同稳步提高技术质量工作。公司针对上半年质量状况，正在着手制订新的产品质量考核办法，现在仅停留在对质量意识的教育宣传上是不行的，必须修订事故考核标准。对大的质量事故像安全考核的力度一样，全厂人均考核50元或100元；对大客户的质量投诉并导致订单量减少的事件，一起考核5万或10万元以上，并给予责任单位管理者和直接责任者以处罚。只有在产品质量上动真格的，考核的力度上产生了疼的感觉并留下记忆的痕迹，我们的产品质量才能稳定下来，并持续得到改进！

做好质量工作，必须要严抓基础管理，严格执行各项工艺纪律和设备维护标准。现在降本的压力大，工艺降本和设备降本固然可行，但是变更原有的成熟标准体系是要做系统评估的。在工艺降本方面，针对某些钢种，合金成分从中限调整到中下限，产品的性能是要完全满足原有的标准的。而不能因为降本而降低产品性能标准，否则质量事故带来的损失会大大赶超降本带来的收益，得不偿失。在设备降本方面，关键设备的维护标准变更是要慎重考虑的，轧线上卡死的辊道必须及时修理，铸机上变形的辊子必须立即更换，设备运转的润滑油和使用的油品应按时补充或更换。因为产品质量特别是板带类产品的表面质量和这些因素是直接相关的。我们需要降本来提升效

益，但不能未经过评审，一有简单化的想法就自作主张地更改原有的工艺方法。例如标准规定对于一些关键品种，在转炉出钢过程中要留钢水，有的在大包和中间包都需要留有钢水，这是质量的保证。但为了降本，我们不这样做了，这对普通品种可能没有什么影响，但对关键品种来说，影响是致命的，是必然要出质量问题的。此外，还有一种想法危害性是更大的，就是不按工艺规定，不顾产品质量，把本工序应尽的职责交付下道工序去做。我们本应坚持“上道工序为下道工序服务”的原则，但现在不少时候是反过来的，下道工序还要来弥补上道工序的不足。

板带类产品的表面缺陷，诸如划伤、辊印、边损、压痕、锈斑、孔洞、斑迹，异物压入、边浪、结疤等等，产生的原因都是清楚的，这些不是技术问题，是现场管理出的问题。还有一些缺陷，比如冲裂、夹杂和分层，如果是在新产品研发阶段，我们还处于设计成分和研究整个制造过程的工艺时，属于技术问题。但对于已经正常批量生产的产品，质量合格率已高达99%的产品，出了质量问题当然不属于技术问题，肯定是其中的某些工艺标准的规定没有达到要求造成的。

稳定产品质量是公司的头等大事。公司为了开发产品，占据市场付出了艰辛的努力：产品进入富士康科技集团用了2~3年，进入江淮汽车集团公司付出了很大努力。而哪一天公司产品被客户抛弃，可能也只是一起质量事故导致的结果。公司要求各单位主管质量的负责人，把这些通报出来的质量问题信息利用起来，负责质量的分管领导要勤于深入生产现场，检查关键工艺参数的变化和关键工序环节的控制；对照质保体系的要求，自己做内审，看看我们现有条件是否能够保证产品质量的需求；坚持PDCA循环，持之以恒的像抓完成生产计划一样，去抓产品质量。

# 向内审视 及时反思 确保质量月活动取得实效

## ——在公司9月份质量工作会议上的讲话

（2013年9月5日）

今天下午，股份公司召开质量工作会议暨九月份质量活动月动员大会。在这里，我感到这次会议的重要意义在现阶段来看，至少有三点：一是马钢的生产经营仍然处在艰难之中，但是公司的扭亏力度在不断得到强化。8月份股份公司本部实现了盈亏持平，有了利润88万余元。看着在88万元的利润，再看看我们质量上的指标差异，所以我们开展质量增效活动仍然还有很大的空间，我们能否在9月、10月、11月、12月年终这四个月中，每个月从质量口子贡献出直接效益100万元来。二是质量是企业的生命，保证产品质量就是保证企业的名誉、诚信和市场，企业追求产品质量就是追求自己的生命。我们过去对产品质量的重视程度、管理强度和考核力度相对于现在市场对我们的要求，这项工作是弱的。三是当今任何一个企业或者任何一个行业，它的发展过程，由盈利到微利，到企业最后被淘汰出局，它的产品质量在市场上的影响及认可度是一个公认的指标。价廉物美有市场，优质优价有市场，品牌产品始终是有市场的，这就是我们努力和前进的方向。

先说第一块统计结果：2013年1~8月份，公司总的质量损失是9092万余元，平均每个月是1136万余元，公司吨材质量总损失是每吨10.4元，与去年相比，13.15元，降了2.75元，降幅在20.91%，今年与去年比质量总的损失减少是2100万元。2013年1到8月份，公司共处理质量异议2176起，平均每天9起，赔付的金额是1459万，吨材赔了1.67元，而去年质量异议是2224起，赔付的金额是1600万，吨材赔付是1.88元。今年1~8月份，钢材总量比去年增加了23万吨，但质量异议起数减少了48起，对外赔付总共减少了141万元。2013年1~8月份共发生了6起公司级的大的质量事故。从事故的原因上来看，车轮公司轮箍混号的质量事故、二钢轧总厂HBP300线材正公差超标的事故、三钢轧总厂铁路接触网专用H型钢的质量事故、汽车板冲压开裂的批量质量事故以及供富士康镀锌板批量质量事故、供格力镀锌板质量问题，反映了我们在产品质量管理方面存在着严重的问题。我们现在出现的产品质量问题，这些问题在别的企业已经不是问题，但在我们仍然还是问题。这些问题从分析的角度来看，不是新的问题，而是重复再犯的老问题。这些问题的不断发生，给马钢产品造成了极大的负面影响，用户给我们的评价就是，马钢产品质量不稳定。

第二块事实反映，今年产品质量方面存在主要问题的原因。首先是全员质量意识仍然是停留在口头上。质量工作与安全工作、与生产工作相比，现在还排不上号，部分员工甚至部分管理者，有些领导将质量第一的观点只是说到而已，表现在我们具体的工作中就是确保完成生产计划。上道工序不行，还有下道工序，正品不行还可以改判，明明知道有些产品是有瑕疵的，在检验的过程中抱着侥幸的心理，把不合格的产品放出去，有的甚至抱怨我们的客户太挑剔了。我刚才说的这些情况都是事实，说明什么呢？说明我们的思想和我们的行动与市场的要求，真的是落伍了。第二，质量考核激励不到位。2013年公司生产经营绩效考核办法中，单独设立了产品质量扣奖与激励的单项考核办法，公司本希望借助于这个办法，改变过去质量只罚不奖的偏颇，奖那些质量好的人和事，但这个奖金发下去以后，在运行的过程中，我们检查发现，有的是总厂，有的是分厂，有的是作业区，存在着人为平衡质量奖的现象，把专项质量奖用于不做质量的这个事情，最终还是形不成质量抓得好重奖、质量出了大问题重罚的氛围。第三板材产品质量问题原因分析与整改目前在公司看来比较困难，难以到位，公司要求各成材厂对外产品的质量异议和内部产品质量问题形成原因分析、责任追究，落实整改闭环机制，现在公司的长材产品基本是做到的。但是板材产品差距仍然比较大，有三分之一的质量问题原因分不清楚，整改措施拿不出来，板材产品客观上生产流程长，工艺复杂，影响因素比较多，因此没有细致的质量管理工作。没有一道道关键工序的控制达标，你就根本没办法使产品质量稳定下来，反之出了事、出了问题，你也难以分析和查清原因。第四是一些产品个性化的要求，我们还不能全部做到有效的识别。从已经发生的质量问题上也看到了这里有两点问题：一是我们不知道我们的客户拿我们的产品是干什么，有的时候我们的结论是过去用得好好的，现在怎么会出问题了呢。另一个是客户自作主张，提升了我们产品的使用功能，有些我们看似可以使用的产品，其实改作它用是不行的，因此造成不必要的质量损失和质量异议，也是反映我们在售后服务和质量管理全过程中存在的问题。

第三块是具体质量事故。我讲一讲具体质量事故。第一起质量事故是今年的4月份，重庆江南金属材料有限责任公司采购的马钢的10毫米HPB300圆钢，因为尺寸及不圆度超差，被重庆市工商行政局查封了820吨，经过反复协商，该起质量异议共计赔付了24.6万元，等会公司要公布对它的考核结果。第二起事故是第三钢轧总厂铁路接触网用专用H型钢，仅2013年5月份，中国铁路物资股份有限公司就第三钢轧总厂生产的铁路电杆钢四次提报质量异议，质量的主要问题是轧材存在着翼缘板表面镀锌后出现翘皮和突起的现象，有部分轧材存在着头部极弯曲性以及需要二次加工的产品较多，延迟了工期。这四起质量异议为同一个批号的产品，合计赔付了31.19万元。第三起是汽车板冲压开裂质量异议的管理事故。2013年1到6月份，公司共受理汽车板的质量异议151起，赔了110起，赔付的总金额是128万元，110起汽车板的质量问题中，冲压开裂的占了61件，赔付了87万元。从已经赔付的汽车板的质量状况来看的话，冷轧、IF钢的质量问题最多，发生了46起，赔付了56万元。今年IF钢的质量水平相比去年没有得到改善，在市场竞争的形势下，应该说是不进而退，四钢轧总厂管理层的质量管理是存在问题的。第四，供富士康镀锌产品系列质量考核。2013年6到7月份，富士康连续向马钢反映镀锌耐指纹板的质量问题。6月26号反映，6月30号反映，7月9号反映，7月10号反映。7月中旬，武汉富士康再一次就马钢供富士康的产品质量所存在的新轧光整边滚印划伤性能不合、冲压开裂、表面有滚轮印等一系列的质量异议，根据公司规定，对这种大批量生产的产品出现的质量问题，要进行责任追究和考核。第五起，是供格力镀锌板的质量问题。8月7号合肥格力在使用马钢镀锌板材制作样机的时候出现了生锈，镀锌板出现了白锈，取样检验马钢镀锌板盐雾性能不合格，因此8月10号向马钢提出六价格钝化镀锌检盐雾性能的质量问题。经过三方共同确认，这是由四钢轧总厂生产的1.15mm和1.45mm两个规格约1000吨的六价铬镀锌产品，目前事故也在处理中，损失暂时还是个评估。第六件事，轮箍混号的质量事故。2013年6月25号，车轮公司生产的轮箍装在了铁道部的机车上，行走了2万公里进行大修，在机务段发现第四个轮队的侧轮部磨损严重。7月22号南车洛阳机车有限公司襄阳分公司向马钢提出质量异议，8月20号公司按照铁总公司的要求，公司领导带队到铁道部机务段听候别人对我们的质量处理。经过检查，故障轮箍发现轮箍的断面硬度仅有157个HB，碳含量为0.16，根本不是LG61的料，而是16Mn环件的料，这是入炉坯料混号所致。目前的事故也已经有了一个处理意见，但是损失还有待于进一步的评估。

第四块是质量工作安排。一是公司全面质量管理委员会已下发文件，要求总厂和事业部成立全面质量管理委员会并调整其人员组成。这句话可说可不说，但是又不得不说，这些机构和组织过去都是有的，只不过都是放在那里，有的单位连本人都忘了，有的单位老人都不在了都调走了，名字还留在那里，新的名字也填不进来，这种全面质量管理委员会形同虚设，我们一定要改。二是健全和完善质量管理组织体系和责任体系。这个组织体系和责任体系，我们在质量体系检查过程中，发现也都是有的，它的实际情况是组织体系不在运行，责任体系不在工作，不追究，出了质量事故大家都是层层放马，大事化小，小事化了，最终不了了之。现在国家对质量问题也是高度重视，国务院已经出台了质量强国的行动纲要，各级政府对质量工作也高度关注，要求各个企业必须设立首席质量官，明确抓质量责任落实到人。首席质量官的职责是负责企业的发展战略、质量工作计划和质量安全，要建立质量管理体系，组织质量改进和质量攻关，要实行质量成本管理，要开展质量教育培训，要建设企业质量文化。首席质量官的职权是要向最高的管理者提出质量工作的建议，要监督检查本企业各岗位质量工作责任制的落实，要对企业从原料进厂到生产制造过程、产品出厂检验把关过程负责，组织本企业内质量考核，行使质量安全的一票否决权。首席质量官的

质量责任就是企业发生重大质量安全事故或造成严重的社会影响时，首席质量官要依法承担相应的责任。

公司决定各制造单元的质量管理机制，充实质量管理队伍，各个单位都要有人主管质量工作，要有人对质量工作负责。这次公司专门安排了22名同志参加省里组织的首席质量官的培训。马钢这次安排的是各个单位的生产厂长，后面我们要说这个工作。公司的各个单位、技术分管领导要在这个组织体系中出任总工程师，各钢轧总厂和事业部由技术副厂长担任总工程师，负责技术质量的管理工作，总工程师要承担质量管理体系标准化中要求的写所需的工作，并对做所写和记所做的工作进行监督和评价。公司明确定义了各钢轧总厂和事业部生产副厂长要承担质量管理体系标准化要求的做所写和计所做的工作，并负责写所需的实用性和有效性的验证及评价。各钢轧总厂和事业部，公司明确要设置大工序的专业首席工程师，专业首席工程师相当于公司的高级技术主管，协助进行质量改善和质量管理工作，要明确各个分厂责任单位的责任主管，以及作业区的主管责任人，公司要全面修订岗位责任制并进行责任追究，细化、具体化，我们希望通过组织体系和责任到位，能够做到每起质量事故的原因可以查清，责任可以追究到个人头上，当然查不清的原因、查不清的质量事故，按照现在组织体系，那就是分别查总工程师、生产副厂长和首席工程师的管理责任。

公司将加大质量考核的力度，从9月份起生产经营绩效考核办法中加大质量分值的考核比例，质量分值在1~8月份的基础上翻一番。我也希望各个单位回去再把自己单位经营绩效中质量分值翻一番以后，你看看对你的考核、奖与罚是什么比例，总数是一个什么数字，测算到每个职工头上是个什么数字，对外发产品质量索赔和质量事故的考核力度加大，外部质量损失考核指标在1~8月份的基础上不同程度的下浮，实现外部质量异议实际赔付金额超过考核指标同金额的扣奖和嘉奖。这个质量指标你完成得好，低于公司已经下浮的指标，这一块，给你做奖金；高于这一块，公司将直接在你的工资总额中或者奖金总额中予以扣除。我们测算一下，如果发生大的质量事故，人均考核要超过100块钱。修订产品质量考核依据里的质量单项考核办法，进一步拉开质量奖的分配差距，要求各个生产单位针对不同岗位，对质量担负责任的大小，加大对产品质量有较大影响关键岗位工作人员的奖罚力度，对外部质量损失要进一步细分，区别对待现在的质量赔付和商务赔付，明确质量赔付的责任。

最后，关于2013年质量月的活动计划。为了贯彻国家总局等26个部门联合下发的2013年全国质量月的活动通知和精神，公司结合我们自己的实际，特别是当前我们产品质量问题对市场的影响和对客户的损害，以及严重的危及公司的生存和发展，公司整体质量工作必须彻底改变现状。公司研究决定9月份在股份公司的范围内打造质量升级版，实现质量强企的活动主题，制定了活动指导计划，希望各个单位通过质量月专题聚焦阶段性、突出性的矛盾，抓好质量工作。公司希望在质量意识上找差距，在质量责任上查漏洞，在质量体系上找不足，在质量管理上找缺失。公司的产品质量，对外是产品质量，对内包含着各道工序的产品质量，铁厂有铁水质量、烧结质量、球团质量，钢厂有精炼质量、连铸质量，轧钢有热轧质量、冷轧质量。各个单位必须眼睛向内，盯住自己工序，高度重视，按照公司计划，认真制定切合实际的质量月活动计划，并引导全体职工积极投入到这项活动中去，力争能够取得好的实效。

# 多措并举 持续改进 实现质量强企

## ——在9月份股份公司经济活动分析会上的讲话

（2013年10月10日）

按照经济活动分析会的安排，我对9月份公司“质量月”活动情况进行扼要的小结。

**一、在九月份“质量月”活动中，公司层面所做的几件重点工作**

第一项工作，对发生在富士康公司镀锌卷系列质量问题，IF钢批量汽车板冲压开裂的质量问题，车轮公司轮箍混号质量事故等6起对公司影响重大的产品质量问题，进行了调查分析，从质量责任体系查找漏洞，从质量管理上追溯各级责任者的责任，动用了行政手段和经济处罚手段，已经全部处理了！

第二项工作，开展了2013年度质量管理体系的审核，不仅在一、二、三四钢轧总厂、特钢公司这些产成品单位，也组织了对一铁总厂、二铁总厂、三铁总厂、热电总厂、一能源总厂等单位的质量管理体系内部审核。审核中发现了不少问题。已经向各单位通报并纳入考核，我们始终感到质量管理体系实际运行过程中，存在着两张皮的问题，老是贴合不在一起，同时对今年以来公司组织的质量审核汇总发现的不合格项、观察项的整改情况进行了跟踪和验证。

第三项工作，修订了公司质量责任制，明确了质量管理组织形式。一是总经理领导下的首席质量官制，二是首席质量官直接领导下的总工程师制。公司原有5位总工程师，一铁梁小乾、车轮公司李翔、煤焦化公司杨建华、耐火材料公司郁中书、修建公司张宏亮，这次在质量月里，钱海帆总经理又任命了7名新的总工程师，港务原料总厂朱晨、二铁总厂殷欢、三铁总厂徐朝阳、一钢轧总厂吴耀光、二钢轧总厂刘仍彬、三钢轧总厂吴坚、四钢轧总厂朱涛。任命总工程师的目的是要各单位的总工程师要对产品质量、技术管理负责。目的也是为了进一步提高公司的产品质量，尤其是一、四钢轧总厂的板带类产品质量，此外公司在一、四钢轧总厂设立炼钢、热轧、冷轧区的副总工程师。

第四项工作，在员工岗位质量通则中，公司要求认真按照“写所需、做所写、记所做”三方面落实质量责任制，要完成产品制造全过程的质量计划指标。公司明文规定：各单位分管技术质量的副厂长、总工程师负责产品制造过程中的“写所需”。对“做所写”“记所做”进行监督、评价和考核。各单位分管生产安全的副厂长、负责产品制造中的“做所写”和“记所做”的管理工作，对“写所需”的实用性和有效性进行评价和验证。请各单位尤其是领导班子成员在一起认真学习公司修订的新的质量责任制，分解落实到每位领导上。

**二、客观公正地评价我们的质量工作**

大家知道产品质量水平的提高，首先是全体员工质量意识的提高。在9月质量活动月中，丁毅董事长发表了《打造质量文化 呵护企业品牌》的署名文章，《马钢日报》发表了《质量之殇，马钢之痛——富士康武汉工厂对马钢产品质量投诉的调查与思考》。《马钢日报》坚持每月选取20件对外赔付的事件公告。从正反两个方面对我们的产品质量问题进行了认真的辨识。大家都该意识到质量是企业的生命，实际上产品质量就是我们全体职工的饭碗。

谁在市场谁知道，销售公司在支撑销售建议中向公司特别报告，要求关注产品质量的持续稳定，维护马钢产品的市场形象。一组统计数据，今年1~9月份，累计管理产品质量议异数2580起，累计赔付1567万元，这两个数字单看挺大的，放下来分开看挺小的，因为平均每一起质量议异的赔付不到6000元。而正是这一小起一小起连续不断的质量赔付，我们本来应该做好的工作，我们没有做好，让马钢产品背上了“马钢产品性能散差大，马钢产品性能不稳定，因此卖不出同类产品的好价钱”的不好的名声。

今年我们大张旗鼓地，反复在不同大小场合，以不同的方式，在说我们马钢的产品质量。马钢产品质量究竟怎么了？统计分析，板带类产品真正性能等内在的质量问题并不多，比重不大。板带类产品质量突出问题依然是表面问题，是看得见、摸得着的质量问题，压痕、锌渣、辊印、擦划伤、板型等，长材类产品质量突出的问题也是表面问题，存在散差、不整齐、打包质量、外观不上相等，这些都会影响马钢产品在市场的形象，以及马钢产品在市场的售价。我们从每一个管理者到每一个操作者再到每一个检验者，我们大家想一想我们99%的产品都是很好的产品，为什么就让这不足1%的产品质量问题总是伤害我们自己的形象呢？

回过头来看，从9月质量月中处理的三个质量问题的典型案例剖析，看看我们自己的工作，首先说一钢轧的镀锌板，因制造过程中表面异常出现了色差，生产被迫停了下来，不能再生产下去，查了一圈又一圈，不是新产品，都是老规格，同类牌号的产品，同样的工艺路线，到底是什么问题呢，什么原因呢？最终定位在EPT电火花的打毛机上，拆下来的过滤器上聚满了油脂和杂质物，过滤器已经不能过滤了，油液已经被污染了，油液已经不干净影响到产品质量了。到这个时候了，我们再回过头来，那平时我们的管理制度在哪里？是我们检查制度的缺失还是不能够遵守制度要求呢，这也是一个典型的案例。四钢轧供格力镀锌板产生“白锈”，集中在今年的高温季节爆发，格力公司让马钢一定要说清楚，否则每一批镀锌卷都要做盐雾试验。我们四钢轧也是转了一圈又一圈，到处在找原因，基础工作不扎实，思考解决问题的办法也不对。最后由技术中心杨新亮牵头，确定还是PMT干燥固化温度高了，实际的卷地温度加上今年的高温环境超过了40℃的规定，涂膜表面破裂了，所以使用以后会产生白锈，最终是我们没有按照“写所需”的要求去做。再一个车轮轮箍，车轮是一个风险很大的产品， LG61本身是高硬度高耐磨材料，结果把16Mn环件软性材料混到轮箍上去，现场管理也是一道一道失职，只要稍微有一个人注意一点，无论是在轧制过程中，在打硬度的过程中这些问题都会被及时发现，而不会造成这么大的负面影响。铁路总公司要求马钢逐级追究质量管理的责任，公司要求交出责任人，在公司的强烈要求下，车轮公司将两名正科级干部一免到底，这也是公司在质量月管理上动。

**三、改进我们的质量工作既任重道远又要马上行动起来**

公司的质量考核始终是非常弱的，奖励与处罚并重始终做不到。应该先是各单位自己加大质量奖力度，再是公司一定要调整经济责任考核的比重。以钢轧总厂为例，奖金的来源一块是降本提奖，一块是产品结构调整增效提奖，现在这个奖金使用是收支一条线。以8月份为例，重点单位人均奖金1500元左右，用于质量的奖在个人头上不足1/15，平均到个人头上也就是30块钱左右。什么时候实现收支两条线，让质量奖占员工奖金的五分之一或者四分之一，现行的质量状况一定会得以改观。2013年公司在新版经营绩效管理办法中，对一、二、三、四钢轧总厂内部质量损失、外部质量损失、客户投诉赔偿金额进行了调整，我也希望厂里向下面反复宣传。1~8月份是过去的，9~12月份是新的，而且现在是按照新的考核，希望各单位特别关注经济责任制中质量奖的使用，虽然动了一个很小的步伐，但是这是一个信号，明年公司绩效考评中质量是一块。

9月25日，马钢大功率机车轮自主创新通过了铁路总公司的验收，就在通过验收的以后的讲话中，铁总运输局局长说：马钢的产品质量我们还是担心，因为试制时人人关心，个个认真，真的批量生产时质量保证能不能还是这样。9月27日，马钢研发的液化天然气储罐用低温钢筋研制通过了国家工程院院士为组长的验收，产品性能全部达到了要求，会后我们向院士咨询马钢水平的时候，他神情严肃地告诉我们，虽然你们达到了要求，但综合性能和国外同类产品比还有一定差距。

质量工作不是一蹴而就的，质量工作也不能急功近利。不论哪个行业质量不断下滑的企业必然消亡。质量水平不能提升，也必然是会被淘汰出局，只有按照我们的质量方针“顾客为本，持续改进，控制有效”来做事。现在所有到马钢来的专家都认为马钢的硬件水平够了，关键是我们的软件水平跟不上。就质量工作来讲，一句话，就是要有人管质量，要有人对质量负责。

最后说一下我自己，9月16日我被公司董事长聘任为首席质量官，同日公司下文推行首席质量官制度。看着首席质量官的工作职责和工作权责，我唯恐自己担负不起这个重担，但我有充分的理由相信，我们在抓产品质量的时候，肯定是会得到上上

下下大力支持的。当着各位领导同志们的面，按照要求，我要承诺：遵守质量法律法规，恪守诚信道德准则，严把质量安全底线，对本企业产品质量工作认真履职，严格把关，为保证质量安全，提升企业质量水平而努力，为实现质量强企，建设质量强国贡献力量！让我们共同努力吧！

# 向质量要效益
## ——在特钢公司岗位技术竞赛会上的讲话

（2013年10月29日）

我一直与特钢公司有一种割舍不断的情结，台上的杜松林、张建平、胡新华、曹天明、孙铭章和我平时联系不少，在特钢公司两年的创业过程中，我和台下在座的第一排、第二排乃至于第三排的蒋丹丹等人都非常熟悉，因此到特钢公司来总有一种回家的感觉，想说一些心里话。

首先，对“强化质量意识理论培训和提升岗位操作技能百日活动竞赛”过程中获奖的同志表示衷心的祝贺。孙主席说了，厂里在奖金少的情况下，还拿出10万元资金给大家，我觉得最重要的是荣誉上的表彰，其次才是物质上的。希望今天获奖的集体和个人，一定要继续树立新的目标。你今年竞赛是第三名，就要想办法在明年争当第二名，你是第二名，就要想办法挤进第一名，你是第一名，必须想办法保持你的技能水平，继续往上走。每个人都要有这样一个奋斗目标，没有奋斗目标，你就会失去前进的动力和方向。另外在座的其他同志也一样，如果你现在是作业长，你一定要努力做到公司的技术能手或技能专家，如果你现在是一个高级工，那你要想办法当技师，技师之后要当高级技师，高级技师之后要争取当到首席技师。我认为现在整个公司具备这样优势条件的单位不多了，基本上排排队，搬板凳都有人，位置都被占满了，唯有特钢公司在未来的竞争过程中，在为马钢打出名气和品牌的过程中，一定会涌现出一批真正的优秀人才。因为特钢公司在不断地发展，不断地上升，也为我们在座的同志提供了条件，你是分厂副厂长，你要努力竞争当厂长，你是个分厂厂长，你要创出业绩进入更高的管理层次，这也是需要你们个人努力的。这一次，公司设立副总工程师，竞争非常激烈，以至于最后四钢轧热轧连副总工程师都没有合适人选，空缺着。因为第一厂长要面试你，第二要经过考试，第三你要真正能够扛得起这个责任，现在公司非常缺人才，不少岗位放在这，就是没有人才。其他单位也是经过了激烈的竞争，三钢轧徐宝春到一钢轧担任炼钢副总工程师，他干过炼钢炉长、炼钢分厂副厂长、连铸分厂厂长，他有这个能力。未来技术人才竞争一定是非常激烈的，今天是个技能表彰会，我希望各位给自己树立一个奋斗目标，中国有句老话“艺多不压身，饥荒年饿不死手艺人”。

关于上个月的奖金，九月份特钢公司绩效考核后人均奖金770元，奖金大幅度下降。我和特钢公司直接挂钩，我本人也很难过，知道大家努力了，但是我认为还有降本空间，所以杜厂长讲到要想职工拿到更好的收入，后面难度很大。今年1~9月份，特钢公司生产经营因市场订单和自身竞争能力一个月干半个月的活，产能只用了三分之一，但职工奖金不低，要有知足感。除了自己努力之外，感谢公司给了好政策，特钢公司的领导班子分解了成本指标，控制了消耗，因此这个收入和其他单位相比已经不低了。但是从现在开始到年底，乃至于到明年，特钢公司作为事业部，职工的收入是什么状况，我心中都无底。我讲一组数字，希望你们都记一记，公司今年的考核政策分三个阶段，要求特钢公司每个月亏损额控制在1500万，全年亏损额不超1.8亿，股份公司本部今年全年大概亏损是在6个亿左右，其中含了特钢公司的1.8个亿，如果特钢公司不亏损，那股份公司减掉这个数，只亏4个亿，此外彩涂板厂大概还要亏损0.5个亿，一条新的产线投产以后都要有这么一个过程。1~4月份特钢公司每个月允许亏损分别为：1500万、1950万、1850万、1750万，如果在1~4月份月亏损额低于这个亏损指标，人均起步奖金是800元，每少亏100万，提20万奖金，特钢公司职工不多，平均到每个职工可以多得250元奖金，这是1~4月份的指标。5~8月份是第二个阶段，计划亏损额分别为：1650万、1550万、1500万、1450万，与第一阶段采用同样的奖金方案。最重要的是9~12月，也就是特钢公司第三个阶段，给你们的亏损指标分别为：1400万、1300万、1100万、1000万，还是同样的奖金政策，但是亏损额超过这个数字，就开始扣奖，包括否决部分基本工资。这不是针对特钢公司一家，经济责任制是刚性的，全公司各单位都一样，只要定下来，只有靠大家的努力。上述这组数字我希望我们大家都记住，从现在开始进入了非常艰难的时期。1~9月份，特钢公司计划亏损是13500万，实际亏损是13480万，与亏损指标持平，说明前期工作做得不错。但是一定要注意月度亏损指标已经开始越收越小，所以我想各单位的各项指标一定不能退缩，今年干的最好的时段是3、4、5月份，计划指标和实际指标降本及费用的降低在这三个月分别达到：620万、565万、639万，而现在进入9、10月份以后，指标有些滑坡，费用也难以再降下去，之所以通报这些数字是让大家清楚，如果还是先前的那个降本额度，肯定拿不到基本奖，因为月考核亏损额降低了，现在不继续突破指标，我们可能会只拿月300元奖金、200元奖金，甚至工资可能被否决，这是一场严峻的挑战，不仅是对特钢公司，也是对我们自己！

第二，在月度考核亏损额不断缩小的情况下，伴随着特钢公司一年来的运行，公司做出了决定，一钢轧的圆坯生产线正式停掉了，大家也不要再争论一钢成本低，特钢成本高，把所有的车轮钢都转到特钢公司来生产，而且特钢公司和公司一道通过了CRCC客车车轮、货车车轮、机车车轮的生产资格认证。中国的轨道交通事业有很大的发展前景，只要我们的产品质量好，特钢公司一定会迎来一个灿烂的明天。我和车轮公司副经理李强讲了，过去的比较指标是过去的，特钢公司大量生产之后，把特钢公司生产的客车轮、货车轮、机车轮的质量水平和一钢轧做个综合指标对比，看看特钢的产品的质量水平，如果好，特钢应该比一钢的成本高，优质优价，这是市场定价的规律。

我被公司任命为首席质量官并不是因为我的本事有多大，而是我很认真。今后特钢公司如出现重大的车轮方面质量事故，科级干部也要一降到底，不能胜任岗位的立马换人干。如果管理能力不够就去做技术工作，技术水平不够就上操作岗学习。在车轮产品的质量上，必须时刻铭记我们的教训和承担的风险责任，首席质量官就是要在产品质量工作上敢于得罪人，这让我也很为难。全公司产品中不仅是车轮钢，汽车板、电工钢、H型钢、家电板，只要出了重大质量问题，我作为首席质量官就要一查到底，要坚决处理相关责任人，我当首席质量官就必须这么干，处理重大质量问题不是扣点钱就行，一定要有行政职务的处分，才能留下记忆。质量重于泰山，我们不能砸自己的饭碗。

特钢公司的产品一个月生产25000吨到30000吨，一钢轧一天能生产钢10000吨，三钢轧能产12000吨，四钢轧可以产15000吨钢，所以特钢公司这么小的量，如果不做精产品质量还能做什么？只有高档次的产品、高水平的质量才能提升特钢的价值。我们目前面临的最大问题是车轮钢和车轴钢探伤报警，就是夹杂物的问题，在整个生产工艺都已经打通的情况下，每一道工序电炉干什么，精炼炉干什么，RH干什么，连铸干什么，现在我们都很清楚。有一个要求叫写所需，什么是写所需？写所需就是说我想生产一个产品，用什么工艺过程、用什么材料，什么是它的基本要求，按照质量保证的顺序写好，这就叫写所需。写我所需要的东西，写让别人看得懂的东西，工程技术人员要负责写所需，如果工人指出写所需没写对，那就是技术人员的责任。然后就是做所写，我的每一步操作都是按照写出来的文件来做，接着是记所做，我怎么做的我就怎么记下来。现在我们要求做所写和记所做是生产厂长的责任，明确这个要求，就是为了划分责任、追查责任人。抓产品质量最大压力就是对人的处理，不是我们的工作和谁过不去的问题，处理人是为了保证产品质量，产品质量就是企业的生命，这是为了整个公司的利益。我刚才讲特钢最大的问题就是如何把每一道工序给稳定下来，怎么能用质量管理图表工具反映出来，怎么能长期在我们的控制范围之内。公司对特钢的这条生产线的最高要求是质量第一，炉与炉之间性能稳定、成分相近，能做到这个要求，特钢公司一定有好的市场，一定是好效益的单位。

第三，2013年特钢公司在2012年的基础上已经取得了很多的成绩，攻破了一个又一个难关，按照设计的产品开发大纲，我个人认为特钢已基本完成目标，只是极少数的产品研发失败了。这些产品的失败也是我本人的失败，也是我们请来的支撑单位和我们一道失败，工业性试制新产品代价很高，特钢耗费了不少钱，我们要分析问题，找出原因，还要再干！我们现在面临的技术问题是中国钢铁工业中核心技术的缺失，解决这个问题难度很大，直接关联到知识产权和专利购买，如果我们真正掌握了这些核心技术，那么特钢公司肯定会登上更高的台阶。目前钢铁工业依然处于非常困难时期，中国钢铁协会主席张晓刚表示钢铁工业的困难绝对不是两三年，一定还要五年时间，这样才能真正使钢铁产能减下来，真正实现企业的大规模兼并，真正落实国务院的九条措施，关门的关门，转行的转行，所以我们痛苦的日子还在后面，我们马钢一定能度过这段艰难时期。刚才讲到公司今年定的目标是股份公司不亏损，集团公司也不能亏损，因此现在精益管理、降本增效依然是我们最重要的目标。目前我们的奖金构成主要为两个部分：第一是降本增效拿奖金，第二是产品结构调整拿奖金，所以奖金发放是谁降本给谁、谁调整结构给谁了，质量奖与罚都是微弱的，以9月奖金为例，职工人均1500元奖金，其中质量奖与罚方面连50元都占不到。作为首席质量官，我要求明年质量占奖金构成中至少要达到四分之一，要是胆大点，占三分之一！明年抓质量要变成收支两条线，你降本增效、调整产品结构，可以增加奖金，但是在产品质量的否决上，就是先扣奖金，等干好了再加奖金。这一块的工作，一个是质量体系能够正常运行，一个是关键工序点的质量控制要有人在管，我希望炼钢和连铸这两个重要单位能不能在抓成本的基础之上加强对关键技术质量指标的控制。马钢公司的产品质量太脆弱，我们在现场应使用质量管理工具，动态表述生产制造过程质量，质量控制范围内要打点表示。二钢轧为什么质量控制好，作为一个老厂生产普通线材、螺纹钢，他们炉前连石灰的指标都打点，石灰的活性度、CaO含量、酸碱度，每天每一炉石灰都要抽检以后打点，用于指导炉长的炼钢生产。

最后，大家要有思想准备，特钢公司9~12月份的压力更大，所以各位真正得再回去好好想一想怎么从一滴水、一度电、一公斤钢铁料的消耗、一个百分点的经济技术指标上来提升特钢公司的效益，如果和原来一样干肯定是拿不到奖金的，甚至工资被否决。在座的都是非常优秀的，但是也要看到工作中存在着跑龙套的多，喊口号的多，演主角的少，愿意亲自动手和承担责任的也少的现象。

从现在开始，职工培训也好，岗位练兵也好，进一步加大我们降本的力度也好，我觉得最重要的是我们思想上这根弦不能松，行动的步伐不能慢。我们有充分的理由相信特钢公司会一年比一年好，职工的收入会一年比一年高，这更要靠在座的各位分厂厂长、作业长、骨干的精益工作。特钢的硬件条件很好，现在员工的素质不断提高，我在这里做个建议，炉长蒋丹丹现在连续保持第一名干得很不错，那能不能给他换一个班，让蒋丹丹的助手也出来干干，如果蒋丹丹到另外一个班能把另外一个班领起来，还能干到第一，这就是我们要用的人才，所以我相信只要我们更多思考、精心努力、在管理上不断给自己出一些挑战性的课题，特钢公司一定能干得更好。最后一句话，为了我们自己的收入，为了特钢公司能够渡过难关，我们共同努力。

# 坚持走好品种质量效益型之路
## ——在11月份公司技术质量例会上的讲话

（2013年10月28日）

今天技术质量例会，我点评一下。先说两件题外事，第一件事：今天上午四钢轧总厂开了厂长办公会，经过考核后把一钢轧的热轧工程师兰宇调到四钢轧1580生产线，任热轧分厂副厂长。公司现在找人才，到处找人才，希望有更多的工程技术层面的人才可以踊跃地站出来，或者自荐。现在四钢轧的热轧区还缺一个副总工程师，谁能胜任这个岗位？四钢轧厂长说：宁缺毋滥。第二件事情：二铁总厂1#高炉，从日产6200吨铁到现在变成1500吨铁，高炉炉况不顺，销售调整或缩减订单，影响公司效益，这几天主要领导在高炉上，希望公司处理二铁总厂这次生产操作事故，就像抓产品质量一样，1#高炉炉长应该撤职，分厂厂长也要有经济、行政处罚！高海建讲十一月原准备一个亿的亏损，高炉这个状况，且这个月钢材价格还涨了一点，我们的高炉好坏与市场的好坏总是反向而行，这个月的亏损额怎么补上去！

1.2014年科研项目和技术攻关项目，科技质量部做了汇总，基本分为A、B、C、D四档。A档，公司同意立项，就是给你粮票又给你钱；B档，总厂立项，给你粮票，自己掏钱；C档，评委不同意立项；D档就是评委吃不准，因此弃权。项目经过严格的评审，但是我有一个感觉：现在的科研项目和技术攻关项目，跟公司的定位目标有很大差距，跟我们现实生产经营要求也有不少差距。申报的课题，有的根本不调查现状或者是现状调查不清，有的是目标定位不准，最终也无法测（衡）量。一个项目调查研究十分重要，现状要和过去的历史指标，先进、平均、平均先进数据做对照，确定难点在哪里，不是眉毛胡子一把抓，必须理出关键指标。科研申报立项是一个非常严肃的工作，要搞一个课题立项，首先就是要把这个课题立项的规划做得特别清楚，要做许许多多的工作，绝不是拍脑袋，想当然。领导想搞一个课题，相关的部门跟着一起来做研究，我们是工程技术人员，做科研项目的立项，自己必须深入细致地从全方位做考虑。各位总工程师或副总工程师，我们一定要想一想，在2014年想干点什么事情，不要想多，哪怕干个一件两件事。公司科研项目是不关门的，你有什么好的科研项目，只要调研完成了，公司现在也不是一年只研究一次，随时评审并给予立项。公司缺有本事、有能力的工程技术人员，许多难题摆在我们面前，解决不了！关键时刻能够站出来，或者是关键时候敢立军令状的人物看不到，我们的技术能力还不够！这些年研产销外付的资金不少，回头追溯一下，我们学到了什么，干了什么，成效在哪里！

2.今年狠抓技术工作和质量工作的基础，其目的就是想明年我们的技术和质量工作，能不能在今年的基础上扎扎实实地迈上一个台阶，我们一面大肆宣传产品质量出了不少问题，《马钢日报》也出了整版，发表了特约评论，马钢质量到底是什么症结？这些都是推动质量工作的需要，希望基层的管理者，基层的操作者能够重视现在产品质量的问题，但对我们担当质量责任的人来讲，应该怎么看我们的技术质量问题？今天有一个好消息，尽管历史上从来没有这样说自己的产品质量，月月公布客户索赔信息，但是我们今年客户满意度调查是历史最高的一次，86.57分，这是一份独立市场调查报告，我倒不是为这个得分而高兴，我要告诉大家的是武钢、宝钢、鞍钢客户调查分数是90分以上，因此我们得分相差较远。一边我们接到格力、富士康大客户的抱怨，在整改产品质量问题，但另一边大客户给我们的订单还在增加，要辩证地看怎么样抓好技术质量工作。我以为，技术工作不仅是在家里，更重要是为客户服务，能够快速解决客户提出的问题；管理问题也不仅仅是管产品质量、死后验尸，而应该是管好工序质量，全过程的制造质量。

3.技术中心是公司科研队伍的领头羊，今年技术中心实行了项目委托制，到现在为止，技术中心科研人员的收入不高。70个项目：A类41项，B类29项。A类到目前一项结题，其他项目大部分与计划进度相持平，少部分项目与计划进度有很大差距；B类项目29项，两项完成，8项结题了，还有几项在阶段性评价工作。技术中心今年奖金就靠项目，今年完不成的项目，今年没有奖金，明年能完成，明年兑现奖金，完不成公司的A、B类项目，只有基本奖。2014年在立课题中，技术中心能不能多立些更紧贴公司实际的课题，此次申报课题的评审我注意到，有些紧需项目厂里没有提，部门也没有立，但技术中心想做，这样的项目可以立进来。我们技术人员的视野应拓宽，技术人员的收入要靠我们的辛勤劳动，抱怨是没用的。

4.汽车板推进处今天汇报了两项工作：一个是加磷强化钢M170P1用户在冲压时起皱，有横向、纵向性能问题；另一个是汽车大梁钢S650L，低倍检验坯料缺陷仍然有，但可控。在汇报时我发表了意见，特别是S650L冬季应该停止生产，我知道这个产品效益比较好，现在认为确保缓慢冷却是可以控制内裂纹的，我们的铸机不能轻压下，我们又不能在线做低倍检验，有订单要干怎么办？评审生产条件，要再干的话，就必须挖个缓冷坑，可以简易临时使用，挖个坑比现在堆垛缓冷均衡性好许多倍，如果做不到，就停止生产，产品质量是第一的，重复的质量问题不解决不行！

5.十月份公司钢材产品（不含新产品）质量损失是922.97万元，现在公司的职工，或者说稍微关心一点马钢的人都认为为什么会有这么大的质量损失，你们一个月的质量损失是一千万。实际上是不明白这个指标，这个指标今年是进步的！外部质量损失是硬碰硬，赔给人家的，是真金白银，你不拿钱，人家马上订单不来了。内部质量损失今年我跟乌经理在开始时心里就有数，如果外部抓严了，内部质量损失一定是增大的，会出现“按了葫芦起了瓢”，现在丁毅总经理、高海建董事长都特别关注产品质量，我工作难度就小了。如果我也躲躲闪闪的，“我们的质量还可以，有些产品出现问题，主要是用户不懂得横向和纵向性能差，他用错方向了”，眼睛向外，不找自身问题糊过去，最终结果会证明的，所以我希望方方面面都来关注质量。今天要求四个钢轧总厂加三个事业部，总工程师负责认认真真梳理一下内部质量损失的构成，十二月份要汇报清楚。是真正质量损失，就算作内部质量损失，如典型的降级改判；如果不是，比如有些是工艺规定的切除，有的是工艺给的过渡损失，可以另算。把今年一年运行的质量指标，一个月一个月展开分析，报科技质量部，然后由科技质量部做评审，有可能评审以后，明年一下子每个月先甩掉150万质量损失，但是不是说明年从850万开始比，明年还是同口径来比。这个工作务请落实。外部损失跑不掉，你不找人家，人家找你，你赔少了都不行，所以内部质量损失，分品种、分规格认认真真梳理一下，拿出来一个真实的数据，这是一个很重要的评价指标，我专门强调的。

6.新产品的开发总量达到了要求，刚才汇报过程中是品种还没有全部达到。没有扣掉新产品库存，现在比较效益有9128.9万，创利润是2.02亿，我们到底是完成没完成公司下达给我们的新产品开发计划、新产品创利计划？这个要做一个明确的交代。明确的交代很简单，现在的计划有新产品量，如果我没有完成的新产品计划，欠量部分恰好是价格低的产品，增超计划的是价格高的产品，应该讲，完成得很好。什么事情的立足点都是实事求是，另外在算新产品效益时，新产品库存到底留下来多少，创利润2.02亿元，库存量可以按照会计准则，做坏账准备，提取坏账之后，你再拿出来创利润数。科技质量部要把工作做细，能够关注到新产品开发留下的库存损失，我们的工作又上了一个台阶。

7.在板带厂开展一次投料合格率提升指标以来，到年底了应该认真总结。我们长材厂都干得不错，现在最难过的是四钢轧的产线，热轧一次投料率只有83.14%，冷轧只有82.19%，这个指标确实太低了，影响了四钢轧降本，影响了公司订单兑现率，也影响了公司的效益，这个活动要继续开展，四钢轧制造部要定个2014年攻关目标计划。这个指标我没有调查，有没有比我们还低的呢？更重要的是向先进学习！这个指标一定要下决心攻关，攻关指标可以从一个点一个点往上提，公司可以专设攻关奖。

8.给销售公司一个建议，销售公司也要变，明年销售公司是不变不行了，高海建董事长已经对现行的销售方式非常有意见了。销售公司每天早调会好像除了汇报产品质量异议以外，其他都没事！销售公司站在市场前面，我希望销售公司每次开会还能讲些重要市场信息。你们应该是更多的关心订单的兑现、订单的资源配置，动态跟踪每条产线，我订了合同，订单能不能到点交货，要有责任感，对客户负责。质量问题坚持说！

9.四个钢轧总厂，三个事业部注意了，2014年公司绩效考核中，质量奖占各单位每月奖金的四分之一，这是马钢历史上第一次这么干，实现收支两条线。如果你厂月人均一千元奖金，这其中有250元专门用作质量奖。四个钢轧总厂、三个事业部，包括销售公司，我们想一想，怎么用好质量奖，怎么加？怎么扣？建立哪些质量指标纳入考核，我和科技质量部乌经理说过了，公司建立总考核办法、总厂建立考核细则，真正做到奖与罚，干好干坏不一样！现在奖金发放已经变成工资的补充部分了，那靠什么来搞质量呢？所以质量奖这一块，要认认真真地想。每个人都想，如果扣不到质量奖是最好的事情，但是我把质量加奖用掉，我把250元用在加奖质量指标上。实际上每位厂长他都支持质量考核，最简单的一种分配方式，我们动一动，我相信只要触动职工根本利益的事情，动一下一定是有效果的。大家知道，外部市场上采购、销售我们无能为力，今年本来讲两头对冲，从市场上抓到12个亿，现在是一分没搞到，恐怕还倒背三、四个亿。既然外部搞不定，内部质量和技术必须要搞定。我们如果把产品质量搞好，产品售价自然会上去，订单也会多起来，所以我再一次强烈的呼吁，明年元月份奖金发下去以后，科技质量部就和我一道去检查，你们每个厂质量奖占没有占到四分之一，如若占不到四分之一，你要不扣，我来扣！我们就是要质量奖在各单位奖金中占四分之一，由各单位再落实到职工个人头上。

10.销售公司写了一个报告，要求公司开展对外质量异议处理人员的专题培训，这个报告我批给了科技质量部。要求在十二月份之前把它进行掉，各个单位选那些经常派出去参加质量异议处理的人来学习。内部聘请专家，如果大家都很忙，周六、周日，甚至晚上干，还是跟过去的学习方法一样，当天学习完，当天考试，考试完之后，公司内部发一个证。考试不合格的人就不要参加外出质量异议处理，要持证上岗。其次，明年我们的一些重点客户打包索赔的东西也订一个标准，是否可以算作商务处理，不列入质量异议。要不然公司订立一个质异议与商务处理的比例，总不能面对现在这个状况，打包处理东西对不上炉号、对不上批次，什么都对不上，拿回来我都没得办法分解，没有办法落实责任。再次，科技质量部和销售公司提了一个建议，对2013年公布质量索赔，赔偿金额和对外处理质量异议表现有本事的人，零赔付的处理案件的人，对这些有贡献的同志，给予嘉奖。

11.2013年电工钢和2012年对比，2012年总共只有7万多吨，而2013年到现在已经有28万多吨，量增大了，这么大的量增上去以后，但如果把电工钢的技术指标都细细地分离出来看的话，2013年综合质量指标比2012年要好，最起码持平。今天一钢轧的报告中说了两个重要的问题，这两个问题确确实实是第一次提出来，一是现在硅钢线有四台轧机：老区里面两台单机架加上酸轧机组，硅钢二期又有一台更精密可以轧0.35mm的单机架，那么这四台轧机它肯定是不一样的，如果你把这四台轧机架的硅钢产品混在一起发货，把酸轧线硅钢发给一个用户，又把单机架的硅钢发给这个用户，本身生产工艺路线就不一样，特别是在板形上就会出现不同的感觉。二是太钢或者其他单位，对硅钢进行分级，硅钢判定过以后，一等产品供给高端的用户，略欠一点的产品供给一般用户，叫“仓储式的销售”。这些工作我认为一钢轧自己内部就可以做起来，当然先从内部做可能有些困难，就需要先把库存清空掉。今天硅钢的报告最重要的一条信息是什么呢？硅钢性能散差大的原因，不在炼钢、不在热轧，而是在冷轧区域。因为原硅钢分厂操作人员抽两个班去硅钢新厂了，磁感波动、铁损还不达标可能与脱碳退火有关，技术中心的报告中也看到同一炉号硅钢晶粒度差别很大，明显地看到，现在发出去的硅钢晶粒组织变细了，和原来不一样，什么问题呢？必然是硅钢冷轧分厂热处理工艺发生了问题。如果能够把硅钢分厂原来甲乙丙丁四个班当时生产记录分析出来，基本上就可以确定真实原因了！质量异议产品绝大部分都是出在最不遵守工艺纪律那个班！我们分析问题牵涉了一大堆因素进来，成分上有点小差别，铸机有点小波动，夹杂物也有点小区别等等问题，眉毛胡子一刀刮。这个报告最大的贡献，就是看到这两个组织不一样，成分上没有什么区别，其他都没有区别。我们工程技术人员，讲问题要一针见血，至少这次鉴别了两个组织不一样，铁损高的硅钢晶粒组织偏细，正常铁损值的硅钢晶粒组织和原来一样。

我个人所做的点评，有些技术上的问题，可以继续争论，但是技术管理思路上，希望我的建议，各位能够认真思考。面对2014年我们要早做准备，因为明年公司没有新高炉投产，四钢轧3#转炉、1580一投产，铁水资源立显紧张。如果是板材效益好，三钢轧、二钢轧产量就立马减下来。如果是长材效益好，一、四钢轧生产量就受限，我们平衡不了铁水怎么办？我们一定要干品种，干质量，只有走品种质量效益型道路，而且走这条道路还不能动摇！走降成本之路，结果怠慢了品种质量，什么低价粗制的原料都进来了，那也是一个方法，短期可以，喘过这一口气。但现在钢铁工业的前景看不清，它一定是靠品种质量去取胜，它一定是拥有上下紧密联系的忠实客户群，只有这样的企业才能永存下去。

# 附 录：

## 2013年述职报告

### 一、主要工作

1、铁路普通机车轮通过CRCC评审发证，大功率机车轮通过国家级技术评审。车轮产品因探伤及夹杂整炉废品下降了三分之二，取得了好的成效。

2、2013年新产品开发计划140万吨，1~11月份完成133万吨，预计全年完成143万吨，新产品比较效益3.15亿元，新产品利润1.16亿元。

3、2013年与2012年相比，1~11月份同口径对比，质量总损失下降2300万元，对外质量索赔起数下降7.52%，对外赔偿金额下降19.97%。今年板带比57.5%；下降幅度不大，主要原因是板带产品质量问题突出。

4、推动技术中心科研项目和技术攻关考评方式的转变，今年开始实行项目委托制。到目前为止，技术中心签约A类项目41个，B类项目29个，这是真正验证我们技术人员业绩的办法，尽管难度很大，必须坚持下去。

5、适应市场变化，协助采购降本，对马钢原燃辅料到货进行实事求是的分析，修订了原燃辅料检验标准，出台了客观、公正、可操作的判定条件。2013年原燃辅料综合合格率是82.54%，而2012年的综合合格率是65.25%。

6、强化对原燃辅料的检验把关，帮助检测中心完成了取样、制样、检验的流程再造，堵塞了漏洞；监管了废钢公司“一条龙”运行的废钢实物质量，今年原燃辅料质量得到保证。

7、2013年公司质量体系运行有了进步，公司级质量控制点17个，全年内审进行了5次，外审进行了22次。高端产品接受二方审核8次，特殊产品介绍第三方审核6次，完成了任务。

8、2013年首次公开公布了2012年高级技术主管和首席技师的考评结果，并明确了今年必须担当的公司级、总厂级的课题，上半年、下半年两次对高级技术主管的工作进行了检查和考评，加大压力，公开考评结果。

9、创新的工作方式，每月召开一次技术质量例会，限定发言时间、要求汇报的工作、点评存在的问题，每次会议对上次例会布置的工作进行了检查。受聘为公司首席质量官以来，工作压力更大，公司完善了各单位的总工程师制，并明确总工程师对“写所需”负责！

10、抓产品质量的难点，组织技术攻关：一钢轧向四钢轧酸洗线供基料回退率从

25%降至8%；找出四钢轧供格力镀锌板“白锈”的原因及解决办法；限定了汽车大梁钢的生产条件等；组织公司战略产品电工钢新品的开发。

11、代表公司接待了来访的日本三菱机工和三菱重工、西门子奥钢联硅钢咨询公司、德国巴登工程技术公司等，带着我们的需求，进行了充分的技术交流，参与了对美国GE公司车轮产品质量异议的处理，完成了既定的任务。

12、直接联系单位特钢公司，2013年实现减亏目标，开发新品，闯入市场。实现了车轮系列产品国内和国外的由一钢提供圆坯转为特钢制造，进一步提高了坯料质量和稳定性。

13、代表课题组汇报答辩的《轨道交通紧固件用钢研究与开发》课题，获省财政支持300万元，代表股份公司报告的《巩固质量基础、积极应对二方审核》在中钢协主办的质量年会上受到好评。

**二、学习方面**

1、带着问题去学习，转到总工程师的岗位上，有许多自己不懂的东西，敢于不耻求问，扩大知识面，学习更多的东西。

2、平时坚持自我学习，听党的，跟党走，参加党委中心组学习，能较好地把握党中央做出的新政策和新要求。

**三、勤政廉政方面**

1、坚持深入现场去调查研究，倾听普通职工、作业长、分厂厂长意见，关注他们的工作困难和意见，出主意、想办法，共同改进和提高。

2、遵守中央、省市、公司对党员领导干部的各项要求和规定！作为股份公司经理班子的一员，虽然自己认为工作很努力、忙忙碌碌，但从业绩上看，突出的不多，有的工作才初见成效，有的工作成绩仅是一般般！

# 提升质量工作水平迫在眉睫

## ——在年末技术质量例会上的讲话

（2013年12月3日）

今年的技术质量例会每月召开一次，从每次会议的集中焦点来看，越来越集中在公司当前的产品质量问题和当前最难的技术工作上。由于本次会议发言限时，希望大家都讲最重要的问题，而且是经过事先调查研究能反映出真实情况的问题，所以会议开到现在情况很好。董事长在百忙中抽出时间来参加会议，他本身就是搞技术出身，是马钢公司H型钢的开拓者和成功者。现在我担任股份公司总工程师，感到压力非常大，还有一个压力是又当了股份公司的首席质量官，因此对于我来说，输入项就是对各种原材料的把关，输出项就是公司所有的产品质量。既然公司恢复了各个单位的总工程师制，而且在很多重要的单位又设立了副总工程师，那么继科技质量部、技术中心高级技术主管后，这些总工和副总工也都是开展技术质量工作的主要依靠对象，所以大家工作的压力只会越来越重，承担的工作也一定要认真再认真。

今天我只讲几件具体的事情，第一件事情是从今天《马钢日报》头版刊登了车轮公司的一篇文章说起，文章称车轮公司目前任务非常繁忙，集中在12月底和元月份接到了大量订单任务，包括普通机车轮、GE公司的订货及铁道部的订货，这篇文章是很振奋人心的，但车轮产品的质量是公司最重要的也是风险最大的，而且一定要搞好的。在车轮质量问题上，是真正的一点都马虎不得的。另外，车轮产品质量的责任追究未来可能也会变成终身制。统计数据显示，2010年一钢轧总厂为车轮公司供坯经车轮公司最终的产品检验后整炉废的共31炉，2011年共废29炉，2012年共废54炉。但2012年电炉介入生产供坯后，探伤问题的43炉中电炉占了5炉，夹杂问题的11炉中电炉占了2炉，2013年到现在为止，车轮钢的整炉废已降至10炉，探伤问题3炉中电炉占了1炉，夹杂问题7炉中电炉占了2炉。所以说车轮钢的质量问题转到特钢公司生产后有了明显好转，特钢公司的装备较好而且是专门设计于类似产品的，如果产品质量搞不好那么纯粹是管理不行和人为操作问题。

同时还有两件未处理完的事情，一是2006年为美国诺福克南方铁路公司生产的H36货车车轮，现在美国诺福克公司正在通过律师起诉马钢公司，目前所有的调查和准备工作都在进行之中；二是美国GE公司的P3机车车轮，今年我受董事长委托去处理结束了，但是跟着后面相连的炉号（2007年12月份制造）又产生了一件裂纹，因此对方让我们公司把整个生产制造过程的工艺、质量、物料传递全部检查一遍后报告准确信息，所以说车轮钢的质量真正是关系到人命关天、关系到公司的整个形象的事情，谁干谁就始终是战战兢兢如履薄冰，不能有一点侥幸心理。这里再专门强调下，今后95%的车轮钢大规模的转到特钢公司去生产，逐步转变到全部由特钢生产，一钢轧就不再介入车轮钢的生产，因此所有的质量压力就转到特钢公司了。

第二件事情是质量损失和质量指标攻关计划情况。2013年各条产线的产品质量数据尤其是对外赔偿的起数、赔偿的金额以及内部改判的损失，今年以来在销售公司和科技质量部的强抓和盘点下，数据非常精准。明年的指标是总的质量损失要降15%，其中对外质量赔偿要降30%，公司会将指标根据各单位的权重大小分配，科技质量部在明年元月份下达质量计划时，要把四个钢轧总厂和三个事业部，就每个单位质量最突出的前三位问题，按照赔偿损失的大小、造成损失的大小顺序列A、B、C三级，然后每月下质量攻关指标，比如说A类夹杂缺陷，如果12月份是1.0%，那么元月份能不能将指标下到0.9%？同理，其他的指标都一样套上去造成一种步步紧逼，明年将全面开展月月下计划月月进行质量检查这项工作。质量指标攻关计划是今年一个新的举措，过去下生产计划没有下质量指标攻关计划，科技质量部要同各个单位进行沟通，第一是要完成公司的目标，第二是要确定最终能做到什么水平。指标下达以后就必须有检查、有考核，长材厂占了15%的质量奖，板材厂占了25%的质量奖，如果不达标就扣这部分质量奖里的钱。在座的各位都是质量工作依靠对象，特别是高级技术主管、技术中心、科技质量部和各个单位的总工和副总工，如果没达标被扣了钱，那么干得好钱也可以拿回去，因此明年是真刀真枪地开展质量指标奖罚工作。

第三件事情是关于新产品开发。今天科技质量部和技术中心都汇报了2013年的新产品开发情况，2013年完成了公司下达的新产品开发任务量，也完成了新产品所要创造的利润和比较利润。2014年下达了105万吨新产品开发的艰巨任务，在2013年有很多新产品已经是老产品了，但依然把它算作新产品，而没有从开发目录中剔除，但2014年必须把已经干过的有批量的全部转到厂里去，一律不再算作新产品，因此明年是按照重新制定的新产品目录列出来的105万吨，均摊到12个月份均衡稳定的推进则每月是8.75万吨。此外，明年的新产品划成了两个部分，一部分是已经开发的新产品，还列在新产品目录中是因为过去做的量较少还不太成熟，还有很多地方要进行工艺技术改进的；还有一部分新产品是明年要自己开发、自己干来满足市场需求的这一类。科技质量部已经依据新产品的难度系数按五星级、四星级和三星级标示出来了，请各位思考一方面是技术上能不能干得了，一方面是能不能找到外部的支撑，另一方面是能不能为新产品在开发市场和技术服务过程中做好我们自己的工作。

第四件事情是针对反复出现的质量问题的质量专项攻关与考核。围绕着2013年反反复复出现的一些质量问题，如果管紧点就好一点，管松了又倒回去了，或者说由于其他环境的变化有些质量问题又重复再犯。针对这样的情况，目前已经申报了23项质

量专项攻关计划（其中包含彩涂和车轮各增加的一项），对于这些专项攻关计划，明年进行明码标价下承包书，从公司给的25%的质量奖（长材厂15%、板材厂25%）进行取用支付。各个单位的总工、副总工、高管和首席技师，都要挂到这些项目中去，承担责任的条件就是“奖三罚一”，即如果项目完成则奖励300块钱，而这个项目没有达到目标则罚100块钱。23攻关计划中一钢轧7项、二钢轧1项、三钢轧3项、四钢轧7项、彩涂和车轮各1项、特钢公司3项，针对攻关目标设定了三档目标，达到哪个目标就在本厂25%的质量奖中奖励多少，如果连最低档目标都达不到，则由公司进行考核。

第五件事情是科技质量部已经下达了2014年各个单位的技术经济指标计划，各项经济技术指标对钢厂来讲就是进出料平衡、成材率指标等重要的指标，基本上是参照2013年各单位实际达到水平来制定的。根据指标是否还能再提升进行区分对待，有些指标在全国同行中处于较好水平则继续持平，但有些指标持续一直没有达到的则实事求是的往下调整一点，尤其是对板带产品厂明年有几个新的指标：订单兑现率、一次投料合格率等，板带厂的压力会很大。指标是一个量化的数据，量化的数据一定是可测量的，一定可测量的数据奖罚就有据可依。今年技术中心要在1月20号之前对所有的A、B类项目进行一次评审，目标是实事求是做出评价，依据评审结果公司给予提奖，然而提奖的幅度可以上调但是评价的标准不能降低。技术中心还有三个新的项目未列入A类项目中，一个是炼铁研究所提出的和大专院校联合进行一铁小的烧结机上开展烧结脱硫的项目，公司同意用新方法、新工艺、新技术来做尝试再创造一种新的烧结脱硫方法；另一个是车轮钢的质量攻关项目，虽然车轮钢没有夹杂是不可能的，但有细小的无伤害的夹杂和实现硫化锰包覆硬性夹杂这项工作，公司全力支持技术中心来牵头负责；还有一项课题是孙高管牵头已经获得300万省财政支持的轨道交通紧固件用钢项目，此项目既有的工艺线和技术中心的人才是能够驾驭的，但是也需要外面的协助和合作来进行。

第六件事情是电工钢二期工程的问题，目前实话实说是无能为力，我们正在找外援，300、400就是在二期工程中要标干出来的，而且现在能干出这个产品在市场上是有商机的，因此这项工作希望有关单位能盯紧，能够加大力度来推进。

第七件事情是围绕2013年四钢轧质量指标实事求是做了一个评价，没有进步即是退步，基本算作原地踏步，从调查四钢轧板带夹杂缺陷专题会来看：2010年夹杂是0.3%，2011年是0.13%，2012年是0.53%，到2013年1~8月份上升到1.33%，夹杂废带出来了大量用户索赔、汽车厂的抱怨和不满，也带来了很多种重大客户的投诉。会上经过梳理后发现，由于厂里降本工作或者合理化建议或者其他的改善措施等原因一共变动了7条工艺：例如过去规定留注余现在不留了、中包底部冲击区加高了、档渣堰移宽了、连铸工艺为了降本因此将之前6炉连浇现在改为7炉连浇了、一些LF钢切头切尾尺寸的变化、此外还有炼钢挡渣方式的变化、中包塞棒吹氩方式的变化等，会上达成了一个共识对过去的事情不再追究，但现在开始明确总工程师要负的责任就是“写所需”，生产厂长和其他人对“写所需”可以评价，之后“做所写”和“记所做”必须是生产厂长来监督和执行。目前这些变化的因素已要求陆陆续续全部改回去了，之后从8月份以后逐月在下降，本月的夹杂可以降到0.9%。在这里重申一下，总工程师、副总工程师负责“写所需”，如果查出来“写所需”的问题就是总工、副总工的责任，如果原因是“做所写”和“记所做”没按照你的要求，那么就会追究其他人的责任，所以搞产品质量一定要认认真真，正如打篮球一样全场紧逼，工序与工序之间必须把所有事情都认认真真地做好。

第八件事情是质量异议处理问题。2013年质量异议处理的速度和赔偿的金额，基本上达到了公司控制的要求，做得比过去有所进步。但从现在开始，今后各单位外出质量异议处理人员必须是经过公司培训的，目前首批培训已经结束公司正加紧给首批40个考评合格人员发证，如果各单位还有人需要培训则元旦之后就可以再组织，千万不能把外部质量异议处理当成一种出差和待遇，而必须规范起来，要求质量异议处理务必是持证上岗经过培训的，能够达到对自己内部生产工序非常清楚，从而对质量异议产生的可能的因素做出准确判断，因此质量异议培训和处理这项工作还要继续做好。

第九件事情是公司大的体系运行审核情况。今年公司大的体系运行审核共经历了两次外审，一次就是本月的“三标一体化”国金恒信的外审，另一次是汉德公司对汽车板TS16949的质量审核。针对过去发生的由于无法可依，因此对于过去的整改项就通知各个单位自己整改，但明年开始在体系运行上不能软弱，对不合格项应严厉考核，整改项比不合格项退一档考核，而且体系运行内审也要考核，同时公司自己组织内审也进行考核，搞质量工作没有选择，质量就是要奖还要罚。明年质量体系审核要明确把外审的标准和内审的标准统一起来，审核后发现不合格项、整改项和轻微不合格项一律都要进行考核，而且要考核要落实到具体分管这项工作的责任人。

第十件事情是关于商务赔偿和质量异议处理分开的问题。因为明年的质量考核力度较大，所以必须将质量异议和商务赔偿区分开。有些大客户如富士康隔三个月五个月就把切边都卷下来，没有卷号也没有标记而要求公司进行赔付，今后类似这样的情况就定性为商务赔偿。富士康、格力这样的大品牌客户对我们有一些要求也是希望马钢达到更高的质量标准，他们的品牌市场让我们参与供料从而成为合格供应商那么就理应提出较高的要求，但在质量考核的过程中，应该按照桥归桥路归路的原则将商务赔偿和质量异议处理严格分开，否则就会在考核上有失公平。

最后一件事是产品质量波动问题。生产过程中最好的状态是人机物法环都不出现波动，但若真出现波动后而不反应不动作继续容忍，直到最后产品质量出现问题再倒过头来调查，这时大批产品出来以后造成的损失是非常可怕的。在涉及到重要的产品、涉及到供给大客户和品牌客户的产品产线上，当人机物法环发生了无法适应的变化时，必须胆子大一点把生产停下来，这时不能还一味地要提高产量。由于今年自我曝光我们的质量问题使很多客户理解到我们在抓质量，也实实在在地感受到了马钢质量工作的进步，因此尽管富士康在抱怨我们、格力也在抱怨我们，但是他们给我们的订单还在持续大量增加，所以我们要真正地守住自己的质量底线。质量是我们生存的一个空间，如果明年在重要的产品生产过程中发现了外部条件的变化可以直接将生产停掉，质量问题绝对不能替别人担待，而别人更应当替产品质量来分担和承担责任。此外，所有工程技术人员都是搞技术、搞产品质量、搞研发的人，各项工作一定要遵循PDCA循环原理，而PDCA循环中最重要的一点就是所布置的工作就一定要检查，自己布置的工作不能依靠别人去检查，特别是一些大的决策过程中，务求自己布置自己跟踪检查，这项工作特别重要。

# 如何做一名合格的质量异议处理人员

## ——在公司对外质量异议处理人员培训班的讲话

（2013年12月3日）

看了一下今天参加培训人员名单，我认识的人不少。但我还是有必要做一个自我介绍：我名叫高海潮，是公司历史上第一次任命的首席质量官。现在我感到质量工作不好做，虽然工作这么多年了，我真不知道该怎么样做才能取得比较好的效果，才能让领导满意、让职工满意，因此我深深地感受到一种从未有过的压力。

我不讲空话，不讲套话，不讲假话，也不讲废话，要讲就讲有用的话。这是我的习惯和风格。首先和大家做一个互动，随机问在座的几个问题：先介绍一下你在哪些岗位工作过？然后是从哪一年开始参与对外质量异议处理的？因我们产品质量问题，造成赔付金额较大或者是让你留下深刻印象的质量事件。请一钢轧的王飞、杨娟，四钢轧的李永和、孟庆春，金华加工中心的王为平，芜湖加工中心的刘保安和合肥加工中心的花建荣谈谈。

今天没有请二钢轧、三钢轧来，为什么没有请他们来呢？早上我把质量日报表又打开看了一遍，今天11月22号这个时间点，一钢轧总厂因各种质量缺陷造成的二级品已经达到3200吨；二钢轧总厂线材加棒材一起合计25吨，几乎没有什么质量损失；三钢轧总厂线材加棒材一起是10吨；而大H型钢是1184吨，主要是表面有缺陷需要修磨，小H型钢这个月因为计划产量减少，只有24吨；四钢轧总厂到今天为止，本月待处理的质量缺陷二级品已经达到了5400吨。所以今天没有请二钢轧、三钢轧来！马钢是长材起家的，而马钢现在是从长材向板带扩张，目前马钢产品结构是板带比达55%，但我们质量管理跟不上，尽管如此，从现在市场上来看，我们板带的竞争力还是比较强的，而长材的竞争力，我们怎么干也不可能把成本降到比长江钢厂、合肥钢厂还低。今天公司在这里举行对外质量异议处理人员培训班，四十个同志，大家来自于不同的岗位，不同的单位，有不同的工作背景，要求大家在这一天的培训时间里能够认真，安心的学习，刚才和各位互动了一下，在座的都还比较年轻，有年轻的同志在销售的一线，在处理质量异议的岗位上，看到大家的精神状况不一样，有一种责任感，我更有信心了！

如果你现在是工程师或者助理工程师，想继续晋升职称，今天的学习是继续教育，上课结束后，记做8个学时，考职称时算作工程技术人员继续教育的学时。今后质量异议处理岗位和工程技术人员的业绩同等重要，所以不要以为我原来是轧钢工程师，专职处理质量异议会不会影响？三百六十行，行行有能人！还有其他专业的工程师，我现在做这个，是不是偏离了我的专业？要干一行爱一行，学习是不停顿的，专业是相通的。

今天每一位同志，学习结束之后都要考试，考试成绩由科技质量部以文件的形式公布到你所在的单位。如果考试不合格，奖金扣掉500元；还有一次补考的机会，考试仍然不合格，扣除全月奖金，不得再进入质量异议处理的岗位，不得再参与外部质量异议处理。这是公司的要求，也是硬性规定，我担任首席质量官，就对大家严格要求，如果不这样做的话，很多事情就做不起来，以后质量方面的培训学习都按照这个模式来。

举行对外质量异议处理人员培训班有三个目的。第一个目的：提升对外质量异议处理的能力。如何提升处理能力呢？大家面临的是不同的客户，不同的产品，不同的市场，但在你心中一定要有一个质量异议处理的模式。我认为这个模式并不复杂，如果你认为你原来参与处理质量异议方法好，那就是一种模式。不同的情况，不强求统一的模式，如果你每次去和这个客户打交道，只要客户能够接受，能够把事情处理好就行!你可能碰到的是一个友好的客户、或是一个刁钻的客户，也许只是产品延伸加工初级品的客户、亦或产品延伸深加工的客户，客户的观点和观念是不一样的，但是参加质量异议处理在任何时候我们都可以用到全面质量管理中的一个工具——5W1H。

Why——遇到质量异议想一想，客户的要求是什么？我们的产品为什么不能满足要求？为什么同类产品别的用户没有问题呢？

What——产品有什么缺陷？什么样的概率事件？有没有商务问题在其中？是一批产品的前期使用、中期使用、还是后期使用？

Where——在什么地点发生了产品质量异议？是在中间商的仓库里，还是中间商转发出去的直接客户的手中，或是再到下一道客户的手中？把公司发出产品物流方式搞清楚，第一步到哪里？第二次停在哪？第三转运到哪里？第一次可能是船，第二次可能是汽车，第三次可能是火车？

When——何时开始的？处理质量异议千万不是一个时点概念，是一个时间概念。这个产品何时开始生产，何时检验的，何时到用户手中的，这些都是非常重要的信息。

Who——谁在最终使用我的产品？为什么不是我们的直供户？到底是谁的产品？

How——如何处理这起质量问题？客户要达到什么目的？我怎样和客户沟通？我能处理这起质量异议吗？

我想把这个工具和大家分享一下，先想这个问题也行，先想那个问题也行，但是在处理质量异议之前，需要用这种科学的“5W1H”的方法在脑海中形成一个完整的印象，这样你对问题的来龙去脉就有了基本的定论。在这个时候，你再考虑每一个环节中哪些用户可能提出的问题和我要向用户如何回答问题。千万不能今天要外出处理一个质量异议，拎个包就走了，事先准备工作都不做，到了现场有些工作是你想做也来不及做了。我们处理质量异议的同时要关注生产线的变化，关注一批批产品质量的信息，关注特别容易出现质量问题的生产工艺的关键点、控制点，是不是有异常的波动。到了现场，客户说："你看，这个卷子的质量问题怎么处理？"如果你做了事先调查，卷号清楚，生产过程知道，工序控制点查过有无出现异常，还了解到这批卷子确实换了一家涂料，或是这批卷子运输的路线，过去是火车送过去的，这次为什么改成了水运？所有一连串的信息，你都能清楚，而不仅仅是客户把所有的信息都输给你，你不能反输出一点信息给客户。唯有如此，才能不断提升处理质量异议的能力，所以我要强调处理质量异议背后的准备工作，处理质量异议也是培养工程技术人员。如果你仅仅是简单的认账；或者说对质量缺陷本身辨识都不足，例如，到底是生产线产生的有规律性的横折印，还是它在吊运过程中外部挤压造成的仅仅是几圈折印，你都没有这种判断的能力，这样的质量异议处理能力是不行的。今天考试出的题目亦是如此，不是什么一加一等于二、三加二等于五的题目，题目都不难，但改卷子很难，对你处理质量异议的工作能力和工作水平，做一个鉴定。

第二个目的：掌握正确的质量异议处理方法，我以为就是客户和中间商是要能接受的，对我们也公平。我担任了首席质量官后，加快了公司处理质量异议的速度，原来厂里一听说这个异议可能摊在自己身上了，需要赔钱，就开始分析销售公司负什么责任，客户在提什么无理要求，眼睛向外开始扯皮，耽误了质量异议处理的时间。现在我要求销售公司快速处理，上报所有的质量异议，我再对销售公司进行调查和监管。比如说昨天下午签的一起管线钢质量异议事件，昨天上午我到四钢轧去了解整个过程，两个因素：一是从2012年8月份到2013年4月份，属于每个月在使用产品中积累产生废品；二是宝鸡钢管是我们的大客户，双方一直相互信任。

每位到质量异议处理现场的人一定要思考一些问题：是不是我们的产品？属不属于我们的质量问题？如果断定是我们的产品，确实属我们的质量问题，还要进一步分辨，是大的问题、小的问题、还是中等的问题？我应该怎么处理？这次质量异议处理有没有商务成分在里面？你都需要考虑。正确的回答这些问题的方法就是：客户和中间商要能接受，对我们也公平。比如，之前销售了一批电工钢5400元/吨，两个月前订的货，货刚刚才到家，电工钢降到4700元/吨，客户一吨损失了600~700元钱，这个用户他心里就不平衡了，肯定要在产品质量上找问题，而恰恰我们产品在板形控制上就是有质量问题，人家抓住了。我们心里要清楚，处理这起质量异议，人家就要跟你既谈质量问题，又谈商务问题，我估计各位也经历过这样的例子。我们对客户要秉承这样一个理念，客户永远是正确的。因为我们不能把工作做到十全十美，因此只能认为客户是正确的。包括像我们的品牌客户格力、富士康等等，一方面为给他们供料得到价值和荣耀外，另外一个方面也为他们技术标准和严格的质量把关，感到压力很大，只有在这样的大客户的鞭策下，我们才能进步，质量水平才能得到提升。今年马钢的质量问题仍然是产品质量不稳定，客户不时地抱怨；但客户看到马钢也在不断努力，改进质量，所以重点客户订单在增长。

第三个目的：外出去处理质量异议关键是接受质量异议的信息。不是说你出去看到一个产品出了一个质量问题，信息到你这里就断掉了。出去看到产品质量异议的信息以后，第一个要向这条产线质量负责人员和技术人员迅速的反馈：在现场看到的是什么样的质量缺陷？卷号是多少？规格是什么？品种是什么？你在质量异议的最前端，但是你的身后是有很多人在支撑你的，分厂厂长、主管工程师，直至厂长。千万不要没有弄清的时候，就盲目地在脑子中形成了一个对这个事情的判断，而要多方位分析，得出一个综合判断的质量信息，有了所做的各方调研结果后可以和用户交流。比如最为典型的产品调换使用，现在市场竞争激烈，有些客户拿宝钢的钢材顶替进口钢材，也有客户拿马钢的顶替宝钢钢材，你要知道我们和宝钢之间是有差价的，比如说彩涂板，宝钢的是7000元/吨，我们的是5800元/吨，虽然是同一个品种，同一个规格，用了不出事不找你，一旦出事呢？如果说你没有完整的质量信息，反正就是一张板子，上面没有任何标注，也没有身份证号，或者说是其他厂家的产品。质量异议处理是一项复杂的工作，除了处理质量异议的能力、方法，对质量异议产品的认定尤为重要，如果我们能做到细致的观察事情，阐明质量异议发生的原因，就保护了公司的产品，也保护了公司的利益。过去钢材供不应求，质量异议少，因为用户下次还要来找你订货，现在市场供大于求，质量异议相对的来讲也多，特别是随着一波一波的市场行情的变化，类似情况会发生的。

最后，还有一条要求，搞质量异议处理要清正廉洁。过去处理质量异议我也看到、听到过，钢材供不应求的时候，客户有质量异议，请你过去安排吃喝玩乐，甚至个别人连现场产品都不看，直接住到五星级宾馆，谈谈就把字签掉赔钱。现在要求大家一定要廉洁，是我的产品我必须看，是我的责任我必须认。市场行情已经完全倒过来了，产品出了质量问题，我们应该抱着真诚的歉意，把这个质量异议实事求是地处理好。

通报一下公司质量损失。2013年1~10月份，马钢公司三个事业部、四个钢轧总厂质量损失总和是11496万，这个质量损失是内部质量损失和外部质量异议索赔加在一起的总和，摊到每吨钢材的质量损失是10.4元，这个数字均比2012年有所降低，但降低的幅度不大。公司对外质量异议损失赔付了1972万，这个数字比2012年少了一百万，也进步了一点。2013年1~10月份，外部客户对我们的投诉一共是2867起，简单来说，1972万元赔付给2867起质量异议，每一起平均对外赔偿6878元！我把这个概

念梳理一下，我们处理质量异议，一起大的质量异议赔偿，像30万、20万的，其实就是很大的事情了。平均每天接到用户投诉十起，相当于每天赔付6.8万元，正是因为产品质量要赔付起数多、金额小，今年公司树立了一个质量目标：对外赔偿的质量起数降10%，对外赔偿的金额降30%！马上就到年底了，花落知多少，秋后算总账。硬碰硬的，我们没有达到这个目标，但同口径比达到了这个目标。主要原因是四钢轧的酸洗线去年刚刚调试生产，没有业绩，而今年1~10月份酸轧洗线的产量已经达到40万吨左右，发生质量异议184起，因为酸洗板的表面质量赔付115万。因为去年没有这个产品，所以如果质量异议起数扣掉184起，赔偿金额去掉115万，同口径相比是完成了今年的目标。今年是马钢公司抓产品质量力度比较大的一年，重点是教育全体员工，能够对产品质量高度重视，对客户投诉有正确认识，客户是我们的衣食父母，客户是我们的上帝，质量稳定、质量提升是一项永无止境的工作。

《马钢日报》刊登具有代表性的质量异议事件，每月有专版，季度有整版，公布马钢各条产线质量异议起数、赔偿的金额、操作者、检验者、管理者名单。就如之前所说二钢、三钢很少，一钢、四钢很多，所以有的人名字见报他已经是不止一次了，刚开始公布的时候，心里还有点犯嘀咕，脸还有点红，到现在少数人可能有点麻木。但是请各位注意，今年所有公布的数据都是经过确认的准确数字，到今年年底的时候，凡是没有达到公司设定的降10%和30%目标的产线，明年1月份每人扣掉25%的奖金，做新年起步的第一份礼。扣奖节余的奖金设立质量奖，专门用于奖励干好的产线，比如退火炉或精整线干得不错，每个人可以得到加奖，质量上一定要加大奖与罚的力度。所以，我希望在日常生产中，对你所负责产线的数据要注意搜集、积累，有些数据在马钢的网上也能下载到，这也是外出去工作的准备。

为什么讲那么多数字呢？为什么把这些数字变成一个常见的事例？其目的就是说明质量现状。质量是企业的生命、质量是我们全体职工共同的饭碗，产品质量不可能百分之百没有问题，但是马钢目前产品质量问题，以至于用户对我们已经形成了一个不好的形象——马钢产品质量不稳定！带给我们的危害是什么呢？同样的产品，质量稳定的企业有忠实的客户，人家就最终可能会形成一个品牌；而产品质量不稳定的企业，用户就低看一眼，谈价格的时候首先是砍价，然后再和这边稳定的客户做对比，所以我们吨材销售收入有差距，与产品质量有很大关系。如果你的是品牌产品，用户一直用你的产品，他很放心，从来就没有质量问题，他怎么敢轻易就把你这个客户丢掉呢？比如：同样的产品，马钢的家电板、彩涂板、镀锌板、电工钢、汽车板的价格，和武钢、宝钢相比，有的是差100元，有的差500~600元。就因为我们的质量不稳定，如果说我们整个产品质量都不行，跟人家同品种、规格都没办法比，我们也就认了这口气了，问题是我们97%、98%都是好的，就是那1%、2%不行，把整个形象都毁掉了！我现在强调两个观点：第一，对产品质量负责到底，千万不要抱任何侥幸心理，宁肯烂在家里，也不能流向市场，所以我希望加工中心的员工要严把质量关；第二，加工中心通过对产品的深加工，要能堵住产品质量问题。各家产品中心也担负着这样一个职能，抓质量和售后服务一定是一个辛苦的工作，它也是一项永恒的工作。

2014年新的绩效考核方案已经出来了，质量奖约占各个单位奖金的25%，质量奖构成的指标包括内部质量损失、对外质量异议赔偿等各方面质量指标。以某厂2014年2月份1000元奖金为例，里面有250元是质量奖，当技术质量指标和2013年持平的时候，你拿250元的0.8；当技术质量指标达到2013年平均先进水平的时候，你拿1.0；当质量指标全部达到先进水平了，你拿1.2。这个是马钢历史上破天荒的第一次，我们现在质量奖仅仅占各单位奖金的5%左右，如此大的嘉扣奖幅度说明产品质量的重要性。

现在销售市场我们左右不了，原料采购市场也干涉不了，面对这么大的困难，我们只有通过眼睛向内，通过自己的努力，否则就难以生存下去。抓产品质量，2013年第一步宣传，2014年第二步动真的。我知道这个力度下去一定是很重的，但是请大家想一想：海尔冰箱如果没有张瑞敏当着全体职工面把质量问题冰箱砸掉，海尔能成为世界品牌吗？质量意识教育对我们太难了，仅仅教育根本是不够的，必须把职工的收入和产品质量挂钩，公司明年对内就这么干！

2014年所有参与对外处理质量异议的人都要经过培训，并通过考试，这四十位同志考完以后，合格人员由科技质量部制作一批证书《质量异议处理工作证》，人力资源部盖章，代表你有这个岗位资格；科技质量部盖章，代表对你处理对外质量异议能力认可，有效期三年。

# 勤于思考 加强交流 合作共赢

（2013年12月10日）

在座谈会上听到大家最为关心的，是我们的产品质量。我也向大家如实报告，自从当了首席质量官、到股份公司担任总工程师以后的这一年，我们内控质量的力度是最大的。

一方面接到客户对我们的抱怨，依然有很多产品缺陷，依然有许多产品瑕疵，特别是我们板带类产品表面质量带来了不少麻烦。而我们今年倒过头来看一看，长材产品所发生的质量问题很少，在公司产品质量异议处理过程中微乎其微。另外一个方面呢，我也实事求是向大家报告，今年这个客户满意度调查，给我打分是86.57分。这是一份独立调查问卷，向客户调查我们的产品质量，当然包括了马钢的长材和板材。是马钢十年来这个用户满意度得分最高的一次。

对我们自己内部来讲，和宝钢、武钢比我们还有不小的差距，但是今年客户向我们索赔的起数下降10%，总的起数降10%。另外在去年同口径、硬碰硬的基础上，对外质量赔偿的金额降了30%。

但是，摁下葫芦起了瓢，对外质量损伤下降了，但内部质量损伤上来了。我们指导思想是什么呢？宁肯把质量损失留在自己内部。这实际是对我们观念的一种冲撞，也是对我们管理的一种变革。

今年马钢公司各个单位在拿奖金的时候，有两块提奖。第一块就是降本增效，降一百万的工厂，公司奖励约25万元作为奖金。还有一个呢，产品结构调整带来的利润，也是降100万，提取25万。生产单位奖金就这两块来源，没有其他任何地方来源。给我们这个质量考核的奖金也不多。为了进一步抓好我们的产品质量，公司基本已经原则同意，就是明年实现收支两条线，工厂挣奖金归挣奖金，但是奖金支出中，要把质量占的份额放大。明年质量奖要占我们整个钢轧总厂奖金的25%。我知道比我们做的好的一些企业，质量奖占的比重更大。比如太钢，他们做一些定型产品的话，质量奖可能占到40%~50%。我相信如果公司出台这样的政策后，我们明年的这个产品质量一定会比今年做得更好。

中国的钢铁工业走到了现在，是整个行业在所有排序中利润最低或者叫最不赚钱，或者是最倒板的行业。是不是标志着中国钢铁工业就走到了一个极致呢？我认为中国钢铁工业一定还是要再发展的。但这个发展不一定是体现在量上，但是一定是体现在质上。

有句话这样说：全球未来钢铁材料依然是各类材料的最佳选择。我是这么理解的：我们国家现在经济发展很快，到处都是高楼、高铁、城际列车，大家想一想，50年、60年、70年以后这些产品废掉了以后，留下来都是固体废物，不可降解，无法再生的东西。而我们如果像日本或发达的欧洲国家一样，大量用的都是钢铁做成的东西，拆下来以后全部回收，也就自然循环了。从这个角度来看的话，钢铁产品这个生存空间还是很大。大家设想一下，战争来了的话，像我们这些高铁，一个炸弹炸了以后，修复是很困难的。如果是钢铁材质得，焊接马上就可以起来，很快就能复原，很快就可以把它架通。所以我认为从战略角度、从经济发展的角度来看，我们依然应该对中国钢铁工业充满期望。

再跟各位讲一个小故事。德国法兰克福机场有一家咖啡店，每天都是人头爆满，结果不赚钱还亏损。老板百思不得其解。他请了很多人来咨询，多少个专家咨询过以后，都说你这个现状改变不了。最后有一个咨询师，他自愿前来调研。他发现这家咖啡馆只要从机场开门到机场关门，都是满满的，人人在喝咖啡，为什么不赚钱呢？他又把员工和管理者提出的各种建议找出来，比如把咖啡馆里的板凳撤掉，让人站着喝咖啡，再比如说把咖啡的价格再提高一点等等一系列解决方案，但都不能解决这个问题。最后他发现一个很重要的问题，就是他们这个咖啡馆有两块牌子，挂在这个咖啡馆里。这两块牌子是什么呢？就是航班动态时刻表。所以只要坐在咖啡馆，就能知道航班起飞的时间，顾客们就会不紧不慢，一杯咖啡一直喝到航班要登机才离开咖啡馆，于是他就根据店员观察第一批客户进来的最长时间是多少，把这个航班信息牌关闭了。关闭以后，有些坐不住的人，看不到自己的空余时间了，就走掉。等店里客源少的时候，再把这个时刻表再打开，客人又来了。把时刻表彻底撤掉也没生意，把时刻表始终亮着也没生意，那么一定是在变化之中找寻这个生意的机会。我看了之后，有所触动。希望在未来，大家合作的过程中，我们能够通过彼此智慧，擦出更多火花来，把我们这个双方的交流、双方的合作做得更精彩一点。

# 转变作风 振奋精神 不断提升高炉驾驭能力

## ——在三铁总厂2014年职代会上的讲话

（2014年1月20日）

昨天下午接到丁总批示，要我代表公司参加三铁总厂职代会，我当时想为什么派我到三铁去参加这个会呢？自己揣摩了一圈也没有明白。我想面对现状我跟职工代表讲什么呢？我当生产部长时跟三铁总厂很熟悉，离开生产部以后，有个疏远的过程，但我仔细看了台下的职工代表和台上的各位，还是熟悉的面孔多，我和黄发元厂长还是在20世纪70年代蹉跎岁月认识的。现在A#高炉生产不顺，已经影响了公司生产经营的全局，大家都在特别关注。

我和三铁总厂是有缘分，因为我在当生产部长的时候，公司建设了新区，建立了4050 $m^3$的两座高炉，是和国内外大高炉同等档次的，三铁这两座高炉已经历时7年，已经干出的业绩，我认为是值得骄傲的。由三铁4050 $m^3$高炉和四钢轧300t转炉投产，马钢迅速跨上了千万吨级的台阶。记得在A#高炉开炉的年二十八的傍晚，雪花飘飘天气非常冷，7.63m焦炉的扒焦机坏了，当时焦炭就供不上来，我当时在生产部，调集利民公司人力，一边组织料场供落地焦，一边追着周亚平、张大力抢修扒焦机。给我总的印象，三铁总厂A、B两座高炉从开炉到现在干得是响当当的。当时最大的担心就是马钢人能不能驾驭这两座大高炉，时间证明我们驾驭的好。三铁A、B高炉有很多职工是从二铁总厂过来的，比当时二铁总厂的第一座2500$m^3$高炉投产，我们省了很大的劲，少吃很多苦。2500$m^3$高炉投产的时候，马钢职工“每天、每日、每时每刻都有激动人心的故事”，都在关注2500 $m^3$高炉，想把高炉搞好，就是搞不顺。在2500 $m^3$高炉基础上，马钢人自我学习、自我积累，干这么大高炉的时候，开炉开的就很顺，生产一直很顺。我想三铁总厂A、B高炉开炉到现在，如果还有什么不完美、不足的地方，就是高炉和转炉之间没有尝试“一包到底”技术。这个“一包到底”技术在首钢曹妃甸实现了，不扬尘，也不增加铁损，节省了很多能源消耗。

今天黄厂长职代会的报告从八个方面对三铁总厂2013年的工作进行了认真、全面、实事求是的总结。我代表公司党政领导对三铁总厂2013年所取得的成绩给予充分的肯定！2013年整个公司生产经营比较困难，但是三铁总厂在产量、降本等一系列指标上创造了辉煌。三铁总厂2013年产铁量638万吨，公司全年产铁1344万吨，也就是说三铁总厂两座炉子顶上一铁四座炉子加上二铁三座炉子，产量接近公司的50%，占据着公司半壁江山！三铁总厂2013年降本5.7亿元！虽然只完成降本目标的62%，但在三个铁厂中降本走在前面，全公司2013年降本27亿元，三铁总厂降了5.73亿元，占公司的21%，这是三铁总厂对公司的贡献！三铁总厂2013年TRT发电量是2.24亿度，全马钢公司一年的用电量是79.5亿度，三铁总厂利用高炉余压发电，发电量占了公司整个用电量的2.5%。

新区应该是非常漂亮的，当时设计是能和宝钢三期相媲美的一个新区。由于管理不行，新区不像个新区，四钢轧总厂现场管理达不到标准要求，三铁总厂是一次现场管理验收就通过了。三铁总厂2013年在稳定生产、提升指标、现场管理、降本增效取得新的成绩，在厂领导班子的带领下，职工的收入在整个公司是上等的。全公司奖金最高的单位是二钢轧总厂，因为降本达标比例最高，接近90%，公司发奖金就是根据你降本的多少。有单位讲不合理，车轮厂讲他们效益最好，但奖金拿的不高。高董事长在干部大会上说过，二钢轧总厂如果把你放到市场上去，是不可能拿到这么多奖金的。二钢轧总厂的王厂长也讲今年不知道怎么过了，因为铁水紧缺。四钢轧1580热轧在试产，资源要向更有效益的产线集中，今年长材和板材谁的效益好，谁的奖金就高，但是公司的炼铁，只要干出高产量，奖金就会高，这个经济责任制的激励方向一直会持续下去。

黄厂长在报告中从8个方面对2014年的工作做了详细的部署，明确了生产经营目标、工作思路和工作措施，提出了高炉以稳定顺行、高效生产为中心，降低消耗，完成全年的任务，要保职工收入不降低。保职工收入不降低现在难说，去年公司实行的经济责任制是厂里只要完成降本增效任务，不管公司盈亏，该得的奖金照发。今年公司新的领导班子意识到这是个问题，公司亏损，职工收入不受影响，怎么传递压力？高海建讲，给职工升工资，面对现实，我们现在还不具备这个条件，我现在不敢许愿。今年经济责任制考核把各单位和公司效益挂在一起。每个月如果公司不亏损，大家1200元奖金，以月亏损五千万为一个台阶，公司当月出现了五千万亏损，人均减去200元；一个亿的亏损，人均减去400元，这个经济责任制就和去年有很大的差别。哪个厂长都想职工收入多一点，不然怎么带这个职工队伍呢？

现在三铁总厂生产遇到了困难，我所看到的干群精神状况是好的，分厂、总厂两级班子都是夜以继日地扑在高炉上。干高炉的生产顺行的时候，不仅不累心情也好；生产不顺行的时候，是最辛苦的时候，现在三铁总厂是干群要一道辛苦。各位要提振信心，处理大高炉的炉况是一项复杂的技术工程活，慢不行，快也不行；听别人的不行，不停别人的也不行，一定要通过我们自身的努力，使高炉重新恢复到它最好的状况。从2006年至今历时8年，对于大高炉实际是边干边学，边积累大高炉的操作经验，我们自己培养了自己的人才，高炉顺行是长期的！

三铁总厂应建立A、B高炉炉况失常处理档案，记录从开炉到现在A、B高炉每次失常及恢复过程。就像一个人生病前是有不舒服的感觉，这个前面的症状是什么，后来吃了什么药，是通过打针、输液，还是作了手术，要总结经验供今后借鉴。这个工作我要求三铁总厂技术部来做，把06年开炉以后，历次高炉失常情况记录、分析整理和总结好，这个项目做好了可以在管理和技术上获奖。初步查了，2008年，A、B高炉同时失常；2010年底，A、B高炉又失常过；这次A高炉失常的准确日期是2013年12月27日，B高炉在元月上旬也有反应。全国的大高炉是不一样的，用原料是有区别的，操作方法不是统一的，每家大高炉的追求并不相同。我相信我们一定能把控好高炉，使A、B高炉长周期稳定，我更想讲的是我们能不能吃一堑，长一智，除了需要炼铁人精心操作，更需要科学的管理和技术。

对三铁总厂今后高炉的生产，我提一条建议：开放自己，提升学习和驾驭高炉的能力。在钢铁生产工艺链上工作了38年了，我的体会：高炉是最神秘的黑匣子。高炉在操作中，要注意细微的变化，特别是炉子顺行的时候，细微的变化会产生累积的效应，从量变到质变，让高炉从顺行到不顺行。黄厂长的报告中提到高炉干湿焦转换45天时，做了充分的准备，高炉能不能稳得住，大家心里都很担心的。在干湿转换的45天中，我们的高炉是稳定的，说明了什么？反过来在湿焦转换干焦的过程中，炉况反而变不顺了。今天和大家的交流，我把我听到的、看到的都讲出来，其目的只有一个：眼睛向内，思维发散开来，提升我们学习和驾驭高炉的能力。马云讲，永远不要和你的属下谈某件事情具体怎么做，如果你的方法比你属下的还有效，说明这个属下你选错了，你应该是给他提些更高的要求，更宽阔的眼界。我今天借着马云的话，说我们的工作方法。

二铁总厂去年十一、十二月1#2500m³高炉失常，本来1360万吨铁的目标是能实现的，结果仅完成了1344万吨，恰逢那两个月又是钢材效益比较好的时候。我九年的生产部长经历是：炼铁平常没啥事，炉况不顺出大事；炼钢随时出点事，好在没有多大事；轧钢每天出小事，客户抱怨就是事。我觉得生产本身都有自己的规律，怎么在应对过程中，认识的充分，预备的方案多，驾驭的能力就强。炼铁看不见，炼钢、轧钢都能看得见，炼铁炉况事故是不可验证的，专家在讲，现在处理高炉炉况，一是通过减负荷、加空焦改善热力学条件，二是适时堵风口和捅风口，改善高炉动力学条件。现在处理大高炉炉况，做到不反复是需要很高水平的！高炉长周期的稳定，牵涉到方方面面，不仅高炉自己的稳定，只有方方面面的稳定，才能有高炉长周期的稳定。我们首先要开放自己，向兄弟企业学习，要和别人主动交流。我觉得高炉可复制的技术不多，我们本着一个开放的心态，主动的和外面交流。总结自己的管控模式，特别是高炉操作技术上，提升决策能力。请专家最好是在平常，因为专家所讲的都是我们知道的，而操作高炉的整个过程，就像带自己的孩子，孩子即使不会讲话，你也能说出个子丑寅卯来，儿科的医生主要还是问询家长的。

各位职工代表，2013年三铁总厂的确干得很好，我相信现在的困难时暂时的，2014年会比2013年干得还要好，因为干得不好，我们收入就保不住，这是我们的切身利益，所以，我们一定要有这个压力、责任感。2014年公司定的铁的生产计划是1380万吨，三铁总厂的计划是643万吨，平均每天17713t，一座高炉每天要保证8856t铁，单靠三铁总厂是困难的，公司在原料上提高入炉品位。不论面临多大的压力，心态不能变化，搞高炉的人一定要“稳”，对外强调叫“七分原料，三分操作”，内部应该倒过来，看到“三分原料，七分操作”，要有这样一种辩证的观点。我们厂领导、科级干部、作业长在新的一年里能不能有些新的起色？科级干部不是甩手派；作业长也不是传声筒，现在马钢面临大的压力，转变作风是第一位的。最后，我用黄厂长职代会报告的标题，再加四个字“振奋精神，强化责任，‘反思失误’，为全面完成2014年的各项任务而努力奋斗”！

# 攻坚克难 为赢得2014年生产业绩努力前行

## ——在特钢公司2014年职代会上的讲话

（2014年2月8日）

特钢公司2013年1月30日的职代会我也参加了，今天是2014年1月28日，差两天满一年。职代会既是过去一年工作的总结，又是对新年工作的部署。昨天，我把杜经理职代会报告认真地看了一遍，这个报告非常好，我先客观公正、实事求是地点评报告中的一些数据，希望能引起各位职工代表的互动和共鸣。

一、特钢公司2013年的销售同比2012年增长193.44%。2012年销售量是9.61万吨，而2013年则是28.27万吨，共产钢2815炉，平均每天生产7~8炉钢，只有特钢1/3的作业率。这不是我们的责任，又是我们的责任，说明特钢还有2/3潜力没动起来，因此，当前摆在特钢公司第一位的仍是跑市场、争订单。如果特钢公司能够每个月产能达到5万吨以上，再加精细管理，我相信特钢公司一定会抛掉亏损的帽子，所以胡副经理还要加大跑市场的力度。

二、特钢公司2013年生产29.76万吨钢，供给车轮公司15.3万吨，占年产量的51.6%，车轮钢占了一半以上的产量。2012年车轮公司全年探伤夹杂判废总共是54炉，约为5600吨，整炉钢判废是什么概念呢？车轮公司把原坯运输过去以后切割成段，然后经加热炉、轧制等工序，最后加工成车轮产品，之后再进行探伤。一旦探伤发现大颗粒夹杂报警，就不符合标准判废；如果这批次车轮报警频繁，比如报警控制率在10%以下，而这炉钢报警达到20%~30%，那么就整炉判废。2012年整炉判废中，一钢轧7炉，特钢7炉；2013年车轮公司全年探伤判废和夹杂判废总共10炉，一钢轧7炉，特钢公司3炉。这说明特钢公司职工操作技能还有待提高，规范标准化管理还有待上升，但是也说明了现在电炉这套设备的优势，所以证明公司上特钢工程、干事业部、成立特钢公司是正确的。

三、2013和2012年相比，特钢公司吨钢成本下降了531.14元，同比减亏8000万。特钢公司共有职工629人，相当于每个职工全年为公司减亏12.72万元，也相当于特钢公司给全体职工发两年的工资和奖金。职工代表还需要向各位职工传递令人信服的数据，大家对自己的工作既要有正确的评价还要理解。

四、特钢公司2013年创造了单日2800吨的纪录，一天炼钢达到28炉。如果按这个单日产量来计算，超出了全年100万吨的设计能力。如果我们能继续这样大踏步的前进，恐怕两年后，就能达到超百万吨。我记得28炉钢产生的当天，特钢公司很多职

工很兴奋，但大家反而感到不累。中包连浇炉数14炉，连铸开浇两炉，铸机一天开两组，早上八点开一组，小夜班再开一组，一天静悄悄地生产任务就完成了。在钢铁企业生产顺的时候一定是不累的，生产不顺的时候一定是累的，这条希望大家今后能够有更多的感悟。

五、特钢公司2013年取得机车车轮、轮箍CICC铁路资格产品认证。车轴坯的生产之前也已经拿到了许可证，从现在开始，特钢公司的产品开始进军国内、外铁路市场，资格都具备了，也是在考验我们稳定保证产品质量的能力。

六、特钢公司2013年重点产品全氧稳定控制在15ppm以下，铸机低倍合格率高达99.5%，远远超过一钢轧原坯低倍合格率。这说明特钢公司钢的内在质量好、控制精准，钢的洁净度非常高。过热度控制、拉速控制和铸机配水控制，都与电磁搅拌紧密相关，尽管特钢轧材不多，但是轧材探伤合格率却高达95%，而且绝大部分是车轴钢、车轮钢，都要经过严格的探伤，都充分证明钢的洁净度是达到要求的，这也是了不起的进步。

我在关注这些的同时，还特别关注特钢公司摇炉工陈超，因为他是“马钢最可爱的人”之一；也特别敬佩热爱公益事业的叶东华，因为他捐献自己的造血干细胞拯救他人生命。上面所说这些数据、两个人物，他们为特钢公司增光添彩，为特钢赢得了荣誉，我想职工代表大会，应该邀请他们出席。我们每个人都不能忘了自己工作的分量，也不要忘了自己工作要起的作用，从一个点看一条线，从一条线看一个面，从单日生产看全年生产，从特钢一个人看全厂，特钢公司将展示美好的前景和勃勃的生机。在此，我代表马钢公司党政领导班子，对特钢公司2013年的业绩给予充分的肯定和表扬！

第二段我想讲一讲特钢公司2014年的重点工作，谈谈公司对特钢公司的期望。

第一，特钢公司2013年虽然干得很好，但仍然是一个亏损企业，仍然是公司的包袱。今年股份公司要求特钢公司全年的亏损额控制在1.5亿元以内，即每月亏损额降到1250万。今年努力方向就是在去年1.8个亿的亏损还要再减8000万下去，从正面看，特钢平均每个人的减亏相当于每个职工两年的工资；从反面看， 特钢公司629名职工平均每月带给公司的亏损是2万元，一年24万，所以，特钢公司职工要感到难过，职工代表更要有压力，这也是我们每位职工身上的责任和分量。现在是在亏损，但通过我们不断缩小亏损的额度，我相信特钢公司的前途是光明的，也希望2015年元月再开职代会的时候，特钢公司能够交出一份合格的成绩单。

虽然给特钢公司2014年定下1.5亿亏损指标，但是如果仅仅完成这个目标，那么今年的工资收入是一定要下滑的；只有把亏损控制在月1000万以内，甚至月900万，工资收入才能比2013年增加，特钢是事业部，有独立增加工资收入的条件，关键看每个职工干得怎么样？

第二，实现公司既定质量目标，特钢公司不能发生特大、重大质量事故。特大质量事故是指一次造成100万元以上失损的质量事故；重大质量事故是指一次质量事故造成的损失是50万到100万之间；一般的质量事故是指损失在5万到10万之间。龚志翔质量官，你要把这件事牢牢记在心上，随时都需要宣传这些概念。特钢公司不能发生重大、特大质量事故，力争不发生大质量事故，一般质量事故控制在1~2起之内，这是我作为首席质量官最提的要求。特钢公司必须凭稳定的产品质量在业内造成影响，形成质量品牌效应，打造马钢特钢品牌，从而以产品质量来取胜。

第三，2014年希望特钢公司供给车轮公司的车轮钢探伤夹杂整炉废品为零。2012年是54炉判废，2013年是10炉，现在公司给特钢提的目标是零，这是个重大考验。考验特钢公司操作水平、管理水平，这个目标的实现也会是一个重要标志，如果达到这个目标，公司嘉发奖金100万！车轮公司安经理也说，如能达到这个目标，车轮公司另外嘉发10万奖金，整炉判废对车轮公司的成本支出是巨大的，如果没有整炉判废，它的整个加工过程都有效益，也就是大大的降本。我想特钢公司职工能不能围绕着这个目标，车轮钢的整个工序都开展精细管理、精细操作、精细确认活动。我觉得这个目标很难但又不是很难，难的是生产过程中，人、机、物、法、环总会有波动和影响，继而造成整炉废品；但是又不难，坚定不移地控制质量，把有问题的圆坯扣在厂里不出厂，只要不发往车轮公司，都依然视作完成整炉夹杂物为零的目标。

第四，特钢公司取得的成绩给予充分肯定，希望特钢公司在2014年能解决一些生产过程中所遇到的难题。比如DS夹杂的问题、连铸偏析问题、钛控制问题、轧坯轧材脱碳问题、带状组织问题等等。作为工程技术人员，如果能解决其中一个问题，你就是专家，就是了不起的技术攻关重大课题，国家级重大成果。所以我在这里招兵买马，希望吸引更多的人才，无论你是本科生、硕士生，还是博士生，这里是你施展自己拳脚的舞台。解决上述问题，不仅需要掌握理论，还要实践，清晰工序控制等，这些问题的解决一定是要弯下腰来，把理论和实践研究个透；或者从出问题的过程中反过来分析为什么出问题，把前面的控制因素综合分析。如果我是特钢公司一名工程技术人员，我一定会盯住一个问题解决，不能说是完全消失，但概率会从原来的30%，降到20%，降到5%，控制更精确，更稳定，我想如果炼钢分厂把钢包扒渣工序运用起来，是否能解决一些问题呢？目前特钢公司作业量不大，现在要抓紧时间研究问题，解决问题，工程技术人员首先从工序控制入手，如何减少发生次数。

第五，一分耕耘一分收获，特钢公司2013年职工的奖金收入在全公司是中等水平。12月份彩涂事业部人均481元；车轮公司降本增效很大，人均奖金是1910元；特钢公司人均奖金1766元；二铁总厂因高炉不顺，人均奖金430元；四钢轧总厂产品质量有许多问题，人均奖金只有1450元；12月份公司人均奖金1510元，这些单位都是三班连续作业，而特钢公司每月仅有1/3的作业量。公司元月份因为三铁高炉不顺，欠铁水15万吨，预算股份公司将出现2.5亿元的亏损，如果按照公司职代会的考核办法，2014年人均奖金按1200元起步，每亏损5000万，将减掉200元奖金，亏损2.5亿，将减少1000元奖金。所以我很担心也很害怕这个事，担心公司的巨额亏损，后面补不起来；害怕公司真的这么干，全体职工能不能接受。元月份奖金要到2月份的中下旬发，我静静地看着，公司如果动真格了，就是爆炸性新闻，叫“壮士断腕”。元月份特钢公司干得不错，接近5万吨的产量，而且生产比较平稳；2月份如果后面再来一些订单，也有5万吨的量，全年超过50万吨产量。特钢公司全年一定要低于1.5个亿的亏损，每个月的亏损额必须要想办法减到1000万以下，职工才能有收入，不这样我们一点希望都没有。特钢公司的发展第一条就是靠我们努力开拓市场，出去找订单，另外一条各级干部必须转变工作作风。董事长要求“工人三班倒，班班见领导，分厂厂长回分厂，车间主任到现场”。最后，在职代会上我们全体职工代表要高喊：特钢公司要质量，要降本，要市场，靠我们的努力获得我们收入！

# 坚定信心 努力构筑提升质量的磐石

## ——在第一钢轧总厂2014年质量责任书签订仪式上的讲话

（2014年2月19日）

来到一钢轧总厂就像回家一样，有一种别样的感情。过去我们是同一个战壕的战友，现在我们是同一个战线的战友。今天参加承包会，有挡不住的热情，这是我的心里话。

一钢轧举行“一包到底”的质量责任书的签订仪式，先是分厂厂长与作业长、主操签字，之后分厂厂长与总厂副厂长、总工程师签字，最后以许健厂长和吴耀光副厂长的签字结尾。采取这种模式具有特别重要的意义，是真正传递压力、构建起完成公司质量考核指标的基石。如果每项工作都能做的这么细、这么到位，我们就能再上一个台阶。虽然今天只是签订质量责任书，但总厂的质量与总厂各个方面的工作都是密切相关的，特别是与设备、维护、点检、原料、辅料和上下工序操作之间的关系尤为紧密，其中道理大家都很清楚。

“十五”期间一钢轧总厂创造了马钢历史上新的辉煌。CSP生产线建成，从此我们有了自己的第一条热连轧、冷轧、镀锌、罩退生产线。公司原是以长材生产为主，长材的质量说到底就是性能问题，其他质量问题几乎没有。现在板材根本不同于长材，每次通报或处理的都是一、四钢轧的质量问题。马钢今年的板带比要达到60%以上，各种板带类产品质量缺陷从过去不知道、不认识，到现在成了我们产品上档次的拦路虎，也成了我们产品质量攻关的目标。一钢轧每月3000~4000吨的Ⅲ级品，严格意义上来讲，产品只有正品和废品，Ⅲ级品就是不良品！它的存在是因为我们对现行的生产工序控制、检验方法、判定标准以及用户的使用情况不清楚而设置的。这些不良品就是在板材板表面上有中浪、辊印、擦伤、锌渣、锌浪、钝化斑迹、边损、边浪、平整液斑迹等，一些肉眼可以看见的质量缺陷，相反肉眼看不见的成分和夹杂质量缺陷，所占的比例并不高。眼见的东西管不好，证明我们的工作还有很大的差距，对于这些质量缺陷，我们不能熟视无睹！这些产品并不是才做了一、两万吨，十年来的生产，各类产品都至少做了百万吨以上，总量已经超过一千万吨。这些质量缺陷不是必然，也不是不认识，而是主观上缺少对这些质量缺陷深入分析，然后加以控制，这就是质量缺陷产生并居高的根本原因！今天一钢轧总厂举行这个签字仪式，就是按公司的要求行动起来，把质量缺陷控制在新定指标水平；今年质量工作不是新台阶，一钢轧职工的收入就要受到很大影响。

总经理要求，2014年要把一、四钢轧总厂前三位的质量缺陷降下来，当成我们质量工作的主要目标。一、四钢轧总厂前三位的质量缺陷影响产品的卖相，影响产品的售价，影响公司的效益，作为首席质量官，我责无旁贷，按这个目标尽最大努力。我和总经理签订责任书，总厂分解指标也实事求是的设定两个档次。一钢轧总厂起步目标降15%，完不成则考核奖金，今年一钢轧总厂质量奖占25%，即1000元奖金中质量奖占250元，这是从未有过的；在降15%的基础上，向30%努力，这个比例中总厂设置了质量奖，公司将给予更多的正激励。现在如果不重视产品质量，马钢就无法生存！

公司充分肯定2013年一钢轧总厂质量对公司的贡献，许厂长为首的厂领导班子2013年是大有作为的，各项经济技术指标有了新的进步，职工的收入也很高。2014年一钢轧总厂处在一个重大的变化节点上，外部的变化是：四钢轧年产240万吨的1580热轧线投产，公司在没有新建高炉的情况下铁水平衡不了，铁水资源向产品效益好的产线集中，现在一钢轧中板线就面临着生存的压力；特钢公司已是投产第三年，车轮钢公司决定全部转给特钢生产，圆坯线近乎全部停下来了。圆坯待机停了，板坯待机再停了，北线就全停了，只有南线两台CSP铸机了。一钢轧过去是用三座转炉保四台连铸机生产，两台CSP铸机、一台板坯铸机、一台圆坯铸机，现在只需用两座吹炼就够了。内部的变化是：一钢轧今年要生产50万吨电工钢，其中高牌号的要占40%，这20万吨高牌号的电工钢由四钢轧提供热轧基料，一钢轧总厂干两次冷轧两次退火。面对今年的生产形势大家应该很清楚，我们产量计划减下来，质量计划指标大幅提升上来，一钢轧总厂应该更有序地组织生产，质量管理突出以数据评价，产品的质量缺陷大幅下降，这是今年全厂要为之不懈追求的！

2014年元月24日《马钢日报》头版登出了《“秋后算账”动真，奖优罚劣兑现，股份公司亮出质量“成绩单”》，2013年外部质量损失2848万元，与2012年外部质量损失5266万元相比，真金白银少赔了2418万元。给马钢产品销售带来的变化是：2013年是马钢历史上用户满意度考评最高的一年； 2013年由于狠抓产品质量，富士康、格力、美的订单量大增；2013年我们主要产线员工的质量意识有了真实提高。当时有人预估管紧了外发产品质量，内部质量损失会大幅上升，但运行的最终结果是，公司总的质量损失是大幅度下降的。

一钢轧总厂有中板、热轧、冷轧、镀锌、硅钢五条生产线，公司2013年度对这五条生产线的质量评价是：中板质量索赔较大降低；热轧质量索赔同比上升；冷轧质量索赔大幅降低；镀锌质量索赔大幅降低；硅钢质量索赔较大降低。一钢轧总厂2012年外部赔偿2024万元，2013年外部赔偿837万元，降低1187万元，无较大和重大质量事故。所以，公司对一钢轧总厂2013年质量成效给予高度评价，按规定嘉奖。希望一钢轧各条产线的“掌门人”、作业长、主操再接再厉！ 2014年公司核定一钢轧总厂质量总损失9.52元/吨，其中内部质量损失8.03元/吨，外部质量损失1.49元/吨。今天，我们共同见证了签字仪式，任务已经分解到各位的头上，郑重地讲一句话：不顾质量，干不好质量的干部要下岗；不顾质量，干不好质量的工人要待岗。车轮公司轮箍混料事件，2名科级干部一免到底。所以，一钢轧总厂对产品质量应该有更高的要求，对科级干部、作业长、主操的质量考核要加大砝码。签完字以后，最重要的就是每月一次的对标检查，坚持工序质量追究制，坚持开展QC小组活动，坚持PDCA循环持续改进。厂里要充分利用厂报、网站、现场宣传栏，广泛传递质量信息。质量是一个永远没有结束的工作，产品并不是生产出来检验合格就结束了，用户在使用过程中有质量问题，还依然追溯责任，公司2006年发给美国诺福克南方铁路公司和GE公司的车轮使用至今开裂，不仅面临赔偿，而且还影响今年的订单。我要求一钢轧总厂签字的各条生产线都能够按照贯标的要求，认真执行“写所需、做所写、记所做”，“写所需”是工程技术人员的事，“做所写、记所做”是作业长和操作工的事，把质量责任彻底分清楚。现场要特别关注人、机、物、法、环影响产品质量因素的变化，去年脱盐水超标不合格继续生产，造成大量格力家电镀锌板改判；供富士康的镀锌板因性能波动冲压开裂，产生大批量产品封锁在客户仓库，这样的质量事故坚决不能再出！抓产品质量，就是准确把控生产制造的全过程。

“一年之计在于春，一分耕耘一分收获”，我相信2014年一钢轧总厂在厂领导班子的带领下，通过自己的辛勤努力，在产量减少的情况下，会把产品质量干得更好！

# 持续推进以“零缺陷”为目标的质量战略

## ——在2014年车轮公司科技大会上的讲话

（2014年2月24日）

我是第一次参加车轮公司科技大会。李翔约我参加的时候就在思考，我到车轮公司去讲些什么，好在跟车轮公司领导班子、科级干部比较熟悉，有工作上的交往，所以今天说我自己的心里话。

我现在迫切地跟肖峰要质量档案，原定小年十五必须完成的，从CRCC发证以后，每一片机车轮都必须有一个身份证号，通过这个号可以查出整个制造过程的质量信息。这个工作一旦开头就没有结束，要一直持续下去。它的结果就是现在生产的大功率机车轮比普通机车轮档次更高、风险更大。每一片机车车轮，从炼钢到车轮，都遵守标准化操作、是没问题的。现在我要求倒过来做，在没出质量事故之前，车轮公司把质量信息全部准确录入，再确认每道工序质量保证。去年我曾经向谷源要环形件的订单，为特钢公司开辟市场。当时的环件市场我们在退步，后来车轮公司设了箍环项目部， 2013年的环件、轮箍比2012年干得好。轮箍混号事件谷源因为没有“做所写”，受到了处分，是谁的质量责任，谁就要承担。爱兵分管设备，去年一年光跟日本人来往交流做环件轧机改造和车轮公司其他项目，一直是受市场的制约，这些工作都没完，关键是看市场和公司的经营，需要在恰当的时间来做。我现在最怕接到李翔的电话和短信，因为车轮公司生产的车轮现在国内外铁路上服役的都很多。某年某月生产的某件车轮、轮箍，某天在某条铁路线上发生故障，每当接到报告的信息，我心里总是很紧张的。我也知道徐书记现在主抓全厂的现场管理，我相信车轮公司的现场管理一定能够保持下去，一定跟公司达标的要求是相吻合的，甚至做得更好。

我跟安涛打交道时间长了。我喜欢听他讲故事，知识渊博、历史了解得更多。刚才重点点评了国内外车轮市场的技术发展和产品质量。对车轮公司现场我算是轻车熟路了，这都源于1997年我在一钢厂当副厂长，为车轮厂供圆锭。2008年，我又回到一钢轧总厂当厂长，为车轮公司供圆坯。无论是当时的圆锭还是圆坯，我总是担心质量问题。凭良心说，只要李翔报告车轮对外质量问题，我第一反应，是不是1997年到2000年或者2008年到2010年我当时干的？因为我觉得质量压力一直在身上。所以我们干车轮产品担负着质量责任，现在来看是终身的，你只要干车轮产品，始终是不能掉以轻心的。

今天我到车轮公司来参加科技大会，是以公司首席质量官这个身份。马钢历史上第一次设首席质量官，这个官实在不好当。首先是对车轮公司表彰的2013年科技工作中的人和事表示真诚的祝贺！我希望在座的工程技术人员精业勤奋、共同努力为马钢车轮产品增光添彩，敢于对车轮产品全寿命期的质量终身负责。

昨天晚上我把安涛经理2014年元月二日在六届三次职工代表大会上的报告调出来看。职代会报告给我的第一印象是质量方面的，2009年发生的8·14车轮检验事故，造成车轮公司停产整顿，损失巨大，用了三年多的时间才逐步消除负面影响。报告还提到2013年“7·22”轮箍混料事故，铁总要求查处到直接管理者，两位科级干部被免职。人没有任何问题，就是质量没有抓住，因为混号你交代不出来谁干的，所以你必须对质量负责。同是这几年间，我们获得GE公司“最佳质量奖”；KKD车轮获中钢协“特优质量奖”；重载车轮获“市场开拓奖”。这一反一正、一坏一好、一黑一白，反差极大的产品质量两个方面。

职代会报告中第二个数据是生产经营的。2012年车轮的销量是19.82万吨，收入15.1亿元，平均每吨售价7618元。到2013年车轮的销量是17.82万吨，收入16.1亿元，平均每吨的售价9034元，2013年每吨车轮产品增加1416元。2013年在少生产2万吨车轮产品，实现经营利润3.5亿元，比2012年多增利润近1亿元。少干量，多挣钱，利润是从哪里来的？车轮公司生产高附加值产品，车轮产品的结构调整。2013年直接出口3.2万吨，转手出口2.5万吨，一共出口5.7万吨，出口产品占31.98%。出口产品不是好干的，出口产品的质量风险更大，2006~2007年，出口到美国GE公司、诺福克南方铁路公司的车轮，都用了这么多年，它的服役期已经快结束了，但美国人在追溯质量原因及责任，我们对美国的法律懂得很少，所以聘请香港美迈斯律师事务所来帮我们打官司。

第三个信息是2014年车轮公司车轮销量计划达到23万吨，其中车轮18万吨，轮箍5万吨，实现销售利润4个亿。我以为销售利润可以实现，多出口产品，多出精品，多出高附加值产品，避开低端的恶性竞争，赢得车轮公司自己的市场和效益。

2013年车轮公司的经济技术指标中成材率稳定在71%，这个指标是最重要的降本增效，在新设计的车轮上，通过轧制方式的改变每件车轮又可以提高一点。我在现场看到对入厂原料的定尺管理，看到切锭以后的分块标重，看到了精准的热轧毛坯尺寸，看到了理论值和实际的接近，车轮公司在成本上大幅度的下降，赢得了自己的竞争能力，万元产品的质量损失下降和成材率这两项指标全年降本1500万。有人反映车轮公司效益不错，但职工收入却不高的声音， 2013年车轮公司职工人均收入是61752元，实际发到职工手中的是46609元。2013年股份公司人均奖金20540元，车轮公司是23460元。在四个铁钢轧总厂、三个事业部中，车轮公司每月人均奖金1955元，都是前三名的！我相信车轮公司2014年完成经营计划后，收入一定会比2013年高！

作为公司的首席质量官，我特别关注四个单位质量，第一车轮公司，第二特钢公司，第三是四钢轧总厂，第四是一钢轧总厂。因为车轮公司产品人命关天，既可以因为产品质量好而赢利，也可以因为质量出问题而关门倒闭。所以车轮产品质量是终身的，按照质量法，追溯最后责任是逃脱不了的。我们已经开始对机车轮实行一个车轮建一个档案，每道工序是谁干的，档案建立的时候，都把它写进去。各位厂领导、科级干部，各位管理者，国家颁布了《质量法》，产品质量现在起就是终身制了，2006年在美国的车轮，现在就有追溯的事发生了。第二是特钢公司产品，它现在大部分服务于车轮公司，我要求它保证百分之百的内在质量，它的另一部分产品要求的质量也很高，出质量问题，不但要赔材料，还有加工费用，还有对方客户合同不能兑现的费用。公司的两个板带厂现在服务的客户中，对缺陷都是零容忍，去年《马钢日报》上曝光的、周调会上通报的，多是他们的质量问题。现在中国市场也进入过剩期了，只要质量稳定、性能优良，车轮公司一定立于不败之地，这个质量在车轮公司每位员工的手上。

马钢的车轮产品已到了新的转折点，或者到了一个新的登高点，首先是公司投入20亿建特钢公司，现在已取代了一钢向车轮提供原坯，车轮公司要建立一个对特钢圆坯质量严格把关的程序，不合格产品坚决拒收。CRCC发给的机车轮质量认证证书，这是今年新的利润增长点，也是我们实现产品质量稳定控制的最大难点。车轮公司的各级领导不重视产品质量就下岗；员工不重视产品制造质量就待岗。本月中国铁路总公司在太原召开中国动车轮装车试验的最后一次会议，我们研发的高铁车轮将上线运行，我们的生产技术和研发水平都达到了国际先进水平，唯一担心就是质量能不能稳定控制住。中国铁路在提速、加载，对我们来说都是更重的考验，有更多的车轮产品将出口到国外，在座的每一位不禁要问一下自己：我们的技术、管理、工作质量，都能保证得了吗？在座的每位员工，上至各级领导下至不同岗位的职工，一定要坚持做到“写所需、做所写、记所做”三个要求，我们只有用百分之百的工作质量，才能保证最终的产品质量！我以安经理职代会报告中关于质量的要求结束今天的讲话。

“2014年车轮公司以IRIS标准为核心，构建卓越绩效体系，巩固全员质量责任体系。以企业标准化引领管理能力的提升，推进精益生产，建设信息化工厂。2014年持续推进以‘零缺陷’为目标的质量战略，聚焦产品质量稳定提升，保证马钢车轮产品的质量。”

# 稳定产品质量 增加产品效益

## ——在公司科技会议上的演讲

（2014年3月3日）

按海建董事长的要求，让我以首席质量官的身份，在公司科技大会上发表演讲！我在现在的岗位上，面对众多的马钢产品，无论是以“板、线、轮、型”概括也好，还是以“机车轮、汽车板、电工钢、家电板、彩涂板、H型钢”等分类也好，我知道我们产品的实物质量，也清楚我们的管理现状，因此，我不会唱“高调”，也不能唱“高调”。起先我给自己演讲定的主题是“提升产品质量，争创产品效益”，最后我还是用了“稳定产品质量，增加产品效益”的主题。

今天的马钢已不是过去的马钢，实话实说，过去我们的日子还不错，但是今天，我们的日子是在艰难中度过！

今天的马钢已不是过去的马钢，实话实说，过去我们长材的质量领先于别人，但是今天，板材的质量控制我们还要向别人学习！

今天的马钢已不是过去的马钢，实话实说，过去我们的质量问题再大也不大，但是今天，我们的质量问题大起来会受不了！

过去的一年，即2013年马钢的板带比53.4%，对外质量异议赔付了2848万元，但二钢轧、三钢轧加车轮、彩涂、特钢三个事业部所占比例仅在10%，而一、四钢轧总厂板带产品的质量赔付占了90%；2013年马钢对外质量异议赔付起数3537起，平均每天10起，平均每起赔付金额也不多，8000元，虽然相比2012年对外少赔付2418万元，但这样一组数据告诉我们什么？现在市场对产品质量缺陷零容忍，尤其是板带产品，表面有一点诸如辊印、擦划伤、锌渣斑迹、色差等瑕疵就索赔。我们大的质量问题控制住了，小的质量缺陷每天都有！公司产品质量问题的焦点聚集在一、四钢轧总厂的板带生产管控上，这其中管理的问题占“七分”，技术占“三分”。

我们2013年的质量工作可谓是下了大力气，尤其是对外发产品质量的控制；尤其是对用户异议的理赔；尤其是对产品质量问题的追溯与曝光；我用三点来说：一是用户满意度调查得分增加了；二是像格力、富士康等直供大用户的订单量增大了；三是各条产线管理者，包括分厂厂长、作业长、主操、出厂检验人员的质量意识增强了！客观的回顾一下马钢的质量之路，走的不坚定，走的在摇摆，走的相对困难，也相对漫长，我们对自己产品质量的认知还要提高。质量工作本身只有开头，而没有结束！以公司发出去的车轮产品为例，服役8~10年以上的车轮，一旦有问题，无论国内还是国外仍找我们追溯；以汽车板为例，未来一起质量事故的发生，会导致大批量汽车的召回。所以，今天我们检验合格不算是最终的合格，客户检验合格也不是最终的合格，一直延续到产品在使用中合格。质量管理中最突出的理念是：“产品质量是制造出来的，不是检验出来的”！

作为公司首席质量官，我已经尝到了这个“官”苦涩的滋味，虽然我个人是难以肩负起马钢产品质量的安全责任，但是我必须肩负起自己的工作责任，采用千斤重担人人挑，人人身上有指标，层层分解落实质量责任的考核办法。

2014年公司的质量硬指标是：降低产品质量损失3000万，组织对钢轧总厂2013年排名前3位的质量缺陷进行技术攻关，确保缺陷数量降低50%，对内对外特重大质量事故为零。这个量化的指标，已经由公司分解到总厂。

2014年我特别关注车轮公司、四钢轧总厂、特钢公司、一钢轧总厂的质量工作。一方面是因为他们的产品质量风险很大，另一方面是因为他们的产品制造过程要求高。马钢机车轮已经通过CRCC铁路产品质量认证，开始替代进口实现批量销售，它是公司新的效益增长点，也是车轮公司现在重大的质量风险点，公司要求从发证日开始，每一片机车轮都有唯一的身份证号，通过它可以查阅整个生产制造过程的质量信息。特钢公司接替了一钢轧供车轮公司圆坯的全部任务，严格把住车轮产品内在质量关，有问题的圆坯绝不发往车轮公司，使车轮公司探伤夹杂废的目标定格在“0”上，为此公司设100万元奖金，用于激励关键工序、关键参数的内在质量控制人员。

要完成公司下达的质量指标，重中之重是一、四钢轧总厂能否继续保证并提高管控水平、稳定产品质量。2014年，不仅质量攻关难度大，技术把握难度也大，公司计划50万吨电工钢中有中高牌号无取向电工钢20万吨、160万吨的汽车板中有镀锌汽车板30万吨。一、四钢轧总厂都已经完成了质量责任书的逐级签订，厂长与总工程师签字，总工程师与分厂厂长签字，分厂厂长与甲乙丙丁班作业长签字，现在的工作重点是要坚持月月有计划、有检查、有奖励与处罚的考核！我们只有广泛开展QC小组活动，让每一位员工都清楚地知道“产品质量就在我们手中”！

不同的企业，不同的产品、不同的实物质量，同一个产品在不同的企业生产也有不同的质量。品牌产品质量好、售价高、订单满；非品牌产品价格战、抢订单，客户还会对质量抱怨。品牌产品客户忠诚度高，用户使用无质量异议；非品牌产品总是质量不稳定，时不时出质量问题，在员工、设备、原料、方法、环境五大质量因素中，总有控制不住的东西。品牌产品的标准不是100分，就是0分；非品牌产品的标准是达不到100分，可以是90分、80分甚至70分。对任何企业来讲，质量稳定反映的是企业的内功，内功的背后是企业文化，文化的深处是企业管理。

今天的钢铁市场，严重供大于求，各类产品的竞争已趋于白热化，车轮、管线钢、电工钢、汽车板这些产品的竞争都是乱象丛生！马钢很多的产品也是响当当的，可以顶替进口，可以出口，可以和宝钢、武钢的品牌产品同台比美！但就因为我们做不到100%的一个样，被冠上了“质量不够稳定”；就因为我们做不到100%的一个样，同样的产品，每吨要低300~400元，甚至500~800元；就因为我们做不到100%一个样，最终不能够成为市场公认的品牌产品！归其原因是我们各级管理者就产品质量抓产品质量，“狭义的产品质量”束缚了我们对“广义工作质量”的要求！“质量”的概念不仅包含产品质量，还包括过程质量、工作质量、绩效质量和发展质量，“产品质量是企业的生命”，我们不能更多地表述在口头上，而应该是体现在具体的行动上！

2014年是更加难过的一年，马钢质量工作有看得见的问题，产品质量有提升效益的空间。董事长聘任我为首席质量官；总经理任命了各单位的总工程师；企管部颁布了各岗位的质量责任制；技术质量部下文，保证质量管理体系的有效运行，对公司的关键工序控制点监督检查，对产品质量中的主要技术问题进行攻关，对前三位的质量缺陷成立QC小组。公司按贯标落实行动，划定质量责任界面，“写所需”由各单位总工程师负责，“做所写”“记所做”由生产厂长负责监督检查！公司在生产经营绩效管理办法中，第一次把钢轧产品的质量设置为关键绩效指标，我们基本完成了2014年质量工作的顶层设计，明确了相对应的“责、权、利”的关系。

今天，公司召开科技工作会议，是对我们科技工作者的鼓励和激励！我在这里不仅是作为首席质量官演讲，更重要的是做首席质量官承诺。我们要为产品质量稳定提升努力，通过过硬的产品质量，提升公司的竞争力，我们各位都敢于、勇于、愿于承担我们的工作职责，对产品质量设计、制造、检验过程中存在的问题敢于负责，对外发产品的质量问题敢于较真，逐级问责！我们相信2014年公司下达的质量指标一定能实现！

谢谢大家！

# 强化意识　传递压力　提升质量水平

## ——在四钢扎总厂签订质量责任书大会上的讲话

台上的四钢轧总厂领导我都熟悉，有频繁的工作交往。今天来参加四钢轧总厂质量责任书的签订仪式，首先肯定今天代表发言的水平，把基层员工和自己对质量工作的心声都说出来了。炼钢分厂厂长邓勇、连铸分厂的作业长王军、热轧分厂的技术员张扬、冷轧分厂的主操吴坤都能分析每一次质量索赔，每一次夹杂的产生，每一次的失控过程，因此我们都有决心在 2014 年要把产品质量上一个新台阶。

我希望能够把质量意识结合我们工作实际。四钢轧总厂总的投资是 200 亿元，这笔钱放在银行里一年是 12 亿元的利息，反过来讲如果我们四钢轧总厂一年不能创造超过 12 亿以上的利润，对马钢公司的贡献就大打折扣，这是个投资与回报的关系。

四钢轧总厂签订质量责任书这种形式非常好，王炜厂长把它看成一个誓师大会，实际上是质量指标承包到底。王炜厂长和朱涛副厂长签字、朱副厂长和分厂厂长签字、分厂厂长又和甲乙丙丁几个班作业长签字，立了军令状，我们就按签字的指标进行评价，当然是实事求是的。你们的努力都数字量化，工作所面临的难度、遇到的问题积极想办法，真正传递压力，构建起 2014 年四钢轧总厂质量指标提升的基础。

王厂长讲，产品质量是和总厂方方面面的工作紧密相关的，操作是第一位的，设备维护、点检，原料、管理、使用都要匹配，我们观点一致。“十五”期间，马钢上了 CSP 的短流程 —— 薄板坯连铸连轧，项目上马时机好，挣到钱了，当时一个 CSP 热卷就是一台桑塔纳。后来又逐渐意识到 CSP 做高档产品的冷轧基料，表面、板形质量以及夹杂物等缺陷控制不了，公司迅速地决策上马了长流程的热轧薄板生产线。应该讲从四钢轧投产以后，马钢才有了完整的热轧、冷轧、镀锌、连退、酸洗的生产线。今年三月份排定的生产计划，公司的板带比占了 60%，长材没有什么质量问题，只要成分、性能合格；但是板材的各种质量缺陷，是我们建立马钢品牌、提升产品价值的拦路虎和绊脚石。各种的质量缺陷，从不认识、不知道，到现在要把它降到一个极低的水平，找到它产生的根源，并且能很准确地管控，这是一个难度很大的工作。产品要么正品，要么废品，四钢轧总厂去年每月 5000~6000 吨的二级品，这些质量缺陷多是出现在板卷的表面上，肉眼能看得见的，边浪、擦划伤、结疤、辊印、镀锌、边损、条纹、翘皮、斑迹、孔洞、氧化铁皮等，包括部分夹杂都是能看得见的，我们习以为常了，这些问题值得我们反思。

今天的钢铁市场，如果我们不做产品质量，还只追求产量，那最终的结果只能是：量也拿不到，厂也办不下去！钢铁市场完全进入了过度竞争的时期，板带产品都供过于求。客户就两条要求，第一质量好，第二价格低。所以，我们必须抓产品质量，这样才有竞争力。四钢轧任何一款板带产品都不是只生产了几十万吨，重复的质量缺陷依旧发生，因此有责任分析清楚产生质量缺陷的原因，把质量缺陷数量扎实的控制下去。四钢轧总厂举行签字仪式就是按照公司的要求，逐层分解质量指标，落实到个人头上。总经理钱海帆要求，2014 年一、四钢轧总厂前三位的质量缺陷量降 50%。我的要求是：前三位的质量缺陷量降 15% 起步，降幅低于 15%，直接扣四钢轧的质量奖；仅达到 15%，不嘉也不扣奖；降幅在 15%~25%，给予一定的嘉奖；如果降幅达到 30% 以上，给予更多的正激励嘉奖。

在座的都是四钢轧总厂的关键人物，希望各位看今天的《马钢日报》，四版专版《把责任担在肩上，把压力落在实处》。通报了元月份外部质量索赔，还包括各单位产品质量损失指标完成情况和各条产线质量总损失完成情况。元月份质量索赔通报中四钢轧有三起：2250 热轧边浪缺陷，直接管理者是尚成龙，直接操作者是张静；2250 热轧划痕缺陷，直接管理者是邵宝东，直接操作者是陈辉；2250 热轧压坑缺陷，这三起发出去的产品，不仅需要赔偿客户损失，也损害了公司的产品形象。元月份四钢轧总厂外部质量损失公司规定是每吨 1.77 元，四钢轧总厂是 1.76 元，贴着边完成了；但是质量总损失，公司定的指标是 12.33 元，四钢轧总厂是 17.02 元，超了 4.7 元 / 吨，没有完成。再逐一分析各条产线质量总损失情况，热轧钢带的计划指标是 3.36 元，实际的吨材损失是 7.8 元，没完成；热轧酸洗的计划指标是每吨 17.1 元，实际损失每吨 14.1 元，完成了；冷轧厂的计划指标是每吨 27.22 元，实际损失是每吨 21.96 元，完成了；镀锌分厂指标是 17.32 元，实际吨材损失 28.68 元，没有完成。如果“质量”指标提不起来，我们永远都只能是一流的设备，二流的管理，三流的产品，每吨材的产品售价和宝钢差 600~800 元。企业的效益只有从质量中来，才是最具竞争力的企业。

今年尽管铁水资源有限，长材厂能停的都在停，但是四钢轧只要能生产出好的产品，铁水资源就完全满足。所以，四钢轧是公司最重要的生产单位，是对公司贡献最大的一个生产单位，也是公司设立质量关键控制点最多的生产单位。2013 年四钢轧产量达到了 473 万吨，热轧机组产量 457 万吨，酸轧产量 177 万吨，连退产量 81 万吨，镀锌产量 81 万吨，热轧酸洗板 57 万吨，2013 年四钢轧总厂创造了各项崭新的记录。尤为突出的是四钢轧总厂品种结构调整，汽车板超百万吨，这也是公司的亮点和里程碑。但是我们不能因此而满足，要不停地调整产品结构、稳定产品质量，电工钢 W600 以上牌号一钢轧干，四钢轧干的是 W400 以下的牌号，3 月份还要试 W300 的；四钢轧的冷轧低合金高强钢等产品都是公司边际效益最好的产品，也是公司利润主要来源点。越是高端产品，产品质量就越为重要，发送出去 100 批产品都是好的，只要有一批波动一下，用户就一定要狠找你麻烦，不仅索赔，而且还要求产品降价，现在这个市场就疯狂到这样一个程度。我相信 2014 年四钢轧总厂有更大的作为，全新的

1580热轧生产线投产了，年计划20万吨中高牌号的硅钢全部由四钢轧提供热轧卷，合肥的冷轧和连退生产线也由四钢轧提供基料。所以公司当前把资源调给四钢轧总厂，狠抓板带厂的产品质量，实际上就是为了进一步赢得我们的生存空间。

产品质量是企业的生命，产品质量的稳定也是一个企业最难做到的事情。干产品质量只有开头，没有结束，产品质量长期稳定就证明企业的管理一定是从严的。2013年10月，四钢轧任命了焦兴利、朱玉坤两位副总工程师，协助王厂长抓质量工作，在朱涛总工程师的带领下，四钢轧总厂出台了《质量专项考核和嘉奖管理办法》。两位副总工程师上来以后，四季度总厂产品质量综合水平是高于前面三个季度的，但是四钢轧总厂全年总的质量损失仍没有完成公司考核指标，因此，我们今年要加倍的努力，有一番作为。

参加今天的签字仪式，我们一道反思一下自己2013年所做的质量工作。质量目标是否清楚，指标是否分解到人，是否定期检查和认真考核兑现各项指标了？如果2013年我们这一方面我们做得不好，我希望2014年我们共同做好！四钢轧的炼钢、热轧、镀锌、连退、酸洗都是高度集成自动化的工厂，主操的责任就是在操控室盯着生产线上工艺因素的变化，调控好，抓好产品质量。操作者不需要看火候、肩挑背扛，工作环境是夏天、冬天空调，不存在大体力劳动，就是需要各位增强责任心，用你的智慧、经验，把产品质量的问题抑制在萌芽之中，这就是我们的主要工作职责。举行签字仪式，其目的就是逐级分解指标，要求各位认真履行职责。

2014年元月22号马钢日报头版登出了《“秋后算账”动真，奖优罚劣兑现，股份公司亮出质量“成绩单”》。2013年由于我们狠抓产品质量，比2012年公司对外赔偿减少了2418万元，带给马钢产品质量方面的变化是：2013年马钢用户满意度考评历史上第一次85.6分，过去我们没有超过82分；2013年由于产品质量稳定，富士康、格力、美的等大客户增大了订单量，武汉富士康增加1.8万吨，珠海格力增加4.5万吨；2013年大造产品质量的舆论，全体职工质量意识得到增强。2013年四钢轧总厂做了很大的努力，公司给四钢轧质量总体评价是：“热轧质量大事故得到了控制，热轧损失降低了887.87万；冷轧质量索赔同比上升22万；镀锌质量同比上升了18万。”2013年四钢轧总厂总共对外赔偿是1666万，比2012年降低了847万。我也希望在明年质量损失大幅减少的情况下，四钢轧总厂能拿100万奖金激励各位职工。车轮公司已经连续3年设立100万的质量奖，最多一个人拿了3.6万。今年特钢公司也设立了质量奖，生产的车轮钢没有一炉夹杂和探伤废，公司奖励100万。

作为公司首席质量官，工作压力确实很大，但是我会不服输，主抓四个厂的产品质量。一是车轮公司，产品质量人命关天。今天报纸报道徐乐江在全国冶金工作大会上正式宣布马钢350公里高铁车轮即将上线实施，看了消息以后既激动又紧张，马钢已经通过了CRCC机车车轮生产许可认证，质量压力就更大了。二是四钢轧，产品质

量事关国计民生。汽车大梁钢、超高强钢、低合金钢才开始生产，用户使用有任何质量问题，是会来追溯的，产品质量是需要全寿命周期终身负责的。三是一钢轧总厂电工钢的产品质量，电工钢只有产品质量稳定才能打开市场，然后把马钢牌无取向电工钢做成一个品牌和全系列产品。四是特钢公司的产品质量，主要是生产车轮轮毂用钢、车轴钢，每一个产品出厂都要探伤，只要有夹杂就报废。质量工作是只有开头，没有结束，产品质量要保持稳定，各方面的工作就必须保持不变样！2006 年销售给美国南方铁路公司的货车轮和美国 GE 公司的机车轮，因为产品质量事故，现在通过律师在起诉我们。

我请大家记住，2014 年公司核定四钢轧总厂总的质量损失是吨材 12.32 元，其中内部质量损失是 10.55 元 / 吨，外部质量损失是 1.77 元 / 吨，这就是今天大家签责任状的指标。今天签完字，后面就是每一次都严格对标检查，分析为什么完成了，为什么没有完成，再找出改进的空间。四钢轧总厂今年的奖金中质量奖占 25%，只要没达到质量指标，公司就考核，达到了予以嘉奖。只有坚持逐级质量责任追究制，坚持开展 QC 小组活动，坚持 PDCA 循环工作方法。牢记质量大事故的教训：过去的经济型管线钢损失上千万、汽车大梁钢发生召回、大量镀锌卷盐雾试验不合格等，这些是已经发生过的重大产品质量事件。责任书签订完毕以后，我希望各位认真执行“写所需、做所写、记所做”，每一个岗位的作业长要特别注意所在岗位上人、机、物、法、环的变化，预防为主，做到全年无大的质量事故，无重大质量事故！

我相信有了今天的签字仪式，通过四钢轧总厂全体职工的辛勤劳动，对质量问题的高度重视，我们一定能够完成今年的质量目标！

# 用技术妆点自己的职场人生

## ——在特钢公司技术攻关表彰会上的讲话

（2014年3月25日）

股份公司现在开始去行政化，未来不存在更多的正处、副处级的官，当官的会越来越少，企业技术、操作员工将有更大的上升空间。高海建董事长介绍首钢和宝钢新的做法，集团公司领导57岁退居二线，但高炉首席专家、资深高级技师根据工作需要可以延至65岁退休，先留下企业的人才，这才会是个有希望的企业。

我今年56岁，“官位”已经不重要了，关键是在其位能谋其政。今天在座的都是特钢公司有本事的人，我也非常期待你们能在较短时间内成为特钢事业的“大拿”。马钢特钢是一片崭新的天地，面临很多新的任务、新的挑战，这个地方能够培养人、锻炼人、提拔人，应该像当年的高线、H型钢厂那样成长出来一批人才来。公司也期待把特钢搞上去了，过了亏损实现盈利，特钢人的待遇感、成就感和对公司的贡献都出来了。现在仍是订单不足，间歇式生产的组织方式，一生产某些人就着急抢产量，质量意识摆不到首位；一停产，某些人就放松休息了。特钢目前处于半停产的状况，既是困难又是时机。生产的时候把技术、管理、质量往上弄，一次比一次干得好，一轮比一轮干得好；停产的时候剖析不足、积聚能量，自己给自己加压力，特钢就有希望了！

今天受特钢公司表彰的项目和个人，我向你们表示真心的祝贺，同时也希望你们能够站得更高，巩固成果。发言的几位同志我都认识，在座的每一个人都会影响到身边一圈的人，你们是跟着特钢公司一起成长过来的，我希望每个人树立一个追求的目标，把自己看成一个发动机，带领班组、作业区、分厂一起往前走。特钢有人才优势，博士、硕士、学士不少，怎样把人才优势发挥出来，凝成一个非常有干劲的团队，围绕着技术攻关的难题，成为受基层欢迎，给基层支撑，离不开基层的人。特钢生产的车轮钢和车轴钢，它们是系列的产品，有很多种不同的品种，今天对车轮钢和车轴钢签质量责任状，工程技术人员要想到我是否有能力保证做到。各位珍惜自己表演的舞台，脚踏实地，抓好制造过程的每一步，就一定能够实现我们今天约定的目标。我们工程技术人员要改工作作风，坐在办公室是不行的，特钢的工程技术人员应该用更多的时间在现场，你下达的每一份工艺技术要求，应该能倒背如流，现场发现工艺技术执行困难，检查自己的“写所需”是否可行。

特钢还有很大的进步空间。2014年目标是外发车轮钢一炉都不判废，拿100万奖金，但今年已经有整炉判废了。低温钢筋顶替进口，第一单干得很好，产品合格率100%。中石化天津项目部监察团到特钢来检查，我们准备的坯料在现场，两头标有“HRB500DT”，他们在评审会上说马钢做事到位，但我知道这批坯料连铸生产不顺，全氧检验能否达标也是未知数。

我关注特钢的生产，关心生产中出现的各种质量问题和解决方法。杜松林要求技术人员都要有本“犯错记录”，分析犯错原因，杜绝再犯；分厂建立“产品质量档案”，质量问题追究个人责任，谁做得好，谁做得不好，一目了然，这实际上是基层管理最有效的办法，签订责任书就是逐级传递责任。

在特钢这个新领域，如何保持产品质量稳定比什么都重要。年轻的工程技术人员，一定不能浮躁，高硫高铝钢的可浇性技术攻关做完了，还时不时在蓄流。把生产工艺流程都烂熟于心，爱现场，参与操作过程，提升动脑动手的能力。公司新的薪酬改革设计，都是工程师但水平不一样，在收入上也会有一定的差距。

特钢人要坚持在实践中学习。形成“兵教兵、官教兵、兵教官”相互学习的大氛围，抓住典型案例，经常组织讨论技术、质量问题，把学习的氛围带动起来。博士要向作业长学习，主操也要向工程师问个明白，把“写所需”和“做所写”一条条检查，在不同的层次上有个良好的互动学习氛围。

特钢人必须有高度的质量意识。必须严格把住产品出厂质量关，不合格的产品一定不出厂。发给用户不合格产品不仅赔材料费、加工费，合同违约金也要赔。最终签字人要知道整个制造过程没有问题，问题产品一定是留在厂里损失是最小的。抓住关键工序控制过程，按标准化留碳、白渣达标、保持真空度、软吹效果与实间、钢包自引、铸机增氮和酸溶铝衰减、连续拉速稳定等，分厂厂长、作业长、主操都要盯着关键工序。兴澄特钢产品质量好，他们就是这么认真干的。

特钢产品服务部要赶快建立车轮钢、车轴钢质量档案，纸质记录都要留下来。2006年我们销往美国的机车轮辐板开裂，美国律师要求查根溯源，车轮公司把当班的抛丸人签字的纸质记录都找了出来。未来车轮钢、车轴钢关乎生命安全，质量保证体系真正抓起来。今天责任状签到了分厂厂长，回去后各位应该迅速展开二级、三级签字，把责任落实下去，细分到每个人身上。

2013年度特钢公司奖励已完成的攻关项目30万元，我希望能把这些成果好好整理，诸如炉与炉成分、中包过热度的控制、电磁搅拌的效果、酸溶铝与夹杂的关系等，在《安徽冶金》搞个特钢专版。宣传和鼓励工程技术人员，把总结或论文水平提升一个档次。工作出成果不仅得了奖，还要形成自己的技术秘密或专利，特钢应该培养锻炼出优秀的工程师和优秀的技师等各种人才。

2014年特钢公司列出105项技术攻关，我希望每一项都有标准化模板管控。技术攻关可分成A（达标）、B（提升）、C（改进）、D（原状）四档，这次工艺类37

项，设备类68项。弄清楚攻关课题现状，可以测量的就定量评价，详细统计出最高、最低、平均概率分布等；攻关的目标和工作思路是什么；制定的措施有哪些；最后取得成果怎么样。效果良好的攻关举措转变为生产控制的一个方法，放进“写所需”中，使指标稳定下来。攻关必须上台阶，“狗熊掰棒子”前面掰后面又掉了，这种攻关没什么意义。

《马钢日报》公布2月份质量状况，特钢质量总损失2月份计划吨钢6.52元，实际38.28元，没有完成。1~2月份特钢累积质量总损失计划指标是6.42元，实际24.55元，也没有完成。我把各单位质量累计推进的指标都公布出来，希望各位对自己质量指标评价时心中有数。质量工作一定是要层层分解指标，逐级传递压力抓落实。在座的都是特钢公司的脊梁，要积极主动带动一批人，把质量工作不断向前推进；你要是不能往前走，或者工作停滞不前，会把管辖的区域整个工作都耽误了。

# 附 录：

## 我们跑赢了时间

（2014年5月6日）

眼下，钢铁企业举步维艰，开发高档产品，调整产品结构，争取市场份额迫在眉睫。

4月1日，马钢特钢产品市场开拓组获得了一条重要信息：中国铁路总公司在历时多年研究实验后，决定尽快在大秦线进行5000辆载重80~100吨通用敞车的运行试验。需2万根车轴钢坯，由北方一家钢铁企业用模铸方式独家生产钢坯，提供给车轴厂。

这看似与马钢无关。但是马钢人还是感到了什么，重载货车今后将逐步取代70吨以下车型，成为我国铁路货车的主导车型，重载车轴用钢也随之取代普通车轴用钢。此次不让我们干，何时再有机会。

显然，这份订单马钢不可能获得。因为2010年，原铁道部组织了“大轴重货车轴研发”，马钢特钢不在研发单位之列。也就是说马钢特钢在重载车轴钢生产领域没有“准生证”。

也有机会。虽然马钢特钢初步涉足车轴钢的生产较晚，但是连铸钢坯过硬的产品质量和良好的后续服务，得到中铁总公司多家车轴厂的认可，用半年时间通过普通车轴钢生产许可，并成功为中铁总公司提供了近万吨普通车轴钢。鉴于对马钢特钢的信任，生产任务紧急，中国南车铜陵车辆厂明确表示，愿意试制马钢特钢生产的大轴重货车轴钢，帮助马钢打入这一领域。如果检验结果通过，条件是月底前要能够生产1000吨钢坯保障供料。

说干就干。于是马钢集团领导快速地与铁道科学院进行沟通，申请加入这次大轴重用钢生产，得到了支持。

——4月7日，中铁总公司召开有关重载车辆试制专题会，再次明确，连铸钢坯不在此次；尽管时间紧、任务重，但是重载车轴钢只向北方一家钢铁企业订货。

刚刚树立的信心又变得渺茫。

——4月9日，特钢产品市场开拓组杜松林、孙维一行就赶到北京，找到相关负责人。汇报了马钢特钢在普通货车车轴钢、高速车轴钢中的研发，产品出口国外的业绩，马钢多年的技术积累完全有能力生产大轴重车轴钢，轻言放弃不属于马钢人。

马钢人的真诚打动了中铁总公司，他们同意马钢加入竞争的行列。但是“游戏”是有规则的，马钢必须按要求走完的每一道程序，要有2家铁路总公司指定的车轴厂对钢坯试制并检验合格，同时要通过铁路总公司指定的管理体系的认证审核。

看似简单的背后，是时间是我们能否踏准节拍：

——特钢公司与马钢特钢产品市场开拓组围绕这一品种，加快研发，按照铁路货车用车轴、车轮钢坯、轴承钢技术管理协约的规定，制定了试制工艺方案、作业指导书、产品检验方案。

——4月12日，为了赶上这次订单，兑现中国南车铜陵车辆厂的承诺，集团公司董事长、党委书记高海建打破常规，在特钢产品市场开拓组，关于生产大轴重铁路货车用车轴钢坯的特别请示上，签下了“同意！”；

——4月13日，特钢公司紧锣密鼓地首批试制了300吨车轴钢坯；

——4月16日，马钢用汽车将钢坯发往中国南车铜陵车辆厂和晋西车轴公司；

——4月20日、24日，2家工厂分别发出试制合格的检验报告；

——4月22日，股份公司领导带队去中国南车铜陵车辆厂，确定技术，商务合同；

——4月25日，在技术质量部周晓兰下达的计划中、技术中心、检测中心的团结协作，北京国金恒信管理体系认证公司进行了为期两天的质量管理体系现场专项审核，报告了马钢重载车轴钢产品的设计开发到生产制造及服务各环节全部符合生产要求，通过审核。专家感叹地说，马钢用这么短的时间，在大轴重车轴钢生产上率先取得生产许可证，难以想象！

的确，在高书记要求的“领导好好干，职工干干好”这样的氛围中，为了保证1000吨产品兑现，4月25日特钢公司调整生产计划，下午临时更换铸机断面，从厂领导、总工程师、炼钢分厂石玮，连铸分厂汪国才，轧钢分厂王强不分昼夜跟班作业在一线；

为了确保产品质量，技术中心王开忠等与生产岗位职工、检测中心在线监测职工，加班加点，任劳任怨，按标准化操作，对每一根钢坯进行了出厂探伤检验。

4月30日，马钢特钢生产的1000吨载重80吨车轴钢发往中国南车车铜陵车辆厂。

4月，在30天的工作日里，我们连续加速，我们跑赢了时间。

“五一”刚过，凭借着已经获取的生产资质，怀揣着这份数量不大但是影响很大的订单，马钢特钢产品市场开拓组一行又踏上了北上的列车，他们要去齐齐哈尔、长春车辆厂，推荐马钢的大轴重车轴钢坯……

# 质量才是发展硬道理

## ——在一钢轧质量专题会上的讲话

一钢轧总厂现在是公司比较扬名的单位。这次公司又一下子在一钢轧总厂提拔了三位，徐兆春到公司设备部任副经理，吴芳敏回到重机公司任经理，严开龙提拔为一钢轧总厂副厂长。只要基层的基础管理工作到位，大家都想多做点事，那我们的工作就一定能越做越好。在座的都是我尊敬和敬佩的人才，你们的工作业绩已经展示出你们的水平，我希望长江后浪推前浪，一代更比一代强。现在一钢轧设了三个副总工程师沈新玉、司小明、徐宝春，沈新玉也已经被提拔为副厂长了，一钢轧总厂现在好像是“马钢党校”了！

听了一钢轧各产线质量工作的汇报，我们一定要把技术工作和管理工作结合起来，这样抓产品质量，这样质量工作才更有保障。现在公司特别关注质量工作，一是四钢轧，二是一钢轧，三是车轮公司，四是特钢公司，这四家单位的产品质量达到标准要求已经不行，要客户满意才行，他们产品质量出了问题会引起连锁反应。长期质量稳定的产品就形成了品牌，品牌产品质优价高，订单充足；相反如果产品质量老是不稳定，不仅赔钱，影响市场形象，影响订单。因此，产品质量是现阶段钢材绝对供大于求的情况下，怎么抓都不为过的。2014年各单位的总工程师的日子不好过，公司今年质量工作的顶层设计也已经做完，质量指标全部分解下达，像完成生产计划一样有跟踪检查，各单位再分级到各条产线，奖罚指标也逐一明确，完成的嘉奖，完不成的处罚。

我觉得一钢轧总厂质量工作抓得是扎实的，前三位产品质量缺陷变化不大，总的质量损失大幅下降，尤其是去年，交了一张满意的答卷。现在一钢轧主要的质量问题第一位是夹杂，要有新的突破，滑板挡渣全部投上了，则要检查转炉挡渣效果、中间包下渣检测效果等，炼钢和连铸与夹杂直接关联；第二位是热轧的板型问题，要求所干的每一品种规格，板型要有专门的技术参数、专门的作业指导文件，用于指导生产；第三位在冷轧的辊印、擦划伤、锌渣、钝化斑迹等等。

炼钢质量问题和设备关联度不大，热轧质量问题跟设备有直接的关联度，而冷轧产品的质量问题跟设备的关联度最大。所以，搞设备工作必须配合抓质量工作，每个工作环节中都要有抓质量的本事，别人解决不了的问题，属于设备原因的，你三斧子两刨子就搞定，那你肯定是专家。高牌号电工钢我们请的上海晶龙公司，他们聘请了从生产线退休的专家，一年累计外出工作两三个月，因为有本事，年薪20~30万。抓产品质量很难，搞质量也是真正的凭技术、凭经验、凭管理，潜心于工作和积累，我们这里未来也一定能出一批专家。现在的特钢公司、四钢总厂的炼钢、冷轧关键岗位上很多人是从一钢轧走出去的，一钢轧总厂是马钢先干板带产品的，产线多、品种多，在这里只要经过磨炼的人、善于学习总结的人，练就一身技能，你到哪干板带产品也是专家。

抓质量工作实际上就是认真对待“写所需”，落实“做所写”。经过一段时间的生产运行，有问题产生了，一定会发现到底是“写所需”还是“做所写”的问题。板带产品质量对设备的精准保障要求高，离不开设备的精细点检与维护。许健厂长对二号镀锌线生产汽车板时设备保障提出高要求，镀锌汽车板越干越好。今年年底，如果一钢轧的质量指标、技术攻关项目全部实现了，我要求许厂长单独拿一块出来奖励我们搞设备的。特别是那些工序分解的质量指标，和设备关联度比较大的。比如我们现在生产的二三级品中，归属设备影响的量占了多少，必须明确分开，通过设备改进减少了多少。一钢轧总厂今年在产品调整上已经做了不少文章，包括镀锌汽车板、薄规格的酸洗板、高牌号的电工钢等。对于新产品开发和新产品技术质量指标，我的要求是：形成大批量生产的时候，质量指标要守住，不能退、不要反复。大家在心里要树起KPI关键质量指标的概念，质量指标分解到人以后严格的考核，这一定是一个最有效的管理方法。

工作按照PDCA循环的闭路，坚持持续改进就能产生效果。前不久我去包钢，专门询问了包钢的CSP非计划停交率，他们的月最好水平，没有低过9%，根据我们一钢轧品种和结构，非计划停交率在15%以下就是控制稳定了。大家还要开阔眼界，主动学习交流，想办法借鉴同行的经验，这个非常重要。2014年3月后，四钢轧1#转炉、2号LF、RH，3号连铸机在1580轧机后投产了，一钢轧总厂产量从此受限，所以一定是干好质量。只要公司板带效益好，四钢轧可以三炉三机满负荷生产；一钢轧圆坯生产线等到上海GE公司的最后通知，把圆坯生产任务也全部转到特钢。

今天听了一钢轧最基层人员的汇报，我感到还是很振奋的。目前我们正在做品种结构调整，但质量与绩效挂钩有的单位达到40%甚至60%，这种做法一定是对的。今年年底一钢轧总厂开个质量表彰大会，表彰 QC小组、技术攻关和各种质量任务完成较好的单位和个人。你们质量承包签字的时候我来了，最后验收的时候我也来，该发奖金的发奖金，要特别策划人和事的质量报道。

# 凝心聚力 脚踏实地做好质量工作

## ——在五月份公司技术质量例会上的讲话

（2014年5月16日）

现在公司生产经营异常困难，不仅钢材价格下跌，而且接订单非常困难。要拿订单主要取决于两个条件：一、是否有价格优势；二、是否品牌产品，长期质量稳定的品牌产品，客户除了你别无选择。之所以讲这些，就是希望大家下大气力，从管理上把质量工作做好。

今年公司技术质量管理思路、顶层设计全都完成：技术中心项目委托制基本走入正轨；科技质量攻关项目也在一批一批地下达；产品质量的控制指标每月在马钢日报公布，所有的指标都清晰的落实到各条产线。运行到现在关键的是：完成好的一定要奖励，干不好的一定要考核。如果不能把这一条坚持下来，那我们前面的工作是难以继续的。奖励定了标准，奖励要兑现，包括技术中心A、B类项目；但是在考核方面，现在质量指标考核到总厂，并没有再单列各条产线。对于一、四钢轧总厂的板带类产品，特别是四钢轧总厂，只要达到了公司的质量考核指标，全公司质量水平就提升了。板带类产品制造是一个流程非常复杂的过程，四钢轧质量指标占的分量很重，如若完不成，其他单位都完成也背不动。为此公司启动对各条产线的考核，而且考核一定要落实到责任者的个人头上。汽车板推进处正在整理从2013年1月以来对外汽车板质量异议，刘永刚罗列了24起，重要的是对每起质量异议的处理意见是什么，处理了谁，谁的责任，最终这个处理报告以什么形式下发的，责任者是否受到了教育。汽车板作为公司的战略性产品，我们怎么抓质量工作都不为过，也必须把工作压力传递到一线。今年公司各个单位在技术攻关和质量攻关上已经做了不少工作，但是工作的力度赶不上市场的要求，所以我们始终感到巨大的压力。下面就本月度工作点评几件事情，希望有关单位抓紧落实。

一、在全公司所有转炉上迅速地推广滑板挡渣技术。徐兆春高管已做了滑板挡渣技术专题报告，四钢轧既然决定引进这项技术，动作就要快，因为挡渣不仅降低成本，更重要的是提升产品质量。四钢轧今年的质量异议，夹杂废已经不是排名第一位的，但是按了葫芦起了瓢，波动性依然较高，所以要快速推广这个技术。

二、技术质量部要统计各个单位、各条产线，分品种、分规格的产品技术质量指标。对质量水平达不到要求、质量指标倒退的产线，按照一千、两千、三千考核到主操、作业长和责任人头上。我们进行了层层质量指标分解，承包制都签了字，指标完成不好的产线就必须考核。

三、正式通知各单位，鉴于公司现在生产经营困难、检察院深入查处案件的要求，各类生产用辅料新的试验暂停。每个单位都要认真谨慎地对待这项工作，对当期降本显著、提升质量显著的辅料，必须经过总工程师组织评议、报厂长签字同意，公司再组织进行一事一议的研究。如需更换新的辅料必须明确投入产出的效益、可替换或淘汰的东西。新、旧辅料产品对比，统计数据的样本采集非常重要，如果只用一组数据的试验结果就作出结论，会发现很多新的问题。正确的工作方法应该是，在同等条件下采集充足的样本数进行对比，这样才严谨。

四、特钢公司产品质量必须始终放在第一位。如果GE公司同意他的产品转到特钢生产，那么特钢的出口产品质量也成了公司特别关注的重点。特钢公司除了车轮钢又开始干车轴钢，车轴钢也需要全部探伤，可是我们现在仅靠人工对车轴钢探伤，如果漏检了，由车轴厂探伤出来判废，那我们车轴钢坯就难以开拓市场了，车轴钢绝不能出事！2012年，车轮钢整炉报废是54炉，2013年降到了10炉。今年原定指标，特钢判废一炉没有奖励100万。现在已经有4炉整炉判废了，2014年要达到什么样的控制水平，特钢公司必须拿出业绩证明，特钢的质量水平是高的。

五、技术中心牵头的高碳钢硫化锰包裹夹杂的实验是难度极大的工作。如果成功，将对解决车轮钢夹杂问题做出一个重大的工艺改变。这个实验不是简单的成功，要像车轴钢、大功率机车轮、高铁车轮一样，只要遵守工艺，就一定能做出这个结果。如果不是这个结果，一定能够找出工艺过程中出错的地方。为此，判定工艺实验过程的评价标准和最终检验结果的评价标准，即如果工艺过程是没问题的，最终结果也没问题，那就证明我们工艺定对了；如果工艺过程没问题，但最终结果还是不行，那就证明我们定的工艺过程还是有问题的。这个实验是公司科研能力的标志性课题，因为它是公司产品中最急需解决的一个重大问题。第三轮实验已经进行完了，要加快检验，看最终的检验结果，如有必要还要请国家级科研单位检验。

六、汽车板推进处现在是一个独立的职能部门，王炜不再兼任汽车板推进处主任，朱伦才代主任要挑起汽车板质量的大梁。严把产品质量关，通过科学合理的方法把汽车板质量存在的问题逐一攻关，不能出同样的产品质量异议，发出去的产品让客户放心使用。作为一个职能部门，最重要的一个工作方法就是要敢于考核，奖励出色完成任务的单位，处罚不能完成任务的单位。今年汽车板的产量、品种、规格、质量水平、交货期、订单兑现率等指标要有新的进步。

七、公司将组织审查技术中心2014~2016年炼钢所重点工作计划。公司组织一个评委会，也可能还请外面的专家。现在如果技术中心内部已经审定过了，先从网上把材料发给评委，然后再组织一次会议进行评审，目的是提升炼钢所的水平，促进炼钢所的工作。

八、中高牌号电工钢的开发经过几轮试验，目前铁损和磁感都能达到要求。公司开发高牌号的电工钢引进的是上海晶龙团队，主要是依靠退休专家。第一轮实验失败了，铁损和磁感都达不到要求；第二轮实验铁损达到了要求，磁感达不到要求；第三轮借助于前面走的过程，我们调整做实验，铁损、磁感都达到了要求；第四轮外援试验结果也达到了要求。作为一名工程技术人员，我们一定注重试验过程远比结果还重要。通过参与试验，掌握试验过程，清楚每次技术参数的调整和变化，知道最终的试验结果和设计目标的差距。因此，掌握试验过程远比结果还重要，这是我反复强调的一个观念。

九、车轮公司必须率先解决车轮抛丸的设备问题和抛丸原材料问题。原来我们认为抛丸这道工序不重要，但是车轮产品出口6~7年以后失效了，成分检查、性能检查、辐板强度冲击、轮辋硬度冲击、探伤这些都合格，唯独抛丸检查却发现有问题，有小问题就是大问题了。公司已经采取一条措施：车轮产品有抛丸要求的，纳入一检、二检中，二检每检验出来一件不合格品，奖励检测中心一百元，考核车轮公司一百元。安涛讲如果检测中心查出来一件，我们车轮公司自己考核三百元。出口车轮产品必须100%按照交货技术条件做到。

十、出口产品质量必须明确有一个最终的质量负责人。每个月产品评审的时候，如果有出口产品，各个厂必须明确各工序和最终的质量负责人。我们第一次干低温钢筋，三钢轧总厂吴坚是质量最终负责人，因为打捆的特殊要求，过去从未这样干过，他晚上站在现场，盯着每一捆手工打包。产品出厂时我讲："吴坚，这次低温钢筋出去要有什么问题我找你！"我们现在就需要这个精神，才能把工作认真干好。

搞技术质量工作，要能沉得下去，不要急于去追求成果；要追求的是理论清楚，并且把它变成一个操作上切实可行的、在我们现行的生产工艺技术平台上能够实现的东西，这个比什么都重要。

# 以高度的责任感保障高炉“健康”

## ——在二铁总厂高炉“体检表”运行检查会上的讲话

（2014年6月9日）

今天，我带着生产部、炼铁技术处专门到二铁总厂来听1#、2#、3#高炉和总厂高炉体检表运转情况的汇报，感到高兴的是大家的工作在往前走。今天几位炉长、工长都在这里，也是一个相互交流的好机会。

我不是搞炼铁的，但我跟炼铁生产也打了十几年的交道，马钢在炼铁方面曾有一批自己的人才。搞好炼铁一定要有一股韧劲，要能全身心地投入，关注好烧结、球团、焦化的质量，把高炉当成自己的孩子来照看好，有了这份敬业精神，就一定会把高炉搞好。我跟二铁1#2500m³高炉有过故事，1997年的马钢是铁大于钢，一钢平炉炼钢能不能用65t敞口罐接大高炉铁水，我提出了方案，大高炉摆动出铁嘴一边是320t鱼雷罐，一边是5个65t敞口罐串在一起接铁，从试验到正式运行，平炉的铁水温度增加了100℃，加快了炼钢速度，这件事我的印象非常深。我当生产部长的时候，2004年二铁1#2500m³高炉大修，组织用65t敞口罐放炉缸内残余铁水，故事等于又重演了一遍。还有一件事印象比较深，当时二铁高炉富氧始终维持在5000m³/h这个水平，公司氧气有余量在放散，有专家说，尽管有多余的氧气，但高炉也没有再增加富氧的必要了，我讲再试试看，现在富氧都始终维持在9000~10000m³/h的水平。

干任何事情都不要太受束缚，首先要有一个敢干的精神，如果都不敢干的话，如何去突破过去和创造新的业绩？和其他兄弟大钢相比，我们对高炉的认识是传统和经验比较多，大高炉往科技化和数据化转变的过程没有人家来得快。我们曾经也创造过2500m³高炉的水平、4000 m³高炉的辉煌，但高炉长周期的稳定我们做不到！今年三铁A、B高炉失常，我们自己摸索了较长时间，请了武钢、首钢、宝钢的人，我又认识了一些新的高炉专家，包括武钢的杨博士、宝钢资深专家李维国、首钢的张卫东。听李维国专家的报告我是耳目一新，越是大专家越是把复杂问题讲得通俗易懂，理论与实践结合得很好；越是资深的专家越是深入分析失常前的过程，以大量的数据说话，系统地看问题，只要遵循基本原理，找准了方向，可谓“条条大路通罗马”。

没想到我现在又临时分管公司的生产，也走入到公司炼铁这个行当中来。我们公司的炼铁重要得不得了，生产能力上是公司轧钢大于炼钢、炼钢大于炼铁。在座的各位也应该感到非常自豪，你当1#、2#、3#高炉或者A#、B#高炉炉长、工长，应该感到自己在马钢是很有分量的人物。当高炉稳定顺行的时候，大家的收入都是不低的；

炉子不好的时候，收入自然也是下降的，所以还是要干一行爱一行，把炉子搞好。现在公司炼铁生产压力很大，生产管理与技术支撑都有一定差距，人才缺乏。在困难的时候信心更为重要，越是困难的时候也越是锻炼自己的时候，我希望马钢能够培养出一批新人成为炼铁专家。我还有四年的工作时间担当总工程师，年轻人要评工程师、高级工程师，我认为实践是真实水平的表示，高炉是不是长周期稳定，就可以拿出业绩来说话。我更希望通过我们的努力把传统的、经验的做法，转变为科学的、数字的方法，这样自然也能够写出更好的论文来。

记得大企业家马云讲："你永远不要跟你的部下谈具体操作方法。"如果我在这里谈高炉的具体操作，加多少负荷、用多少氧、注意料判的调整、怎样保持炉况顺行，那一定不是好的领导。我还是愿意和大家谈方向、谈前景，如果高炉真正地遵循科学化和数字化，找出问题出在哪里，我们一定能够达到历史较好水平，而且我相信还能取得新的突破，因为全国有同样的高炉产量比我们高，消耗比我们低。我们一定能做到这一点，这就是长江后浪推前浪，一代更比一代强。

公司这次是吃一堑长一智，学习别人的方法推行高炉体检表。我们不能搞形式主义，要搞"实用主义"。三个铁厂共计九个炉子，炉型不一样，操作习惯也不一样，我们不强求统一模式。二铁总厂的高炉体检表，有两条很清晰的思路：一是所有的高炉参数指标分为关键、重要、一般三类，不同的指标设置了不同的权重；二是最后有一个评判标准，归纳出一个"高炉顺行指数"，这就是一种模式！以这个模式作为基础，工作就要做得更细，不停地完善、不停地逼近所设定的最终目标。我们建立高炉体检表最终就是用它来指导高炉操作，也用它来反映高炉存在的问题，这样高炉操作不再是凭感觉、凭经验，而是凭数据。如果我们把高炉运行状态仅仅分为好、中、差三个评价档位，我觉得粗了点。分为5个评价档位，最差一档为高炉预警，高炉发出准确警报，危险了；最好一档为高炉顺行；依次递进，这样中间再划分三档，共计设定5档指标，这样对高炉顺行指数判断也可能更准确一些。

高炉体检报告这次作为公司的一个突破点，要把它变成一个常态化的工作，认真地坚持下去，最终达到高炉的体检报告和实际状况一致的目标。我希望到年底，一铁、二铁、三铁总厂都能用高炉体检表来准确地报告高炉的运行状况，我们就胜利了。高炉体检报告作为今年铁厂的技术攻关报告，公司专门设立10万元的激励奖金。评价的依据就两条，首先是在高炉体检表指导下高炉稳定顺行，其次请专家评审打分，分高者得。生产部长干了九年，有些体会：高炉平常没啥事，高炉不顺出大事；炼钢不时出点事，好在没有多大事；轧钢天天闹点事，用户不满是大事。像二铁总厂高炉去年四季度不顺、三铁总厂今年一季度趴倒，公司的经济损失是巨大的！所以在高炉岗位上工作的同志要有一种敬业感，真要把高炉当成自己的孩子，尽管他不会讲话，你看他一个表情就知道他哪里不舒服了，流鼻涕了、拉肚子了，抱他到医院检

查，医生也主要是问你这个当爸爸妈妈的他这几天的反应，我们就是要有这样一份责任心。

二铁总厂的高炉体检报告通过分为三级指标，设定不同的权重这个方向是正确的。一级指标占60%，二级指标占25%，三级指标占15%，还要进一步精细、准确地调整好三级指标及每级指标中每个指标分数的权重。这个权重如何调整呢？首先，通过把过去的业绩往现在设定的模式里面装，然后把往下发展的业绩也不停地往里面装，以史为鉴。把我们凭经验设定的上、下限定值和大量数据积累计算出来的值，放到一起比对，这样的高炉顺行指数才能更精准。其次，高炉顺行指数的判定分值范围界定清楚，最末一档就是高炉发出预警，预警就必须要有准确的对应措施。第三，二铁总厂要有连续的高炉趋势分析。三座高炉定期进行趋势分析，查找高炉变化的因素，一周一次也罢，一旬一次也行，高炉的运行要让人看到是一个连续的、动态的过程，某个指标的连续上升或连续下降，要有明确的原因分析。第四，高炉顺行指数设定了上下限，如果在运行过程中连续变化后超出了限定值，一定要分析原因，并对造成这个原因的主要责任班、主要责任人进行考核。今后奖金分配也和高炉体检表挂钩，责任事故分析也按高炉体检表来，都拿数据来说话，这样把大家都箍到高炉体检表这个圈子里来，真正形成以高炉为中心，并形成一个完整闭路自循环体系。

现在我们在做高炉体检表这项工作，这只是一个开头。每月只要求完成当月的生产计划，当月生产计划依据年计划除以365天再乘上当月天数，扣除检修影响的产量，不搞前欠后补，计划产量能完成就行了。高炉顺行的时候，总厂在可控的水平上多增产多拿奖金；外界条件变化，确认影响产量的，亏欠产量可由生产部减掉。高炉均衡稳定生产是第一位的，高炉对全公司的生产特别重要，希望在座的各位工长、炉长、分厂长，我们一起共同努力把炼铁生产搞好！

# 切实做好高温酷暑安全工作

## ——2014年股份公司第三次安全工作会

（2014年7月22日）

2014年上半年大检查查出的问题，安管部已以书面通报下发到各单位，要求各单位要认真整改。各单位要将安全工作常抓不懈，从严管理。高温酷暑到了，现就近期安全工作提几点要求：

根据今年的高温情况，各单位要设立高温奖或满勤奖，特别对关键岗位，要实施奖励。

一、开展各级领导和部门送清凉活动，特别是关键的岗位，高温的炉台、轧机、焦炉以及露天作业和通风不良的岗位的职工要防止中暑事故的发生。

二、各级领导要深入到关键岗位的主操室，要到液态吊的行车上和加热炉的炉台上，关注关键岗位环境温度情况和空调等设备运行情况。

三、各单位要重点关注主电室内风机、空调等设备是否正常运行，环境温度是否正常，确保控制系统的安全。

四、各单位人力资源部门要深入到基础岗位进行查岗，检查出勤情况，要有强硬的劳动纪律来保障高温季节的安全生产。

五、各单位领导要到关键岗位、隐患点、危险源点、高温下可能会发生自燃、爆炸的关键点去检查，及时发现和消除安全隐患，确保安全生产。

六、要充分发挥基层安全员的责任意识，要选派责任心强，业务能力强的人员来担当安全员，各单位各分厂领导要对安全员进行测评，一周有多少时间在现场进行隐患排查，通过人为活动，加强基层安全工作。

任何一项工作只要做持久了、做认真了才会收到良好的效果。

三季度是高温酷暑天气，副处以上领导原则上不要请年休假。群雁高飞头雁领。火车跑得快，全靠车头带。领导一定要严格要求自己，少在办公室，要多到现场检查指导工作。

# 以精益精神完成A类科研项目汇报
## ——在公司A类委托项目检查专题会上的点评

（2014年7月22日）

**背景**

7月22日晚7~11点，公司组织对技术中心承担的公司23项A类科研项目进行了专题检查评价。会议由股份公司副总经理、总工程师高海潮主持，从科技质量部、生产部、市场部、企管部、一钢轧、四钢轧等单位聘请了15位评委。23个A类项目经过汇报和答辩后，高海潮作了点评。

**点评**

今晚由科技质量部牵头，我们对技术中心承担的公司23项A类科研项目进行评审。A类科研项目直指公司产品结构及效益，除了炼铁工序以外，涉及炼钢、精炼、真空、连铸、热轧、冷轧、热处理、涂层所有工序中的人、机、料、法、环。各位登台报告前应思考：如何在给定的时间内，把科研项目像科普讲座一样的介绍给大家，外行一听就感兴趣和明白，内行听了又知道该科研项目的难点、技术和“know how”。

**一、今天汇报的项目涉及四大产品**

首先是电工钢。马钢电工钢干到今天的水平，大家都付出了不少心血，但是再开发W400及更高牌号的电工钢，我们感到很困难，为此公司经过与几家谈判，花大价钱请了一个电工钢技术专家团队。怎么利用好这些专家支撑，明晰各种工艺参数的设定，把握制造的全过程，从而获得关键过程的“know how”，这是电工钢团队非常重要的一项工作。我们电工钢团队有着骄人的业绩，虽然停顿了一段，但突破速度很快，2010年马钢电工钢一个产品一年毛利6个亿，在全国产生了影响。现在很多企业跟进中低牌号电工钢，我们必须调整产品结构，进入更高层次，在高牌号的电工钢上再次率先发力，使硅钢二期工程能够迅速地生产设计的产品，这是我们使命，也是我们必须要完成的任务。

其次是管线钢。管线钢的研发绝大部分是依靠我们自己的研发力量，管线钢团队也创造了辉煌。2250热轧投产以后，先期进入管线钢的开发与批量生产时标志性的，不仅替代进口，而且产品还成功中标国家西气东输、引进国外气源等重大项目，产品利润也很好，给公司贡献了很大的效益。但是现在我们的管线钢有来自于招标竞争的压力，价格一跌再跌，利润很薄，所以管线钢往后研发如何站在低成本制造的平台上，也是我们使命和任务。经济型的管线钢不仅需要研究成分的优化设计，还要在轧制工艺上做好参数设定，实现控冷轧制的精确使用。

第三是汽车板。汽车板我们定位是公司的战略产品。现阶段汽车板要立足于国产汽车用零部件，然后逐步扩大国产汽车板面板比例，我希望大家能把握住汽车板质量。公司引进韩国专家支撑团队，是马钢历史上一笔大的技术支撑合同，但现实却是，新开发的产品品不断找寻新的用户，已经供货的产品质量问题在反复。由此可见，我们拿到韩国团队的“know how”不多，生产过程的管理达不到要求，如果此时就朝合资品牌进发，挑出最好的产品送样，却因为整个质量体系支撑不住，而遭到用户的抱怨，那会给公司汽车板留下极为不好影响。

第四，我认为目前最出彩的是家电板。家电板团队一直都是依靠我们自己的力量，从自我研发做起，掌握了关键技术。无论是一钢轧的富士康耐指纹产品，还是四钢轧供格力的镀锌板等其他产品，性能稳定、质量好、信誉度高，在市场上已有品牌效应了。

产品研发的关键是怎样有效地做好技术与管理工作，“写所需”与“做所写”。在电工钢、管线钢、家电板、汽车板几个团队中，各位评委都很清楚谁是团队领军人物，谁是关键人物，谁能最好的解决现场出现的问题。

**二、汇报内容要符合评审要求**

组织什么样级别的评审就会有什么样的要求。汇报人先要吃透评审要求，然后就按照要求简明扼要报告就可以了。参加评审的评委来自各个专业，汇报人首先要让评委能听懂你汇报的事情，然后是否同意你的观点，这样才能做出评价。本次评审要求各个项目组要清楚阐述项目的完成情况、当期效益、技术难度及自主集成的比例、市场应用前景等，很多人都没有完整回答这些问题。项目目标完成情况占40分，可以分为三个步骤来回答。优先回答项目开展的意义，如果是具体产品，就要介绍它的市场定位：是国产代替进口，还是目前宝钢、武钢在生产且效益很好，我们也要进入。其次是项目实施的计划；设计的关键点，在关键点中技术中心团队掌握了哪些信息，是单一的信息还是全面比对过的对称信息；试验的状态，是直接进入半工业试验还是在实验室做实验；实验室试验的关键点在哪里，实验目的是什么；项目要进入工业试制的条件如何确认等。最后确认工艺条件、设备条件有没有达到要求等，统筹方方面面的信息。

这样汇报课题才能比较完全和充分，不管评委对一个项目是外行还是内行，都能达到我们评审的目的。今天所请的评审员也是来自于公司的方方面面，这种方式是常用的，我曾参加国家科技成果奖的评审，评审项目很广，有医学的、光学的等，但评

委也是有各种不同专业背景的人组成。

一个完成比较优秀的项目一定是掌握着极为全面信息的。如“产品达到国际先进水平”，是产品使用寿命一样长；还只是拿一个样品，和别人长期稳定生产的指标去比较。我们现在研发工作不多，取回别人的产品做个成分分析的多，按照别人的成分套，凭经验给出一个波动范围。不知道别人的制造过程是如何设计的，甚至对其产品组织确认的检验工作都没有认真去做，简单认为成分摸到了，就应该达到这样的性能指标，这些都是我们搞科研工作要忌讳的。

**三、A类项目的研究要特别注意区分标准**

如果是产品类的项目，起码应该清楚国家标准是什么，然后进一步了解用户提出的技术条件是什么，这些都还不够，还应该了解市场上成交的产品性能是什么。以电工钢最为典型，部分用户指名就要W600，但实际性能要求却达到了W470，而事实上市场成交的W600电工钢产品性能也完全接近W470级别，这已经不是技术问题了，也不是产品问题了，所以我们送出去的产品用户就是不满意。

A类项目的研究要特别注意在一个单一产品研发成功之后，逐步研发出系列产品，电工钢、管线钢、汽车板、家电板无一不是如此。研发系列产品也是万变不离其宗，每个客户的需求都有共性和特性，我们要做的就是怎么样在共性产品基础上，辨识客户的特殊要求调整个别工艺参数而生产出特性产品，这样就开发出系列产品。

一个A类项目实际上包含两块内容：研发（写所需）放在了技术中心；而产品生产中（做所写）的问题则交给总厂攻关。因此，A类项目中工艺技术的可行也特别重要，在设计过程中就要考虑你的设计别人怎么实现。很多产品从工艺理论方面推演是可行的，但是个别产品一样的工艺流程我们却不行，这也是要重点研究的。在研发方案设计完成之后，很重要的就是“写所需”，应该做到生产一线的操作者一看就懂，且易于操作实现。当然“写所需”不一定是一次完成，有一个初写、完善、优化到最后由难变易的过程。

举两个例子，一是“硫化锰包裹硬相夹杂”项目，写所需是使硫化锰包裹硬相夹内硬外软在生产中实现，日本钢厂干得很好。充分必要条件我们已清楚，但实现起来比较困难，现在该项目还在试验中。二是在长江钢厂棒材分厂，我看到了一张直径10~24mm的螺纹钢轧制工序控制表。该表把螺纹钢轧制过程的设备、工艺展示的清清楚楚，操作者一看表就知道该怎么做，写所需到了极致。我希望我们的生产线也有这样一张表。这也是对技术中心工程技术人员的要求，写出来的“写所需”一定要让操作人员感到简单易行。

最后，我希望在座的年轻工程技术人员像老一辈高管孙维、江波等学习。别人有解决不了的问题首先想到的是他们，在现场按他们说的去做，就能把问题解决了。我们工程技术人员应时刻掌握生产线上的技术信息，更多贴近生产现场，了解生产状况，查找出现问题的原因，多和现场工艺技术人员交流沟通。

**四、通过项目锻炼技术中心科研队伍**

通过A、B类科研项目，一方面是我希望工程技术人员能够真正体会到：一是自己的收入靠自己贡献，这个目前已经采取相应的政策了；二是衡量一下自己在技术中心的岗位上能不能担负所赋予的职责；三是通过今天的评审，课题负责人要评估一下已完成目标。完成了的是不是当初设定的目标太低，没有完成的是不是当初设定的目标过高，这个科研项目的真正含金量是多少，我自己占有多少，委托别人完成了多少。

另一方面是一定要提高科研项目的发布能力，包含两个内容：一个是对项目的总结能力，一个是对成果的表述能力。过程描述思路清晰、总结实事求是：试验很少有一次性成功的，当你分析试验一次、二次失败的原因远远比试验一次性通过更重要，这样的项目才有难度。最终评委的感觉也是一样，一次性成功说明课题没什么难度，要有实验数据、敢于公布均方差、可信度，讲清楚在现场经过了几次PDCA循环试验结果事得到重复验证的。在成果发布之前要做好准备，根据专家评委的组成和限定的时间有针对性的安排汇报内容，在PPT制作过程中多使用图片、图表、数据，以便更直观的展示研究水平。团队内部可以先预演几次，正式发布的时候就能游刃有余了。

# 对5·28车轮钢质量事故的深刻反思

## ——在特钢公司质量现场会上的讲话

（2014年9月11日）

今天在特钢公司召开5·28车轮钢质量事故现场会，书记、董事长、总经理都来了，虽然事故原因已经查明，制定了整改措施，责任单位、责任人已经受到了严厉的处罚，但是作为公司的首席质量官，站在今天这样的现场，我依然感到心痛、感到可怕、感到震惊！

5月28日，特钢公司按试验计划生产车轮钢，整个制造过程无质量信息反馈，圆坯检验合格出厂。可车轮生产出来进行探伤时报警异常，主要是钢夹杂物严重超标，造成10炉车轮钢判废。车轮钢不仅没有试制成功，而且造成重大质量损失，大家在现场看到的就是已经加工完成的10炉车轮钢中的一部分，公司决定不降级改判，全部判废。同志们，10炉车轮钢全部判废在马钢历史上是第一次！10炉判废造成特钢公司直接损失是140万元；车轮公司直接损失共计是320万元；车轮报废减少公司销售利润240万元，10炉车轮钢判废给公司造成总经济损失700万元。特钢公司现有职工是666人，请大家记住：平均每个人背负了1万多元质量损失！

车轮钢产品人命关天，事关整体马钢产品声誉，我们要承担自己的职责。今天公司在这里举行现场会，就是要告诉每一位员工，工作的时候要牢牢记住：产品质量就是我们的饭碗，产品质量就在每个人的手中！认真按照写所需、做所写、记所做去干；总工、副总工、工程技术人员要对写所需负责；生产厂长、岗位职工要为做所写、记所做负责！要求特钢公司将整改措施在生产岗位上一一落实。

公司目前的质量管理工作，重点是对人的工作质量管理。我们要严格按照高海建董事长的要求：各级领导好好干、全体员工干干好！面对特钢产品，我还要增加一个要求：不懂标准化操作的员工一定要待岗；违规操作的员工一定要下岗！

# 参加AAR WABL 2014年秋季会议的报告

（2014年8月25日）

为获得出口北美车轮的配额许可，股份公司副总经理高海潮及车轮公司的肖峰和叶金楼等三人于2014年8月18日至20日到美国Colorado州Springs市参加了AAR WABL的2014年秋季会议。

在19日下午WABL与马钢的闭门会上，马钢做了为时20分钟的报告，其后WABL委员与马钢代表就车轮应力和疲劳问题进行了充分的讨论，原定1小时的会议延长为2个半小时。

但目前已从马钢在北美市场的顾问Richard Sullivan获悉，此次会议WABL委员会未就马钢提出的车轮配额许可申请予以表决。

马钢的报告包含了以下三部分内容：马钢与WABL沟通及马钢改进和研究工作、7种车轮配额许可申请、H36车轮抛丸试验和疲劳分析。WABL委员主要围绕GE最近提交给WABL的马钢一件未抛丸P3车轮在美国实验室测试的辐板残余应力结果和马钢此次报告中的H36车轮疲劳分析结论提出了问题。有WABL委员认为，根据GE的测试报告（马钢直到18日才从GE收到该报告）马钢车轮存在辐板同周表面残余不均匀的问题，有别于另一家车轮制造厂的车轮测试结果。WABL委员试图寻找马钢车轮制造方面的原因。马钢表明希望WABL能够提供另一家车轮制造厂的车轮测试报告用于比较分析。

对于马钢此次提出的H36车轮在遭受严酷的制动热载荷条件下磨耗未到报废限时就可能发生疲劳的结论，WABL委员表示了极高的关注，希望马钢能够提供详细的分析报告。

WABL委员会主席对马钢积极配合WABL委员会开展相关研究工作表示了肯定和感谢。

针对以上情况，高海潮副总经理做出以下安排：

1）按照WABL的要求，车轮公司在审核和翻译H36车轮疲劳分析报告后，尽快提交给WABL委员会。

2）向WABL提交一份署名车轮公司经理的书信，重点就马钢出口北美市场的车轮配额许可再次提出正式申请。

3）讨论、拟定马钢下一步的对策和行动计划，继续努力开展相关工作，积极争取早日获得车轮配额许可。

高海潮、肖峰、叶金楼
2014年8月25日

转海潮经理：

（1）这是一起典型的“因小失大”例子，仅因一件未抛丸P3车轮问题，就导致整个配额许可搁置。

（2）一是海潮继续努力，二是这个案例要在马钢宣传，引起大家、每个岗位员工的质量意识，公司要有一种“风气”：个人工作中失误影响公司质量的问题，要给责任单位/人形成公众压力。

高海建
8.28

# 严把质量关，从夯实基础开始

## ——在特钢公司质量月的讲话

（2014年9月10日）

九月是全国质量月，高董事长在百忙之中叮嘱我，安排他参加一些质量月活动。今天专程来参加特钢公司提升产品质量座谈会，说明对特钢产品质量的高度重视。一、四钢轧总厂、车轮公司、技术中心、科技质量部的总工程师也来了。

为什么要开这次特钢公司提升质量座谈会呢？特钢公司上个月有两件很喜人的事情：一是动车组车轮钢ER8C经过检验达到国际先进水平，二是高速车轴钢也达到了国际先进水平。同样还是我们这些人、还是这个厂、还是一样的原料，还是一样的设备，我们做到了过去不敢想的事！

车轮产品是高董事长最关注的，因为车轮产品是马钢知名度最高的产品，它关系到生命安全、也关乎国际名声。收购法国瓦顿之后，我们的目标就是特钢车轮坯、车轴坯能直供瓦顿，降低制造成本，打造国际高速车轮、车轴产品，或者利用瓦顿技术在国内制造高铁车轮、车轴。今年元月起，车轮公司克服设备上的不足，通过不懈努力，实现了每一片机车轮都有独立的身份证号。通过身份证号就能追溯车轮从特钢圆坯到机车轮出厂的全过程。铁路总公司要求车轮产品的质量跟踪要细到每一个环节都是有据可查的，每一个工序控制过程都是标准化操作的。

今年5月28日车轮试验钢质量事故，考核了特钢公司10.5万元，因为没有执行“做所写，记所做”，这是特钢公司质量考核最重的一次；考核了技术中心1万元，问题出在“写所需”不严谨上。今年8月8日车轮钢质量事故反思会上现场销毁了8炉检验不合格的车轮钢，目的就是警示全体职工：车轮钢来不得半点疏漏！如果在质量上我们砸了自己品牌，我们今后的生存就成了大问题！今天高董事长又一次亲临特钢，实际上还是关注特钢的产品，也希望马钢所有的产品质量都能够在质量月中有新的水平。杜松林经理一再讲冶金产品质量控制是所有工序共同努力才能够实现的，如果我们岗位操作工每道工序稍微随意一点，一定会给产品质量带来潜在风险。

顾建国曾说，特钢出生时就遇到寒冷的冬天，市场、技术、质量关要一个个通过。但是有在座各位和我们的努力，公司各职能部门的支持，特钢公司今年在市场、技术、质量以及效益上取得很大进步，不仅产品有了边际贡献，而且实现自己赚工资，外部订单总量已经超过了内部订单，杜经理讲明年特钢公司要实现完全成本的不亏损。

产品质量是企业工作质量的反映，检测中心按照公司要求对电工钢合格品实行再分级。我们的电工钢一直按照牌号分M50W600、M50W800等，都是合格品，有些客户并不满意。现在检测中心已开始对M50W600按铁损指标进行分级，在全部合格品中挑出优等品、优良品和合格品，之后根据客户的特殊需求发送不同的产品，除了电工钢，汽车板、家电板、镀锌板都可以分级，这会给我们带来大的收获。

今年质量月主题是根据习近平主席要求提出的："中国制造向中国创造转变、中国速度向中国质量转变、中国产品向中国品牌转变"，推动"三个转变"建设质量强国。今年公司的质量管理下了很大功夫，也是历史上对质量关注最大的一年。一是每月一次技术质量例会，重点关注技术攻关和产品质量信息。二是在《马钢日报》每月出质量专版，一、二、三、四钢轧总厂和三个事业部单位都做过专版，强化职工质量意识。三是科技质量部每月公布三张报表，统计每一条产线的内部质量损失、外部质量损失、公布外发产品质量异议哪些是人为责任造成的，曝光单位及个人名单。四是质量指标在每个单位绩效指标中占的考核分量剧增，其中一、四钢轧总厂占奖金的25%；二、三钢轧总厂占15%；特钢公司占的比重更是达到50%。五是公司专门批准重要生产单位的副总工程师岗位，主抓质量工作。车轮公司副总工程师肖峰，抓车轮质量过程的控制，完成车轮身份证号跟踪；特钢公司副总工龚志翔抓车轮钢洁净度和夹杂物控制；一钢轧徐葆春主抓CSP 恒拉速浇钢，史晓明负责CSP热轧工序板型控制；四钢轧焦兴利主抓板材降低夹杂废，废品由去年排名第一，到今年排名第四；质检中心陈玉保，协助抓北美车轮的表面改进及板材表面质量缺陷的连续攻关等。

2014年我们通过上述一系列质量活动，质量工作取得很大成效。首先就是用户的满意度在提升，客户的抱怨在下降。其次是马钢镀锌板、家电板在全国知名度和影响都在增大，我们感谢格力、富士康这些知名大企业不断的质量改进和质量提高的要求，马钢通过满足客户特性化需求，订单量持续增加。持续的技术攻关和质量管理活动，今年内部质量损失大幅度下降，外部质量损失也完全得到控制。

从7月末开始公司要求每月三级工艺纪律检查。一级是分厂每周开展工艺纪律自查，认真执行"做所写"和"记所做"；二级是总厂由总工程师（副总工程师）带队检查工艺规程实际执行情况；三级是科技质量部、汽车板推进处、技术中心的板材所和炼钢所抽查。从9月起，每个工序控制点，公司检查到不按标准化操作，一个控制参数一次考核1000元。我们必须通过工序一步一步地按标准控制，缩小波动范围，从而实现产品质量的长期稳定，提升我们产品的市场竞争力，提高产品市场售价，寻找更多马钢产品的忠实用户。

作为公司总工程师，我一定在"写所需、做所写、记所做"上一步一步把基础工作夯实，把员工、工程技术人员和管理人员的界面分清、职责到位，而且我希望这些工作今后在马钢重复地做，长期坚持下去。

# 警钟长鸣 以高度责任感对待二、三方审核

## ——在马钢股份9月份技术质量例会上的讲话

（2014年9月17日）

在8月份技术质量例会上，我要求三个铁厂、四个钢轧总厂、三个事业部的总工程师把今年质量工作的感受写出来，计划四季度发表在《马钢日报》上。今年我们和新闻中心一起，强化质量教育、质量宣传、质量曝光，从元月到九月，一、二、三、四钢轧总厂及三个事业部及检测中心的总工程师和副总工程师带头，结合自己的工作实际，对产品设计、制造、检测工作中碰到的问题、解决的方法以及质量工作的进展，由报社记者和编辑一道，整版安排发表在《马钢日报》上，因为报纸发至每个班组，取得了好的效果。今后要长期坚持在报纸上发表质量专刊的形式来传递公司质量工作的重要信息。

公司军工领导小组通报了一钢轧发出的军工板有表面缺陷的事件，令人吃惊。现在市场普通板材售价只有每吨3000元，而军工板的售价达到每吨5000元，是千方百计争取到的特殊订单，在这个价格的军工板材竟然出现了表面缺陷，让军方代表指责马钢让人很难容忍。现在正在海外参与演习的和平方舟号用的也有马钢的板材，军工产品关乎国防安全，容不得半点马虎、半点质量问题，而有表面缺陷的军工板材竟然能通过一道道检测关从一钢轧发出，我们不禁要问是谁的责任、谁的工作，一定要严查到底，找出直接责任者，给予严肃处理。

今年以来，到公司进行二方审核、三方审核的企业越来越多，我们必须把这些审核放在高于公司工艺纪律检查的层级上来对待，你通过不了别人的二方审核、三方审核，你的产品就无法进入他的市场。

5月11日，德国一家公司来马钢查看酸洗板，留下一句话：我们两年之后再来！我想知道是什么问题造成我们的酸洗板生产线不达外方要求，汽车板推进处一定要查明，审核的时候哪些人在现场、到底出了什么事，报告公司。6月9日一汽大众来对汽车板质量体系审核，我们只得到了40分，离要求差距很大，汽车板推进处要清楚列出我们失去的60分是什么原因，针对性地做出哪些整改措施，今天不合格，明天、后天我们总要去争取合格。9月19日江铃汽车专家计划来马钢进行二方审核，我们的汽车板已经销到江铃汽车了，产品使用了，如果这周的二方质量体系审核没有通过，我们的汽车板就会丢掉这个市场，产品没有了市场，我们拿什么养活自己。公司对江铃汽车这次二方审核高度重视，董事长已经过问这件事情，作为首席质量官，这周五我一

整天都会在四钢轧，周一已经开了准备会，相关单位的工作要求已经明确，此次审核65~75分是合格供应商、76~85分是重点供应商、大于85分是战略供应商。

检测中心对电工钢的合格品实行再分级，对M50W600合格品按铁损指标再分为优等品、优良品和合格品，这是我们满足用户需求的新举措。我们现在大多数产品一个等级，就是合格品，没有针对不同客户需求进行再分级，导致有些客户拿到我们的产品这一次铁损指标远超过他们对产品的要求，下一次铁损指标又只能达到基本合格，这就会给客户留下马钢的产品性能波动性大的印象。国内外先进的许多企业都会根据客户的不同，把合格品再分级来销售。德国蒂森钢厂分级出最好的汽车板卖给宝马汽车，下一个等级的卖给欧宝汽车，达到合格的卖给大众汽车。我们也要学习这种合格产品再分级的做法，检测中心要准备报告我们执行对M50W600电工钢合格品实行再分级的效果，销售公司要制定不同级别的差别价格。

九月份是全国的质量月，我们要特别关注质量月各类产品最终指标的反应，严格做到“写所需、做所写、记所做”，打好产品质量工作的基础。关键工序控制点、整条生产线，不仅是单点的工艺纪律的检查，还要开展工序保障能力指数的周期性评价，这样是退步了、持平了、进步了就一目了然了，奖励和处罚就有准确的依据了！

# 全方位决胜四季度

## ——在股份公司周生产经营视频会上的讲话

（2014年10月11日）

纵观整个10月上旬公司的生产情况，与产量计划相比，铁已超产11613吨、钢已超产11858吨，尤其是炼铁，在公司铁水一直欠缺的背景下，这个产量是超水平的。正是由于炼铁生产的稳定且超水平，使得公司钢轧生产具有很大的回旋余地，这对公司品种结构调整、对增大各单位内部降本力度提供了有力的支撑。股份公司能否实现全年不亏损，四季度这三个月公司内部生产的稳定至关重要。

从现在高炉运行的势头来看，炼铁在高炉操作技术上有了新的突破且得到了有效验证，公司在炼铁系统上提出的要求得到了落实，但是炼铁不仅仅是高炉操作的事，各炼铁单元厂长、分管生产厂长、总工程师不仅要围着高炉转，还要去现场看看焦炭、烧结、球团、块矿。从现在起，就要系统的考虑如何保证公司冬季炼铁生产高效稳定顺行。

9月是公司质量月，我们取得了实实在在的活动效果，不仅质量总损失、内部质量损失、外部质量损失都达到了预定的目标，更重要的是各产线职工的质量意识得到了提高，公司级、总厂级、分厂级的工艺纪律检查进入常态。四季度公司已就降低板带产品表面擦划伤缺陷责任目标考核办法下文，将一钢轧总厂、四钢轧总厂、合肥板材公司的板带产品表面缺陷降低目标与许健、刘国平、张庆奇的工作业绩挂钩考核。

国庆期间公司组织了对部分单位值班人员在岗情况的检查，对发现的脱岗人员给予通报批评并要求其单位做出处理。公司要求各单位各级领导，不论是公司职能部门的领导，还是各二级单位的机关领导，工作一定要贴近现场，除了现场还是现场。一个管理者对现场的生产状况、设备状况、质量状况、职工的行为状况不清楚、不过问，只坐在办公室而不愿去现场，就不是一个称职的管理者，转变工作作风不是一时一事，应该成为一种习惯。针对生产现场出问题的责任单位，公司现在由企管部通知点名要求处级干部做检查。

马钢人今年不能被亏损的帽子压在头上，我们一季度的大额亏损主要原因是我们内部炼铁生产组织不好，现在四季度开局很好，让我们共同努力，全方位地干好四季度。

# 马钢当前形势与任务之漫谈
## ——在马钢网络宣传培训班上的讲话

（2014年10月23日）

说实话，给网络宣传培训班讲课，我是不够格的，因为我自己很少上网，微信、微博也没有开通，也不知道聊天群是干什么的。我一生都在马钢工作，平时非常喜欢看《马钢日报》、马钢新闻，马钢官网论坛上的“企管文汇”板块我也去看一看，但是我没有参加互动。

领导让我来讲马钢当前的形势与任务，我就一直在思考该怎么向搞网舆工作的同志讲。我现在是股份公司副总经理，工作定位是只管内事、不管外事；只管小事、不管大事。我所说的内事是指股份公司的生产、安全、技术、质量、产品、成本；外事是指股份公司各种大宗原燃料物资的采购，如何和客户沟通，到市场上拿到更多的订单，销售我们的产品。我认为现阶段管好公司内部的事是小事，而管好公司外部的事是大事。内事都在眼皮底下：每天铁、钢、材产量是多少，每月生产成本是多少、质量损失是多少？如果这些小事管不好，那公司是根本没有希望的，而公司的大事则是，集中主要精力改变我们重生产轻经营的行为。要做好小事和大事首要任务就是反腐倡廉工作到底怎样做才好，怎么能让我们的干部勤政廉政而少受职工的指责，在职工的心目中树立起好的形象；其次就是公司生产进入铁、钢、材产能平衡状态， 7~9月公司的生产水平达到历史最高水平，九座高炉也已经发挥到极致，而我们的二钢轧、三钢轧仅用了一半的产能，公司严重缺铁水。3200m³高炉何时动工、准备花多少钱、用什么样的方式、用什么样的速度来干。这个项目是国家早就批准的，因为钢铁产品价格从08年以后急转直下，一直没有抬头，公司较长时间在盈亏线上下经营，现在以高海建为董事长的领导层已经做出决策，必须把我们的钢铁主业做大做强，3200m³高炉一定要上，使股份公司达到2000万吨产能，最大化的发挥整个系统的效益。眼前公司最大的任务就是2014年马钢能否实现“三不亏损”。以现在的形势来看，由于进口矿价的大幅下跌，马钢的矿山大额亏损；最有希望实现的目标是股份公司不亏损。如果11、12月能够保持现在的生产势头，两头市场保持现在的差价水平，我们就可以做到股份公司不亏损。

马钢当前的形势是面对着完全竞争的市场和已经跌到1992年的钢材价格，我们如何才能生存下来？只有三种选择，第一种就是别人死我也死，这是我们最不想看到的结果；第二种就是别人先死我后死，等别人死了我挺过来了，我就不一定会死，当然还要市场变化的成分；第三种就是我们真正把企业做好，把内事外事管控好，别人死我不死，等中国钢铁乱象结束，马钢成了具有较强竞争力的企业。要实现第三种选择，首先就是要保持我们内部炼铁高炉的均衡稳定；其次要抓住采购和销售，要做到采购能达到同行业的平均价格水平，销售的产品也能达到这样水平。如果买的贵、卖的便宜，内部成本不具备优势，那我们的利润在哪里？股份公司本部每年销售1450万吨钢材，直供比只有28%，命运在别人手里。所以，2015年工作的重点就是打破现有销售格局，自己到市场上拿订单，提高直供比。如果销售的体制破掉，增加几个销售副总经理，公司能不能卖汽车板的有一个副总经理、卖家电板有一个副总经理、卖电工钢的有一个副总经理，做到职责到位、责任明确、责权对等，只要你卖的好，公司政策激励合理，你的收入甚至可以超过总经理、董事长，公司在这方面多少年过去了应该做出较大步伐的改革。

当前公司的资产负债率达到66.98%，我们是现行的打工者，任务就是不能再让资产负债率继续增加。第一条要保证马钢体内少失血，公司资金流不出现问题。公司财务部、计财部、财务公司和分管财务的领导水平很高，马钢虽然亏损了，但还能保证资金流安全，这是我们的优势。第二条就是马钢必须止血，从今年6月份起高炉恢复稳定，公司下半年又调整了一次固定资产折旧，使我们开始止血。第三条就是马钢能健康循环发展、有造血功能，如果我们生产稳定、采购价格不比别人高、销售产品价格不比别人低，马钢现有的模式是能够造血，是能够使马钢重新恢复活力的。

股份公司1~6月份亏损分别为1.49亿、1.40亿、1.48亿、1.48亿、1.31亿、0.09亿，7~9月份我们盈利分别为0.99亿、1.88亿、1.11亿，前三个季度累计亏损3.28亿，要想实现股份公司2014年不亏损，四季度每个月至少要盈利1个亿以上。从现在的状况来看，10月份盈利1.19亿元，11月、12月根据生产状况和两头市场的预测也是能做到的。董事长和总经理多次强调股份公司是马钢集团公司的基石，而炼铁生产又是股份公司的基石，公司今年生产出问题的根源正是炼铁。1月份计划产铁112.2万吨，实际完成97.51万吨，欠铁14.7万吨；2月份计划产铁98万吨，实际完成87.47万吨，欠铁10.53万吨；3月份计划产铁109.2万吨，实际完成95.77万吨，再次欠铁13.43万吨，一季度公司比低水平的计划已欠铁接近39万吨。在这里我还想问一问公司设定的计划哪些完成了、哪些没有完成、哪些完成得好、哪些完成得不好、真实的原因是什么？实际上公司的预算工作还是计划经济模式？每年做计划时总喜欢开启一个新的模式，而不是对过去的业绩认真梳理，发现存在的问题，在过去的基础上做出完善和改进，所以要反思我们的工作方法。以今年的预算来讲，要求全年采购降本4.1亿，随着矿价大幅度下跌，在大高炉倒掉的情况下没有控制好库存，导致一季度买的高价矿背到二季度继续消耗，实际1~9月份只降本1.98亿。第二个就是降本增效，预算指标是要降4.5亿，实际1~9月份只降了5436万，远没有达到计划要求；预算招标与实际招标完成相差甚远。两头市场的价格完全不在我们预测的价格内浮动，公司内部生产组织出现大的波动，职能部门缺乏执行力，从上至下问题堆积如山。

马钢不知道当前形势和任务的人很少，因为我们还是在累计亏损中，但是我想问三个问题：有多少马钢人对当前的形势任务做过认真思考？有多少马钢人对完成今年的任务充满信心？有多少各级领导干部为完成任务决心背水一战？现在公司在强化舆论宣传作用呼喊正能量，其中最实事求是的口号就是“马钢是我们共同的家园”，我认为道理很简单：大河有水小河满、大河无水小河干，马钢能好起来，职工的收入才有保障。在座的收入要比普通职工多，反过来说我们的责任感是不是比普通职工应该更多，马钢这几年一些干部表现怎么样，为什么在宣网上一提马钢干部就有不少人在指责？

马钢出问题的根源在哪里？毛主席说过“政治路线确定之后，干部是决定因素”，邓小平说过“我们的事业需要一大批优秀的、经得起考验的干部来担当职责”，习近平总书记提出“要严明党的纪律、从严管理干部，使我们的干部既廉又勤、既干净又干事”。这些话语都关系到马钢每个层级的干部，高董事长也曾反复讲“各级干部务必要转变作风、深入一线、心和职工贴在一起”，“干部干干好、职工好好干”。马钢问题的根源我个人认为还是出在各级干部身上，一个不称职的干部对企业的影响是相当的严重，而不是一个不合格的工人对企业的影响。网名“你是一条河”的网友发了一句话：“一个职工恪尽职守就如同金子般的金贵，我一点也不喜欢马钢的领导。”这实际也是马钢当前的形势和任务，就是改变干部自身的工作作风和形象，提升干部的凝聚力，从而以身作则来激发职工的活力。

我在马钢工作了33年，在很多岗位上干过，我的工作经验只有三条：第一要深入一线、贴近职工，了解情况；第二要以身作则、充分调动职工的积极性；第三要始终保持管辖区域舆论的正能量，身先士卒的一级带着一级干，学习巴登钢厂企业文化“钢不是在办公室炼成的”，只有经常深入一线才能掌握真实的情况。在办公室经常会感到很多工作做不下去，甚至不知该怎么去做，到了基层就会发现很多办法。我觉得自己的工作方法都源于实践，一个人不能事事都管，但你能倾听到底、听明白，解决问题的方法只是做出一个正确的选择。我觉得挺有用的工具就是让信息公开、透明，以数据说话，鼓舞职工的斗志，监督、曝光、鞭挞不符合广大职工利益的事情。总体来说，对舆论导向的作用，马钢领导是低调的，对内对外发挥是不够的。因此我们《马钢日报》、马钢电视、马钢宣网在宣传上“度”的把握也是中性的。什么是中性的？该宣传表扬的大事指出的能量是不够的，不是以引起共鸣，相反，该最先批评的事情也只是以文件印发的形式，只有少数人知道的事情已经处理过了。信息不对称对企业管理是不利的。

今年的形势和任务摆在眼前，我们如何拿出行动完成我们的任务？我举几个马钢实实在在的例子，可以看出我们的工作责任心、我们的工作方法、我们的执行力。高海建董事长重视“人的思想工作”，强调我们的舆论宣传要提供强大的正能量，要贴近生产经营的一线，充分调动基层岗位职工的工作积极性，他要求马钢职工每个班组应该有一张《马钢日报》，我们做得怎么样，没有做到！

我举个例子，2008年下半年我从生产部经理的岗位调至一钢轧总厂任厂长。上半年，因为降本增效远离公司的目标，一钢轧背负巨大的压力，职工收入不高，整个职工队伍精神状况就是没有斗志，面对各类生产、设备、工业、操作、管理上的问题，一钢轧班子研究商定办一张《一钢轧总厂工作责任问责追溯报》，把一钢轧方方面面的事故全部刊登，不含水分点名列出谁的责任、如何考核，每月下发这张报纸到各个班组，被点名的事故责任者必须本人在报刊反面签名，报纸下发一周后全部收回，因为编过号丢失报纸也要考核。执行三个月下来以后一钢轧的各类事故越来越少，从开始一页纸登不下，到后来只有一页纸再到半页纸不到，生产越来越顺利，降本越来越多，班组从不看报道到主动找报看。一项工作如果只是布置，不去落实，不去检查，不去考核，那这项工作就形同虚设，一项工作最重要的是能够形成PDCA闭环。

今年夏天天不热、因为台风雷雨一个接一个，往年暴风雨期间经常有高压跳电、厂房进水、料堆塌方影响生产的事情不少。公司一季度生产不好，二季度生产刚开始稳定，如果再出事故要完成全年任务就没戏了，于是主要领导要求只要市里发出天气预警，生产部下令各单位的处级干部在岗值班，晚上9:30~11:30要在各单位调度室用座机向公司总调报告工作。第一次台风来时，有几个单位没按规定报告工作，我们在早调会上就直接点了名！这次之后，只要市里发了天气预警，各单位领导纷纷主动值班并打电话向总调报告，结果今年雨水很大，却没有发生一次过去的事故，公司生产全部正常。所以做工作只要责任明确，方法有效，必定会有成效，在关键时刻领导必须要冲在前面，身先士卒。

去年股份公司外部、内部质量损失数额很大。我出任首席质量官后，总经理要求我今年必须下降3000万，我也没有好办法，心中无底，就实事求是地把历史盘清，到底每月每个厂质量损失是多少，清清楚楚地告知各条产线。随后每个月在《马钢日报》上整版刊登三张报表：《股份公司月产品质量损失目标指标完成情况》、《各产线产品质量损失目标指标完成情况》、《月外部质量问题客户索赔情况通报》，就是依靠这张报纸、依靠舆论宣传作用，收获了意想不到的效果。公司员工整体的质量意识都有了大的转变，现在不仅是管理者、操作者、检验者在管质量，还有职工爱人带着报纸回去问这到底怎么回事。正是由于舆论的监督、宣传作用，极大地提升了职工质量观念，今年因外部质量问题，引发客户索赔事件、起数和金额都大幅下降，质量管理体系中的顾客满意度测评达到了历年来最高。

实践证明：没有落后的群众、只有落后的领导；要想干总有办法、不想干总有理由；火车跑得快、全靠车头带，这些标语至今仍不落伍、有用！作为领导如果自己没有工作激情，每天不考虑新的任务和努力方向，不想着做出新的工作业绩，何以能调动跟随你的人。马钢要提高竞争力，各级必须坚持对完不成工作的干部问责。七月份后，公司要求出事故单位在周六视频调度会上向全公司做检查，处级干部对自己承担管理责任，同时《马钢日报》的头版也要刊登相关情况。这个压力应该是不大不小，公司生产平稳了，盈利水平在体现，在当前的形势下，正确的舆论宣传同样是完成我们任务最有效的工具。

最后我想问在座的每一位，我们马钢全体职工的工资从哪里来？马钢所有人不管你是什么岗位，我们的工资只有一个来源：生产经营从采矿、烧结、炼铁、炼钢、热轧、冷轧、连续加工，卖出我们的产品，从客户处收钱，然后去掉成本，来实现发工资的。因此我们每一个人都应该自觉为企业服务，自觉为企业生产经营做出力所能及的贡献，个别不干事的人，端起饭碗吃肉，放下筷子骂娘，是不道德的！建设马钢共同的家园，最重要的部分就是要求我们每个人在各自的岗位上把常态化的本职工作按标准做好，这对公司就是最大的支撑。同是马钢人，共饮一泉水，马钢是我们共同的家园，只有马钢好、马钢人才能过得好，让我们共同努力，把上班时的主要精力放在工作上，完成规定的动作，确保完成今年的任务。

# 我们亲眼所见的巴登

## ——关于对巴登学习考察的汇报

（2014年10月24日）

今天，我们第一批赴巴登学习考察团组，做一个关于学习考察的总结汇报。团组成员来自于企管部、安管部、科技质量部、生产部、采购中心、三钢轧总厂，共16人。

当主要领导决定由我带队赴德国巴登钢厂学习考察，我颇感压力。因为这次去巴登不是技术交流，不是设备引进，也不是产品推销，而是去学习巴登的企业文化。我们应该怎么去学习？我们能够学到什么？团组每一位成员都在认真思考。学习考察期间，我们被巴登企业文化所感动，在教室里不懂就问、在现场点看不清不行、每天讨论小结，集团队不同的想法于一体，学可学的东西。两周时间里我们团组严谨的学风、相互合作的精神，也给巴登公司培训中心职员留下了深刻的印象，主任在事后评价说：“今年全球来巴登考察的41个团组中，马钢是NO.1。”

在巴登钢厂，我们亲眼目睹了标准化的管理、高效的生产组织、员工的操检技能和从上至下的敬业精神。巴登钢厂管理层与普通员工目标高度一致，人与人之间相互尊敬，员工们都在享受着工作的快乐，齐心协力使巴登钢厂成为全球生产效率最高的电炉。

巴登钢厂总占地面积很小，只相当于三钢轧总厂H型钢分厂。就是在这样小的面积上分布着料场、生产现场、成品库、渣场。物流量被压缩至最小，工序衔接十分紧凑。巴登钢厂追求最高效率，首先就是从全体员工的高效工作开始，企业文化是其至关重要的软实力，他们既充分调动每位员工的主观能动性，又提出“要让员工充满激情地干好每一天”，为员工创造良好的工作环境和操作条件是巴登管理人员的重要工作。

巴登钢厂的管理人员力求最少化，组织架构扁平化，一项工作由一人从头至尾负责。炼钢厂停产检修仅由一名计划员负责，制定整个检修计划：从行车到液压站、从炉内清渣到地面设备，包括内部检修人员和外部检修单位的确认，每一项检修任务都有人员、时间、具体要求。巴登钢厂的组织架构也是简单的，和我们不一样的是巴登钢厂可以有两位平级的总经理，但没有副总经理。一位总经理负责采购、物流、人事、财务、销售、市场，另一位总经理负责生产、成本、设备、技术、质量、发货等各司其职，而涉及安全生产、员工培训、环境保护则是两位总经理都要负责的。

巴登钢厂一切工作的出发点是为了追求更加高效的生产。两座100t电炉全废钢冶炼，一炉钢时间仅为40分钟，两台方坯连铸机拉速均超过4米/分钟，单中包平均连浇炉数均在100炉以上。在巴登钢厂，从废钢卸船入场到变为成品外发，整个过程只要3小时40分钟，而且是持续不断的，一年都是这样运作的。巴登钢厂总经理说："巴登就是凭着自己最高的效率在市场上抢得那份应该挣得的金钱，巴登的资产负债率为0，全靠拼搏努力。"考察期间，巴登总裁亲自讲课："我们现在只能在细节上下功夫，明年巴登还要提升效率，要从823人减到800人，要从现在的每天产钢7400t提高到8000t，人均年产钢大于3000t（马钢股份本部人均产钢不足500t）。"他每天都去废钢料场，巴登钢厂70%的成本来自那里，明年他想在废钢料场就把电炉要用的碳粉和石灰粉加到料桶中去，进一步缩短加料的时间。为了激励自己更是激励员工，他把每天上下班用的私家车牌号改为KL800-8000。

在巴登钢厂，上级与下级之间、白领与蓝领之间、员工与员工之间都是平等相待，他们关系和谐融洽，工作中能够互相补位、团结协作，管理人员以身作则，时刻保持与员工的沟通，尊重、关心、信任员工，让员工有一种自豪感、归属感。巴登的会议桌基本上都是面对面坐，没有领导席，大家在一起都是平等的。巴登总裁每天，在周六周日早上也都参加调度会，开会的时间很短，每次开会前他都和员工握握手，然后随便在某个位置坐下来，每天看见门卫也要亲热一下，或伸手打一声招呼。

巴登的员工岗位编制精干，推行"一人多岗、一岗多能"。一个员工掌握几个岗位的操作技能是普遍的。一台五机五流方坯铸机更换断面的现场，没有检修工人的活，只有四名铸机操作工，外加一名前来协助的钢水精炼工。用不着行车配合，简单的葫芦吊加一台小型铲车，全是岗位操作工自己干。巴登两台方坯连铸机，连大包回转台都没有，就是凭着行车工熟练的上移罐下移罐实现连续浇铸。一次浇铸完毕，立马在在铸台上将中包翻转。操作工也是维修工，维修工也是操作工，一台结晶器从卸下、维修、装配和确认，全是由一名员工独立完成，这是我们亲眼所见的。

巴登钢厂只聘用经过职业培训，又在岗位上实习过的员工，由厂长本人负责员工培训工作。员工要想做到作业长位置，至少要有10年在基层轮班的经历。巴登注重培训员工的实用性，完全是根据岗位的需要，用什么就学什么，学到会、学到好，不会安排无用的培训。

巴登钢厂极其重视设备的维护和检修，巴登员工既会操作也会维修，这源于优秀的职业培训。设备维修基本不外委，他们认为外委承包商只关心自己的利益，不关心设备该不该修、适不适修。外委不仅增加检修成本，而且检修质量也有问题。巴登钢厂建有先进的中央维修中心，各类装备器械齐全，大部分消耗件由自己修复或制造，同时制造一些专利机械产品销往全球。

巴登钢厂现场管理为的是保证设备的稳定运行以及生产的高效，而不仅是表面的现场环境清扫。备件室里有零件、油管、密封件，闸阀、电缆都一清二楚挂着或摆着，领用十分方便。炼钢现场总是有灰尘产生的，巴登在炼钢的时候也有灰尘落在设备或地面上。每周检修时，岗位工人用扫把灰尘慢慢推在一起，然后用吸尘器吸走，自己把门窗玻璃擦干净，就是这样周而复始的认真去做。

巴登钢厂管理层说：钢不是在办公室炼出来的！管理人员一定要到现场了解问题，也要把解决办法送到现场。巴登管理人员的办公楼总是与现场最近，有的和现场连在一起，推开办公室的门就是现场，推开一道栏杆就是一条通道。巴登钢厂从事安全管理只有一人，他的工作每天70%以上的时间都是下沉在现场，他认为：安全工作没有捷径，更没有秘笈，唯一的办法就是要在现场用心来做，最终使安全生产上升到企业文化的高度，除了现场还是现场。我们过去分厂办公楼也是和现场在一起，不过这几年发生了变化，分厂办公楼离分厂越来越远，当然离现场越来越远，下现场越来越不方便，所以下现场就越来越少了，这和巴登的文化是不一样的。

巴登钢厂非常重视采购质量，与价格相比，他们更关心质量，巴登总经理说：他们还没富裕到可以买便宜货的时候。这是什么意思呢？他们认为便宜无好货、买了便宜货看似省钱，但是使用时间、使用功能达不到要求，看似省钱实质多花钱，性价比不高，所以还没富裕到可以买便宜货的时候。巴登对废钢采购严格按照标准检验，我们亲眼见到一艘装了五千吨废钢的船，由于两个不符合标准的密闭小容器，整船拒收。有一位废钢检验员今年62岁，60岁从炉前下来的，他每天就站在船上，看着抓斗一斗一斗的把废钢抓起来，仔细检查船舱里一层一层废钢的质量，巴登员工的敬业令我们敬佩。

巴登钢厂力争产业链的每一段利润，从输入、加工、输出到过程中产生的废物全部循环利用。学习期间我们在想有什么好办法把废物处理好？看了巴登的渣处理现场，我们相信人的作用。他们将用过的耐材加工作为炼钢渣的调节剂，渣的颗粒用作铺设道路的底层材料。渣处理现场没有先进设备，只有装载机、破碎机，几条周转的皮带，用简单的磁条作渣铁分离，处理方法和我们个体户是一样的，没有封闭的厂房，没有除尘的设备，只是适时在渣堆上喷水保湿，水被蒸发或回收起来，巴登人常说他们也不是超人。巴登钢厂地处莱茵河畔，环保要求非常苛刻，巴登钢厂环保意识植根于员工的脑中，通过规范地做好生产活动中的每一项细节，一个电炉炼钢厂成为欧洲环保样板厂。

不看不知道，一看吓一跳！眼见为实，这就是我们亲眼所见的巴登！巴登的硬件和马钢不是一个档次，而马钢的软件和巴登不是一个层次，考察团组每位成员都从不同角度记住了巴登钢厂所作所为。我们历史上也有过好的文化，但没能传承并发展下来。巴登钢厂可学可用的东西不少，是值得学习的榜样。

# 附 录：

## 巴登钢厂学习考察报告

### 一、概况

9月22日~10月3日，根据马钢与巴登公司企业文化建设合作项目的计划安排，在股份公司副总经理高海潮的带领下，第一批炼钢生产维修培训班16人，远赴德国巴登州凯尔市巴登钢厂进行培训考察。培训班成员来自三钢轧总厂、企管部、安全管理部、科技质量部、生产部以及原燃料采购中心。在巴登钢厂期间，全体学员集中精力，认真培训，踊跃讨论，顺利完成了学习任务。

### 二、主要感受

在培训考察期间，我们亲眼目睹了巴登钢厂管理的标准科学，生产组织的高效，员工炉火纯青的操作技能以及一丝不苟的敬业精神。巴登钢厂目标与员工目标高度一致，人与人完全平等，大家都在享受着工作的快乐，同心协力地使得巴登钢厂成为世界上生产效率最高的电炉钢厂。巴登钢厂企业文化已成为其不可缺少的软实力，我们主要感受在以下方面：

（一）管理精干、扁平化

巴登钢厂母公司是巴登集团，全厂由两位总经理共同管理，除成本、人力资源外，不设其他专业管理部门，也不设调度中心，下设各厂厂长直接向总经理负责，各作业长向各厂厂长负责，管理层次力求最小化。各厂负责生产组织的各项管理，各作业区负责生产作业中的横向协作和自我了结。各管理人员配合作业长，解决现场实际问题，不会主动干预。

管理者充分授权，管理精干扁平化，不存在扯皮推诿现象，管理效率很高。例如：炼钢厂检修仅由一名计划员负责，他能决定整个检修计划的组织和实施，包括检修人员和单位的确认；夜班作业长可直接到备件库领取备件，门禁系统自动做好记录即可。

（二）生产紧凑、高效化

巴登钢厂占地0.13平方公里，从炼钢到轧钢，各产线布置特别紧凑。例如废钢料场紧挨着卸船码头；电炉、LF精炼炉、方坯连铸机直线式排列，间隔不足10米；铸坯下冷床后就装进加热炉。所有工序间的物流距离均很短。

巴登钢厂钢包气体搅拌全部自动连接，既安全又节省时间；储存的备件接头都装配好，缩短现场更换时间；行车操作室均安装小车定点限位指示灯，运行节奏明显提高；现场电动工具大量使用等；炉台、铸台尽量使用葫芦吊具的，不适用行车。巴登钢厂一切工作的出发点就是要生产更加高效，目前，两座电炉全废钢冶炼平均时间仅为 40 分钟 / 炉，两台连铸机拉速均超过 4 米 / 小时，单中包平均连浇炉数均在 100 炉以上。全厂从废钢变为成品钢材，整个过程只要 3 小时 40 分钟。

（三）设备维护以自我为主

巴登钢厂极其重视设备的维护和检修，近年来，通过不断的优化，就是要提升自我维护能力，减少外委承包商。

巴登钢厂认为，外委承包商只关心自己的效益，不关心设备该不该修，适不适合修，不仅增加检修成本，而且检修质量难以保证。因此，巴登钢厂格外注重自我维护能力以及效率的提升。首先，生产操作工与维护检修工高度协同。例如电炉水冷板更换，钳工不足时，生产操作工顶上；其次，维护检修工打破区域界限，例如负责炼钢设备点检的也要负责轧机的设备点检，这样就可以减少倒班维修人员的配置。第三，全厂人力资源优化后的富余人员充实到白班，替代外委检修和备件加工。巴登钢厂建有先进的中央维修中心，各类装备器械齐全，每个维修人员使用自如，可负责全厂备件的修复工作，现已取代外委承包商。与 2004 年相比，巴登钢厂 2013 年钢产量增加 53.3%，但维修费用却降低 20%，主要来自外委检修费用。

（四）全员树立深入现场理念

巴登钢厂强调，钢不是在办公室里炼出来的！每位管理者都要到现场去，各厂办公楼通道均直达现场。例如：总经理每天上午与下午要去现场两次，包括最远的废钢料场；炼钢厂厂长每天两次下到所有岗位，与早班、中班人员见面；负责生产、安全、设备、人力资源管理的人员，不是凭借电话、报表和会议渠道来获取现场信息，而是 50% 以上的工作时间用来深入现场，及时准确地掌握现场的第一手资料。

（五）严格实用的培训制度

巴登钢厂只聘用熟练的机械工和电工，从不聘用学徒工，对于生产岗位诸如炼钢工、连铸工以及轧钢工，也全部聘用熟练的机械工。巴登钢厂有自己的职业培训中心，负责机械学徒工和电工学徒工培训，2000 年获得德国颁发的最佳培训学校证书。

按照学以致用的原则，学徒工 80% 以上的培训时间是在富有现场经验的师傅指导下，在车间根据图纸，由简到难，制作实物，最终把车、钳、铆、焊、电等本领学到手中。两年后，到巴登钢厂倒班学习一年。最后半年，须通过国家统一的技能操作考试，才能结束学徒工生涯，成为熟练的机械工或电工。在巴登钢厂正式上岗后，大部分机械工将转为炼钢工、连铸工和轧钢工，再经过不断的轮岗培训，一到两年内就能具备 3 个以上岗位的资质。

正是这种长时间的、严格的、实用的技能培训，巴登钢厂员工才能具备一人多岗，一岗多能，也是全员劳动生产率居于世界领先地位的关键所在。

（六）良好的团结协作精神

我们看到，巴登钢厂上级与下级之间、白领与蓝领之间，员工与员工之间，大家都是平等相待，关系和谐融洽，工作中能够互相补位，团结协作。深入了解以后，我们发现巴登钢厂坚持“以人为本”，认为企业80%成功取决于人。因此管理人员以身作则，时刻保持与员工的沟通，尊重、关心和信任员工，给予员工适当的物质激励，让员工拥有自豪感、归属感和团队精神。例如：管理者每次见到现场员工，都主动握手问好；员工犯了错误，管理者给予的不是责备，而是共同分析原因，改进和提高；巴登对管理人员的要求是“下属做到的，自己必须首先要做到”。对操作人员的要求是“生产操作者是设备维护的第一责任人”，专业之间要做到协调配合。

巴登钢厂始终在为员工创造适宜的工作环境，例如铸机中包设计专门的水冷挡板；每个操作室均配置舒适的旋转座椅、微波炉、电冰箱，并供应矿泉水、咖啡。

（七）科学合理的个人绩效评价

巴登钢厂无论是管理岗还是非管理岗，均根据岗位技能、劳动强度、工作环境、个人贡献，分出更多的层级。岗位分级只针对岗位，不针对岗位上工作的人。每个岗位根据评价标准，进行岗位分析评估，并计算出工作价值，决定每个岗位的基本工资组，全厂基本工资组级别细分为20个。例如：第一炼钢工基本工资比第二炼钢工高；炼钢区域行车工基本工资比废钢料场行车工高。员工个人绩效主要由经理或主管负责评估，依据员工的工作质量、数量、安全、正确性、独立性以及努力程度给予评估，但是评分设置上下限，差距控制在15%以内，防止“过度评估”，确保公平公正。

（八）严把原材料入厂质量关

巴登钢厂非常重视材料的采购质量，与价格相比，更关心质量。废钢检化验严格按照标准进行，不符合质量要求的立即给予无条件处罚，甚至退货，是真正意义上的“零容忍”。备件采购亦是如此，质量摆在第一位，因质量问题影响生产的，立即列入黑名单，取消供应商资格。

（九）独特的误工管理系统

巴登钢厂认识到“时间是最宝贵的资源”，关键就是要从时间的控制做起，因此，巴登钢厂，有着十分独特的误工管理系统。每班电炉冶炼非计划停产后，计算机系统根据电炉的断电时间，马上自动记录下误工时间，并与标准时间进行比较，操作工必须在计算机输入相应的误工代码，主要分为工艺、操作、机械、电气、辅助作业、未定义的等大类，内容必须真实，否则生成的信息无效，在此基础上，计算机生产每天的误工时间报表。炼钢分厂每天召开15分钟的早会，由轮流值班的工程师主持，分管生产的总经理参加，重点分析误工产生的原因，各作业区负责持续改进。

（十）现场管理注重实效

巴登钢厂现场管理重心是要保证生产的高效以及设备的稳定运行，而不是单纯的现场环境清扫。我们看到，巴登钢厂炉台上备件室里水管、油管、密封件，电线、电缆都分规格，分品种竖挂着，取放十分便利。各班组工器具摆放整齐，一目了然。每一个设备运行的“心脏”部位，诸如液压站、电气室，里面是一尘不染，所有部位看上去都是新的。

（十一）生产环保意识很强

巴登钢厂采用厂房封闭技术，二次除尘能力强大，整座厂房内形成负压，电炉装料、冶炼中产生的烟尘，不会外排到大气中。进入除尘管道的烟尘经布袋除尘系统，由密闭的槽罐车进行回收。厂房内沉积下来的烟尘，利用每周炼钢定修机会，由外部清洁公司进行清理。厂房外道路、废钢料场、渣处理场地，通过不间断地清扫、洒水、喷水，起到保湿除尘的效果。

## 三、培训考察过程

| 日期 | 时间 | 培训内容 |
|---|---|---|
| 9月22日 | 8:30-10:00 | 钢厂整体介绍 |
| | 10:00-10:30 | 安全教育培训 |
| | 10:30-12:00 | 参观废钢检验室和料场，参观钢包、中包修砌以及电炉区域 |
| | 13:00-16:00 | 参观连铸、轧钢区域、中央维修中心 |
| | 16:00-16:30 | 讨论 |
| 9月23日 | 8:00-8:30 | 参加炼钢厂班前早会 |
| | 8:00-10:00 | 参观电炉冶炼区域钢包修砌，液压站、氧气室和电气室设备维护 |
| | 10:00-12:00 | 维护策略培训 |
| | 13:00-14:00 | 参观连铸区域结晶器维修、液压站和电气室设备维护 |
| | 14:00-16:00 | 安全管理培训 |
| | 16:00-16:30 | 讨论 |
| 9月24日 | 8:00-8:30 | 参加炼钢厂班前早会 |
| | 8:30-9:30 | 参观连铸、钢包修砌区设备维护 |
| | 9:30-11:30 | 整体维修培训 |
| | 11:30-12:00 | 讨论 |
| | 13:00-14:00 | 检修计划培训 |
| 9月24日 | 14:00-16:00 | 管理理念培训 |
| | 16:00-16:30 | 讨论 |

| | | |
|---|---|---|
| 9月25日 | 6:00-10:00 | 参观炼钢厂计划检修的实施 |
| | 10:00-11:30 | 钢厂理念与组织培训 |
| | 11:30-12:00 | 讨论 |
| | 12:00-16:00 | 继续参观炼钢厂计划检修的实施 |
| | 16:00-16:30 | 讨论 |
| 9月26日 | 8:00-8:30 | 参加炼钢厂班前早会 |
| | 8:30-10:00 | 参观废钢的卸船和检验过程、备件库管理。 |
| | 10:00-12:00 | 转炉冶炼工艺培训 |
| | 13:00-14:30 | 炼钢冶炼工艺培训 |
| | 14:00-16:00 | 生产计划培训 |
| | 16:00-16:30 | 讨论 |
| 9月27日 | 8:00-8:30 | 讨论 |
| | 8:30-10:00 | 炼钢冶炼工艺培训 |
| | 10:00-12:00 | 时间管理培训 |
| 9月29日 | 8:00-8:30 | 参加炼钢厂班前早会 |
| | 8:30-10:30 | 参观五机五流结晶器断面更换整个过程 |
| | 10:30-12:00 | 人力资源管理培训 |
| | 13:00-14:00 | 参观炼钢检化验系统 |
| | 14:00-16:00 | 质量管理培训 |
| | 16:00-16:30 | 讨论 |
| 9月30日 | 8:00-10:00 | 参观职业培训中心 |
| | 10:00-12:00 | 副产品管理培训 |
| | 13:00-14:00 | 参观钢渣、耐材等副产品的回收和加工场地 |
| | 14:00-16:00 | 短流程钢厂管理理念培训 |
| | 16:00-16:30 | 讨论 |
| 10月1日 | 8:00-8:30 | 讨论 |
| | 8:00-10:00 | 精炼工艺培训 |
| | 10:00-12:00 | 数据和信息管理培训 |
| | 13:00-14:00 | 参观1#电炉以及连铸区域 |
| | 14:00-16:00 | 精炼工艺培训 |
| | 16:00-16:30 | 讨论 |
| 10月2日 | 8:00-9:00 | 参观炼钢跨行车 |
| | 9:00-10:00 | 连铸工艺培训 |
| | 10:00-12:00 | 个人报告和答辩 |
| | 13:00-15:00 | 培训总结会 |
| | 14:00-15:30 | 访问BSE中心，授予培训证书 |

## 四、个人学习报告

（一）股份公司副经理、总工程师高海潮

一、学习巴登企业文化，经过耳闻目睹，结合自己工作，你回单位计划做哪几件工作?

1、公司铁、钢、轧生产正常运行最重要的是靠人，人的勤奋可以弥补诸多的不足。从分管公司生产与技术工作上，我要带头深入现场，并勇于要求总厂厂长、分厂厂长，不仅仅是转变工作作风、还要把自己当成一线职工的一员，把工作在现场当成一种习惯，发现、调研、解决问题的地点放在现场。

2、产品质量的稳定反映着企业管理的稳定，稳定即要通过消除不稳定因素的影响来实现。巴登人对原材料废钢的检验苛刻到了零容忍，每道工序都要遵守标准化操作。我们还没有富到买便宜货的地步，我们检测中心的验收、技术质量上的标准把关人员要认真做事、履行职责。

3、巴登人每年在找出短板，提升效率。铁水是公司的瓶颈，高炉长周期稳定顺行是公司的难题，解决这些问题就是以激励为主，使用优质资源，持续坚持。我们要把9座高炉的体检表活动做好，对体检表中每一项有问题的指标，通过人的活动，一项项解决，紧紧抓住未解决的问题不松手。

二、学习巴登企业文化，经过实地培训，面对马钢状况，你向公司和总厂提出哪些有借鉴的建议?

1、企业的薪酬分配是个难题，又不是个难题，问题还是出在太粗、粗到了不愿细分或不敢细分下去。巴登公司设计的员工绩效评价体系很值得借鉴，结合我们的实际，修订使用。无论是管理岗还是非管理岗，从岗位技能、劳动强度、工作环境、个人贡献等分出更多的层级，让员工感到公平、感到激励。

2、全体员工不论工作在什么位置，巴登人的目标是一致的，提升工作效率，提升企业竞争能力。

员工的行为统一到为公司是否增加效益和创造效益上来，因此我的工作是否贡献于或服务于公司生产经营的需要是首选评价标准。我们要确立这一标准，不偏离这一点，并使单位与个人直接联系起来，这样每个人才能摆正自己的姿态。

（二）安全管理部经理徐超

一、学习巴登企业文化，经过耳闻目睹，结合自己工作，你回单位计划做哪几件工作?

1、巴登的理念之一就是各级管理者要少听经过加工的汇报，深入现场，了解第一手资料。公司安全管理部门，现阶段安全管理的手段之一就是深入现场进行安全巡查，暗查、检查。目前，公司已制定了安全检查制度，但要进一步完善，要制定各级管理人员深入现场了解一手情况和巡查，暗查、检查的时间要求。细化制度，规定深入现场的时间。加强制度的执行力。同时要从自身做起，经常深入现场，调查了解具体实际情况，解决实际问题。

2、巴登的理念之一培训是管理人员的天职。培训要包括技能和各类专业知识的内容，公司虽有相关文件规定，对各类操作人员安全培训课时有一定的要求，但没有落实到位。

对职工培训制度要进一步修订，明确对各级管理者的培训要求，更重要的是对作业长的培训和轮训，逐步建立起各级培训的师资网络，从而完善对全体职工不断安全培训的体系，确保每个职工安全意识的不断增强。

3、巴登的理念之一是以人文本，安全第一。要提供职工的自我防护意识，不断完善职工的安全防护水平。改善和提高劳动保护用品的防护效果和穿戴的舒适性，使职工从被动的、强制的过渡到自觉的、自然的正确使用劳动防护用品，从而使劳动防护用品真正起到保护职工身体健康和生命安全的作用，这是安全管理部门不断改进的目标之一。

二、学习巴登企业文化，经过实地培训，面对马钢状况，你向公司和总厂提出哪些有借鉴的建议？

1、由于我们安全管理实行的是属地管理，外来人员的安全一直是困扰我们的难题之一，外来人员事故占70%以上。虽然我们有一些管理制度，要改变当前的困局，关键是要解决外来单位的目标与我们的目标一致性，外来人员对企业有认同感，使这些人员有一定的奋斗目标。如：不断改善外来人员的待遇，逐步实现同工同酬；优秀人员服务到一定年限，可加入到企业职工队伍；接受同等的各级培训，从正面激励；缩小操作与检修人员（包括内部检修单位）的收入差距，不断提高人员素质，从本质上增强安全基础。

2、以生产一线为对象，建立服务型的机关，部门的管理职能要包括对现场的指导和服务要求。部门要实行生产经营全过程的服务，树立现场第一的理念。巴登的理念：钢是人炼出来的，是现场干出来的，不是计划排出来的，更不是算出来的。管理的目的是解决现场问题，管理的形式是服务于现场，管理的目标是现场生产顺行，管理的效果是现场生产出效益。通过学习巴登，形成企业自身的管理文化。部门服务现场，现场支撑企业。企业是全体职工的家园。

（三）企管部副经理王谦

一、学习巴登企业文化，经过耳闻目睹，结合自己工作，你回单位计划做哪几件工作？

1、制定方案，转移马钢教培工作重心，调整师资队伍结构。缩减高职教育规模，全力做好员工培训，扩大对在职职工继续教育和新进入马钢员工职业技能培训规模。新进马钢的操维人员，原则上可每年在教培学生中择优录用。对现有教职工队伍采取分流、转岗培训等方式，保留骨干，压缩数量，同时聘请公司内部有实际经验和教学能力的管理人员、高级技术主管、技师作为兼职教师，适当引进外部资源合作办学。

2、完善马钢管理创新工作机制，建立马钢管理问题库。定期征集马钢管理问题，设立管理创新委员会，评审分类。入库问题分为立即解决，研究实施方案后决定如何解决，储备等。明确解决问题的牵头领导、部门（单位）和完整时限、持续改进。建设信息系统，便于公司跟踪查询回复。

3、提升现场管理水平。目前，马钢现场管理仍停留在现场环境清扫阶段，精益管理不到位，下一步要强化环境经营理念，扎实推进现场管理星级评价。通过量化体系要求和评价，促进现场管理水平提升。

二、学习巴登企业文化，经过实地培训，面对马钢状况，你向公司和总厂提出哪些有借鉴的建议？

1、规范作业区的设置标准，合理设置作业区，完善作业长有效成长和退出机制。提高作业长的任职门槛，作业长的聘用实行岗位资格双轨制，作业长必须从取得任职资格的人员中产生，建立作业长任期制，鼓励技术人员竞聘作业长。对现任和后备作业长建立职业生涯规划，提拔分厂领导应从优秀作业长中产生。

2、减少外委，从耐火材料开始。目前，马钢耐火材料的生产和供应，耐火公司自己生产和供应的只占三分之一，应结合马钢耐火公司合资、改制，逐步减少外委数量，近期目标至少在三年内自己生产和供应的达到和超过三分之二，员工不足的，可以考虑从检修系统中分流的员工给予补充。

（四）科技质量部高级技术主管宋超

一、学习巴登企业文化，经过耳闻目睹，结合自己工作，你回单位计划做哪几件工作？

1、公司目前高炉产能远小于钢、轧产能，生产组织中，降低铁钢比是一项重要工作。6月份以来，四钢轧生产处于爬坡中，品种结构变化较大，作为公司铁钢比计划的制定者，我要率先垂范，深入生产现场，尤其是深入四钢轧转炉冶炼现场，既要跟踪、掌握四钢轧不同钢种的实际装入制度。在保证钢水质量的前提下，根据钢厂品种结构的变化，设计合理的铁钢比。同时还要深入废钢公司的加工料场，通过不断的现场扫描，督促废钢公司严把采购质量关，对于不符合质量要求的废钢，坚决拒之门外，采购成本可以降低，但是质量意识绝不能降低。

2、巴登钢厂十分强调作业的标准化，无论多么先进的技术和工艺，如果没有标准的操作来保证是无法实现的。负责技术质量的管理者，首要任务就是要做好标准化的推行者和守护者。无论是炼钢辅料合金的验收和商务处理，钢材产品的降级改判，一切都要按流程、按标准走，任何人不能创新。坚决树立“谁违反标准，谁负责”的理念。不符合标准的，原料该退回的退回，产品该判废的判废。

3、巴登人强调“创新就在每个人的岗位上”，现场许多提高生产效率的设备都是一线员工设计和改进的。创新不仅仅是高不可攀的专家活动，也是岗位工人的智慧和劳动成果。我们在技术管理工作中，不仅要鼓励技术中心以及生产厂科技人员的创新，也要鼓励现场员工的创新，前期不一定要立项，经过生产验证后效果显著的，就可以纳入到年终项目评审上来，给予一定比例的物质奖励。只有这样，才能在公司范围内形成“人人创新”的氛围，每个人都能发挥自己的聪明才智。

二、学习巴登企业文化，经过实地培训，面对马钢状况，你向公司和总厂提出哪些有借鉴的建议？

1、设备是生产稳定的基础，公司要借鉴巴登钢厂的良好经验，树立“以设备为中心”的理念。要通过不断地培训和轮岗来提高维修人员的技能和素质，要建立自己的设备维修中心，要做到设备预防性检修与点检有机结合，提高检修计划的刚性。新补充的操作人员要有机修维修知识的背景，具备操检合一的能力。

2、公司要推行管理标准化，精简会议，提高工作效率。巴登钢厂基本上没有什么会议，最长的会不超过一个小时，员工的主要时间和精力都是在现场解决实际问题上，各作业区、各管理部门也是高度协同。公司、总厂各级管理者均要加强沟通、互相信任、敢于授权，从上到下，少开会，开短会，促进管理效率的提高。

（五）三钢轧总厂副厂长吴坚

一、学习巴登企业文化，经过耳闻目睹，结合自己工作，你回单位计划做哪几件工作？

1、误工管理。我厂误工管理做得不够细致，而误工管理的确是提高效率的好方法。我准备在4座转炉，分别设置误工管理系统，目的是通过使用误工管理系统，逐步改进转炉误工，生产稳定，提高效率。

2、一专多能。我厂准备在炼钢区域各个分厂、车间选择1~2个岗位推进一专多能，目的是提高工作效率，减少人力配置。例如：连铸浇钢工能在4台连铸机操作，以优化配置；吹氩站与LF操作合并；连铸台下可以做部分点检工作等。

3、改善工作条件，提高工作效率。例如：钢包Ar气自动连接，可以减少一岗位；水泵房可以电视摄像在主控室监控，减少岗位；连铸换结晶器、喷嘴可以气动扳手，提高效率；拉矫电机、辊道等实现即插即用。

二、学习巴登企业文化，经过实地培训，面对马钢状况，你向公司和总厂提出哪些有借鉴的建议？

1、建议公司全面减少作业长配置，提高作业长门槛。马钢现状是：作业长太多，很多设置是多余的；作业长选拔门槛太低，素质也差；影响作业长形象，作业长没有发挥作用。需要整顿。

2、建议公司提高老厂自动化水平，恢复一级、二级、三级自动化。自动化程度也和效率有关。我厂现状是自动化程度低，一级、二级、三级有很多不完善的地方，大量数据和记录依靠人工，这显然达不到国际先进水平。

（六）生产部钢材科副科长杨泉山

一、学习巴登企业文化，经过耳闻目睹，结合自己工作，你回单位计划做哪几件工作？

1、巴登钢厂强调“计划是在现场排出来的”的，不了解现场的人，是排不好计划的。作为生产计划管理人员，我要在分管经理和科长的带领下，以身作则，坚持深入生产一线，沉下心来在现场，及时准确地掌握生产信息，不要坐在办公室里，过度依赖报表、电话和计算机。深入现场时间，要力争占到总工作时间的40%以上。对于生产厂的主体设备检修、重点品种生产、新产品试制、突发性的生产和质量问题，必须第一时间内赶到现场，从头到尾，熟悉现场发生的一切，提高自己对生产计划的掌控能力。

2、巴登钢厂强调“每个问题就意味着持续改进”。当前，公司板带订单兑现率徘徊不前，订单管理存在着重评价和考核，轻分析和改进的现状，我们在订单管理中必须扭转这种局面。针对每月不兑现的订单，要与各厂管理人员一道，甚至包括生产操作人员，开展认真细致的分析，找到影响交付的最终原因，立即整改落实，并跟踪验证，不让分析停留在纸面上，而要真正成为工作改进的起点。巴登钢厂始终不允许“你知道为什么，而不去改进”现象的发生，我们也要将此作为衡量工作的标尺，持续改进，把订单管理的每一件事都要做好，实现PDCA循环。

3、巴登钢厂十分注重员工的学习培训，每个人都要不断地学习，不断地提升自己。我们也应如此，负责板材订单管理的，还要懂长材订单管理，还要懂综合计划管理、原辅料管理以及其他生产管理工作。制定生产计划的，还要掌握高炉生产知识，还要掌握工艺规程和技术质量标准。工作中要视野开阔，善于学习和提高。岗位之间、人员之间是没有界限的，我们要像巴登员工那样，不计较彼此的分工，该补位的一定补位，该协同的一定协同。

二、学习巴登企业文化，经过实地培训，面对马钢状况，你向公司和总厂提出哪些有借鉴的建议？

1、公司要逐步提高建筑长材产品的直供比。巴登钢厂线材、螺纹钢筋产品直供率达到100%，并且全部为深加工的产品，最大限度获取产销链条上的所有效益。马钢线棒产品也要像板带产品一样，利用现有加工中心和区域公司的优势，大力开发终端客户，减少中间商和经销商中间环节的流通，不断提高直供比。

2、公司生产信息要实现全方位的共享。巴登钢厂办公系统向全体员工开放，不管是谁，都能立刻看到生产实绩。信息公开透明，出现问题，大家马上沟通解决，效率非常高。目前，公司ERP信息化系统看似强大，但是信息共享受到诸多限制，管理部门与生产厂信息不对称的现象经常发生，导致协调多、会议多、文件多。计算机是是为生产服务的，更是为人服务的。马钢必须借鉴巴登钢厂的经验，建立起真正意义上的生产信息共享机制，提高管理的效率。

（七）三钢轧总厂生产安全部副部长黄恩宇

一、学习巴登企业文化，经过耳闻目睹，结合自己工作，你回单位计划做哪几件工作？

1、“一专多能、一岗多责”，三钢轧总厂生产安全部物流承担了炼钢区域的原辅材料的供给工作，目前的主要运输工具是叉车和装载机；废钢、合金、耐材几个岗位互相不能顶岗，回去后首先对主要骨干力量进行叉车和装载机操作培训取证，使得人人都能操作，不设专职司机；三个岗位做好轮岗培训工作，争取在现任班组长身上实现突破，能达到岗位互换的要求。

2、改变大宗合金运输方式，直接将空吊盅送到仓配中心，合金直接装入吊盅中，由汽车一次送到现场，避免现在的二次倒运方式，节省运输和人工费用。

3、逐步清理废钢堆放区域，第一步改变磁盘吊磁盘的形状，由目前的圆形改成和废钢斗形状相同的长方形，确保装废钢时废钢不外蹦，第二步将废钢斗放在废钢区域的中部，行车从南北两个方向配废钢，解决配废钢来不及的问题，第三步改变废钢斗的吊挂装置和行车的吊钩转向问题，这需要在实验的基础上才能做出最后的决定。

二、学习巴登企业文化，经过实地培训，面对马钢状况，你向公司和总厂提出哪些有借鉴的建议？

1、马钢目前的培训工作与巴登钢厂培训中心相比差距是较大的，建议公司对安冶院和马钢技校针对工厂的培训工作进行改进，公司不能采取集中招工的方式来解决劳动力的问题，应该每年从这两个学校招一定数量的经过专业培训的优秀的毕业生补充到相应的岗位，保证有个梯队衔接；针对在岗职工的培训应该更贴近实际，不要浪费资源去搞一些对生产经营不产生任何效益的培训。

2、目前炼钢跨最大的瓶颈就是铁水行车和废钢行车的相向运行，行车工与炉前的沟通完全是靠对讲机联络，行车工缺少必要的信息，建议通过信息化处理在炼钢跨所有行车上安装信息显示装置，显示每个炉子的吹炼状况，什么时候兑铁、什么时候兑废钢、什么时候兑渣、什么样的废钢配比等，上述信息要对应到每做炉子，通过信息化工作来解决这个问题。

（八）三钢轧总厂技术质量部副部长汤寅波

一、学习巴登企业文化，经过耳闻目睹，结合自己工作，你回单位计划做哪几件工作？

1、有计划地培养技术质量部工程师，打破炼钢、精炼、连铸等界限限制，做到在炼钢区域内能够互动；同时加强设备相关知识的学习，为今后的一岗多能、操检合一的规程编写及操作的标准化提供有力支撑。

2、积极落实“钢是在现场炼出来的”这一巴登企业文化理念，和工程师一起沉在现场，加强过程控制，稳定产品质量，寻找降本的有效措施。

3、学习巴登的误工管理系统，组织相关工程师对影响转炉的误工事件进行分类辨识，为下一步建立设置误工管理系统，做好准备。

二、学习巴登企业文化，经过实地培训，面对马钢状况，你向公司和总厂提出哪些有借鉴的建议？

1、优化现有岗位设置，逐步完成操检合一、一岗多能。如实现连铸浇钢工在4台连铸机均可操作、将吹氩站精炼工同LF炉操作工合并分级，将技术质量部的工艺监督与连铸操作工岗位合并等。同时在岗位优化后的人员当中，选择有基础的进行操检合一、一岗多能的培养，如可以和维修钳工一起工作。逐步完成一岗多能。

2、完善基础自动化，及二级自动化系统，同时逐步配置、优化工器具，减低劳动强度，提高作业效率。

（九）三钢轧总厂设备保障部副部长方长德

一、学习巴登企业文化，经过耳闻目睹，结合自己工作，你回单位计划做哪几件工作？

1、优化设备系统组织结构。巴登的设备状态是保证其高效生产的重要支撑。扁平化的组织结构保证整个系统最大限度地贴近生产现场。我们厂的设备系统由总厂设备保障部、点检室、协作单位（ 内部协作单位＋外部协作单位）构成，这其中设备保障部业务科室与点检室存在职责重叠、点检室与协作单位存在分工界面模糊的问题。通过巴登钢厂考察学习、巴登文化的消化理解，我们将优化我厂设备系统的组织结构，达到组织简练、职责明晰、贴近现场、成本最低、保障最力。

2、优化设备系统人力资源。巴登的维修人力资源配置中充分体现了人员简练、一专多能、相互协作、分散控制与集中合作的矩阵结构。通过组织结构的重塑和岗位的合理设计我们会挖掘一部分人力，专业点检模式职责分工的反思会让我们思考点检员工作职责范围的拓展。我们会思考倒班维修人员、白班维修人员工作职责再细化设计合理人力资源配置。还要我们平衡考虑分散维修贴近的优点与集中维修充分发挥合力和便于技能提高的优点，优化倒班、白班人力。合理配置贴近生产线的分散维修力量、形成技能人数合力的集中维修力量。在线保产维修和线外修复制造准备穿插进行。最终达到两个效果：减少外委，保产更佳。

3、设计加强培训工作。巴登的培训系统及文化是其人力资源架构、高效生产的重要支撑体系。 我厂设备系统这个问题非常严峻：随着点检与维修的分工细化，专业点检动手相对减少；高技能员工的逐步退休，造成了维修工的技能整体下降；新人因缺少有效培训技能难以提高；倒班维修工的专业技能退化已成为慢性硬伤。通过考察学习到了巴登的培训文化、策略，我们要设计作业区、专业工程师、工艺工程师的多层面培训体系：作业区侧重培训所负责区域的应知应会，动手解决现场问题的能力；专业工程师侧重各工种的所需基础知识普及和各维修专业理论知识提高培训；工艺工程师侧重于生产工艺流程知识的培训，以期让维修人员对生产工艺过程加强了解提高现场处理能力；以及专业工程师对生产操作岗位人员关于设备性能、设备基本动作原理的培训提高操作人员了解设备、爱护设备、操检合一执行能力。

4、工器具的梳理合理配置。巴登钢厂岗位操作人员维修人员工具配置齐全因地制宜合理布置定置顺手、大量专业器具的设计配置、专用工程机械的存在，如电动手工工具大量使用、大量使用铲车汽车吊区域电动葫芦吊代替行车等，都为现场岗位操作设备维修生产准备提供极大方便，减低劳动强度，还保证了高效生产。我们要在总厂范围内，清查梳理影响生产、准备、检修效率的集体工具、专用器具的状况，按对生产检修影响程度兼顾改善劳动强度、资金能力，分部合理改善配置，制订长效管理制度。

二、学习巴登企业文化，经过实地培训，面对马钢状况，你向公司和总厂提出哪些有借鉴的建议？

优化设备系统的组织架构。巴登钢厂的设备保障系统是其实现高效生产的最大支撑。其设备维修系统组织架构简练、贴近现场，倒班与白班维修力量的合理设计。当然巴登是 mini 钢厂，马钢是大型综合企业，不可能照搬其组织结构，但他山之石可以攻玉。我们不断反思：（1）现有的专业点检维修体制的职责划分是否最佳？是否为当前严酷市场形势下能保证最低成本的组织结构？（2）专业点检配置力量与其承担职能是否存在人力技能浪费？组织结构的断面是否没有充分发挥重要维修骨干最大作用？（3）内部检修单位特别是紧贴现场保产为主业的检修公司结构是否过于庞大而造成管理难于细化只是疲于应付？是应该按几个区域拆分还是在其内部分块管理更有利于保产效果和集中会战？（4）倒班维修工不属生产总厂不利于保产思路压力一致、现场问题快速反应、与操作人员最佳配合的问题如何在组织结构中调整？（5）部门专业职能科室如何与现场衔接和分层分级考虑问题管理事项？

重视加强设计维修专业的技能培训。巴登钢厂的培训理念、架构、层次、做法是其高效生产最优成本的主要驱动力。现有的马钢技能培训流于形式，现场以前传统的师徒传承技艺模式基本淡化，老职工吃老本技能难以维持，新人没有有效的培训体制得到培养，现有的点检与维修隔断加剧了维修工实践技能的退化。建议公司通过巴登文化实践，精细设计马钢公司自己的培训战略机制层次、以老带新的技能传承方式。保证公司人力资源质量、为公司的经营目标提供坚强保障、实现可持续发展。

（十）三钢轧总厂炼钢分厂厂长邓南阳

一、学习巴登企业文化，经过耳闻目睹，结合自己工作，你回单位计划做哪几件工作？

1、参照巴登的误工管理系统，推动建立入炉钢铁料消耗异常分析系统，对影响钢铁料消耗的喷溅、铁水渣量大、废钢质量、过氧化等编制代码，镇静钢和低合金钢分别设立4.2吨/3.2吨吹损标准值，凡是大于吹损标准值的每一炉钢，炉长必须分析原因并且在二级系统内填写代码，每8小时生产完成后，形成消耗异常的分析报表，罗列出Top10或Top5，这样就能针对性较强的采取应对措施。

2、参照巴登的视频集中监控系统，将二除监控系统和泵房监控系统移至风机房内，经过岗位培训后，优化除尘系统内风机、二除、泵房、汽包等岗位，通过中央视频监控，形成四岗合一，集中监控，定时点检，四班人员由每班10人精简至每班7人，提高生产效率。

3、设计专用存放架或存放桶，将生产现场的吊具、链条等集中悬挂于某处，便于行车直接起吊，降低人工挂钩可能带来的安全风险。

二、学习巴登企业文化，经过实地培训，面对马钢状况，你向公司和总厂提出哪些有借鉴的建议?

1、建议公司对各厂的用工需求进行提前规划，安排教培中心实行“订单式”培养，专科第二年开始进厂半工半读，第三年跟班组走，学以致用，需要什么教什么，体现专业性，毕业后即是一个合格的产业工人。

2、建议总厂优化现有废钢场地，对自循环废钢、外购废钢、中包块、打包块、渣钢严格分类，通过技术质量部和炼钢分厂的抽查来保证，每一斗各种类废钢配比，以产量和废钢配比确立每天废钢的需求量，减少现场库存腾出空间（或另找一处场地作为临时废钢存储地），为吹炼操作的稳定提供原料保障。

（十一）三钢轧总厂精炼分厂厂长王刚

一、学习巴登企业文化，经过耳闻目睹，结合自己工作，你回单位计划做哪几件工作?

1、设备和工器具的改进：（按顺序做）A、制作链条和吊具的放置桶。B、打结钢包永久层的旋转布料器。C、各通道路口安装自动关闭安全门。D、优化精炼站底吹流量压力表，有效检测钢包透气砖的透气状况。E、对卧式烘烤器进行优化，力争做到保证烘烤效果的前提下省煤气烘烤火焰不外露。

2、操检合一。A、首先将精炼站的设备详细梳理一番，将点检工作和部分检修工作接过来。减轻点检室的压力，使得点检室有精力控制好重点设备的顺行。B、在分厂内部培训一批钳工焊工叉车工等人才。为操检合一提供支撑。

3、一专多能的培养。A、将精炼工同LF炉操作工部分人员进行岗位互通，钢包冷修和热修部分人员岗位互通，物料组同领行人员部分人员岗位互通。先使得一部分人员做到能具备两个到三个以上的技能。今后打算对分厂内部岗位实行竞聘上岗。B、优化分厂内部的绩效考核，既要公平合理又要能提高职工的工作积极性。C、根据工作量优化岗位人员的定编。

二、学习巴登企业文化，经过实地培训，面对马钢状况，你向公司和总厂提出哪些有借鉴的建议？

1、总厂将误工管理推行下去。其一能收集健全时间资源的数据管理，提高管理的透明化。其二为高产运行做好准备工作。

2、建议总厂将薪酬分配进行改革。目前奖金分配按人头拿奖金，分厂主管当然希望本分厂人越多越好。便于将二线的人员奖金扣一部分嘉奖给重要岗位的职工和骨干成员。不利于公司的人力资源优化政策的实施。建议实行奖金包干制，这样分厂在满足生产的条件下人越少个人收入反而越高。不但能提高工作效率还能提高职工的收入。

（十二）三钢轧总厂连铸分厂厂长杨应东

一、学习巴登企业文化，经过耳闻目睹，结合自己工作，你回单位计划做哪几件工作？

1、优化浇钢岗位组织结构

将两台方坯连铸机和两台异型坯连铸机浇钢班组分别合在一起，实现每名浇钢工都能操作两台连铸机，解决浇钢岗位操作人员缺少问题，进而精简浇钢操作人员，提高浇钢岗位作业效率。

2、工艺技术改进方面：

⑴用废大包吹氧管替代方坯连铸机塞引锭冷料，节约成本，废物利用；

⑵改善生产现场作业环境。如浇钢区域水冷挡板改造，链条吊具存放架改进，料斗吊耳改进，结晶器口吹扫改进，生产现场配备专用工具等；

⑶优化方坯连铸机二次冷却段导向装置，改善喷淋对中状况。

3、对分厂各岗位进行评估，结合岗位绩效管理，优化各岗位奖金系数。

二、学习巴登企业文化，经过实地培训，面对马钢状况，你向公司和总厂提出哪些有借鉴的建议？

1、提高生产作业效率是建立在高的自动化程度和设备可靠度基础之上，生产作业效率提高后，建议将富余人员经过培训后转入到设备检修和点检队伍，减少外协和外委项目。

2、目前，我厂炼钢区域生产作业设备自动化程度和可靠度较巴登钢厂差距较大，建议公司对我厂炼钢区域设备进行系统的自动化升级改造，完善一、二、三级信息系统，提高生产现场可视化水平，减轻岗位操作工人劳动强度，为提高作业效率创造条件。

（十三）三钢轧总厂炼钢点检室主任张乐金

一、学习巴登企业文化，经过耳闻目睹，结合自己工作，你回单位计划做哪几件工作？

1、内部进行培训，打破同一专业间炼钢、精炼、连铸等界限限制，做到在炼钢区域内能够互动，达到检修有需要时，本专业人人能够胜任。

2、一专多能方面，只设机械、电气两大专业，通过培训取得其他辅助专业（如起重、铆焊、仪表、煤气等）资格证。三年内做到80%以上点检员每人至少有两个专业资格证。

3、学习行车操作，通过培训，取得资格证。做到每次检修时，由检修人员自己操作行车配合检修，不再需要专业行车工配合。

二、学习巴登企业文化，经过实地培训，面对马钢状况，你向公司和总厂提出哪些有借鉴的建议？

1、把检修公司四班运行人员划回到三钢轧，便于四班运行过程中故障处理积极有效。

2、把连铸、精炼等机械外协统一由三钢轧直接对外管理，同时对外协资源进行整合，降低外协费用。外协人员不足部分由点检员补充。这样不仅节约外协费用，而且能把检修公司在三钢轧的大量检修人员解放出来。

（十四）三钢轧总厂石灰分厂厂长王后城

一、学习巴登企业文化，经过耳闻目睹，结合自己工作，你回单位计划做哪几件工作？

1、①最佳实践计划：对石灰分厂小维修人员进行培训：主要培训专业基础知识，设备维修理论与实践，行车设备技术。同时对石灰分厂两台5T行车进行遥控改造。

②最佳实践目标：按照巴登“操检合一”的理念，经过培训后石灰分厂小维修钳工努力做到与石灰分厂放灰工操检合一；小维修电工努力做到与石灰分厂遥控行车工（改造2台5T行车）操检合一。

2、①最佳实践计划：按照巴登“一岗多能”理念，计划对石灰分厂五座石灰窑工艺进行整合，重新修订工艺标准，修改操作规程，制定短期岗位适应性培训方案和长期专业知识培训计划。

②最佳实践目标：将两座气烧窑（4#套筒石灰窑、弗卡斯石灰窑）主控操作室与三座老窑主控操作室进行整合。实现一个主控室操作五座石灰窑的高效操作目标。

③最佳实践效果：可以直接节约岗位工8人，提高五座窑的综合运行效率。

3、①最佳实践计划：对石灰分厂现有岗位进行系统评估，按照能力、压力、环境影响、责任、安全五个方面组织分厂管理人员对每个岗位进行量化评估。最后确定每个岗位的分值，重新制定《石灰分厂岗位绩效考评办法》。

②最佳实践目标：按照巴登薪酬激励办法调动石灰分厂职工积极性。通过绩效提高奖金对岗位的激励作用。

二、学习巴登企业文化，经过实地培训，面对马钢状况，你向公司和总厂提出哪些有借鉴的建议？

1、建议公司对三钢轧进行自动化改造，对计算机二级、三级的改造，对生产信息、设备在线信息、物流、故障信息、财务与成本核算信息等进行实时网络模块管理。借鉴巴登网管经验，努力做到信息全覆盖。

2、按照巴登“办企业就像办大学一样”的企业理念，切实搞好在职员工的岗位培训。针对每个岗位的需求开展岗位理论、岗位实践知识培训。建立标准、形成制度。逐步形成只有接受过专业培训考核合格的员工才能上岗。同时由马钢培训中心颁发合格证才能重新上岗。

（十五）原燃料采购中心项目经理 / 翻译岑国瑞

一、学习巴登企业文化，经过耳闻目睹，结合自己工作，你回单位计划做哪几件工作？

1、将把工作流程再标准化的梳理一遍，选取关键的信息和数据（且要确保这些数据的准确性），进行长期的收集、记录和整理。在此基础上，对数据进行统计、对照和分析，给以后的工作给出指导和帮助。

2、做好部门月度绩效评价的记录，以书面形式记录各人工作表现，用事实和数据作为评价依据，做到公开、公平、公正。

3、更高质量、更高效地工作以及加班，让部门内外，正确对待、公平看待收入差距。

二、学习巴登企业文化，经过实地培训，面对马钢状况，你向公司和总厂提出哪些有借鉴的建议？

1、在三钢轧或其一个分厂全面深化试点内容，包括岗位设置、培训工作开展、绩效考评、检修组织等方面。

2、合并一些细分的工种，增加工种通用性，为下一步多技能培训工作创造条件。

（十六）原燃料采购中心业务员 / 翻译纪雷雨

一、学习巴登企业文化，经过耳闻目睹，结合自己工作，你回单位计划做哪几件工作？

1、巴登员工遇事不推诿、不抱怨，不挑制度瑕疵，首先会考虑自己怎么做，才能帮助解决问题。回公司后，我应学习巴登员工，多听多看多行动，少说，让巴登精神实实在在融入到自己的工作中。

2、巴登公司里，一切都是围绕着生产一线这一核心进行的。人力资源部门、采购部门、财务部门等等部门的工作都是为生产部门提供服务。作为采购部门业务员，我应进一步加强自己的服务意识，多跑现场，多向现场员工学习，准确定位自己的角色。

二、学习巴登企业文化，经过实地培训，面对马钢状况，你向公司和总厂提出哪些有借鉴的建议？

1、马钢作为一个大公司，拥有很多先进设备和高水平的人才。建议公司加强各钢轧总厂、各炼铁总厂等等生产单元之间的横向交流。技术主管或骨干们可以定期进行大型讲座，或召集技术人员不定期地开展一些主题技术座谈会，这样，好的技术诀窍大家可共享,技术难题大家可以共同磋商,群策群力,三个臭皮匠胜过一个诸葛亮。

2、巴登的管理人员经常提到的一句话是："我们还没有富裕到可以买便宜货的地步。"说的就是现场维护用的专业工具一定要质量过硬。工欲善其事，必先利其器。好的专业工具经久耐用且可以加快维修作业速度，与廉价设备相比，实际上是起到了降本的作用的。

五、《马钢日报》直通巴登报道四篇

## 巴登见闻之一：巴登初印象

9月23日 晴

刚下飞机，兴奋劲还没有过，我们就在外方专家的带领下，走进巴登钢厂现场。

众所周知，德国政府历来采取严厉的环保政策，而巴登钢厂所在的巴登州，旅游业非常发达，环保要求更是苛刻。压力面前，巴登钢厂全力推行厂房屋顶封闭技术，电炉冶炼中产生的烟尘，通过布袋除尘系统，99.99%回收到槽罐车中。厂区废水经全部集中处理后，排放到碧波荡漾的莱茵河中，清洁干净的水质，几乎达到饮用水标准。同时，环保理念渗透于每一位员工的日常行为中。譬如废钢装卸中，行车工谨慎操作，吊具尽可能接近钢罐中下部，根本不会有二次扬尘。巴登钢厂长期坚持绿色制造，环保水平始终居于欧洲领先水平，为其可持续发展提供了可靠的保证。

在巴登钢厂，无论是各级管理人员，还是工程师，或是一线操作工，不分彼此，都面带微笑，平等相待，与生产现场"零距离"接触。生产一旦出现问题，大家不分层级，团结协作，迅速解决，无需任何所谓的"协调"。

巴登钢厂每个岗位上的员工都是一人多专，一岗多能。一台六机六流连铸机，包括中控在内的所有操作，只有2人一班全部完成；结晶器，从卸下、维修、装配和确认，仅由1名员工独立完成。一条线材或棒材轧线从方坯入炉到成品上冷床，一班2名操作人员应对自如。凭借着员工的精干敬业，巴登钢厂创造出享誉世界的劳动生产率，从废钢变为成品，全部过程只需要3小时50分钟，成为高效生产的最好印证。

巴登钢厂的设备不是最先进的，但是设备维护绝对是世界一流的。两台连铸机连起码的大包回转台都没有，可是单个中包平均连浇炉数在150炉以上。棒材轧机装备一般，可是三切分、四切分轧制技术非常成熟，令国内同行业望尘莫及，这都是与"以设备维护为中心"的生产指导思想密不可分的。厂内建有设施十分先进的维修中心，常用的备件基本实现了自主维修。备件库实行现代化的计算机管理，计划管理全部由维修工负责，备件进库后，立即完成装配管理。譬如液压缸均与油管、接头组装在一起，生产现场可以随领随换。与此同时，每个生产作业区均配有备件的维修间，葫芦吊、机床、压缩空气等工器具应有尽有。巴登钢厂设备运行极其稳定，可是维修工却忙个不停，不是在现场巡查，就是在修复备件，要不就加入到生产操作行列，更像是不容家里有一丝脏乱的“家庭主妇”。

巴登考察学习的第一天，印象是初步的，但是，我们与巴登的差距是明显的。

## 巴登见闻之二：除了现场 还是现场

9月24日 晴

两天的参观学习中，代表团听到的最多名词就是现场。巴登人崇尚的管理信条之一——“钢不是在办公室炼成的”。巴登钢厂大到集团总经理，小到岗位员工，所有工作全部围绕着现场来展开，把现场的工作做实做细做好。

巴登钢厂计算机系统强大，每天却只自动生成产量进度和误工时间两份报表，且完全透明公开，员工都可以一览无余。除此以外，不会向厂级、分厂级管理人员传递其他的生产信息。同时，没有一份纸质报表文件的传送，没有逐级汇报的电话及邮件，更没有各类总结和会议，管理人员想要掌握更多的信息，就必须身体力行，日复一日地坚持深入现场，参加班前会，蹲点操作室，与基层员工充分交流，及时发现疏漏，迅速采取预防性的改进措施，未雨绸缪。

巴登钢厂，对于管理人员来说，工作除了现场，还是现场，从来没有“以会议传达会议，以文件落实文件”的现象，一切工作的出发点就是深入现场，解决实际问题。

巴登钢厂从事安全管理的主管只有一人。在他的工作行程中，我们惊讶地发现，每天70%以上的时间都是在现场。他把工作当作一种使命，现场就是办公室，每天上班坚持参加班组的早会，之后便聚精会神地深入到生产一线。他熟知每位生产操作工的个人档案以及行为习惯，与大家密切沟通，引导大家主动告知影响安全的潜在因素，树立“安全工作为什么要这么做”的理念，培养员工的安全价值观，最终使得安全生产上升到文化的高度。他说：“安全工作没有捷径，更没有秘籍，唯一的办法就是要在现场用心来做。我只有深入现场，才能与员工建立互信的关系，才能找出管理中的薄弱环节，才能防患于未然。”

巴登钢厂年产钢230万吨。从电炉、连铸到轧机，设备点检人员每班只有6人，其中4人负责机械，2人负责电气，工作范围覆盖全厂，不分区域。他们每天都身处现场，没有一分钟在休息室里，连专门的吃饭时间也没有。厂房里，他们总是迈着快步，从前到后，对现场所有的主体设备，包括地下的液压站、氧气站以及电气室等“心脏”部位全部认认真真地巡查一遍，一个都不会少，绝不留下死角。同时还与生产操作工打成一片，主动搜集生产中设备异常状态的信息，并且参与日常备件的维修和更换，工作强度很大。在他们的精心保护下，设备基本实现了“零故障”运行，保证了生产效率的不断提升。

巴登钢厂从决策层、管理层开始，自上而下，长期坚持工作在现场、思考在现场、创新在现场，把复杂的工作简单化，把重复的工作标准化，成为企业发展的不竭动力。

## 巴登见闻之三：微笑的巴登人

9月28日 晴

在巴登钢厂，每位职工看上去都满腔热忱、精神饱满，从上班到下班，保持着百分之百的最佳状态，全身心地投入到工作中。

从巴登人的脸上，我们总能看到自然流露的微笑，他们绝不是为了工作而工作，而是在享受着工作带来的快乐。毛瑞斯先生，巴登培训部主管。他年过六旬，为巴登钢厂服务已达42年。在一周的现场参观学习中，他给我们留下了深刻的印象。他总是笑容满面，在生产现场，老当益壮，健步如飞，犹如年轻的小伙子。他每到一处，与现场的所有员工互相握手，互致问候。他对待工作，严谨细致，激情忘我，强烈地感染着我们每一个人。他说，我工作的时间不多了，我还要继续努力地工作。其他员工都像他一样，充满激情，充分微笑。

巴登人的微笑，源于身为一名巴登钢厂员工的自豪和荣耀。由于企业竞争力强，效益好，他们有一份较高的收入。因此，巴登员工都以“在巴登钢厂工作”为荣。

巴登人的微笑，源于巴登钢厂对员工的关怀和认可。巴登钢厂自20世纪80年代以来，一直强调企业80%成功取决于人，人力资源是提高生产率和成本优化的最主要驱动力。上级给予下级的不仅是关怀，更多的是认可和欣赏，形成“上下同欲者胜”的氛围。巴登集团总经理坚持每天上午与下午深入现场两次，他告诉我们，距离办公室最远的是废钢料场，那里是巴登钢厂成本的大头，所以我每天要去一次。不仅如此，他还熟悉全厂70%以上员工的名字，了解他们的工作背景与家庭情况。

总经理的言传身教，感染了其他管理者。连计划部门的经理，每天有一半的时间在现场。尽管巴登钢厂不断精简高度自动化的岗位操作人员，但对于钢罐更换滑板的岗位，仍然多配一人，减轻了劳动强度，确保良好的精神状态；快速热修补电炉内炉墙和渣线时，专门制作水冷盖板，工人站在上面，减少了脚底热辐射；炼钢厂吊重物的锚链放置在专门设计的吊桶内，行车工可以自己取出，避免了地面操作人员搬动，也做到了定置管理。

巴登员工的微笑，源于巴登钢厂每年国内外市场的占有量不断地增加；源于工作团队的友好配合和相互信任；源于巴登钢厂管理层与一线的亲切沟通。职工们相信，只要自己努力工作，巴登钢厂就会更好更快发展，每个人都有展示自己能力的舞台，付出总是有回报的！员工的热情激发了巴登钢厂每年都在创造新业绩。

## 巴登见闻之四：多能的巴登人

10月2日 晴

巴登钢厂只生产建筑用材，但是产品竞争力在欧洲市场居于领先，这与巴登人的“多才多能”有关。

如果不是亲眼看到，我们难以相信：一台五机五流方坯铸机更换断面的现场，只有四名铸机操作工，外加一名前来协助的钢水精炼工。在巴登，这是操作工自己的事情。短短2小时，他们有条不紊地拆卸了130方结晶器盖板、水管、油管，并对扇形段进行检查，对二冷室进行清理，自行完成160方结晶器的安装。没有行车配合，每个人既是检修工、叉车工，又是焊工。他们作业熟练规范，严格按照要求，一丝不苟。

巴登钢厂员工的一专多能，不是与生俱来的，而是来自于企业卓越的现场培训方法。它们本着学以致用的原则，坚持面向生产实际，培养实用人才。无论是机械学徒工，还是电气学徒工，不是一遍又一遍教授理论教育，而是80%的时间学习动手能力，车、钳、铆、焊样样都要干。

学徒工在现场接受经验丰富的师傅指导，由易到难，逐步掌握机械的加工和装配、复杂电气电路的组装。经过两年培训后，到巴登钢厂倒班实习，进一步提高实践能力。最后必须通过国家统一的技能操作考试，即按图纸设计，个人独立制作实物，从此开始职业生涯。大部分机械工将转为炼钢工、连铸工和轧钢工。再通过不断的轮岗训练，直到具备3个以上的岗位资质。

巴登钢厂最优秀的员工，要有10年以上的现场工作经验，并经过几个岗位的交流，取得公办作业长学校培训证书，才能成为后备作业长。

每一个人都是多才能的员工。因此，巴登钢厂副产品加工中心员工只有35人，几块场地，几台装载车，接受并处理全厂年产50万吨钢渣的任务。钢渣经过水冷、除铁，再经破碎、筛分，成为五种以上粒度级别的骨料，用于道路建设。使用过的镁基耐材，进行分选和回收，全部外销；使用过的铝基耐材，成为炼钢、精炼复合造渣剂，内部循环使用。现场，没有除尘设施，但地面作业时，上空看不到扬尘，每块场地都采用最简单的喷淋保湿。

面对生产消耗的原料和备件，巴登人更是苛刻。我们在参观废钢卸船时，一名年过花甲的员工，站在船舱里，看着每一抓斗的废钢，遇到疑似质量问题的，立即取样拍照。有一船5000吨的废钢，由于两个5千克左右的密闭容器被检验人员挑出，无条件处罚。

巴登钢厂的企业文化，体现在员工的行动中，员工会在做每一件事的细节中展现了巴登文化。

**六、马钢赴巴登钢厂第一批学习考察组名单**

| 姓　名 | 单　位 | 职　　务 |
|---|---|---|
| 高海潮 | 股份公司 | 副总经理、总工程师 |

| | | |
|---|---|---|
| 徐超 | 安全管理部 | 经理 |
| 王谦 | 企业管理部 | 副经理 |
| 宋超 | 科技质量部 | 高级技术主管 |
| 吴坚 | 三钢轧总厂 | 副厂长、总工程师 |
| 杨泉山 | 生产部 | 钢材科副科长 |
| 黄恩宇 | 三钢轧总厂 | 生产安全部支部书记、副部长 |
| 汤寅波 | 三钢轧总厂 | 技术质量部支部书记、副部长 |
| 方长德 | 三钢轧总厂 | 设备保障部副部长 |
| 邓南阳 | 三钢轧总厂 | 炼钢分厂厂长 |
| 王刚 | 三钢轧总厂 | 精炼分厂厂长 |
| 杨应东 | 三钢轧总厂 | 连铸分厂厂长 |
| 张乐金 | 三钢轧总厂 | 炼钢点检室主任 |
| 王后城 | 三钢轧总厂 | 石灰分厂厂长 |
| 岑国瑞 | 采购中心 | 商务经理 / 翻译 |
| 纪雷雨 | 采购中心 | 业务员 / 翻译 |

马钢赴巴登钢厂第一批学习考察组

2014 年 10 月 13 日

# 高炉过冬，我们应该怎么做?

（2014年11月7日）

今天是11月7日，立冬。又一轮冬季开始了。马钢高炉长期以来都未能解决长周期稳定顺行的问题。2012年5月~2013年10月期间，高炉也曾实现过18个月的稳定生产。但当我们还为高炉稳定顺行高兴时，去年11月开始，冬季来临，公司二铁1#炉，三铁A#炉、B#炉相继发生炉况失常：

**1、二铁1#高炉去年11.3~12.10炉况失常39天**

二铁1#炉从去年9月份开始，炉况稳定性下降，生产指标下滑；进入10月份，外部原料条件变化，高炉应对不及时，炉况进一步恶化，虽采取退负荷、加锰矿洗炉等措施，但效果不理想。 去年11月3日、6日高炉连续坐料，6日白班休风加堵三个风口，退负荷恢复炉况，但高炉下料不畅，滑料频繁，被迫大幅减风退全焦操作，炉况进入失常处理期。去年11月7日、14日高炉两次休风堵风口恢复，此后高炉轻负荷小风量艰难恢复，12月初炉况趋稳，逐步加重负荷，12月2日喷煤、12月6日富氧，12月11日产量达到5500吨，炉况失常处理结束。自去年11月3日至12月10日本次炉况失常总计39天，损失产量10万吨。

**2、三铁A#炉今年01.04~03.19炉况失常75天，B#炉今年02.18~03.29炉况失常40天**

焦化新区5#干熄炉去年10月11日至11月14日检修，期间三铁两座高炉干湿转换，进入干湿转换后期，三铁高炉的顺行情况明显变差，炉况基础较好的B#炉11月7日坐料一次，干湿转换对炉况的影响逐步显现。去年11月14日4#干熄炉检修结束，两座高炉炉况稳定性欠佳，高炉难以强化，只能维持轻负荷操作，月底两座高炉炉缸工作状态下滑，高炉退负荷并补加锰矿、萤石洗炉，生产水平下降。

进入今年1月，A#高炉炉缸工作状态恶化致炉况失常，高炉减风、停氧、退全焦负荷，6日休风堵风口调整并补加锰矿、萤石洗炉，炉况恢复进程艰难；今年2月12日高炉休风检修16.7小时更换13个上翘中套，仍然未见好转；今年3月2日再次休风堵风口恢复，炉况趋于稳定，高炉走出困境，逐步恢复操作参数，22日产量达到8000吨；自今年1月4日至今年3月19日本次炉况失常总计75天，损失产量30万吨。

在A#炉炉况失常的情况下，B#炉逐步退负荷以求稳定炉况，但未能改善炉缸工作状况。今年2月16日休风检修12.9小时，更换13个上翘中套，炉况恢复欠顺，塌料频繁，高炉减风、停氧、退全焦负荷恢复，18日转入炉况失常处理，恢复进程艰难，直到3月下旬炉况才开始趋稳，高炉逐步加重负荷、恢复操作参数，3月30日炉况失常处理结束；自今年2月18日至今年3月29日，炉况失常总计40天，损失产量15万吨。

高炉稳定是公司生产经营的基石，更是今年能否实现股份公司不亏损这一目标的前提，与广大职工今年的收入水平息息相关。昨天立冬了，如何能夯实冬季高炉稳定生产的基础，确保公司九座高炉平稳过冬，这需要铁前各单位职工高度一心，把注意力集中到高炉内部、外部的稳定上来。

是啊，11月7日立冬，高炉过冬我们该怎么做，我们自己要敲响警钟了。这个问题每座高炉核心作业长要回答、每座高炉炉长要回答、每座高炉分厂厂长要回答。按高海建董事长的要求：三个炼铁总厂的厂长、党委书记、各级领导要回答，炼铁技术处、原燃料采购中心、港务原料厂、煤焦化公司、检测中心、铁运公司、生产部、设备部等单位都要认真回答。请我们的新闻中心、报社、电视台，请马钢的舆论媒体向下沉、沉到下面去，把他们的回答带给全公司职工！

# 附 录：

## 一份险误交货期的订单

这是一份总量仅670吨的出口订单，交货期为28天。然而，从签订合同到交货困难，到最终完成交货，却一波三折，险些误交。剖析这个典型案例，期望会对马钢今后提高订单兑现率有所帮助。

### 回溯——险误交货期

今年7月上旬，销售公司出口贸易部与上海 SF公司，初步签订了彩板出口事宜，订单总量670吨。8月29日，公司生产部给四钢轧总厂下达彩涂基料订单。获得基料订单生产要求后，四钢轧总厂安排4次投料组产，个别规格基料因板型问题，9月份难以完成，经出口贸易部与上海SF公司协商，订单交货期推迟到10月份。岂料，10月份补料生产后，又因基料板型问题，至10月20日订单兑现仍有38吨缺口。

交货期就在眼前，而订单兑现不了。10月21日，在股份公司早调会上，销售部门汇报了此订单可能无法按期交付并导致客户索赔。闻讯，公司领导当场明示，四钢轧总厂必须坚决补料生产，确保10月28日订单兑现！当天，四钢轧总厂安排其他订单原料转投此订单生产，精准控制板型，彩涂板事业部迅速接料生产。在公司领导的“强力关注”下，总算兑现订单。

其实，今年上半年，四钢轧总厂已经顺利生产过同样规格的基料。为此，有关部门认为，这不是一份技术含量高、组产难度大的订单，按期交货本应没问题。但问题出在哪儿呢?

### 问题——真的是本难念的经

一份还算是普通的订单却难以兑现，且似乎都有各自的“理由”，就让我们且听相关单位的“解释”。

——四钢轧总厂的回答显得有些无奈。他们表示，四钢轧总厂组产原则一是重点保出口订单，二是保交叉物流。下半年以来，四钢轧总厂月产突破了60万吨，三炉对三机，月月在爬坡，生产一环扣一环，压力很大。尤其从降库存上考虑，不会备出多余用料。因而，一旦基料质量出了问题，一次兑现不能实现，就难以满足订单交货期要求的状况。他们坦承，这次订单生产交货延期，主要原因是板型控制失常、设备运行不稳定所致。那么，板型为何难以控制失常，设备运行又为何不稳?

——彩涂板事业部的解释有自己的“难处”。彩涂板事业部的订单多为小批量、多规格。为了与四钢轧总厂及时沟通，保证基料供应，他们还特别安排了一名驻厂员。不仅如此，因为生产量不够的成本压力，他们大多是备足基料后组织一次生产。这次也不例外。在9月18日前接到第一批料113吨后，18日至23日停产备料，直到26日这批料组产完毕后，发现基料量不足，此时，才将信息反馈，四钢轧总厂已措手不及。那么，彩涂板事业部为何在组产完毕后才发现基料量不足？

——生产部的分析有权威，也值得商榷。他们认为生产不稳定是当前订单兑现率低的主要原因。这份订单签订交货期28天，对生产工序最长的彩涂板来说，有些紧张，销售部门签单时应当加以考虑。每月，生产部要面对几万条的订单，不可能做到每一条都跟踪到位。今后他们会在这方面加以改进，及时梳理订单疏漏，特别是出口订单，要进一步加强对交叉物流中基料质量回退情况的跟踪，及时解决问题。

“家家有本难念的经”。但真的是本难念的经吗？其实不然。相关人士表示，彩涂板事业部、四钢轧总厂、生产部、销售公司这其中四个环节的一个责任人，多一份工作的责任心，此份订单就会准时兑现，我们工作就不会如此被动。

## 如果——每个人都有“家园意识”

记者在采访中不时有多个“如果”在脑海中浮现：

如果，生产厂、部门相互协作，信息沟通及时一点，就不会出现在基料影响的情况下，其中还有一个基料卷20天处于封闭状态，无人问津，彩涂板事业部作为最后工序，在明知交货期十分紧张时，还“等料待产”。

如果，各个环节考虑得缜密一点，特别是对出口订单，各单位按公司要求，指定专人负责，从订单下达、生产排产、质量判定、交叉物流等做到信息跟踪，出现问题，及时解决，就能确保出口订单按时兑现。

如果，评审严谨一点。对涉及质量稳定性有待提高的产品，在订单评审时，召集技术人员和计划人员，把技术条件和工序节点安排到位，就为后续作业留出了时间。

如果，在我们现有的生产条件下，每个人都牢固树立“家园意识”，增强责任感，工作中主动进位多一点，推诿推责少一点，那么，订单就不会险误。

如果，我们真正落实“写所需、做所写、记所做”，基层管理者、技术人员在质量控制、设备运行稳定上做好文章，在提高一次兑现率上下功夫，生产厂进一步精细管理，做到质量稳定，那么，我们就可以从根本上提高订单兑现率。

但是生活中没有“如果”，只有结果。市场竞争也不给我们那么多假设和解释。在这个“客户是上帝”、“订单为王”的时代，满足客户需求，为客户不断创造价值是我们的追求。而我们把握好了每份订单，也就把握了我们生存的底线！

（宣网新闻：洪红、孔祥义）

# 附 录：

## 高海建欣然为“点将论道”点赞

“我最近一直在关注马钢宣网的‘点将论道’，看了大家的回帖我很受启发，也很感动。通过这些文字我看到了大家全身心服务高炉的热忱与智慧，也看到了大家力保高炉顺利过冬的决心和信心！”11月15日股份公司周生产经营视频会上，在谈及下一阶段铁前工作时，集团公司董事长、党委书记高海建为“点将论道”活动点赞；为公司上下日渐浓厚的学术讨论氛围点赞；为围绕高炉出谋划策、殚精竭虑的马钢人点赞。

自11月8日“点将论道”第二期活动开展以来，《高炉过冬，我们应该怎么做？》一帖的点击量和回帖数持续攀升，各路“英雄豪杰”纷纷以主题帖为阵地，畅谈自己对于马钢高炉如何安全过冬的认识和建议，并就焦点问题展开探讨。其中，被高海建董事长“点将”，荣登英雄谱的马钢铁前系统管理、技术人员快速响应，积极回帖，在几天时间里已有三十余人“支招亮剑”，分享了自己的高炉过冬心得，给出了响亮的回答：三家炼铁总厂各级领导，各高炉炉长、工长立足自己多年的高炉“过冬”经验，分别从高炉操作理念、原燃料条件、外围保供等角度详细论述自己的高炉过冬攻略；生产部、炼铁技术处、原燃料采购中心、铁运公司相关管理、技术人员分别结合各自岗位和职责，就如何做好冬季高炉保产服务工作各抒己见，立志以“保姆式”服务确保马钢高炉安全过冬。尽管他们的观点不尽相同，甚至有意见相左之处，但是他们的回复没有空话、套话、官话，不逢迎、不唯上，敞开心胸、直奔主题，探讨中所碰撞出的智慧火花让主题帖为之增色的同时，也让所有人感受到了“点将论道”大讨论所营造的浓厚学术氛围。

“只要大家在思想和行动上关注高炉、聚焦高炉、服务高炉，一切以高炉为中心，我们就一定可以用笑脸迎接春天的到来！”众人划桨开大船，众人拾柴火焰高。正如高海建董事长所说，有了这些忠诚敬业的马钢人，有了这股向前向上的正能量，马钢高炉一定可以顺利过冬，马钢的生产也一定会蒸蒸日上。

（宣网新闻：张泓）

# 创新思路 不断学习 将作业长制向纵深推进

## ——在作业长管理成果发布会上的讲话

（2014年12月3日）

一年一度的作业长研修会，我参加过多次。我感觉今年的这个作业长研修会又有了新的创意，我们许多作业长通过自己辛勤的努力，做了很多自己颇有成就感的工作，而这些工作又得到了大家的认可，所以企管部编辑了一本演讲文集，让作业长把一年的工作成果展示给大家看一看，我感觉这种形式确实很好。今天我很认真地听了各位作业长的演讲，选出来的十篇案例都非常好，成果覆盖原料、焦化、炼铁、炼钢、轧钢、车轮、公辅、检修、文化各方面，具有典型的意义。我建议今天的案例不仅要在公司层面发布，也要到作业区、到分厂、到总厂去发布，如果我们要继续推行作业长制的话，就要坚持这项工作的不断完善，把这项工作向纵深推进。

我和在座的许多作业长都非常熟悉，特别是各钢轧总厂的作业长，我知道他们在干什么、想什么。今年六月份，我又受命分管公司的生产和安全工作，所以又主动去和炼铁作业长交流、沟通，去了解他们在干什么、想什么。正是通过交流，我才知道炼铁有核心作业长，是作业长的领头羊。我认为公司不管哪一层级的领导，只有和作业长这一层级、甚至作业长层级之下的人在一起互动，能够有良好的沟通，这样才能够掌握更准确的信息，在做任何决策之前才能有更好的工作基础，这一点非常重要。

今年九月我带队到德国巴登钢厂学习，了解了国外作业长的情况。在巴登钢厂，想要成为作业长，至少要有十年的岗位锻炼，经过三个岗位的工作，并且在每个岗位上都非常优秀，还要经过半年的职业培训，取得德国国家劳动部认可的资质，但是做到这一切也不一定能当上作业长，关键要看这个岗位有没有不胜任的或者到退休年龄的作业长可以下来，这样才有机会。所以在德国能当上作业长是非常不容易的，作业长和工程师的位置一样，他们对作业长的评价是一天到晚在现场，脚步不停、人忙的不歇，没有休息时间。相比较，如果说我们作业长以动手动腿为主，动手要有事做、动腿要来回走动，那我们作业长比德国作业长相差一截；我们大学生和研究生以动笔为主，做工程方面的工作，那么我觉得不少大学生、研究生还达不到作业长的层次。马钢的作业长在各自的岗位上是胜任的，只不过分工不同、从事的职业不同，三百六十行，行行出状元，如果你深爱自己的职业，潜心去研究，努力去工作那你就是优秀的。美国前总统卡特年轻时是木匠，总统退休以后继续干木匠；美国前总统里根当过演员，他当总统时演得也很好。所以我们无论在什么岗位上，干一行、爱一行，就一定会获得成功。

我做过一钢轧总厂厂长，面对的是炼钢、精炼、连铸、热轧、冷轧、镀锌、硅钢、彩涂这条全公司最长的生产线。我曾经和多位作业长在一起摸爬滚打、真心交朋友，向他们请教我不懂的问题。我深知一个人是不可能什么都懂，关键要转变角色、互换位置，当我工作遇到困难时，我总去请教作业长，而且不止请教一位作业长。现在在公司管生产最难的就是炼铁，而我是搞炼钢的不是搞炼铁的，所以我要在实践中重新学习炼铁的知识。每当炼铁工作遇到困难时，我一般习惯于先问甲作业长，听了甲作业长的意见似乎还没有明白；我就去问乙作业长，乙作业长讲了之后我似乎听明白了；当我把甲、乙作业长讲的方法想一想再去问丙作业长，就会有自己的想法；当我再问丁作业长的意见后，我就敢于做出决策。所以说作业长中蕴藏着一批优秀的人才，领导的决策一定是来源于基层调查，通过比较大家的方案，最终找出合适的方法。我认为经过详细调查研究，来源于群众、来自于一线的解决问题方案，一定是切实可行的。

今年的最后一个月了，我们进入2014年的决战时期。我们的目标是股份公司不亏损、集团公司不亏损、集团与股份合并报表不亏损，要达到这个目标就要依靠我们生产、检修、保供、加工各个战线的作业长，只有通过基层单元的共同努力保持生产稳定、完成降本任务，才能撑起我们这么大的一个公司，只要我们大家人往一处想、劲往一处使，这个目标就一定能够实现。当然这也事关在座的作业长和马钢全体职工的切身利益，实现这个目标，马钢对社会的贡献以及在马鞍山的地位都会随之上升，马钢人走出去也是精神抖擞的。在这个时期，我尤为关注马钢九座高炉能否顺利过冬，今天看到13#高炉作业长发布了高炉预警的案例，以后我还要单独向他请教，探讨小高炉的实践能不能在大高炉上应用。股份公司是集团公司的基石，而炼铁又是股份公司的基石，实践证明马钢只要高炉稳、生产就稳，内部生产不出问题，我们就有更大的能力来应对采购、销售两头市场不断变化的挑战，那才是真正的不管风吹浪打，我自闲庭信步。

马钢股份公司到今年11月份有职工31800人、作业长1230人，今天在座的就是这1230名作业长的代表。公司明文规定作业长是管理岗，享受的奖金是本单位员工的两倍，岗位工资是4.0~4.4，这个设置现在来看是合适的，我们作业长的收入比本单位职工的收入、比马钢职工平均收入要高得多。今天上午，我专门调研了公司某个厂作业长的收入：2013年平均年收入是9.3万，最高达到12万；2014年1~11月，平均收入已近10万，收入最高的作业长，因为参加研产销和一些攻关项目，个人收入已经达到15万，当然作业长承受的压力和做出的贡献比普通职工要高得多。我希望作业长能够有更高的收入，也希望作业长做出的贡献能与收入更加匹配，这是我真心话。所以，我觉得在作业长这个岗位上应该是引以为豪和光荣的。

**最后我对马钢作业长提四点希望：**

一、我希望马钢作业长能够学会快乐工作、快乐生活。如果觉得一天到晚忙得不歇很苦，那工作肯定是枯燥的，因此要学会快乐工作的工作方法，人的精神状况始终是第一位的。

二、我希望马钢作业长能够加强学习，在一专多能上要带头有新的突破。目前马钢作业长机制和干部机制一样能上不能下，很多问题没有得到解决，但是我希望大家要有危机感，只会做一件事没有优势，大家要在一专多能上下功夫，不满足现状。

三、我希望马钢作业长能无愧于小厂长的称号，真正起到小厂长的作用，像炼铁核心作业长一样，在整个工序的正常运转上贡献自己的智慧与能量，能够为马钢家园不停地添砖加瓦。

四、我希望马钢作业长能够与同行对比竞赛，为企业增强竞争力、远离亏损线，为进一步提高自己和大家的收入，做出更进一步的努力和更大的贡献。

# 附 录：

## 2014年述职报告

（2014年12月15日）

我在股份公司副总经理、总工程师的岗位上，分管公司技术、质量工作，今年5月13日经理层分工调整后，又开始接管股份公司生产、安全管理等工作。一年以来，在公司党政的领导下、分管部门的配合下，我所做的工作主要有：

**一、对关键岗位绩效指标，完成情况的评价报告**

1.质量指标完成情况：今年计划降低质量损失3000万元，预测全年实际完成2165万元；组织对钢轧总厂主要生产线2013年位列前三位的质量缺陷进行技术攻关，目标缺陷量降低50%，预测全年实际降低40.94%；全年质量管理体系有效运行，未发生特大质量事故。

2.技术指标完成情况：今年计划开发新产品105万吨，预测全年实际新产品产量达到142万吨。

3.订单指标完成情况：预测今年订单产量兑现率完成设定的大于95%的目标，订单条数兑现率完成设定的大于85%的目标。

4.生产指标完成情况：自接管生产工作以来，完成了每月生铁产量目标，但因一、二季度生铁欠产较多，预计全年实际生铁产量为1310万吨，未达到1380万吨预定目标；全年无特大生产事故发生，无工亡事故发生。

5.降本指标完成情况：因一季度三铁总厂两座大高炉炉况严重失常，钢轧系统产品结构调整压力增大，生产制造系统未完成今年设定的降本目标。

**二、以技术管理并进，开发新产品和稳定产品质量**

1.马钢车轮产品开发了机车车轮、动车车轮新品；马钢特钢车轴用坯料开发了客货车轴和重载车轴用新品。

2.开发超低温钢筋在国内实现批量销售并顶替进口产品；开发低温H型钢通过产品审核，实现出口供俄罗斯极地使用。

3.开发以M35W300、M35W270为代表的高牌号无取向电工钢，产品已经通过变频空调压缩机使用检测，开始投放市场。

4.一、四钢轧总厂以汽车板、镀锌板、家电板、电工钢为代表的板带类产品，相比2013年，今年排名前三位的质量缺陷总量下降24358吨，降幅40.94%；二、三级品总量下降54702吨，降幅26.28%。

5.2014年度至今，股份公司已通过外部质量管理体系审核4次、二方产品审核20次、三方产品质量审核12次，通过市场调查，马钢产品客户满意度明显上升。

**三、用常态化管理的方法，抓好安全与生产工作**

1.在股份公司安全生产管理的平台上，今年高温季节以安全员每天一半工作时间在现场为要求，加强安全管理并开展了检查；今年年末要求各单位分管安全的厂长、科长亲自检查所在单位，每一位劳务工的岗位安全生产状况得到了落实。

2.在股份公司每周六工作总结视频会上，根据一周生产运行中出现的主要问题，从公司层面强化问责，由责任单位副处级干部就各类事故的管理责任，在公司层面做检查并纳入个人绩效考核。

3.重点盯住公司生产中最薄弱的炼铁环节，感谢宣传工作给力，在高炉本体推行高炉体检表制度，每周六由三个炼铁总厂报告每座高炉的体检指标得分和炉况判定结果；在高炉外部围绕各种原辅材料建立入炉质量事先报告和非稳态的预警机制。

4.在完成对国内外车轮钢质量体系的评审和产品型式检验后，公司关停了一钢轧总厂圆坯生产线；在四钢轧总厂三座300吨转炉实现生产后，在1580热轧试产达产后，公司开通了铁水调运二通道，对铁水资源配置以效益优先为准则，大幅提升了产品板带比。

5.推进生产管理方式转变：从重产量的完成到重订单的兑现、从抓订单的评审到抓订单的下达、从抓单一产线的排产到抓整个板材系统（含合钢板材）的排产，直至将汽车板订单兑现率指标归至生产部负责，今年下半年对订单管理提出要求，订单产量及条数兑现均有明显进步。

**四、个人情况报告**

1.本人在股份公司副总经理和总工程师的岗位上，有职责有权力，我愿自觉接受广大职工的监督。干干净净做事、老老实实做人，坚持以勤政廉政的作风，深入现场协调或解决问题。

2.担任首席质量官，感受到了我们产品质量不稳定的压力。今年和过去相比，公司虽然没有发生大的外部质量事故，但内部在写所需、做所写、记所做上仍有不足，所以仍不敢掉以轻心，还要持续努力。

3.自觉落实公司各项规定，遵守中共党员干部八项规定，和以习近平为总书记的党中央保持高度一致。

# 从整合中迸发新力量

## ——在检测系统优化整合起动会上的讲话

（2014年12月23日）

受钱总经理委派来参加检测系统优化整合起动会，今天想和大家就此次优化整合交流几点认识。

一、公司对优化整合检测系统酝酿已久，目的是检测中心专职进行马钢采购原料和外销产品检测，检测队伍、检测范围整合以后都进一步扩大；技术中心专职技术研究及产品质量先期策划(APQP)，使管理人员和工程技术人员集中精力，破解我们当前的技术难题。在这个工作定位下，现在从技术中心480人中调出130名检测人员。

二、在新的定位下，我希望检测中心能够紧密贴合生产一线，把“一心一意为公司生产服务，让服务单位满意”作为标准。这个满意包含四个层次：检测水平让服务单位满意；检测速度让服务单位满意；检测新项目能力让服务单位满意；检测态度让服务单位满意。同样我希望技术中心能够紧密贴合生产一线，如何在技术难题的确立、方案的提出、攻关的试验上贴近生产一线，这是对技术中心工作方法、作风、能力更大的考验，需要技术研究人员主动适应公司新的定位，更深层次的思考该干什么、怎么做。

三、这次从技术中心整合至检测中心的130人虽以操作维护岗为主，但同过去在检测中心的员工相比，这一批人的技能更高一筹，因为他们过去服务于多变的科研项目，这些人中有不少技师、高级技师和首席技师，是公司宝贵的财富。昨天高海建董事长在谈到专业检测人员设置首席技师、高级技师时，专门强调原技术中心的检测人员是稀缺人才，要让他们通过师傅带徒弟方式拥有更大的舞台。整合之后技术中心人员都是技术业务岗，未来发展方向按高级技术主管设置，包括产品高级技术主管、设计高级技术主管、现场高级技术主管。公司对技术中心要求是拥有更多的设计高级技术主管，当然设计高级技术主管是放在全公司范围内选，大家都可以来竞争这个岗位，有能力的人会有更大的上升空间。

四、《三国演义》开篇写到“天下大势，分久必合，合久必分”，公司组织结构的变化也是以不断适应未来市场的挑战为目的而做出的。检测中心的理化一站、理化二站之前也是从技术中心划过去的，这两个站我去的比较多，我认为这两个站的硬件及自动化程度比技术中心要好。在座的职工，大家还是在马钢股份公司工作，现阶段还是在原来的岗位上，还是干原来的活，还是拿过去的工资。所以我认为大家不要有思想顾虑，这种变动是正常的。

五、这次整合的130人是带着设备，把技术中心原有的检测功能整体划转的，但这并不意味着工作一刀切开了。技术中心仍要在技术服务和设备维护上继续支持，检测中心仍要在新产品开发及科研项目试样上继续支持，要实现真正工作上的无缝对接，我相信杨本华和张建两位“中心”主任会有更高的要求。例如CNAS认证，无论是技术中心牵头把这项工作继续做完，还是今后由检测中心出来牵头这项工作，都是公司科研和检测不可缺少的条件，所以大家在工作上要心往一块想、劲往一块使。

年终到了，对在座技术中心和检测中心的张主任、杨主任及两位工会主席提两点要求：首先就是必须严格遵守中央八项规定；其次就是年底还有的结余奖金分配时一定要公平公正，在哪里做的工作就该在哪里领取奖金，必须100%的按原单位职工享受不打任何折扣，技术中心不因130位职工划出去了就有所偏重。我在一钢轧总厂工作时，也经历了百余名点检工被划到检修公司的事，我直接宣布，到年底总厂结余奖金分配，他们一分也不会少，甚至加一点。马钢的家园文化，不仅仅是大家，应该是从一个个小家培养起，我们今天所做的，也是为明天更好地在一起工作。

对于这次整合，我更为关心的是整合以后工作的效果，设计出的一个方案不可能完美，在实施过程中需要不断改善，组织是这样、人也是这样。我今年56岁了，在马钢可能没有比我工作岗位交流更多的人了，1988年我从重机公司调到公司经理办，1998年调到三钢轧总厂，2000年调到生产部，2008年调到一钢轧总厂，2010年调到股份公司任副总师，2012年调到集团公司任总经理助理，2013年调到股份公司任副总经理。“树挪死、人挪活”，适当的挪一挪能够让你对自己的工作有一种新鲜感，可以把自己的活力激发出来，也许又有了一个展示自己的机会，所以希望在座的人员在接下来的工作中保持快乐的心态、稳定的状态。

2014年马上就要结束，公司在紧锣密鼓地进行着整合，如新成立制造部和冷轧总厂同样牵涉到不少单位和人员，公司又提出实现2015年元月份生产经营开门红，目的是为了应对2015年更加严峻的市场竞争。能不能达到整合的目的，明年末的这个时候就可以做出评价，如果整合以后阻力依然，工作运转的效率比整合前还慢，1+1不仅没达到2，反而变成了1.5、1.8，那我们现在所做的工作就没什么任何实际意义。我希望大家把新的岗位作为新的契机、新的挑战；希望检测中心杨主任、李书记更多深入现场，多和新整合的职工沟通交流，把这次整合工作做得稳当顺利。

我们这次检测系统优化整合都是因为过去存在的问题；都是为了更好的理顺生产力和生产关系；都是为了激发出检测人员新的能力，激发出科技人员新的能力，大家都能为马钢家园做出更大的贡献。

# 认真做好技术质量的常态化工作

## ——在股份公司2015年1月份技术质量例会上的讲话

（2015年1月20日）

今天召开2015年技术质量工作第一次例会。我希望每次例会，参会人员都能有所收获，把每次例会看作一次学习的机会。我其实很怕开会，如果会议目的不清、内容很散、发言人不做准备、主持人未经调研，那会议就没有效果。担当总工程师以来，我坚持把技术质量例会作为重要信息沟通平台：公司近期的难点是什么？生产制造单位干了什么？职能部门干了什么？哪些问题找到了解决方法？哪些问题制约着生产经营？限定每人发言时间，简述过程，讲出结果。

**这次会议我想谈几件事：**

一、如何做好2015年技术质量工作？2013年、2014年这两年有没有什么值得反思的，值得沿用下来的方法。两年的技术质量工作成绩是实实在在的，但是我们依然看到有许多需要改进的地方。技术质量工作应该始终坚持盯住产品PDCA循环，坚持持续改进，而不是盲目的优化和创新。如果总是另起炉灶，不能很好地把握住“写所需”“做所写”“记所做”三者之间存在什么问题，把过去的东西都抛开，再设计一个新的模式，结果往往是听起来总有道理，操作中问题依旧，最终还是那个结果。因此，我们都认真思考产品突出存在的问题，如何在2015年的技术质量工作上进步。

二、2015年技术工作的着力点在哪里？每个单位一定要围绕本单位技术上突出的问题或者技术上老是迈不过去的坎，以问题为导向来开展技术工作，不能坐在办公室想当然的开展这个活动、抓那个事情。今年技术工作重点是把APQP小组运行好，面对市场，做产品质量先期策划，吃透产品设计时和制造时的潜在时效因素，积极帮助公司调整产品结构；其次是以APQP小组的工作，把“写所需”做得准确、简单、易行。要运行好APQP小组，就需要应用DFMEA、PFMEA的管理模式和数理设计工具，把过去的问题分析透，而不能仅用传统的方式去做，这就是技术工作的着力点。

面对市场，我们有时得到的信息是不完整的。例如同样是酸洗板，客户对酸洗程度轻与重的颜色有讲究，货发出去了，但是客户不用我们的产品，没有满足客户对外观颜色一样的要求；同样的案例还有汽车板、电工钢、油桶钢等。在评审订单时一定要特别关注客户对关键技术参数的要求，不能简单一看就说这个材料我们能生产；同样一定在下发生产订单时，清楚标出各客户特殊性的要求。因为教训已有，我们APQP小组再不能犯这样的错误。

三、2015年我们质量工作的着力点在哪里？首先就是要确保我们产品质量的稳定，保证同一订单号不同批次、不同炉次产品成分相近、轧制工艺参数都在控制范围之内，可以用CPK指标来检查，看看我们产品的制造过程中控制能力是什么水平。这是一项非常重要的基础工作，要做好这项工作就需要广泛性的、群众性的质量管理小组活动来支撑，需要公司职能部门不断加强工序控制能力的追踪和检查。我认为只要把我们没有做好的事情做好，做的不到位的工作做到位，把那些现场管理的图表动态使用起来就可以。要抓住几个代表性产品展开，当这个重点产品质量稳定时，就势必带动其他产品质量稳定，如果重点产品质量稳定都保证不了，那其他产品质量就更谈不上稳定了。

质量工作要充分利用舆论监督来提升员工质量意识。去年我们坚持每个月在马钢日报上发表质量信息，披露公司产品内部质量损失、外部质量损失、典型质量异义，附上相关责任者、检验者、作业长、分厂厂长名单，又增加了每个厂质量奖的使用情况。制造部今年把在线产品质量接过去了，科技管理部负责质量体系运行，今年把内审、外审不合格项也登出来。公司的质量报表必须坚持在马钢日报上每个月中下旬见报。

四、2014年股份公司高级技术主管业务考评工作已经结束，结果向全公司公布。我相信排在末尾的同志是有压力的。高海建董事长明确表态，高级技术主管也要像职工岗位绩效一样分成A、B、C三档，要求我们去找C档的高管谈谈话，询问存在什么问题？2015年自己订立了什么工作计划？高级技术主管群体是做了大量工作，只不过有的人工作面划定稍窄，参加项目不多，主动揽活又少，业绩展示出来就差一点。

2015年公司对新增高级技术主管的政策，采用因事设人方式，根据公司现实难题设置岗位，谁有能力解决，谁都可以竞聘。例如今年保高炉过冬，唯一的问题出在二铁总厂3#高炉炉况失常，这座高炉稳定一段时间就要出现问题，谁拿出一套技术上可行的方案，能保证3#高炉实现长周期稳定，那谁就可以是高级技术主管。所以在座的各位，想一想公司目前棘手的难题有哪些，哪些你可以参加解决，因事设人就是不搞虚的，凭本事上岗、凭贡献取酬，鼓励主动牵头担当。

我们千万不要以为拿到一个难题就是自己一个人的事。你负责接受攻关，提出解决问题的办法，公司调集资源给予保障。高级技术主管是领军人物，应该把总的任务分解下去，而不是把所有事都揽下来。四钢轧刘启龙在公司设定的板坯角部裂纹攻关上接标，60万的奖励额度，公司全力为他配备资源，把首席技师张文全从一钢轧调过去给他支撑，总厂厂长、副厂长按他的要求给予支持，他有问题打电话给我，我马上就去现场。公司对未来所有的竞聘高管都是这个支持态度，就如高海建董事长讲“你有多大的能力，你要多大的舞台，公司就给你提供多大的舞台”。

五、公司近期提出要求，恢复设备原有的精度。现在遇到的产品质量问题、技术问题，并不仅仅是单一的问题，它和我们的管理问题、工艺问题、设备问题交织在一起。现在公司板带类产品的缺陷、划伤、辊印、厚度超差、板形超标等，我希望在座的工程技术人员有分清责任的水平，把交织在一起的问题分开，是先抓管理问题，还是先抓设备问题、工艺问题，统筹考虑之后，再针对每一个难题，加上时间结点，列出工作办法。这样我们的技术工作、质量工作看准了方向，才会越干越有劲。技术质量工作比较繁重，因为这项工作是绕不过去的难题，每天上万吨的不同产品发往不同的用户，几乎每天都有意见反馈，如果问题天天提出来，找不到原因，没人来解决，我觉得这个企业是很难过的。

六、今天的技术质量例会我有一个正式的要求，各单位的总工程师、副总工程师协助总厂厂长，在去年的平台上列出2015年本单位的三个技术难题和三个质量问题，并一一确定攻关目标，以后的技术质量例会上，各单位先常态化的汇报这六件事。从宏观到微观，从不集中的事到具体的事，不需要一次把所有的问题都列出来，觉得条件不具备的问题暂时不列，解决一件是一件。但是列出来的这六件事情必须把要求写清楚，目标写清楚，时间节点写清楚，每个人干什么事写清楚。具体到每一个人，这个人就干这几件事，把精力放在上面，吃饭、睡觉、走路，心里都想着怎么完成任务。如果广大技术人员把心都沉下来，实实在在地贴在现场、盯着产品做些工作，让更多的人认可我们还是蛮拼的。

七、公司新成立了制造部、科技管理部，技术中心和检测中心的职能也变了。现在是2015年技术质量工作的起步阶段，我最关心的是在座的各位能否形成合力来支撑公司的技术质量工作，希望大家不分你我，加强沟通，主动把事做好，希望通过整合以后，1加1是大于等于2，而不是变成1.8、1.5。千万不能有这个事是别人的事的推诿想法，如果谁这样做，即使领导不讲你，但最后的结果是你被边缘化了，变成确实没事的人了；反过来如果你主动揽工作，到最后你就变成真正的大拿了，什么事都需要你，你就是一种无形的权威；不同的工作态度，不同的工作方法，必然会给你带来不同的最终结果。今天杨本华主任和朱涛主任都在，你们在检验上一定要多沟通，不存在检验只为生产、分出去以后不为科研服务的事情。同样的检测设备技术中心不再添置，如果这样做一定是错的，技术中心要买的是为研发服务的高精尖设备，检测中心对生产和科研的服务应该一样。我希望大家能围绕技术质量工作形成合力、形成团队，干好我们的工作。

八、上汽集团本月28号来人到马钢做汽车板采购前的二方审核。主要是为它的自主品牌产品扩大材料供应商，现在市场竞争太激烈，他们看了马钢汽车板在市场的表现，价格有竞争优势，所以按进入上汽集团供应商管理标准，来审核我们的质量保证体系。我们的汽车板取得了TS16949质量管理体系的认证，而没有引入VDA6.3德国质量保证体系，2014年上半年马钢邀请第三方公司对我们是否具备向上汽集团供货的资质进行了一次过程审核，结果在100分中只得了40分；这次上汽要求我们自检得分在85分以上，这项工作钱海帆总经理明确由我负责。今天下班前，凡与此事相关工程技术人员要把VDA6.3标准认真读完、细心领会，我们要补好失分项，公司接下来再分炼钢、热轧、冷轧来指定人员应对这个检查，从26号到31号这几天，我坐阵在四钢轧总厂，被指定的人员不许出差，凡是参与TS16949审核的人，这一次都要参加VDA6.3新标准的审核。我们的DC04产品已经生产了上百万吨，实物质量是有保证的，但要进上汽集团，先要确保此次上汽二方审核通过。

九、科技质量工作是一个永无止境的工作。我们在座的每一位，面对激烈的市场竞争，哪方面是你擅长的，哪个产品是你的强项，大家基本认可了。所以在向用户承诺时，在制定生产方案中，你既是提出问题的人，又是提出解决办法的人。在这里我要提一个概念叫“首问负责制”，就是我向你提出一个问题，接着就是由你牵头把这个问题解决的办法提出来，看看哪些地方是可以确定的，哪些还不确定，哪些地方还需要更好的办法。不能只把问题甩给对方，没有自己的想法，甚至根本不知道这个问题是如何产生的，那你和对方如何交流。我们搞技术质量工作，就是要提倡这种“首问负责制”，提问题的人首先要问自己；“首问负责制”还有一层意思就是当别人问到你的时候，你不往外推，把事情揽下来，再考虑这个事情怎么来做，不能把事情拒之门外，变成别人的问题，态度决定一切，更何况面对我们的上帝，这同样对我们从事技术质量工作非常重要。

十、我希望2015年马钢技术质量工作能够在2014年的基础上做得更好。去年公司质量奖励幅度很大，年初定的课题，经检查确认完成的，奖金全部予以兑现，今年公司技术质量工作会设置更大的奖励，在产品开发和质量稳定上，所有对公司有利的办法，只要经评审认定可行，公司在资金上一定支持。另外，无论是冷轧总厂，还是一钢轧总厂、四钢轧总厂，已下副总工程师编制的厂，副总工提拔了就可以补上。各单位也可以根据工作需要，向公司申请增设副总工程师，不停地培养人、使用人，让一批工程技术人员成长起来。公司文件体系规定总工程师兼任首席质量官，所以公司所有的总工程师跟我一样，在这个岗位自然的多了一个头衔：首席质量官。这个头衔就要求我们要时刻把稳定产品质量挂在心上。

今天的这次例会，我谈了2015年技术质量工作，我希望在座的工程技术人员，做到研究工作方法，加强自我学习，能干事、干成事，并能够在关键的时候解决公司难题，展示自己。

# 坚持认真推行高炉体检制度

## ——在高炉体检成果发布会上的讲话

（2015年1月23日）

我曾经当了十年头的马钢生产部长，2000年前马钢一直是铁产量大于钢产量，我参与并见证了马钢炼钢产能从392万吨提升到1504万吨的整个过程，也经历了二铁总厂1#、2#、3#高炉，三铁总厂A#、B#高炉的先后投产过程。从当初搞生产到现在干总工程师，我实在觉得炼铁技术难度更大。炼钢可以通过各种检测仪器、成像技术实现完整的控制过程，现在世界先进水平是一键炼钢；轧钢的设备精度及自动化控制水平是最高的，模拟轧钢通过以后就可以实现无人在现场；相比较之下，炼铁就像是一个黑匣子，各种影响因素错综复杂，矿石、焦炭、辅料融合在一起变成铁水，很难准确定量把握入炉到出炉的过程，同样的高炉与辅料，不同的操作法相差不小。为了提高马钢九座高炉长周期稳定顺行的水平，我们总结过去的经验、学习他人的方法，开始推行“数字化”高炉体检制度。

高炉推行体检制度7个多月以来，今天是首次公司层面成果发布会，我们没有选炼铁分厂厂长，也没有选技术科长上台，我们要求的是九座高炉的炉长来做一次发布，就是想听一听最前沿阵地的声音、说一说推行这项制度带来的真实体会。这次发布会可以说是马钢高炉操作技术管理的一次重大改变，因为过去没有用这个方法做过，九位高炉炉长天天在炉台上，围绕高炉体检指标及评分，所交流的案例分析、使用效果及改进意见很明细化，虽然我的专业不是炼铁，但是条理化的原因分析、对应的调整动作我听得都很明白了。

马钢的九座高炉大致可以分为小型、中型、大型三类；如果再细分，可以按一铁总厂9#炉、13#炉，一铁总厂 10#炉、11#炉，二铁总厂3#炉，二铁总厂1#炉、2#炉，三铁总厂A#炉、B#炉分为五个类型；如果再考虑每座炉子先后设计参数的改变，那每座高炉都不一样，后上的高炉都是在先上高炉的基础上做出一定的修改，唯一比较相近的只有三铁总厂A#、B#高炉是一张图纸一块建设的。当生产部长时，我对公司高炉炼铁还是情有独钟的，炼铁生产好公司生产就好，炼铁出问题，整个生产出问题，在多年生产组织中我们在追求铁钢比，因为公司现在已是钢的产能大于炼铁的产能了。三个炼铁总厂共有9座高炉，设计的高炉体检项目指标不一样，权重与得分的内容也不一样，在使用的过程中，每一座高炉的情况也是不一样。今天会上我听到炉长们对高炉体检表改进的建议，希望这些建议能迅速地接受进来，我们做技术工作要

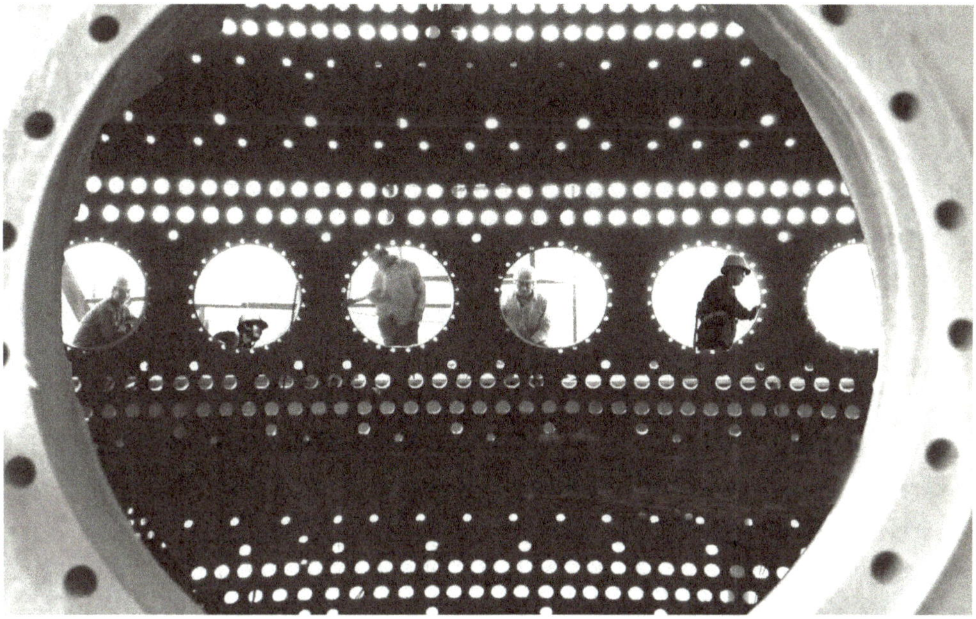

持续改进，体检项目指标不是一成不变的，是要根据高炉实际情况不断优化，失真的指标不仅不利于保高炉稳定，反而会干扰我们判断，影响高炉体检的效果。指标的优化可以分两步：一是体检项目不变，相应的分值做出改变；二是根据现状，重新排列每个指标及综合指标的影响程度。我们三个炼铁总厂总工程师牵头，要对各项体检指标持续进行跟踪、回溯过去的数据，可以由炉长对指标提出意见，炼铁分厂进行商讨，技术科长组织验证，把每座高炉体检工作做得有声有色。

高炉是马钢生产的基石，根据今天各位炉长所做的报告，总的来看体检表对各位支撑高炉长周期稳定是起指导作用的；对各位把握高炉波动作出判断是有帮助的；对培养年轻的大学生和核心作业长快速学会高炉炉况处理也是非常有利的，所以我想高炉体检工作还要做得更细更深，做到年年用、月月用、天天用，做到看历史、判现状、控未来，一直用到在高炉生产上谁都离不开。2015年公司生铁计划产量1368万吨，这个任务很重，我们必须找到一个十分可靠的办法来维持高炉生产长久稳定，如果生铁产量完成不了，公司的生产经营目标就很难实现，马钢公司近几年没有根本摆脱亏损这条线，主要是没有解决内部生产问题，其中炼铁问题占主导地位。现在可以提前告诉大家，实现不了年初制定的元月份开门红目标，是因为二铁总厂3#高炉从1月11号开始炉况失常，损失生铁产量2.5万吨，导致整个生产计划无法实现；外部钢材价格塌方一样下跌，原本预测2015年元月份钢材价格会比去年12月份低50~60元，而实际是低了100元。公司的生产经营计划原本平衡性就很脆弱，现在内外部因素使公司面临很大压力，但是买卖市场如何变化我们改变不了，唯有立足于我们内部，把我们内部生产的事情做好，才能减轻外部市场带来的挤压。

高炉的炉长和核心作业长是公司宝贵的人才，我们每一位高炉炉长一定要强化自身的学习，提升自己的工作能力；我们每一位高炉炉长一定要结合实际，善于总结、精于判断；我们每一位高炉炉长一定要学习用数理统计工具，定量化来测量自己的高炉。例如说：高炉大面积冷却壁破损影响高炉稳定，那么大面积这个概念是什么定义？如果介绍高炉有多少块冷却壁，在几层的位置上，现在破损多少块，体检的反应与其吻合就非常清晰明了，所以各位炉长要渐渐形成清晰的技术沉积。如果我们的核心作业长每天把高炉搞好，炉长每周把高炉炉况预警做好，分厂、总厂把炉子管理好，一项很难的靠少数人的工作被分解开来由大家做好就不难了。

公司需要炼铁高级技术主管，今天上午钱海帆总经理开了新聘高管会议。公司开始转变设置高级技术主管的观念，采用因事设人方式，而不是因人设事。首先是认定公司级别难题，之后就可以为这个难题设立高级技术主管，公司的认识是很统一的。我认为二铁总厂的1#、2#、3#高炉，三铁总厂的A#、B#高炉都需要能担当重任的高级技术主管，一座大高炉失常一次直接带来的损失都是上千万元以上。炼铁高级技术主管的责任首先是要保证高炉的长周期稳定，其次是要在保持高炉稳定的基础上持续降低消耗，提升产量。谁能挑这个担子，能操这个心，能带领我们的高炉达到全国同类高炉的先进水平，谁才称得上是一名合格的炼铁高级技术主管。今天在这里，我把这个重要的信息公开，是希望大家做个有心人，积极参加高级技术主管岗位的竞聘。

最后再强调，我们一定要坚定不移地把高炉体检表用好、用活，当好高炉称职的保姆，把高炉当成自己的孩子，它有什么不良反应，是内部的还是外部的？我们马上就能知道是什么因素造成的影响，能够管控到这种程度，我想马钢的高炉就可以实现长周期的稳定了。

今天是2015年1月23日，公司举行了第一次高炉体检成果发布会，我认为九座高炉炉长第一次的成果发布是成功的，感谢大家所做的努力，更希望大家相互学习、共同进步，九座高炉都是公司的宝贝。今后每年元月份，我们都要对九座高炉的体检工作做一次全年度报告，要强力的推行高炉体检表和高炉预警机制，并不断进行优化、完善，公司也将在推行高炉体检表的过程中，不断加大奖励的力度。同时我要求三个炼铁总厂的总工程师也要亲自组织，在总厂内部每半年举行一次高炉体检发布会，总结半年来高炉生产情况。

# 绘制马钢车轮新画卷
## ——在车轮公司科技质量大会上的讲话

（2015年1月30日）

车轮公司已连续五年在年初召开科技质量大会，每次拿出100万元以上的兑现奖励，尤其是万元以上重奖年度项目完成人。我认为一个企业最可贵的精神之一是坚持，只有车轮公司这个会持续下去，不因经理层变动而中断并不断优化和改进，才会越来越好。这远比以创新的名义、今年一套明年一套要好。刚才听了李翔总工程师的工作报告，了解了车轮公司2014年科技质量工作在重点区域取得的成效，知道了车轮公司2015年科技质量工作提出了新的课题及达到的目标要求。首先要对车轮公司获奖的研发成果、技术攻关项目、质量改进达标、优秀QC小组获奖单位和个人表示热烈的祝贺！尤其是精品分厂修磨线QC小组和生产准备分厂下料作业区甲班QC小组，获得全国优秀质量管理小组称号，这是给马钢获得的荣誉。没有优秀的群众性质量小组活动，就没有好的企业质量文化，质量工作就没有扎实的落脚点。

看到今天的年轻人，我想起自己从1982年开始参加机修厂的质量管理小组活动，让我终身受益。我希望获奖的小组能够引导其他小组，培养一个团队，有一批工程技术人员不断成长，年年有新课题。我和车轮公司渊源很深，20世纪80年代我负责的第一个QC项目是开发60CrMnMo热轧轧辊，随后用这种材料改制车轮公司水压机模具也获得成功。我认为参加攻关课题，最重要的学会使用一种工作方法，能为以后参加做不同的事打好成功的基础。

去年在车轮公司参加IRIS外方审核末次会议，最后我们得到57分（50分审核通过），大家都很开心，持续的努力和改进得到了认可，真不容易！在座的应该知道我们与IRIS国际铁路行业标准要求的差距还不小，拿到的这个结果是因为做了许多临时抱佛脚的工作，通过对标补救才达到的。我们能不能真正按IRIS标准把每一项工作都做到位，那比通过IRIS审核更让人高兴。

去年车轮公司技术质量三件大事，首先是万元质量损失大幅降低；从过去的100元以上降到去年平均88.7元，12月份更是达到了不到50元的水平，质量成本大幅下降，真的是大量基础工作起了支撑作用。所以现在的车轮公司，不论国内外的招标，我们都去投，这来自于我们苦练内功，来自于我们有竞争的实力。其次是2014年车轮公司在设备硬件不具备条件的情况下，坚持做了一轮一档工作，现在每片机车轮出厂都有自己身份证号，清晰的记录这片车轮制造时的每一过程的生产质量信息，我们所做的这个工作，满足了客户对产品的服务要求，获得了铁路总公司的充分认可。三是2014年我们最终通过了IRIS认证工作，这项工作已经历时五年了，我们的车轮产品想出口到国际市场，尤其是欧洲各国，取得IRIS认证是先决条件，所以这一年，车轮公司的技术质量工作是应该得到表扬的。

去年陆续曝出质量问题的几片马钢车轮，生产时间基本上是在20世纪80~90年代生产的，有的还是平炉炼钢，没有精炼设备的，但是车轮属于终身服务产品，今后能否做好车轮产品全寿命周期的质量保证是非常重要的。刚才我看到上台领奖的两位女工，都是做车轮探伤检验的，这个岗位是车轮产品的最后一道防线，对车轮公司和马钢公司都是最高风险控制岗位，如果不能把缺陷产品卡在公司内部，不定什么时候会发生重大事件，所以这样极为重要的岗位应该给予特殊的激励政策。“人机料法环”的制造阶段还未做到100 %严控质量，只能靠检测人员来死死把关。

车轮公司是效益好的单位，车轮公司也是一个风险单位，车轮产品质量高于一切。这一方面来自于自身的努力，另一方面来自公司不断的投入，例如在特钢公司就投入了25亿来保障车轮原料的质量，公司对特钢公司供车轮公司圆坯质量是寸步不让，去年特钢公司有24炉钢整炉判废，一片车轮质量事故造成的影响和损失不可估量。2006年出口到美国的车轮，快到产品使用寿命结束时出现了裂纹，美方专家认定是因为抛丸效果不达标，我们已经赔付一千多万元，现在还面临着丢失北美车轮市场可能。

现在马钢车轮板块内包括马钢车轮公司、马钢特钢公司、马钢轨道装备公司、以及马钢瓦顿公司，这几家单位组合在一起，我们的产品质量就是我们的生命，未来产品从普通车轮轮对到机车车轮轮对，从动车车轮轮对到高铁车轮轮对，从马钢车轮到马钢车轴，通过产品升级和结构调整之后，我们相信在三年内必将参与全球竞争、必将展示出壮丽的新画卷，马钢车轮就真的是全球品牌产品了。

最后大家交流一下工作方法。我们在座的每一位一定要仔细梳理常态化工作，不能盯着临时性工作。例如还是IRIS审核，我要求能把IRIS体系的每个重点得分项都分解到个人，确认谁来对这项指标负责，使之成为常态化的工作，而不再是一项突击应付检查的工作，坚持PDCA循环，坚持每个月自我审查。

2015年元月份就要过去了，马钢的首月经营很不乐观。钢材市场价格塌方似下跌，国内经济形势不被看好，各种产品订单全面萎缩，加上内部生产原因，公司上下压力都很大。车轮公司每年上半年都很困难，但通过努力全年又都能达到公司设定的目标，我预祝车轮公司在车轮党政班子的精诚带领下，通过全体员工的共同努力，2015年车轮公司依然能够完成公司下达的各项任务指标，也希望2015年车轮公司的全体职工收入再创新高。

# 如何做好困难形势下的技术质量工作

## ——在股份公司3月份技术质量例会上的讲话

（2015年3月23日）

今天召开股份公司3月份技术质量例会，我想给在座的传递一些重要的信息：

一、截至今天，预测股份公司本部3月份亏损额是1.9亿元。其原因是本月钢材价格比年度预算价格每吨跌了335元，造成利润减少3.85亿元，而本月采购成本比年度预算的成本仅降低1.96亿元，两头对冲的差价1.89亿元是造成本月股份公司亏损的大头。此外股份公司内部降本预算是2亿元，而实际降本1.5亿元，这里又差了近5000万元；因没有拿到附加值高的订单，与预算相比，产品品种结构调整增效又减少了2800万元。除了股份公司本部亏损外，本月长钢亏损了2000万元，合钢亏损了3500万元，整个股份（集团）公司本月亏损额是2.45亿元。1~3月份马钢股份（集团）公司累计亏损达到了5.63亿元，收不抵支，银行贷款现在也卡得紧，仅有的现金流，只能用于购买当期生产的原料和保职工工资的正常发放，真正到了非常困难的境地。

二、3月19日，股份公司对2015年科研项目计划（第二批）进行了立项评审，申报的12个项目经过评审通过了6个、取消了6个。我希望在座的技术中心以及各单位工程技术人员，在申报项目之前，要对国内外的水平现状及我们经过努力能达到的水平有清晰的判断，前期调研准备工作十分重要，否则作为公司级的科研项，拿出来的东西根本上不了台面。马钢目前的状况是我们科研工作者整体水平比其他大型钢企差得很远，我们的科研队伍非常沉闷、主动性不高，领导人物太少，学习劲头不足，断层太严重。在座的拥有博士、硕士学位，都是高工，但面对生产经营难题却接不上了。

各APQP小组上报了2015年股份公司质量改进、工艺优化的12个项目，内容涵盖了车轮、线棒、电工钢、家电板、结构钢和特钢，我希望能够认真的自评一下本项目的含金量、技术难题在哪里，把握好项目的进度。为什么APQP小组的攻关项目有那么多的组成人员，人数最少的也有20多人，30人到40人小组很多，甚至有个小组近100人，小组成员和项目经过流程的参加人员是不一样的，搞那么多人在APQP小组里面，我看是缺少担当意识、是不负责任，我觉得这样做是不对的，要求APQP小组重审成员名单，技术中心要把关审核。

三、参加了公司组织的ISO/TS16949标准和德国汽车行业VDA 6.3标准的培训，我们作为给汽车制造厂提供材料而不是提供零部件的供应商，怎样把培训中的关键过程、特别要求把握住。APQP小组就像一个小公司，应该有公司型的运作，小组长是公司的经理，能够在工作中借用资源，要设置一个里程碑，划分新产品的研发到什么时候截止，什么时候移交到正式生产，DFMEA工作做过了，还有很多PFMEA工作都要抓紧完善起来。先期策划强调的是对试制出的产品，今后会有更多的先期策划产品，不仅仅要对样件审核，我们要对过程进行审核，把科学的管理方法用起来。我们试验一个产品，不能一次合格后就抱着好大喜功的心理，要有重复验证的实验，最终确认设计的成分、性能、表面和工艺制造过程是符合要求的，APQP小组才能对自己的产品有底气。今后一定要注意产品要通过审核，制造过程也要通过审核，APQP小组最重要的工作不仅仅是进行产品批准，更要对整个产品设计过程进行批准。

四、上周日本质量保证协会，简称JQA，来了两名专家对三钢轧总厂的H型钢产品进行了为期四天的JIS标准换证审核。结果证明三钢轧总厂确实干得很好。这次审核一共发现了六项B项不合格项，均集中在三钢轧总厂以外的单位，其中人力资源部对员工培训有缺项，科技管理部的两本质量手册应吻合，原燃料的质保要改善，冲击拉伸试样机的标定不合格，还有管理者没有经过JIS的专门培训，公司对以上这些不合格项都已经下达了整改计划书，希望大家能认真落实整改内容。各个单位能将这些考核落实到具体人身上，下次能干好再嘉奖。如果在二方审核、三方审核上出问题，对公司的伤害不可估量，这次JIS审核日本专家对大、小H型钢随机各取三个样本去做检查，结论是成分、性能、表面都合格，认为我们是软件有整改项，硬件合格了，还是继续给我们发证，否则他们开出一个C项不合格，我们的JIS证书就拿不到了，产品就无法出口日本，所以对审核指出的问题必须要落实整改。

五、特钢公司必须要对供车轮公司圆坯的质量担负百分之百的责任，车轮公司也要对特钢公司的产品制造过程进行过程审核，这种审核李翔每年可以组织两次，必须百分之百确保车轮钢的质量，不能有任何闪失。近日接到报告GE公司认可我们2005年制造的那批机车轮发生几件失效是由于露天卧式存放腐蚀原因造成的，尽管如此，出口北美的机车轮和货车轮，在去年一年还是造成了公司很大的经济损失。对特钢公司而言，车轮就是你的用户，车轮就是你的上帝。

六、今天制造部给我们点评了两个案例，都能发现我们在制造过程中，“写所需”写的不能完全达到现场操作的要求，而“做所写”又不能很好地纠正或者做到“写所需”的要求。唯有“写所需”要完善，“做所写”要认真，然后通过工艺纪律的检查，用过程工程能力指数来测量、来强化我们产品质量的稳定性。

七、四钢轧总厂现在是公司最重要的生产线。当前每条产线的边际利润，要求对公司部分无利润的生产线做关停的准备。在这种背景下，我认为四钢轧总厂需要建立一种退出机制，对关键岗位上不胜任的员工进行调离，而让那些关停产线的优秀员工可以竞争四钢轧总厂的岗位，引入竞争机制，是最佳的人力资源优化配置方案。

四钢轧总厂现在炼钢精炼方面没有什么问题，铸机有很多解决不了的问题，例如3#铸机通过了功能测试，应该是没有问题的，但最近生产高强钢又出了问题。管理问题还是技术问题，从准备开始，对设备的每道工序进行确认，仔细盯着整个生产过程，工艺控制参数必须控制在限定的范围，做到这样的话，出现裂纹和分层，应该是技术问题了。我们技术中心炼钢所，生产中的一些关键技术问题摆在我们面前，能不能够挺身而出，我们工程技术人员为什么不愿去一些能够施展自身才能的地方，为什么不敢多去挑战公司遇到的关键难题，刚才讲的这些事情真的已经很严重了。在座的各位能够紧盯着生产线，干科研工作、干技术攻关仅仅蜻蜓点水，空说一套理论不行，必须要在现场盯着。在诸多的影响因素中，最终归结到人上，要明确人是最重要的。

八、每个月在《马钢日报》上公布质量信息的工作由科技管理部转到制造部以后做了改变，增加了用户质量投诉情况。我们搞质量工作的同志回去以后要把这些产品投诉细节再仔细梳理一下，只要我们基础的质量管理工作沉下去，能够始终有人在追究这些责任，质量工作就一定会取得好的效果。

刚才通报的情况大家也都听到了，去年我们外部质量控制的很好，在今年市场如此严峻的情况下，如果控制不住外部质量的话，那我们想在市场拿订单就非常困难了。今年2月份发生外部质量索赔184起、索赔金额110.84万元，平均每起赔了6000元，就是这每起6000元的外部质量问题使我们产品背负了不稳定的名声。千万不要认为我们生产的产品没有超过标准就行了，所谓的标准化学成分有上限和下限，所谓的轧钢公差也有上限和下限，贴在标准线边上虽然没有超过，但是现在板材产品本身就有一个控制的上限和下限，如果你的产品在生产过程中总是时不时地超出了控制线但没有超出标准线，产品质量的散差一定是大的，波动一定是大的，这就是工程能力不满足要求。所以关键产线上的总工程师、副总工程师要习惯于拿数据说话，把各自产线的工程能力指数测算出来，这也是我今天的一个硬性要求，计算出去年平均工程能力指数是多少，最高的月份是多少，最低的月份是多少，作为指导今后工作的依据。简单的事情重复认真做好，你就是专家；复杂的事情拼着劲做好，你就是赢家。任何养成习惯的行动就是工作的技能。

最后，告诉大家目前公司压力真的很大，我们很多压力传递不到众人身上，导致马钢的压力在层层衰减，压力还是在少数人身上。现在公司的困境，减薪是必然的了，高海建董事长在《马钢日报》上明确表态减薪从他开始，公司希望通过这样一种调整收入分配的方法，使我们下面的职工能够反弹、激发起更大的干劲。作为工程技术人员，要努力在新产品开发的工作以及能支持公司降本增效的工作上做出实实在在的贡献。

# 凝心聚力 共度时艰

## ——在四钢轧总厂科协二届一次代表会议暨2015年质量工作大会上的讲话

（2015年3月24日）

今天我来参加四钢轧总厂新的一届科协代表大会，大会同时举行2014年质量工作表彰和2015年质量工作新分指标的签字仪式。首先要祝贺四钢轧总厂科协二届一次代表会议的召开，我仔细看了新一届科协41位委员的名单，很高兴我认识32位，所以来到四钢轧总厂我还是感到比较亲切的。

**第一，对总厂新一届科协工作提出建议。**

因为我现在是公司科协副主席，我希望四钢轧总厂新的一届科协在党政的领导下，2015年能有一个好的科协活动计划、有一个好的科协组织方式、有一个好的科协活动效果，而不是走过场、无实际内容，提这个要求也是我的一项工作。

我认为创新科协工作不一定需要另辟蹊径，坚持过去好的组织活动一定是有效果的。比如科协的讲理想、比贡献，这个活动能让年轻工程技术人员登上舞台，讲出自己的工作成绩、使用方法、所做贡献，总厂能关注他们、培养他们、使用他们，这是一个好的方法，我本人当年曾受讲理想、比贡献的激励，一步一步获得进步的。我希望这个活动不仅仅是在总厂层面，我们在分厂层次上能否搞起来，这确实是一种好的活动形式。

科协的活动要紧贴生产实际，四钢轧总厂影响生产关键的技术难题有哪些，复杂的问题如何解决，都可以请四钢轧总厂自己队伍里产生专家来搞一些讲座，讲一些最贴近实际的问题，我认为也会有很好的效果。比如现在1#铸机已经恢复精度，2#铸机要求到5月底能够恢复精度，3#铸机功能调试刚刚完成，怎样做才能保铸机的精度。比如说今年是四钢轧总厂产量和质量难度最大的一年，1#转炉现在复吹炉龄已经创出了新高， 3#转炉炉龄不高、继续撑着消耗高，上个月检修2#转炉时，我非常担心两座转炉撑不住，打乱公司的生产节奏。现在公司已同意在今年5月份抓住高炉检修的机会，把1#转炉、3#转炉做2个炉役后直至2016年才有新的炉役，这是炼钢生产的大事，科协会员是不是能在其中找到结合点，通过技术攻关提升我们顶底复吹转炉到8000炉的炉龄。比如我们已开展起来的降低1580、2250热轧堆钢次数攻关，公司要求至少降低三分之一，四钢轧总厂上墙的数据是以降低百分之五十为目标，我觉得在这些指标实现过程中需要方方面面的支持与配合，都是基层科协活动最好的课题。

科协是个群团组织，如果活动好的话，内容可以丰富多彩，可以更加充分地激励科协会员带领众多的职工，发挥自己的积极性、主动性、能动性，保持工程技术人员应该有的责任心、向上的劲头和始终不衰减的工作激情。四钢轧总厂的领导班子成员也是科协会员，我希望你们能充分调动大家的积极性，全力支撑科协的活动。

**第二，评价总厂2014年的技术质量工作。**

2014年3月份也是在这个会议室，王炜厂长把我请来见证，当时是2014年技术质量攻关项目签字；现在是2015年3月24日，刘国平厂长请我来参加去年技术质量攻关项目奖励兑现和今年新项目签字。一年时间过去了，我感到好像就在昨天，“年年岁岁花相似，岁岁年年人不同”，今天主席台上是刘国平厂长为首，总厂领导班子也有了新的变化，但我看这个签字仪式和上次还是一样，刘国平厂长和司小明总工程师签字，司小明再和下面逐级签字。我认为总厂现在进入了一个相对稳定的运行阶段，新一届领导班子也是非常有朝气、有能力的，长江后浪推前浪，我们2015年的技术质量工作一定比2014年更强。

2014年总厂的技术质量工作确实有很多新的变化。2014年总厂实现了三炉三机组产模式，产量又上了一个新台阶。五月钢产量一举突破60万吨，为此公司在《马钢日报》上还专门发了一个贺信，没有技术的支撑，产量也上不了这个大台阶。2014年总厂产品的冶金缺陷比例降到了0.98 %，过去这个指标都是在1.2 %~1.5 %之间，同比2013年冶金质量缺陷下降率为30%，这是很了不起的成果；2014年总厂的吨钢质量损失降到了4.3元，同比2013年下降率为50 %；2014年总厂的外部质量损失降到每吨钢1.3元，同比2013年也下降了45 %；通过上面三组质量指标，可以看出总厂在质量管理工作上确实达到了一个更高的水平。

2014年总厂开发了高牌号M35W300电工钢，同时也命中了M35W270电工钢。这是四钢轧总厂投产至今水平最高、最具有代表性，甚至超过汽车板面板的品种，证明了我们的设备、工艺以及操作人员是有这个能力的。我们把钢水中C、N、Ti、S总量从120 ppm稳定控制在只有80 ppm以下，洁净钢的水平是C、N、Ti、S加在一起控制在100 ppm以下，现在能够稳定控制在80 ppm以下，我们做到了，在技术方面又迈上了一个大的台阶。我们需要一批优秀的工程技术人员，现在新产品的研发基本接近尾声，最迫切的就是开发市场，公司下了大决心，如果在2015年M35W300电工钢能实现7万吨的销售量，公司将拿出100万奖金来“论功赏英雄”。

2014年公司向四钢轧总厂下达了8项技术质量攻关目标，通过公司对攻关项目成果进行评定，其中有1项达到了一档指标，有6项达到了二档指标，还有1项没完成。这也是一项很了不起的技术进步，是全厂工程技术人员和管理者在一起共同努力的成果，我相信在参与这些攻关项目的过程中，很多工程技术人员付出了辛勤的劳动，但是我更相信在这么好的舞台上，有机会去表演，总厂工程技术人员个人的素质和工作能力也一定得到了大幅提升。

**第三，在座的全体职工应清楚马钢面临的形势。**

马钢公司现在处在全线亏损、全面亏损、深度亏损的水深火热之中，到了生死存亡的关键时刻。今天上午钱总参加资金平衡会，开这个会是因为公司资金困难了：1~3月份马钢集团公司累计亏损达到了7.35亿元，以集团公司四万五千职工计算，人均亏损1.63万元；1~3月份马钢股份公司累计亏损达到了5.63亿元，以股份公司三万三千职工计算，人均亏损1.71万元。对企业来讲，连续亏损是很可怕的，就如同人一直在失血，如果亏损持续下去，马钢公司是无法正常经营下去的。

亏损的外部因素是采购和销售两头市场的影响，钢材价格低迷导致我们对销售市场无能为力，但对采购市场我们还要再想一些法子，努力再降低一些采购成本，但现实是我们感到真的有些力不从心。亏损的内部因素是降本增效没有达到公司计划的要求，1~3月份股份公司内部降本增效离公司的要求相差1.5亿元。在这种形势下，高海建书记、董事长在大会上多次强调减薪是必然的，亏损企业一定是保不住薪水的，这个信息在《马钢日报》头版也登了，减薪从公司领导开始，到处级干部，到科级干部、到作业长，职位越高，减薪越多。但是公司也铁了心，即使再大的困难，也要优先保证四班三运转职工的收入，优先保证一钢轧总厂、四钢轧总厂、冷轧总厂职工的收入，因为这些人现在的工作岗位，他们所生产的产品是公司赢利的来源，谁的贡献大就要保证谁的收入。这个月奖金很快就会下来，到时职工肯定都会感到非常吃惊，还没感到多大的危机，怎么收入一下就少了呢？这就像温水煮青蛙，马钢的压力在传递中层层衰减，所以公司不得以采用这样一种大面积减薪的方法，使全体干部职工能够被惊醒，用行动反弹、激发起更大的拼劲。

展望未来，我们看不见，也看不清楚两年、三年以后中国钢铁工业的样子。3月22日，中央人民广播电台在早间新闻中公布，中国的钢铁工业全面亏损，而且国家对钢铁工业没有进行施救的措施。我认为对当前中国钢铁工业有句描述是正确的，我本人也是赞同的：中国钢铁工业现在不是处在黎明前的黑暗，忍一下就能挺过去，中国钢铁工业现在是处在两极分化刚刚开始的时段，支撑不住的企业就死掉了，而且再也不能复苏了，而支撑住的企业则能够越做越强。

**第四，希望四钢轧总厂能够担当起马钢的希望。**

应对当前困局，公司生产经营方针是全力以赴提升板带比，保证一钢轧总厂、四钢轧总厂、冷轧总厂满负荷生产，全力以赴的把资源倾向于这几个厂。现在公司要硬性考核这三个厂的板带产量和订单兑现率，前几天在总厂发生的因为觉得生产有困难，把汽车板的基料干成非汽车板品种，导致汽车板无法兑现，对这件事公司制造部要当成事故来追究责任，当成事故考核。市场太残酷，如果我们的订单兑现率尤其是汽车板无法稳定提高，就必将丢失客户，最后砸的是自己的饭碗。

四钢轧总厂现在是公司挑担子最重的，公司要求四钢轧总厂要强化制造过程的质量控制，计划执行率要大于95%，订单兑现率要大于93%，实现吨钢降本60元的目标。面对当前如此严峻的形势，今天我来也算做一个动员，把危机向大家传递，希望总厂全体职工能够借今天新的一届科协成立和质量攻关大会签字仪式的东风，大家一同拼搏。我真的感到四钢轧总厂是一片热土，是马钢今天为生存而拼搏的火红的战场，过去讲鞍钢是共和国的长子，那现在四钢轧总厂就是马钢的希望。

今天我们在座的每一位都要仔细想一想自己工作难度到底有多大，为什么畏难情绪如此之高，好多工作执行不到位。实际上回过头来看，每个人在自己的岗位上把工作肢解开来，按着“写所需、做所写、记所做”的要求对号入座，把简单的事情重复做好就可以成为专家了。四钢轧总厂每天就是3座转炉、2座RH炉、3台连铸机，2条热轧生产线这些设备在生产，在座的全厂职工每天用心去操作好，那我们一定就是赢家了。我给四钢轧的总厂、分厂两层班子提两点建议：第一、降本要在小节上下功夫了。一定要梳理全厂每个消耗指标，每个消耗指标都要有定额，超出定额的指标一定要问一问是为什么。四钢轧总厂降本工作要开始往细节去走，把消耗指标梳理出来，把异常点控制起来，如果这些工作做起来，四钢轧总厂的降本还有很大空间。第二、在管理方法上建议两级班子要建立各类事故的责任追溯机制。无论是什么原因，只要给总厂的利益造成损失，都一直要追溯到个人的头上。只要把每位职工的行为规范起来，我们的生产就会更加稳定，就没有越不过去的山、跨不过去的坎。四钢轧总厂的领导团队都是很优秀的，始终坚守在一线，是四钢轧的脊梁，只要把每天、每周、每月必须要做的工作也就是我所说的常态化的工作做好，把基础的管理工作做好，坚守阵地，降本任务能够完成，我认为是能够支撑起四钢轧总厂登上更高的台阶。

今天我来还是要宣贯危机，四钢轧总厂的第一个目标是各项经济技术指标要达到历史最好水平，如果在当前这么困难的情况下，指标还在倒退，达不到曾经的业绩水平，那四钢轧职工的收入水平一定会受影响。四钢轧总厂的第二个目标是如果各项经济技术指标已达到历史最好水平，但吨钢降本还是没达到60元，那就和国内的同炉同机做各项经济技术指标的对比，通过对标挖潜再上一个台阶。

降本增效、保质量、求生存，只要四钢轧总厂各项指标往前走，一定会是公司收入最好、贡献最大的单位，公司相应的政策也都会匹配给四钢轧总厂。让我们的日子从难过到不难过、再到好过，我是力挺四钢轧总厂的！四钢轧总厂确确实实是一片热土，是公司的希望，是公司为生存而拼搏的火红的战场。

# 真正以APQP小组引领新产品

## ——在2015年一季度管理运营改善专题会上的讲话

（2015年4月3日）

今天召开管理运营改善专题会，听了各位的发言，我来谈一下体会。公司APQP小组成立较长时间了，但能按程序去做得很少。我觉得在工作中最难的就是学习，如果不学习仅凭经验，自我感觉都是良好，而经过学习新方法、应用新工具，就会发现存在的问题。

我一直在观察会场的氛围，不知道刚才技术中心张建剖析的案例，能真听懂的有多少人，如大多数人听不懂，只能有两个原因：一是我们学习不够，二是案例本身做的不好。公司现在要销售专项产品，使用单位会提出进行二方审核或者三方审核的要求，为此请一些专家来讲课，有些专家讲课内容脱离马钢实际，我们难以理解，但VDA 6.3标准培训，汉德公司的宋专家紧贴汽车制造厂的要求，来谈我们该怎么做，大家理解得比较深，这就比较有利于结合自身工作了。这个案例就是生产覆膜彩涂板用的基料，我们已经开发出来了，用户也拿去试用了。回过头来看整个开发过程中的问题，我们推行TS16949的标准，引入APQP的方法和工具，但是实际是不是按照这些标准和方法去做了？我们应用了哪些？绕掉了哪些？漏掉了哪些？用完整的方法会为我们起到哪些支撑作用？其实这是一个技术含量不高，我们又比较熟悉的产品，把我们走完的路线图与标准的路线图做个比较？今天在会上反思这个案例，就是要求摆脱传统的凭经验工作方式，使用先进的科学工作方式。

APQP说的是产品质量前期策划，它有四个过程：一个是客户识别、一个是产品开发、一个是持续改进、一个是技术服务。公司设立APQP小组的目的是承担并完成一个新产品开发的全过程，使新产品通过产品本身和制造过程评审，这么多年来我们一直注重新产品本身的开发和评审，对失败的过程随之放过。只要新产品开发出来就认为完成任务，没有认真进行过程评审。但在TS16949标准、VDA 6.3标准中有严格的规定，现在客户不是只凭我们的样品通过试用就认可了，现在客户特别关注的是我们能否按样品稳定成批量的供货。

怎样去做“客户识别”工作，各APQP小组做得良莠不齐，但总的来看做的不理想。有的APQP小组开发一个新产品从头到尾根本没有见过终端客户，更别提能知道客户怎么用这个产品，用在什么地方。对客户的识别仅凭销售人员一句话或中间商的描述，不明不白地拍脑袋决定。在这方面我们弱项很多，我们习惯于在自己的认知范围内识别，习惯于以产品差别不大来识别，更习惯于凭自己的经验来识别，这些问题必须得到改正。

关于“产品开发”，我赞成王炜副总工的意见。我们人才的缺乏和科研水平的落后，导致只能搞山寨版产品，这么多年马钢产品在跟随别人，取样、分析、试工艺参数，一直沿用这样的方法，所以很自然地用山寨观念来看待产品开发。但是现在产品开发已经跟过去完全不一样了，我们的客户，在满足他们客户要求时都有特别的需求，也即在标准要求之外，还要加上额外的要求。

关于“持续改进”，公司现状是还没有做好过程评审，开发一个产品经过三次失败，有一次成功，就马上宣布产品开发成功了，好大喜功！至于产品的风险，PFMEA、DFMEA停留在开始的判断之中，在产品实施过程中，真发现需要持续改进时反而停止了。对于一个新产品，我们的APQP小组、工程技术人员，都习惯认为自己把产品研发出来了，后面稳定批量生产全是别人的问题，干好了是自己的功劳、干坏了是别人的过错，这就造成生产厂很抵触，不愿意把这样的新产品转化为常规产品。开发新产品时，“人机料法环”的条件限定很严，等到新产品开发完以后，没有梳理出整个过程的关键工艺控制参数，在大生产时出了问题很少有人愿意来挑担子，导致新产品试制时行，批量生产时不行。

既然“客户识别”“产品开发”我们做的不到位，那我相信是做不好持续改进工作的。因为不自愿往用户那边跑，就不可能与客户充分沟通，没有客户反馈的产品使用信息怎么进行持续改进？最终的“技术服务”就是发现客户的需求，目的是让客户信赖并使用我们的产品。我们APQP小组工作的现状，仍有许多问题需要改进。

公司成立了10个不同类别产品的APQP小组、引入TS16949标准、引入VDA 6.3德系汽车标准，要求从源头改变我们习惯的工作方式，必然会经历一个阵痛的过程。过去公司新产品开发都是由研产销小组承担，钱海帆总经理、王炜副总工和我都曾经干过研产销小组组长，由厂长担任研产销小组组长的优势在于能够很好调用资源，现在APQP小组组长在调动资源的时候有些难度，但是难度大小取决于你的工作方法。APQP小组不能沿用过去的方法或模式在“山寨产品”的道路上继续走下去。我们的产品想要进入自主品牌、合资品牌汽车厂，必须通过指定的二方审核或者三方审核，没有取得相关的资质证书，即使你产品性价比在市场上不错，但这些汽车厂不会去买。这些客户要的是供应商管理，要的是保证准时交货、保证质量，只有审核的要求得到满足，客户才会把订单交给我们。

科技质量部改成了科技管理部，崔银会副经理提了诸多的要求给别人，以前科技质量部负责新产品开发时你们做得怎么样？这里真要有一个学习的过程、一个不断接受的过程，公司成立了制造部，负责新产品的开发，我就觉得制造部副经理陈斌态度是积极的，遇到问题全盘揽了下来。我认为从生产部变成制造部，需要一个逐渐接轨的过程，在这个过程中我们一定要避免出现“屁股指挥脑袋”，不管在哪个岗位，就新产品开发而言，在座的都少一点指责别人，多一点承担责任，积极支持APQP小组的工作。

作为APQP 小组组长，要把自己锻炼成一个公司的经理，对内对外提出明确的工作要求，盯住制定的行动计划，所有人都应该支持你们的工作，你们需要的资源，公司帮助解决。对APQP小组，公司有特殊的激励办法，但没有贡献怎么会有收获，没有业绩如何能多拿钱，如果把自己的小组当作自负盈亏的小公司，就肯定会去拼了，那工作一定会有新的起色。在APQP小组运行过程中，公司相关职能部门也应不断地调整、不断地适应并服务。在APQP小组的组建过程中，小组成员人数过多，有的小组达100余人，必须削减，在各个小组中真正起到领军作用的也就那么几个人。

APQP小组是一个新模式，一定要推陈出新。比如特钢APQP小组的孙维，他善于调动所有的资源，他和特钢杜松林厂长配合非常好，我也响应他的工作需求，所有的问题能快速解决，同样还有车轮APQP小组的江波。我们要学习一下他们的工作方法、工作作风，作为APQP小组组长，必须要善于沟通，如果在工作中“不善于发球也不会接球”，到年底时，这个APQP小组肯定是让公司失望的。

以公司现有的技术、现有的设备，我认为没有哪种新产品能真正难倒我们。实事求是讲，我们研发过程存在的困难，可以集中公司人才资源的优势，可以请国内的、国外的专家团队支撑，都是可以解决的，现在关键的问题是开发出的新产品、汽车板、电工钢、高铁车轮与车轴等，刚开发出来都有竞争优势，用户使用前期质量很好，后期出现质量问题，最后用户便选择其他替代产品，放弃了我们的产品。所以我们必须把APQP小组、TS16949标准、VDA 6.3标准导入到过程控制。

对10个APQP 小组，公司是寄予很大希望的。干好了你们名利双收，因此，你们必须要有担当意识，既然是一个公司经营，那每月都要对照自己的目标，每周都翻一翻推进计划，哪些能实现，哪些实现不了，哪些内功还不够还要借助外力，都要有明确的行动。我也希望各APQP小组成员少一点机关的作风，多下现场、开发新品时要上夜班去追踪，高海建董事长说下现场绝不只是一种形式，对于有能耐的工程技术人员，良好的行动养成习惯本身就是一种技能了。

今天听了这个会议谈了体会，我还是要提一个要求：各APQP小组成员名单已经确定，每位小组成员要能默写出产品开发的管理流程，每个成员应该抄写一篇APQP小组的管理办法。

# 我们要步步紧逼月度计划

## ——在第16周生产经营视频会上的讲话

（2015年4月18日）

公司处在连续亏损中，所以各项工作都必须增加力度。自二铁3#高炉炉况恢复以来，生产总体是稳定的，内外部的预警机制也是有效的，可完成生产计划。根据三个铁厂的高炉体检得分来看：一铁总厂四座高炉得分在95.4~98.9，对高炉很有信心，控制得好；三铁总厂两座高炉得分是85.6和87.3，对高炉精心调控、盯得很紧；二铁总厂2#高炉得分是78.1，炉况比上周上月有一定程度下滑，本来最令人担心的是1#高炉，现在担心的是2#高炉，3#高炉得分是79.7，产量从每天2600吨降至2500吨水平。

四月份订单缺口较大，其中：酸洗欠订单7900吨，镀锌欠订单24200吨，大H欠订单5400吨，小H欠订单10000吨。公司已经将2#镀锌线五月份的年修提前到4月份进行，造成CSP多出10000吨的资源做热轧卷销售。

四月份公司炼铁成本1490元/吨，比上个月降低58元/吨，而市场外购生铁价格1573元/吨，外购废钢价格1450~1490元/吨，除板带产品，长材产品已无利润。

四月份计划执行率和兑现率情况，自强化计划执行和订单兑现考核以来，4月份计划执行率比3月份明显提高。截至4月16日，计划执行率CSP 97.4%，四钢轧98.64%，冷轧总厂97.92%。但计划兑现率未随之提高，由于设备故障和产品质量问题，计划兑现率出现下降，四钢轧计划兑现率只有89.69%，较上月下降了3.13%，冷轧总厂计划兑现率只有89.64%，较上月下降了4.06%。

汽车板完成情况，截至16日汽车板生产90183吨，合格入库75951吨，完全符合订单72035吨，订单兑现率47.37%，条目兑现39%。按四月份16万吨目标进度，欠9382吨，主要影响产线：冷轧总厂连退欠进度780吨，2#镀锌线欠进度3000吨，合肥板材欠进度4940吨，酸洗、二镀锌和四钢轧热轧均完成任务，本月要坚定不移地完成汽车板计划。

冷轧总厂、四钢轧总厂产量任务重，订单兑现率急待提升，不能满足客户要求，客户就不给我们订单；上道工序不满足下道工序要求，干出的产品就是低值和无效产品。请认真抓好内部工作，尤其是科级干部和作业长的工作作风，科级干部不是传声筒，作业长不是甩手派，要一级带着一级干。全公司各单位要无条件保好冷轧总厂和四钢轧总厂，一切为这两个厂开绿灯，快速解决问题，服务到现场。

# 增强技术质量工作的针对性和有效性

## ——在股份公司4月份技术质量例会上的讲话

（2015年4月22日）

每次开技术质量例会，我希望能针对问题来开会，简单明了地说出问题的原因找到了没有？解决的办法找到了没有？何时动手的时间决定了没有？刚才冷轧总厂、四钢轧总厂、汽车板推进处、销售公司、技术中心、制造部分别针对生产中的问题进行了专题汇报，但对照前述三个“有没有”要求，都尚未做出清晰的回答。结合各单位的发言，我做以下工作要求。

1.必须严格进行产品制造过程的质量责任追溯，公司已经连续两年在《马钢日报》上，每月刊登一期公司产品质量责任追溯通报，追溯一直到产线、一直到主管责任人，这是做好质量工作一项非常有效的方法。各制造单元也要建立起总厂级的质量事故追溯台账，做到每起质量事故均追溯，定期公布责任追溯结果，同时必须把考核落实到具体责任人头上，不允许把公司下达的考核结果在总厂、分厂层面上中止。

2.合肥板材公司在生产与公司本部同类型产品时，要充分借助本部的技术力量，吸取本部设计制造时的经验教训，少走弯路。各相关单位对合肥板材的技术支持要全心全意，制造部负责接收合肥板材的请求，调动各方面资源，并统计每个月有多少人次到合肥公司做技术服务，科技质量部据此对相关人员给予评价与奖励。

3.4月12~14日，美国AAR技术委员会委员及BNSF公司专家共6人对马钢车轮生产全过程的质量进行了审核，结论是马钢车轮可以达到AAR标准的要求，这样中断一年多的出口配额申请可能会继续给我们。2006~2008年出口车轮失效的原因分析暂告一段，我们为此付出了巨大的人力、物力和财力，这仅仅因为表面喷丸质量不达标这一看似不重要的指标，今后出口北美车轮，一定不能再出现类似质量问题。

4.车轮公司要把特钢公司当成自己的供应商来管理，对今年一季度特钢公司生产的LG61在性能、探伤方面与原一钢轧总厂的历史数据进行一次对比分析，并做出评价。车轮公司对车轮产品质量要有两道把关：第一、要对车轮原料的入厂质量把关，这也是IRIS标准所要求的；第二、要对自己产品的制造过程把关。

5.今年第一批技术质量优化改进和第二批攻关项目评审会，总共有22项申请，经过公司组织专家组审核投票，最终同意立项13项，刷掉9项。项目立项申请一定要有足够的调研，要描述清楚攻关前的现状、攻关的目标、这个目标与过去最好指标的对比关系以及此次的行动方案，现在的评审和过去不一样，要有可测量的效果，只有这样才能通过专家组的审核。

6.公司中层管理人员、高级技术主管已经过VDA6.3标准的培训，科技管理部要尽快对培训合格人员发放内部评审人员聘书。科技管理部、制造部结合生产实际，按VDA6.3标准要求，选择参加过培训的人员，内部检查我们现行工作是否达标、存在什么问题、怎样改进。我要求公司各APQP小组成员默写产品质量先期策划流程，抄写APQP小组管理办法，自身的学习一定要抓好。

7.针对汽车大梁用高强钢产品分层缺陷问题，我们已经反复试了几次，理清办法，APQP小组重新设计，此次调整成分，要安排在5月份上旬完成试验。在此之前，制造部组织汽车板推进处、技术中心及其他相关单位共同对试验方案再进行一次评审，在公司范围内发通知邀请此方面有建树的人来参加攻关。

8.冷轧总厂目前面临的压力是全公司最大的，四月必须咬定16万吨汽车板生产目标不动摇。冷轧总厂也采取了针对性的措施：成立了24小时值班的督导组来对汽车板生产过程进行指导和协调；对质检员进行绩效指标考核；对作业长实行过失扣分制。我们各部门和相关单位，只要是冷轧总厂遇到的问题，都必须及时去现场救驾，要围绕生产设备问题、操作问题、精度问题进行攻关，特别是要稳定提高连退生产线的生产节奏，以缓解当前主要矛盾。

9.今年与去年同期相比，四钢轧2250热轧发生压氧缺陷比例在上升，在公司当前全力保四钢轧生产的形势下，压氧缺陷不降反升是不行的，这引起了高董事长的高度关注。请四钢轧司小明副厂长查清楚这到底是技术方面的原因还是管理方面的原因，集中力量先解决压氧问题，制定的措施要落实到位，必须保证2015年压氧缺陷逐月下降，且总量低于2014年水平。

10.汽车板推进处的奖金在公司范围内是高的了，所以必须尽到更大的责任。今后不论是公司本部还是合肥板材公司，只要是生产汽车板外板产品，汽车板推进处必须派人到现场进行跟踪，参加生产前设备状况确认、生产中工艺参数控制以及生产后产品质量确认工作。

11.销售公司今年需对客户满意度进行两次调查，这项工作必须严格按照PDCA循环模式推进，为确保真实反映市场对马钢产品的态度，要求每张调查问卷表需设置单独唯一的编号，发放问卷职工必须负责跟踪回收。由销售公司牵头市场部、制造部，把外部客户满意度调查和内部评价结合起来，形成新的客户满意度调查评价体系，可取2013年、2014年的数据测试，争取在7月份公布一次调查结果，并申报公司管理创新奖。

12.新产品在试制过程中，要对每轮试制过程进行打分，对“写所需”的水平与“做所写”的水平做出评价，同时不断地改进产品设计失效模式和产品过程失效模式，要对APQP规定的动作、每个时间点的要求、任务的完成情况做出准确的评价，

各位小组组长必须想办法，把小组当成小公司，调动一切资源来达到开发新产品的目的。

13.钢铁研究总院特钢项目部专家组到马钢特钢公司进行轴承钢、齿轮钢开发结题，合同标定的技术质量指标共12项，实际达到了9项，关键的3项指标没有完成。在当前市场竞争的条件下，新产品开发一定不能再像过去科研项目的管理和评价方法，没有实现产品开发要求，新产品没有转化为可以生产的产品，这个新产品就不能认可开发成功。

14.四钢轧总厂在5月份、6月份将对3#转炉和1#转炉分别做个炉役，招标要求是必须满足8000炉的炉龄底吹同步。能不能达到这个目标不仅仅是砌炉单位的事情，我认为也是四钢轧总厂的一项科技攻关课题，如何操作和维护、如何品种安排，这都有大量的问题需要四钢轧来解决，公司支持四钢轧总厂在保证转炉钢水碳、氧浓度积前提下，对提高转炉炉龄的技术攻关立项。

15.四钢轧总厂的板坯角裂纹攻关项目已大大落后于时间节点的要求。近期工作进展情况如何，请科技管理部负责，安排板坯角裂攻关项目经理刘启龙在5月份技术质量例会上，就该攻关项目的进展情况做专题汇报。

16.公司“写所需”的应该是一批高水平的、有理论有实践的人，但是现在“写所需”出来的东西，与生产实际所能做到的东西总有一些差距，我希望“写所需”的人能够主动贴近“做所写”的人，“写的”更严谨、更贴合实际。“做所写”的人一定要认真做到“写所需”的要求，同“写所需”的人对关键工艺参数控制进行充分沟通，窗口开得太大不行，窗口开的太小也不行。我们目前是基础管理弱、技术团队弱、操作能力也弱，希望在座的每一位都一起努力，去改变我们的现状。

# 努力做好炼铁常态化管理工作

## ——在铁前工作例会上的讲话

（2015年4月28日）

今天是铁前工作例会，4月份铁前系统相关运行情况已经由炼铁技术处做了通报，三个炼铁总厂、港务原料总厂、煤焦化公司做了发言，我谈谈我的意见。

计财部通报的公司1~4月份经营情况。一是股份公司本部1~4月份亏损6.5个亿；二是股份集团公司1~4月份亏损了8个亿；三是马钢集团公司亏损了10个亿。我想对计财部戴科长说，在非财务专业会议上，你要把专业术语做一次转换，讲诸位都能听懂的话，这样可以避免各自的理解差异，造成相互交流中数据的问题。

保持低库存是当前形势下公司控制采购成本风险的战术。设定的120万吨进口矿库存目标不仅是存在马钢厂区内的矿石，还应包括已经付账但存在其他地方的。我想强调的是必须要明确低库存所带来的组产风险，绝不仅在港料总厂一家，制造部、炼铁技术处、采购中心、检测中心都要有应急响应办法，确保低库存情况下炼铁生产不受大的影响。过去高峰时公司储矿300万吨以上，而现在厂区内大的料场都在空着，现在一些企业有一种“零库存”的做法，谈好契约后可把矿石直接存放在料场，我们按照生产计划直接使用，供应商根据实际使用量直接结算。这种模式既降低了库存不足对生产可能造成的风险，又减少了资金占用，降低采购成本；对原料供应商来讲有稳定的直供用户，同时减少物流环节的费用。我们要开放思维，探索新的供应链模式。

让9座大中小高炉长周期稳定顺行，说起来容易做起来难，高炉不顺的痛苦我们都经历过。现在公司各座高炉炉况受控之后，公司仍坚持每月一次例会。我的印象很清楚，2014年3月份由公司总经理牵头召开了第一次高炉长周期稳定顺行专题会，当时的背景是二铁高炉炉况刚恢复，三铁高炉也在渐渐走出困境，股份公司董事长、集团公司董事长都参加过例会。但是刚到5月份，铁前单位密集出现的贪腐案件影响很坏，整个铁前系统又进入了一个非常难过的时期。公司炼铁不行，整个生产经营一定是不行的，在这一年中，公司对炼铁高度重视，始终把高炉和焦炉的生产放在最重要的位置，对炼铁的一系列决策都是很慎重的。随着新的厂长、经理走上领导岗位，高炉体检制度的建立健全，内外部预警机制的起动，炼铁系统发生了大的变化，其中最重要的变化是人的行为变化，事实证明他们比过去干得好，他们付出更多的聪明和才智、付出更多的辛勤和汗水。

当前困扰炼铁的难题主要在设备上，我们再坚持两年，等公司的4#高炉工程完工，整个炼铁生产就有了回旋余地，高炉的炉底问题、冷却壁问题、干熄焦问题也困扰着我们，铁水仍然是公司最紧缺的资源。我要求炼铁技术处要担负起职责，跟公司的高炉、焦炉紧密贴在一起，要始终跟上去。讲炼铁专业技术公司现在有黄发元副总，高海建董事长要我抓基础管理工作，把炼铁的技术氛围营造好，在以后的工作中我会时刻关注各位，我也相信人的作用是决定性的。黄加坤同志到了一铁总厂以抓设备运行、环境保护促生产均衡稳定，公司要检查炉缸，他们把四座高炉炉底全部清理出来，降本在三个铁厂率先实现100%达标。我们在座的各位要把主要精力盯着焦炉、盯着高炉，全身心围着炉子转，那我们的高炉、焦炉一定就能稳得住。

今天会开得不错，发言都简单明了，条理清晰。我想对炼铁技术处提个要求，思考如何使铁前例会常开常新？如何能针对问题开得更有效果？我从2013年当总工至今，每次会前都认真准备，召开公司技术质量例会尝试过多种模式，力争做到突出重点、抓住问题、找出办法，因为我希望开会能达到开会的目的，能得到相互促进和互相学习。我们开会的目的是传递信息，我发出什么信息，别人接受什么信息，其他单位分享什么信息，会议决定了什么事情、解决了什么问题，哪些是公司级的、哪些是处室级的、哪些是总厂级的，这些内容都要弄清楚。如果召开会议只是每个单位轮流汇报，甚至不知道来开这个会是什么目的，那这个会可开可不开就没有意义了。铁前例会形式能否变一变，使会议的议题更加集中，能否针对某些专题问题请相关单位做专题介绍，会议时间原则上不要超过两个小时，确保铁前例会成为一个高效率的会议。

近期二铁总厂3#高炉的操作指导书经过炼铁技术处审核，已经正式下发，这本操作指导书是我们吸取了过去的教训和别人的经验，在高炉体检制度的基础上，专门为3#高炉量身定做的，每个参数都有量值的规定。十分布置不如一分落实，这些要求都写出来了，关键是落实。我对二铁总厂提出一个要求：3#高炉的炉长、核心作业长和主操都要把这本操作指导书手工抄一遍，分厂厂长要检查抄的好坏，并就操作指导书的内容，组织笔试和面试，来判断我们3#高炉相关人员对指导书的掌握程度。既然下发了这个操作指导书，如果操作人员不看、管理人员又不问，那我们下这个指导书就没有任何意义，3#高炉是公司的一个难点，我今天提这个要求是非常严肃的事。

困难没有办法多，目前公司炼铁生产处在一个黄金时期。从刚才计财部通报的四月份降本数据来看，一铁总厂降本达到了100.31%，二铁总厂降本达到了83.72%，三铁总厂降本达到了92.47%，煤焦化公司也完成了降本计划。公司炼铁的降本已经超过钢轧的降本，全公司4月份降本指标排名第一位的是三铁总厂，人均降本2.53万元；二铁总厂炉况虽然出现波动，仍实现人均降本1.89万元，排在第二位；第三位是四钢轧总厂，实现人均降本1.27万元；第四位是一钢轧总厂，实现人均降本1.05万元；第

五位是一铁总厂，实现人均降本1.03万元。公司炼铁的吨成本1月份是1643元，行业平均水平是1676元，我们低33元；2月份是1617元，行业平均水平是1636元，我们低19元；3月份是1548元，行业平均水平是1578元，我们低30元。如果喷煤比、燃料比达到行业先进水平，我们的成本还有下降的空间，炼铁成本能低于全国平均水平是我们赖以生存的基础。对高炉时时刻刻盯得紧，如何确保高炉实现长周期稳定顺行，我认为有一篇文章写得非常好，就是当高炉的贴身保姆，对高炉精心呵护，看住高炉每个参数的变化，找到变化的影响因素，做到及时的攻守退。

本月公司铁产量预计欠产6000吨，其中一铁超产3500吨，二铁欠产8794吨，三铁欠产1261吨。公司现在对钢和材强调品种质量，但对铁还是要求产量的，现在二铁总厂欠产较多，1#高炉最近炉皮又出现发红，5月份要进行年修，所以只要能保证生产安全，不再对1#高炉要求过高的产量；但对2#、3#高炉仍要重视产量，这方面的工作需要继续加强。

强调要做好常态化的工作，对高炉稳定来说常态化的工作就是用好高炉体检表、用好操作指导书。在我们现在的“人机料法环”条件下，当初制定的体检表、操作指导书需要重新修订，需要不断的优化，需要更加贴近生产实际，确保能反映出真实的问题。在7月上旬，公司将再举行一次九座高炉体检成果的发布会，希望各位高炉炉长能精心准备，以数据说话，应用好数理统计工具，发布出高水平的成果。对于和上次发布会水平一样甚至不如上次水平的炉长要给予考核，对发布水平提高的炉长给予奖励。

# 附 录：

## 激情演绎精彩

### ——记马钢劳模、股份公司副总经理、总工程师高海潮

（2015年05月22日）

只身一人、一套米色工装、一顶白色安全帽、一副工作手套，戴着眼镜、嘴角微扬、挂着亲切的笑容。看起来和普通技术人员一样，但高海潮走进1580热轧中控室的时候，还是被职工们认了出来。

熟悉，是因为他经常来。也正因为熟悉，职工们同样朝他笑一笑、点点头，便算是相互之间打了个招呼。高海潮径直走向中控室的堆钢事故简析牌前，查看相关数据；职工们则继续盯着屏幕、忙着操作。

“你们甲班的堆钢次数比其他三个班次高啊！怎么回事？”看完数据，高海潮走到操作台问道。被问到的这名年轻操作工脸上一红：“是的。虽然我们分厂堆钢次数同比下降有一半，但我们1580甲班在减少堆钢方面确实做得没有其他班次那么好。我们也正在反思，借鉴其他班的经验改进我们的操作。”

5月18日下午在四钢轧总厂热轧分厂1580热轧生产线上发生的这一幕，在高海潮每天的工作中几乎都会发生。在马钢已经工作了34年的他，始终勤勤恳恳、紧贴生产、深入现场、雷厉风行、充满激情。

高海潮先后在马钢多个单位和部门任职，在每个岗位都做出了优异的成绩。2000年至2008年高海潮任股份公司生产部经理，他带领生产部团队，完成了300万吨钢跃升至1500万吨的组产规模、开发马钢薄板坯连铸连轧和冷轧镀锌生产线的管控模式；2008年至2010年任一钢轧总厂厂长期间，带领团队解决了无取向电工钢关键工艺技术问题并大幅降低制造成本，使该产品年年取得过亿元的利润；2010年至2013年高海潮任股份公司副总工程师、集团公司总经理助理职务，在马钢动车组及高铁车轮的研发上，在特钢投产及新产品开发上均做出积极贡献；2013年，任股份公司副总经理、总工程师、首席质量官，在质量体系运行、产品质量改进上，他在创新工作方法、规范运行体系等方面做了大量工作，两年时间使产品质量总损失下降4978万元；2014年5月起，他协助股份公司总经理分管生产、安全、技术、质量工作，不仅在各项工作中取得突出成绩，更在公司职代会民主评议中，得到职工代表的高度好评。

离开火热的1580热轧生产线，高海潮又赶往四钢轧总厂连铸分厂，去检查板坯连

铸角部表面横裂纹技术攻关项目进展情况。这是马钢首次技术攻关招标项目，他始终牵挂在心。

“无论心有多高，站在原点都等于零。只要勇于前进，哪怕只是小小的一步，都是零的突破。现在，马钢真的非常困难，真正到了生死存亡的时刻。我们每一个马钢职工，都应该拿出自己浑身的解数，去努力、去拼搏。尤其是各级领导干部，更应该主动担当、率先垂范、带头拼搏！”高海潮不仅这么说，更在身体力行。

（马钢日报：高跃飞）

# 发挥冷轧智慧 打造马钢精品

## ——在冷轧总厂科协一届一次代表大会上的讲话

（2015年5月22日）

今天杨兴亮厂长请我来参加冷轧总厂科协成立大会暨2015年技术质量攻关签字仪式，我非常高兴也很愿意来。成立冷轧总厂当初我的想法是先把四钢轧总厂的冷轧切分出来，一钢轧总厂的冷轧保留一段时间，最终公司决定把冷轧全部划开，去年底成立了冷轧总厂。在冷轧总厂揭牌的时候，公司领导都来了，我因为要参加一个二方审核末次会议没来，但冷轧总厂成立之后每条生产线我来的次数很多，所以我和台上、台下的同志都特别熟悉。

我2008年在一钢轧总厂当厂长时，就意识到冷轧对公司的重要性，冷轧是我知识上的一个盲点，是我需要补课的地方，所以我频繁的前往冷轧区域。先是硅钢，从酸洗开始、到单机架冷轧、到退火、最后到精整；然后是罩退，从罩退的台上到台下，以及台下的煤气防范、仪器仪表都仔细进行了解。2009年夏天总厂搞现场大整治，结果整治最好的就是冷轧区域，设备见了本色，各条产线产量提升，能耗成本大幅降低，冷轧在总厂一下就翻过身来。我到公司工作后，又开始对四钢轧总厂的冷轧区域，也就是现在冷轧总厂的北区，为酸洗板、镀锌板、汽车板的技术、质量、产量而特别关注。

五月公司要求16万吨汽车板任务时，不少人都认为难，历史最高水平是12.8万吨，有订单干不出来怎么行，冷轧总厂在关键时刻没有掉链子，在制造部强有力的计划下，冷轧人拼劲十足，为公司做出新的贡献。这其中有很多感人的事迹，冷轧总厂的领导班子，以及很多科级干部和作业长都日夜跟班在厂里，天天盯住每条机组的运行，尤其最后一周都是心急如焚、全面扑上。我们新闻中心要把镜头多对准冷轧总厂，因为冷轧在公司的地位是十分重要的，公司能够在市场上获得利润的绝大多数产品都在冷轧，同时冷轧总厂的压力也是最大的，公司调度会上挨得批评也是最多的，现在公司的产量、质量、成本、用户投诉等信息说来说去离不开冷轧总厂，板带类产品的难度比长材类产品要高几个档次。

杨兴亮和沈新玉都是我的工作搭档，还有严开龙、杨必祥、朱瑞琨、刘茂林。今天来之前我还是认真地想了我要讲什么，我先报一组数据：冷轧总厂职工总数在公司排名第四位，有2077人；排在第一位的是三钢轧总厂，有2988人；其次是二钢轧总厂，有2399人；排在第三位的是四钢轧总厂，有2081人。从定编人员来看，冷轧总厂还有一定的缺员，如果把岗位轮换工、劳务工全部都替换掉，冷轧总厂的职工总数会更多。我查了一下，冷轧总厂有高级职称的29人，有中级职称的224人，有博士、硕士学位的37人，技师和高级技师加在一起还有50多人，确实是一个很有能力的队伍。在这样的团队中工作，你要知道你对团队的贡献以及你的闪失给团队带来的影响都是很大的，这就是冷轧总厂产品的特点，每个人都必须保证不失误。

杨兴亮是从冷轧到技术中心，现在又回到冷轧，对冷轧产品的专业技术造诣很高，对这一方热土平时就熟悉；沈新玉是大学毕业后一直在这一块土地上耕耘，成为公司的硅钢专家。精彩的是杨兴亮和沈新玉是重庆大学的同班同学，是上下铺的室友，现在又在冷轧总厂一起工作。我认为公司对冷轧总厂的领导班子配备得非常好，素质很高、都很年轻、很有战斗力，而且每个人都是个性鲜明、风格各异，是一个很有战斗力、由优秀人才组合在一起的班子。我相信一个很好的班子一定能带出一个很好的团队，干出大量好的产品，培养出一批人才，马钢冷轧产品会在中国市场上赢得地位、赢得尊重。

5月20日，公司科协举办演讲比赛，冷轧总厂周景臣演讲的是冷轧总厂电气工程师王浩的故事，演讲的事迹很感人，给我留下很深印象，这与我们科协讲理想、比贡献的活动主旨也是相符的。冷轧总厂这么大的厂区，这么多的产线，这么多的产品，科协未来的活动应该是丰富多彩的。今年的技术攻关签字明年这个时候要评价、要兑现，成功的要表彰、不足的要总结。科协本身是一个群团组织，要求有一个很好的构架，有的厂搞科协流于形式，但公司现在有利润的产品都聚集在冷轧总厂，围绕产品，质量管理小组活动、工序控制活动、设备精度的保持活动、现场的“6S”活动，这里面都有很多任务可以作为科协活动的课题。冷轧总厂作为公司产品的最终出口，汽车板、电工钢、家电板、酸洗板、镀锌板，我们才干了十年，如何能到达到国内外一流产品水平，当然现在信息传播的速度和技术进步的步伐都会加快我们前进的步伐，但更需要的是我们科技人员不懈的努力。

中国钢铁工业发展到今天，我们都知道马钢现在的生存危机，上半年四个月下来，马钢股份公司本部亏损超过6个亿，马钢股份集团亏损超过8个亿，马钢集团公司亏损超过10个亿。为了应对亏损现状，公司从各级干部开始层层减薪，但高海建董事长讲了冷轧总厂、四钢轧总厂这几个单位的奖金必须得保。我们工作在冷轧总厂的岗位上，就要知道自己这个岗位的重要性，要充分认识到这里的产品都是钢铁工业高科技含量的产品，绝对不同于螺纹钢、线材、角钢、H型钢这些产品。昨天在彩涂板厂参加会议，他们提出宝钢的彩涂板在市场每吨能盈利1000元，其他单位的彩涂板每吨能盈利200元，而马钢的彩涂板在市场上每吨要亏损300元，张鸣厂长说，竞争的市场上镀锌板作为彩涂的基板，正面锌层重量60克、背面锌层重量30克，从这个要求可以看出现在生产技术都发展到什么程度，这样的产品我们供不出来，但是别人做到了。我们冷轧总厂最薄能轧到0.35mm，但这仍还有空间，市场售价更高的0.25mm、0.15mm的薄板，仅一张纸的厚度，所以冷轧是一个有高技术含量的单位。钢铁工业再往后五到十年，能成为高级技术主管、成为首席技师的同志，更多的是在冷轧产生，炼铁、炼钢追求产量的时代过去了，国家基本建设的螺纹钢、线材产品需求不是大型企业的优势，随着国民经济的发展和人民生活水平的提高，冷轧产品作为绿色产品，用量会越来越多。冷轧总厂的大拿无论在哪里都是紧缺人才，有本事的对社会、对国家、对家庭的贡献都还在后面，所以我希望冷轧总厂的广大工程技术人员能够珍惜工作与勤奋学习。

公司的希望寄托在冷轧总厂，刚才沈新玉的报告提到从现在开始，今年还有七个月的生产时间，每个月连退要干到8.5万吨，2#镀锌线汽车板要干到1万吨，M35W300电工钢要干到5000吨以上。公司许诺如果高牌号硅钢今年产量突破7万吨，奖励100万元，我们要努力来争取这份奖励，无论是市场还是现场，我给予最大支持。本周一我到硅钢分厂现场，胡珂提出硅钢卷重轻，现在16吨，把卷重提到20吨提了半年没行动，我当时就接下这个任务，周三干出了19.5吨的卷重，周四与四钢轧总厂焦兴利、司晓明商定，继续增加连铸坯长度，这样卷重达到20吨了，今天周五，晚上20吨热轧卷就能进入冷轧总厂。所以我们一起合作，勇于挑战，今年下决心把电工钢产品结构调整的重头戏拿下。

今年公司给冷轧总厂设立了四个绩效指标。首先就是产量指标，权重为40%，包括计划执行率和计划兑现率，分别要求达到96%和94%。几个月运行下来，一月份不达标、二月份不达标、三月份只有计划执行率达标、四月份计划兑现率还是不达标；1~4月份累计，计划执行率和计划兑现率均不达标。对冷轧总厂来讲，现在要练内功，内外部影响因素要受控，这个指标定的高我心里有数。公司经理层也知道，因为冷轧总厂在明显的进步，即使计划执行率和兑现率暂不能达标，职工奖金还是排在公司前三名。我们头脑里要清楚，冷轧总厂要有竞争力，不仅是产量干了多少，更重要的是计划执行率和兑现率这个指标，只有这样才能保证客户的需求。

第二是质量指标，权重为35%。总经理对冷轧总厂产品质量提出最高要求，产品外观质量投诉率为零，这对把好产品出厂检验关是极大的考验，听说冷轧总厂检验职工奖金是按最高档次设定的。我知道车轮公司负责探伤检验的职工奖金是车轮公司最高的，这个岗位也是开放的，谁有本事谁干，要对检验后的产品的质量终身负责。外观质量投诉率为零这个指标，历史记录是每月均有60次左右，只要有外观质量缺陷的产品不发出去，在家里的事都不要紧、都好商量。但是漏网之鱼比比皆是，汽车板推进处和销售公司带回来的外观质量投诉信息：元月份85次、二月份42次、三月份60次、四月份62次，主要集中在表面质量、表面光洁度、表面锌层厚度、表面颜色、表面板型这些肉眼可见的方面，说明这项工作没有起色，和过去差不多。公司要求外观质量零投诉，可是1~4月份外观质量投诉已达到249起，这个指标导致冷轧总厂绩效扣分不少，如果把这个指标干好，对冷轧总厂更是重奖。公司对外部质量损失要求是每吨冷轧产品小于1.83元，这个指标完成了，1~4月份实际为每吨1.7元，这说明我们产品质量就是一些肉眼可见的瑕疵，249起外观质量投诉，每起赔付约1500元，并没有发生什么质量事故，只要在某些工序中充分注意，只要把工作做得细微一点，只要再多一份责任心，这些瑕疵是可以避免。现在市场供大于求，一点问题都会有索赔，我们要把产品当成自己的孩子一样关心。过去员工在给冷轧产品贴标签时不规范，标签应该贴在带头处，否则就要剪掉一节不能用，我们多次受到客户抱怨，公司定了只要再发现标签有这种问题，一次考核1000元，现在再也没有听到这类事情。严厉的处罚，职工就会严格按要求去做。就是这些小的外观瑕疵，使客户评价我们的产品质量没有宝钢的好，其实现在个别厂家以马钢产品顶替宝钢产品使用，我们和宝钢同类冷轧产品每吨差价在500~1000元，这个差价的主要原因与外观质量投诉是直接相关。

第三是成本指标，权重为10%。公司给冷轧总厂的目标是每顿材成本降低40元，从现在来看，冷轧总厂成本指标完成情况在公司排名倒数第一。到底是指标设计值的问题还是冷轧总厂的问题，应该如何做，要求冷轧总厂梳理出具体措施达到公司制定的降本指标。

第四是效益指标，权重为15%。现在冷轧产品是为公司带来效益的，这个指标完成的好。

今天冷轧总厂的领导班子和科协会员都在，都是有技术职称的人，在一些关键的岗位上工作，我相信蕴藏了一批马钢未来竞争所需的人才，所以我对冷轧总厂领导班子提出要求，一级带着一级干、一级做给一家看。

领导班子以及科级干部和作业长，在现场必须戴手套，如果不戴手套一次考核1000元。弯下腰、伸出手是一种优良的工作作风，现在冷轧总厂干群劲头已经起来了，从设备见本色，从上个月干下16万吨汽车板，一条条生产线闪出的亮点已经证明了。

冷轧总厂要坚持做到对发生的每一起事故，无论是操作、设备、材料、方法、环境的原因，都要将事故责任落实到具体责任人头上。冷轧对环境的要求特别高，不同于炼铁、炼钢，热轧下线的镀锌卷如果温度降不到要求就包装，卷子打开时就会有白锈，形成外观质量缺陷。对事故的责任人不仅要扣钱，还要求写一份书面检查。冷轧总厂应严把原料入厂关，往上道工序追溯所有产品的质量，坚定不移地叫停、坚定不移地回退，这样冷轧总厂的工作一定能够做得更好。

冷轧总厂要把质量指标放在最重的位置上，尤其是对最后一道产品出厂的把关，对于表面能看得见的缺陷，一定尽最大可能避免流出去。公司已经同意检测设备的添置、检测场所的改造，但“人”的责任心是不可替代的。冷轧总厂现在是公司重中之重的单位，我和在座的厂领导、分厂厂长、作业长都熟，有什么困难，可以直接打电话，我愿意服务到现场。

# 让技术与管理并驾齐驱

## ——在股份公司5月份技术质量例会上的讲话

（2015年5月26日）

做技术质量工作，我们要始终保持头脑清醒，能把交织在一起的技术、质量、管理问题分开，如果产品在技术上没有问题，在质量上可以分出表面问题、内在问题，那我们也应该说出在管理上存在什么问题，是“写所需”的问题还是“做所写”的问题。我们的技术质量工作到底做得怎么样最终还是由产品来衡量。现在公司按照VDA6.3和TS16949标准的要求，通过对我们的工序能力评价指数、我们的质量总损失、客户的投诉与索赔等一系列的因子，统筹在一起构成对产品质量的评分方法，不再用过去向客户发放调查表的方式，客户满意度和忠诚度就一目了然了，这个工作今后还将进一步细化。我希望这个评价方式不仅在三条热轧线和冷轧总厂使用，其他产线和单位也可以采用。

汽车板推进例会上提到公司2250热轧的三座加热炉一直未达到设计值，现在原有的指标也守不住，在氧化烧损指标和能源消耗指标上处在落后的水平，对此公司同意马上立项，同时，也查清1580两座加热炉及公司其他轧钢加热炉的情况。对氧化烧损和能源消耗设定指标，干好的给予嘉奖，这个指标也是对标挖潜、降本的一个大指标。我希望有加热炉的总厂能够关注一下各自炉子的氧化烧损比例是多少，这个指标历史最好水平是多少，这个指标是怎么计算出来的？同样还包括加热炉的能耗指标，要把这些指标纳入技术质量攻关的活动范围中来。我们不能只抓产品、抓轧机，加热炉同样是轧钢的重要设备，应该理清加热炉各项指标的现状，前三年水平怎么样，历史最好水平怎么样，我们要求达到什么水平？工程技术人员首先是能做好技术质量的基础工作，然后才是拓展自己的专业知识，最终是能对一条生产线从头到尾的管控！

公司对三条连续热轧线（2250、1580、CSP）进行出炉温度、终轧温度、卷曲温度三达标的攻关，现状暴露出的矛盾比较充分，存在的问题看的也比较清楚，我们现场的工程技术人员应该干什么，应该怎样去工作？“写所需”不合实际，“做所写”不达要求。以X80管线钢来为例，统计的卷曲温度合格率只有22.49%，但是成品屈服强度合格率达到99.7%、延伸率指标100%合格，说明我们要对X80的工艺温度进行修订。同样的还有Q345B产品，统计的卷曲温度合格率只有64.2%，但是屈服强度和延伸率指标都是100%合格。还有汽车板热轧温度的范围设定，宝钢设定的范围是正负40℃，梅钢设定的范围是正负25℃，我们“写所需”设定的温度范围是正负15℃，这个高标准我们能做到吗？汽车板品种规格诸多，用这一个温度范围要求合理吗？这些矛盾都需要我们的工程技术人员发现问题、提出问题、交流问题、报告问题、解决问题。工艺窗口的设定应该是以满足产品最终性能要求来定的！宽了容易做到，但同一批次产品性能波动增大，窄了不容易做到，但违规生产出来的产品检验却是合格的。一套工艺打天下，从开始到现在，没有工艺的改进和细分，面对今天市场的不同客户需求，我们产品在使用中的冲压开裂、镀锌脱粉、偏软偏硬已经遭遇客户不同程度的抱怨！产品各项工艺指标的设定如何能吸取一次次产品失效的原因分析，这就要求“写所需”不能停歇的持续工作。

《马钢日报》头版头条上发表过一篇文章，报道技术中心工程技术人员解决了美芝酸洗板表面质量问题，今天报纸上又刊登了一篇喝彩的评论员文章，说实话，看了这两篇文章我心里还是不踏实的。我们的酸洗板表面“山水画”缺陷是不是真正得到了解决，会不会再出同样的问题？过去连退板出现表面发黄的缺陷，我们分析是加热炉气氛不对、炉内辊轴承漏油等原因，但都没有真正找到板面发黄的根本原因，现场一位作业长反复跟踪每一道工序，最后发现是淬水槽水偏黄了，把水槽水更换成清水，定时检查，就再也没有发生板面发黄了，找到了真实原因这个问题也真正得到了解决。《马钢日报》上美芝酸洗板攻关的报道我认真看了，也专门问了主管工程师，对工艺改进、对生产排程、对设备保障、对操作维护全方位的优化，工作做了不少，但依然未能抓住根本问题。

我讲一个事故的分析，希望能带来启发。一个职工上班没戴安全帽，首先他就违规了，但他今天没有去现场，所以没有事故发生；这个职工今天没戴安全帽，也去了生产现场，也没有发生事故；这个职工今天没戴安全帽，他去了现场又去了警示危险区了，他还是没有发生事故；这个职工没戴安全帽，也到危险区域去了，在他走后屋顶检修掉下一块石头，他还是没事；可怕的事是他没戴安全帽到现场去，又进入危险区域，刚好上面掉东西下来，又砸在他头上，出了安全事故。许多事故都是多因素碰巧的叠加，防止事故只要控制住一个因素就可以！把这个事故分析类比到产品质量问题分析上，我们如何来思考这个问题的产生和问题的解决，我一直在思考这个故事，我们解决现场质量问题，习惯眉毛胡子一把抓，做系统优化，但搞不清哪个因素是致命的，是多米诺骨牌的第一块还是最后一块，如果最危险、最重要、最难控的一点出了问题，那产品质量一定出问题，抓住了最关键因素，其他因素也可能会造成产品质量波动，但相比已经是不重要的了。所以我希望我们工程技术人员在梳理问题的时候，无论用排除法、用验证法、用系统法，不能罗列出一大堆的原因而识别不出根本原因。

工程技术人员不能像铁路警察一样各管一段，上道工序的问题要向上反应并跟踪整改。高牌号硅钢卷重只有16吨，电工钢APQP小组和冷轧总厂要求把硅钢卷重提到20吨，半年过去了没有动静，我不清楚这个信息是怎么传递的？有发出无接收还是发出的方向路线错了，其实就是一件事：把硅钢板坯长度从现在的8米提升到9.2米即可。我到硅钢分厂，胡柯提出要想把高牌号硅钢干到月产7000吨以上，提升单机架轧的效率，必须把硅钢卷的重量提起来。我到现场调查，连铸没有问题，热轧说有问题，担心9米长坯轧后要甩尾，我要求做十块9米的长坯试试，什么工艺参数均未动，轧制顺利，重量直接加到了19.5吨，我专门跑到现场去看，十个热轧卷头部、尾部都很好，和8米的坯子一样，没有任何问题。后来又增加到9.2米，轧出来的20吨重的热轧卷同样头部、尾部都很好。这个工作并没有多少技术含量，为什么半年干不起来，起初就有人讲加热炉长度不够，又有人说是缓冷炉长度不够，有人说是长坯在炉内两头会弯下来，有人说长坯轧机会甩尾。我们千万不能人云亦云，别人讲什么就听什么，工程技术人员在工作中要始终持有疑问的态度，要经常问自己为什么？问别人为什么？清楚每次试验失败的原因、改进的方法，要能同别人在生产技术上有很好的交流。

关于板带类产品，我们工程技术人员，对每次产品质量问题要使用5W1H分析法（Why、What、Where、When、Who、How），能以最终结果来回溯前面工艺过程的控制。我记得在一钢轧CSP第一次干耐候板，设计人员把成分控制上下线设置地非常窄，说出了这个控制线性能就不合格，当时一组试制三炉钢，两炉钢成分超出了设计值被判废，我提出性能不完全取决于成分，建议继续上轧机试轧，结果是三炉钢轧过之后产品性能都符合要求且波动不大。产品设计只是设计，批量生产还要有一个不断优化、重新确认的过程。我和大家分享一个故事：2006年上海交警总队的队长当选为全国劳动模范，他突出的事迹是对上海交通路口的通行量进行认真研究，不断在一条路、一个区域，系统调整红绿灯对不同方向的开放时间，做到能最大限度提升通行效率，因为他盯住这件事，解决了交通堵塞的问题。搞工程技术研究也经常会遇到问题堵道、走不过去，应对办法有时就来自持久观察一件事的毅力，平凡中出伟大，实验室做完了，更重要的是现场工业试验，要时刻在心里盯住自己的课题。我们APQP小组不是把设计做完了就完事了，在以后的日子里，如果产品出了问题，设计人员能直接讲出生产中违背什么工艺、哪些没按照要求做，那现场人员对你会十分佩服，你在他们心中就是大拿级的人了！重庆加工中心最近连续反馈马钢M280VK冲压开裂的问题，家中分析不出有什么问题，我们的工程技术人员应立即从外部信息调查开始，去加工厂看看外部有无变化的条件，产品质量问题我们不能等！

2015年第三批次技术攻关项目申报了35个，评审通过了16个，一半以上的项目没有通过评审。参加评审的人都清楚，申报项目水平低，有的项目就是随便有个想法就申报，基本信息没有掌握，也没有其他支撑性的东西，对于这样的技术攻关项目毫无疑问直接被否决了。我们今后无论产品技术攻关，还是APQP小组的工艺优化、质量改进、降低成本，一定要事先做好调研，摸清现在的主要问题，别人达到了什么水平，同时我们的目标必须可以明确测量。过去搞技术攻关，结题时自我评价多是达到国内领先水平或国际水平，真实效果难见评价，现在我们评价标准要突出一点，就是与自己过去最好水平相比是不是进步了，进步了多少，和同行先进水平比还相差多少，这才是搞产品技术攻关应该明确的。我们搞对标挖潜，寻找对标对象，我们对找到的对标对象的现实情况并不清楚，尤其是别人的管理，同样的产线、同样的设备、不完全同样的产品，我们第一步要做的是理清楚我们最好指标出现时的内部、外部条件，针对我们自己的问题分析原因。四钢轧今年四月份压氧缺陷降到历史最好水平，如何在五月份及今后守得住及降得更低，实现这个要求是技术突破还是强化管理，或者二者并重，我们在工作中要找到问题的重点和比较好把握的方法。

5月20日，《马钢日报》发布了股份公司1~4月份质量工作综述。1~4月份吨材质量损失含新产品是9.13元，与1~3月份的9.6元相比下降了0.57元；四钢轧外部质量损失指标完成了，内部质量损失指标没有完成；冷轧总厂的外部质量损失和内部质量损失指标都没有完成。统计数据告诉我们，在当前外部市场条件下，我们的产品质量是稳定的。全公司关注的焦点是四钢轧和冷轧总厂，这一次新发布的客户对产线满意度的统计，冷轧总厂四条镀锌线的成绩很不理想，这些产线均是直接面向客户提供产品的，我建议冷轧总厂的总工、副总工等人搞清楚我们的客户满意度调查是怎么评价的，怎么改进、做哪些工作。各条被评价为不满意的产线，看到报纸公布出来的质量信息应该立即有自己的反应，我们的客户满意度分为五个档次：很满意、满意、接受、不满意、极不满意，今天我和在座的各位打个招呼，只要你负责的产线客户满意度评价为接受时，就必须做专题分析，明确是什么原因造成的，为什么被评价到这个档次，采用哪些提升产品质量的办法？在钢材产品持续价格下跌时，我们的质量工作任重道远。

我们应对自己的工作经常反思，一个企业不在乎产品有多大市场，不在乎技术人员有多出类拔萃，不在乎生产技术和设备水平的高端，在乎的是各方面的精益管理，在乎的是把各方面的优势凝聚在一起的竞争力。所以我们在抓技术、质量时都不能离开管理支撑，所谓管理：就是不厌其烦的阵地战；就是对失误事情有分析、有检查、有考核。

# 附 录：

## 高炉“革命”开新篇

### ——马钢行业内首推高炉体检制度记略

7月17日，马钢召开第二次高炉体检经验交流会，9位高炉炉长走上演讲台，和公司领导、铁前专家及相关技术人员一道，共同分享马钢炼铁生产这半年来的甘苦与得失，此时距离马钢在行业内首推高炉体检制度刚刚过去一年的时间。

令人欣慰的是，过去的一年里，马钢炼铁生产成功应对冬季生产、焦炭置换等重重考验，9座高炉整体运行稳定。和去年同期相比，铁水产量、毛焦比、煤比等关键技术指标显著改善。作为高炉维稳的“金钥匙”，高炉体检制度正在发挥着重要的作用。

“模糊判断多、数据量化不足、长期数据收集分析不够，当炉况出现波动后，难以尽早分析、判断出‘症结’，使得高炉操作处于被动局面，甚至导致高炉失常。”作为去年冬季大高炉失常的亲历者，三铁总厂炼铁分厂厂长高鹏对于马钢以往高炉操作中的不足有着深刻的认识。没有铁，就没有钢；没有钢，就没有材，对于铁水资源相对紧缺的马钢而言，高炉生产牵一发而动全身。然而，历史上多次高炉失常曾让马钢人付出惨痛的代价。痛定思痛，不破不立。一场以数据化、科学化、常态化为目标，彻底颠覆马钢传统高炉操作管理理念的革命悄然揭幕。

思路已经清晰、方向已经明确，需要的是合适的载体和方式。联想到高炉炉况和人体健康的相似性，股份公司高层领导创造性地提出，在高炉系统引入体检制度，对高炉的主要特征参数进行打分，进而得出高炉的“身体”状况是健康、亚健康或是生病。炼铁技术处会同三个炼铁总厂，根据各高炉历年生产数据，对高炉过程控制参数、技术经济指标、原燃料条件进行分析，建立体检参数标准值以及参数运行状态趋势图；生产单元对高炉炉况进行24小时监控，每天对体检数据进行记录填报，初步建立了当班工长“班体检”、炉长“日体检”、总厂和技术处周分析、公司月分析的高炉体检体系。

经过一段时间的试运行，去年7月份，国内钢铁行业首创的高炉体检制度在马钢正式运行。为了更直观地反映高炉当前运行状态，马钢铁前技术人员引入“高炉顺行指数”，即根据实时运行参数指标与设置的参数指标进行对比，得出更为直观的高炉健康顺行指数，以数字诊断结果，为炉况研判顺行维护提供可靠的量化依据。根据顺行指数，将高炉运行状态分为稳定顺行、基本顺行、波动预警、炉况失常四个档次，便于更为准确、直观地判断高炉顺行状态，促进高炉长周期稳定顺行。为了配合高炉体检制度，公司对铁前预警机制进行逐步完善，通过对入炉原料成分波动以及工艺设备、工序配合等不确定因素进行预警，及时提醒高炉采取应对措施，规避风险，减少炉况波动。目前，公司发布了24个预警方案，自2014年11月1日起正式实行。炉内做好高炉体检，炉外做好系统预警，马钢人矢志以保姆式精心服务为高炉做好全封闭保驾护航！

高炉体检制度在全国仅此一家，对于马钢而言也是新的尝试。体检制度是否能达到预期的效果？马钢高炉的“痼疾”是否能够因此迎刃而解？在运行之前，每个人的心里都没有底。经过一年的强力推进过程，事实多次证明，该制度对于高炉操作有着显著的实效性。今年4月上旬，9号高炉顺行指数出现连续波动，根据体检结果，高炉技术人员发现影响顺行指数的主要参数是综合燃料比。他们参考炉内成像，调剂上对料线、布料模式做了相应的调整，适当抑制边缘气流。调整后，高炉恢复稳顺，指标恢复正常，全焦负荷由3.87提高到4.10，利用系数由3.213t/(d·m³)提高到3.428t / (d·m³)。

“马钢有9座高炉，每一座高炉都有自己的特点，高炉体检制度只有求同存异、因地制宜，不断推进精细化和科学化管理，才能使得效用最大化”。正如公司炼铁技术处负责人所说，在不断的摸索和改进中，9座高炉在统一的体检标准下，形成了自己的特色。

任何制度在建立之初都不可能尽善尽美，只有持续创新，才能始终焕发生机和活力。随着炼铁技术人员对高炉体检制度认识的不断加深，铁前技术人员根据马钢9座高炉的炉容、炉龄和炉况及高炉实际运行状态，以及体检项目数据和体检运行经验，对每一座高炉体检项目进行梳理和调整，对目前高炉体检各项目的控制范围重新修订，对顺行指数的权重进行优化。通过对高炉体检表的动态优化和调整，诊断结果更加贴近实际，马钢高炉应对外部条件变化的能力显著增强。

高炉体检制度让马钢炼铁人尝到了甜头，但是他们并不满足于此。“当前高炉顺行状况如何，要等第二天数据输入后才能反映出来，信息的采集、传递存在一定的滞后性，影响了对于高炉操作指导的及时性和有效性。”在7月17日的高炉体检经验交流会上，多名炉长提出了实时体检的建议。而高度信息化和即时共享正是高炉体检制度下一步改进的目标和方向。目前炼铁技术处正牵头三个炼铁总厂和自动化公司，共同开发高炉体检及系统预警模型。通过计算机自动采集瞬时生产、操作参数，实现在线打分，帮助高炉操作者进行实时炉况判断，从而提前采取“对症”措施，确保高炉的长周期稳定顺行。

（《马钢日报》：张泓 程旺生 刘军捷）

# 如何做好公司当前最难的工作
## ——在销售公司新进员工培训班的讲座

（2015年7月1日）

今天我给大家讲公司当前最难的工作——销售。所谓“当前”是指目前市场情况这个时点；所谓“最难的工作”是相对于产品制造、产品质量、产品交货期、产品成本、产品价格、产品竞争等公司方方面面的工作。

那么当前销售工作最难的是什么？就是如何从客户手里拿到订单！7月份我们有115万吨成品材的生产能力，截止到昨天也就是6月30日，7月的订单还欠17.3万吨没有着落，我们连生产计划都排不满，说明我们的销售出了大问题，而且问题很严重，因为公司的生产是按照订单来组织的，订单拿不满如何来组织生产？即使我们能按产能拿满订单，这也只能算销售工作最起码的要求，仅相当于考试得了60分，也就是别人买什么我们卖什么，抓到一个客户就是一个客户，始终被客户牵着鼻子走。销售工作要做到什么程度才能算是让人满意的呢？就是我们的销售能做到可以选择客户的时候！什么样的订单我能拿，什么样的订单我不拿；什么样的订单能提升我的竞争力，什么样的提单可能会增加我的制造成本；做到我的生产组织和市场、销售融合在一起，实现效益最优化，这才是我理解的能让人满意的高级销售。所以销售工作是公司当前最难的工作！

今天我想讲的内容可以分为八个部分，分别是：我为什么接受销售公司的邀请、我们的工资从哪里来、什么是企业的经营、马钢股份公司的销售状况、谈谈我对销售的理解、分享销售的经典案例、我参与销售的产品、分享销售的励志名言。

**第一部分，我为什么接受销售公司的邀请？**

你们这批新同志考入销售公司后，虽然我不直接分管公司销售工作，但是我一直在想着如何给你们做一次培训，所以销售公司邀请我来，我立马就答应了。为了准备这次讲课，我已经好几天晚上睡不好觉，一直在思考如何能给在座的各位讲出新意来！

其实今天说是讲课，但是我更认为是在和大家做一次交流。我是真的很忙，分管公司的生产、安全、技术、质量工作，一年365天包括大年初一和年三十我每天都在上班，也就是每个礼拜的礼拜六或者礼拜天，上午忙完看到所有的事情都平稳了，下午就适当休息一下；我的手机24小时开机，我的年休假已经十几年没有休过。为什么要跟大家聊这些，因为我想让大家知道在马钢忙碌辛苦的人非常多，作为年轻的职员，大家千万不要觉得自己很累、觉得自己很忙，要本着敬业的心态来工作，因为敬业比什么都重要，敬业是做好一切工作的基本态度，敬业是人生道德的升华；敬业是成功人士的必备素质。

在当前市场状况下，外部工作比内部工作难得多，因为外部不可控因素太多，内部因素还是可控的；抢抓市场订单比稳定生产更重要，因为只有在抓住市场的前提下我们的生产才有销路。现在整个国家经济增长率在回落，GDP增长率已经从过去的两位数以上到现在李克强总理强调的7 %的底线；另一方面国家的经济结构存在严重失衡，该发展起来的产业没有发展起来，该限额发展的产业，都达到了历史的最高值，造成产能过剩。国家宏观经济状况在客观上导致了当前钢铁行业市场严峻的形势，这也是为什么现在拿到订单如此困难的原因。各位可能听说过这样一个小笑话：以色列人A在高速公路边开了一家加油站，B看到后觉得这个主意不错就在附近开家餐饮店，C看到后也很赞成就挨着开家汽车旅馆，多种产业在一起均衡发展，大家各把自己的事情做好，形成一条完美的链条；中国人张三在高速公路边开了一家加油站，李四看到后觉得这个能赚钱就隔了几公里再开一家加油站，王五看到后也觉得不错就再隔几公里又开了一家加油站，单一的产业爆发式扩张，最终大家都没有利润全部关门了，这是因为缺乏一种柔性的，各产业相互配合、协同发展的机制。我们不一定要对号入座，但是我们要从这则笑话中有所启发，国家经济发展失调造成的恶果最后还是要我们自己承担，只有实实在在地把国家的基础产业、实体企业做好，国家经济才会有勃勃生机，才会有竞争力!

在座的各位，你们要清楚自己在钢铁工业最艰难的时刻进入了钢铁销售行业。《中国冶金报》在6月27日头版头条刊登了一篇名为《钢企有死有活 钢铁春天再也等不来了》的文章，在文章中全联中小冶金企业商会原名誉会长赵喜子指出：“钢铁行业是不会死的，但有的钢铁企业要死，这是真理，是大势所趋。大浪淘沙，优胜劣汰，一批钢铁企业肯定会出局。”我们要反问自己马钢会不会死？马钢能不能撑得住？这个时候需要我们大家共同努力，需要在座的各位快速上手，承担起自己的责任来，这个要求是我来销售公司为大家讲课的一个主要原因。

在座的销售人员有一部分是经我面试招聘进来的，之前我也认识你们其中的一些人，这次面试过程中，我被很多人深深打动，因为你们个性的回答方式以及充实的履历、你们对未来怀有梦想、你们对职业充满信心，作为面试官，我必须给你们出彩!这次销售公司招聘新员工，公司专门成立评审组在纪委的监督下给每位面试者打分，在座的都是经过两轮面试：第一轮从430人中选出60人，这个比例达到了14%；第二轮从60人中选出36人，这个比例是60%。如果计算从430人中选出36人的比例，这个数值是8%，远低于高考录取率，所以在座的都是人才，是有本事的人。我相信这36位同志中一定蕴藏着一批黑马：第一因为你们年轻又想干事业，有年轻的资本，未来必然属于你们；第二你们有强烈从事销售工作的兴趣，其中部分人在职场上已经尝试过销售工作，而且对自己以前从事的工作不满意，想要改变自己的命运、选择自己的未来。在座的36位同志成功了，你们被选出来了，你们也成功选择了自己的职业，我确信你们中潜藏的黑马会在将来市场的博弈中杀出一片新天地，这是我愿意来讲课、愿意来和你们交流的第二个原因。但是我也要告诉大家，你们的时机并不好，赶上了市场行情最艰难的时期，我估计在座的人员要想出彩，至少需要3年时光，这同样也正是磨炼你们的大好时机。我想请销售公司跟踪一下，看看3年以后，经过大浪淘沙，这36位同志中有多少人干不了销售工作离岗了？有多少人在自己的平台上站稳脚跟，满意自己的工作？又有多少优秀的人能走上区域公司经理的岗位？

我愿意来为销售公司新员工讲课的第三个原因是我想借这个机会把自己多年的工作经验分享给在座的年轻人，让大家在新的岗位上快速地成长起来，因为马钢当前太需要优秀的销售人才了。我们马钢从1958年建厂至今已经有58年的历史了，发展到今天最大的通病就是历来重生产、轻经营，重内部、轻外部，重习惯、轻改革，可现在的问题是这条路我们已经走不下去了！你们这批同志可以说是享受到了公司销售改革的红利，因为这次招聘销售人员，公司本着不拘一格降人才的原则，全体马钢职工均可报名、没有身份限制、没有学历限制、没有后门可走、全凭个人能力。我希望各位在新的岗位上能够快速地挑起担子，做销售工作要胆子大一点、脸皮厚一点、吃苦多一点，工作多想一点，还要有兴趣和勤奋。一个人干不情愿的事情是非常痛苦的，干自己感兴趣的事情是快乐的。我每天忙碌于工作，但我觉得自己是快乐的；因为要来给大家讲课，我用了大量时间来准备，我也是快乐的，因为这都是我感兴趣的事情。要以聪明勤奋来支撑自己的兴趣爱好，这样才能干好工作，只有兴趣爱好，却没有聪明勤奋，那只算是叶公好龙，必须要脚踏实地，从做好每一件事情开始，那才真正能得到工作的快乐。

**第二部分，我们的工资从哪里来？**

在座的各位来自马钢不同的岗位，有没有谁认真地想过我们的工资从哪里来？估计大家都没有，因为大家不在私营企业，到点了都眼巴巴地看着老板等待发工资；因为大家都在马钢，觉得日子比较好过，到点就能拿工资，所以都不去想这个问题。那我们就一起谈谈我们的工资从哪里来？马钢是省属企业，由省国资委管理，但国资委不会给我们一分钱，马钢不是政府也不是事业单位，能通过收费或者国家税收来发工资，马钢作为国有控股企业，还要担负起国有资产保值、增值的责任，所以我们的工资仅来自马钢。

有人讲我们上班，所以单位发工资，那单位的钱从哪来？有人讲我们卖了矿石，我们炼了铁、炼了钢、轧成材，那矿石卖给谁了，铁水、钢水又卖给谁了，均是在马钢内部消化，并没有直接变成资金，实际上，公司除了车轮、特钢、汽车板、彩涂板之外，生产的所有钢材都是交由销售公司来卖。在马钢，不管你是操作岗、维护岗、管理岗、作业长、科长、处长还是公司领导，所有人的工资都来源于销售公司把产品卖到客户手里，由客户支付给马钢的资金。在2011年之前，我们从客户收到的资金，扣除工资、原料成本，还有剩余的钱可以兴建一些更赚钱的项目；从2011年以后，我们收到的资金扣除原料成本，已经不足以支付工资，更谈不上兴建新项目，只能通过贷款来保基本工资及另发一点奖金。马钢到了真正困难的时候，你们销售人员能拿到多少订单直接影响到全公司所有职工的收入，大家要清楚自己岗位的重要性。如果你们在市场上都拿不到订单，那公司就没办法组织生产，也没有办法获得收入，没有了钱大家的收入就不能保证，这样的话，一系列的灾难就要来临了，所以你们现在选择的岗位确确实实压力很大，大家的工资收入都受到你们工作的努力程度所影响。

**第三部分，什么是企业的经营？**

简单来说就是“卖”和“买”，而且是“卖”在先、“买”在后，买回来的原料加工成产品却卖不掉这不是经营，只有先找到卖点，才能去买原料来生产，所以和采购相比，销售是龙头单位。力争“买”的便宜一点、“卖”的贵一点、中间成本低一点，这就是企业的经营。对我们马钢来讲，就是采购中心购买的各类原燃料如何便宜一点，销售公司销售的各类钢材价格如何高一点，各条产线如何精打细算把制造成本降低一点。

在座的各位未来都是卖家，在中国经营行业有一句老话叫“只有错买，没有错卖”，但是现在钢铁行业我们确确实实在“错卖”，在亏本卖，这是因为我们不亏损卖，市场就会被别人抢走，在市场经济下行、中国经济增速放缓、产品供大于求的阶段，买方为了买的更便宜一点，都在货比三家、不断压价，从这一点来讲“买的便宜”是相对容易的，“卖的贵”一定是更难的。

我们马钢还做不到“买的便宜一点，卖的贵一点”，因为我们的产品还没有做到全国名牌产品的水平，不具有定价权。像宝钢的汽车板、镀锌板作为全国名牌产品，永远有此类产品的定价权，你的同类产品价格只能比它更低才能抢到市场。此外还有武钢的造船板、取向硅钢，鞍钢的重轨、结构钢，太钢的不锈钢、高牌号无取向硅钢，沙钢的优硬线、钢帘线，鑫诚的轴承钢、弹簧钢等，这些产品都是国内品牌，牢牢把稳产品定价权。马钢也有自己的优势产品，我们的H型钢、轨道交通车轮在市场上也有一定的话语权。所以对外销售工作必须要有对内生产管理的强有力支撑，内部产品有优势，外部销售才能更有优势。就像在菜场卖东西，哪家的食材好、有特色、更新鲜就能吸引更多客人，大家要尝试把日常生活和自己工作结合在一起，便能悟出很多道理来。

产品想卖出高价格的首要条件是产品质量要长期稳定、客户忠诚度要高，马钢现在主要产品已经不是长材了，我们的板带比达到了70%，我对我们产品内在、外在质量始终如一给出的评分是99分，但大家要注意，质量百分百才是满意的，差一分就有客户是不满意的，这就是我对质量理念的理解。宝钢的汽车板通过了所有的认证体系，是国内公认质量最好的，并长期向国内的合资品牌和自主品牌汽车厂供货，它的汽车板定价比国内其他企业都高，比它质量差一点的汽车板定价每吨就下调300元，再差的每吨就下调500元，更差的每吨就下调800元。我们的汽车板质量整体是稳定的，但每次就是出现了那么一点质量问题，让我们产品的口碑就是远不如宝钢汽车板，所以我们也只有下调价格求生存。当然汽车板用户也有自己的需求，市场上也不是全要宝钢的产品，在低利润模式下，我们的汽车板才能占据这些中低端市场。

想把产品卖出高价格，也可以通过生产能够替代国外进口产品的产品来实现。现在国内的一些成套设备制造商，面临着市场挤压，为了降低原材料成本，迫切需要国内能有产品替代进口产品来减轻压力。比如我们国家的高磁感取向硅钢已经取代了同类进口产品，还有南钢的LNG船用低温钢板，马钢的机车车轮、超低温钢筋等，都已经取代了国外进口产品，此类替代进口的产品，只要通过认证，在当前还是有很大市场的。

还有一类能卖出高价格的产品就是叫做“极限规格”的产品，这类产品规格难干、产量较低、供应吃紧。以板材为例，大家都想要的是性能高强高韧的、规格超宽超薄的产品，之前华菱汽车向马钢订购宽度2230mm的热轧薄板，我们的轧机宽度是2250mm，生产的这种超宽产品就属于极限规格产品。这类产品生产组织起来十分困难，但只有这样的产品才能在市场上卖出好价钱。

我们都想把产品卖出好价钱，但马钢存在的事实是上半年股份公司本部销售成品材近600万吨，销售均价却比全国大型钢企平均水平每吨低230元，仅价格差异这一项，就少赚了13.8亿，而上半年股份公司的亏损是14亿，正好是这个数字。我认为造成这个事实的首要责任在于公司高层，长期的重生产、轻经营，重内部、轻外部，重习惯、轻改革导致公司的战略定位、公司的管理和员工的素质都没有跟上时代的步伐。其次是因为我们的产品不是名牌，而且质量总是不稳定，这主要是由于我们把出产关的员工素质不够，经常出现漏检、错判的现象，导致我们的质量问题80%出在表面， 20%是性能不达标。再次就是因为公司产品结构调整的目标无法实现，虽然从大的方面来看，我们已经压缩长材生产、扩张板材生产，但在细分的品种上却没有达到结构调整的目标，这既有内部因素又有外部因素：从内因来看，我们的控制制造水平、工程技术人员能力、设备维护保养精度都不如别人，这也是无法实现品种结构调整的主要因素；从外因来看，销售公司也有一部分责任，我们不敢接受市场的挑战，所培养的客户只知道马钢能干什么品种，不知道马钢还能干什么品种，作为销售人员一定要主动介入，引导客户和马钢一起来开发新产品。

**第四部分，马钢股份公司销售情况。**

从2011年至2015年股份公司的销售数据来看，2011年销售钢材1320.9万吨、2012年销售钢材1275.3万吨，2013年销售钢材1335.4万吨，2014年销售钢材1352.1万吨，2015年1~5月份销售钢材577万吨、计划全年销售钢材1447万吨，五年来公司钢材销量除2012年略有下降外，整体平稳上升。2011年销售收入780.7亿，2012年销售收入577.3亿，2013年销售收入563.9亿，2014年销售收入512.8亿，而2015年1~5月份销售收入仅有175.3亿，在钢材销量不断上升的情况下销售收入不升反降，这些数据直观反映出公司当前面临的严峻形势：钢材销售价格出现断崖式下跌。2011年销售均价4411元/吨，2012年销售均价3791元/吨，2013年销售均价3513元/吨，2014年销售均价3257元/吨，2015年1~5月份销售均价仅有2704元/吨。仅在2015年，与1月份相比，5月份销售均价从2895元/吨下降到了2470元/吨，钢材价格仍处在震荡下跌趋势中。

大家可以看到炒股的人经常盯着几条曲线了解指数变化情况，卖钢材同样也要盯住几个指数的变化趋势。比如“长材价格指数”，它是分别计算高普线、螺纹钢、型钢（角钢、槽钢和H型钢）各品种指数，根据上述各个品种在我国长材品种中的构成比例综合计算而成；“板材价格指数”是分别计算中厚板、热轧板卷、冷轧板卷和热轧窄带钢各品种指数，并根据上述各个品种在我国板材品种中的构成比例综合计算而成。指数上升、价格上升，指数下降、价格下降，大家作为销售人员要弄清楚指数和指数、指数和价格之间有怎样的对应关系，能够对产品销售价格变化趋势进行预判，这就是销售的学问。

钢材销售均价在逐年降低，以电工钢、镀锌板、H型钢、热卷四个品种为例，我们再来看看2010年至2015年这六年里单一品种材价格的变化。电工钢从最高6177元/吨跌到3557元/吨，跌幅2620元/吨，今年与去年相比，价格跌幅438元/吨。镀锌板从最高4883元/吨跌到3806元/吨，跌幅1077元/吨，今年与去年相比，价格跌幅432元/吨。H型钢从最高4085元/吨跌到2632元/吨，跌幅1453元/吨，今年与去年相比，价格跌幅397元/吨。热卷从最高4220元/吨跌到2378元/吨，跌幅1842元/吨，今年与去年相比，价格跌幅540元/吨。大家对数据要敏感，从这些数据中可以看出中国钢铁工业所处的深渊，主业全面亏损，尤其是今年1~5月份与去年相比，跌幅之大、跌价之深，可以说今年的价格已经跌到位了，目前市场已处在僵持阶段，价格跌不下去，产品也卖不出去，肯定会有一批钢铁企业关门转产。

温家宝总理讲过一句话：再多的钱被10亿人分什么也看不见，再少的钱乘上10亿人就是一个大数字。从2010年到2015年公司钢材销量变化不大，因为高炉已经建完，没有投产新的项目，我们以每年销售1300万吨钢材来计算，销售均价从最高2011年的4411元/吨降到现在仅有2704元/吨，仅跌价损失这一项，我们的销售收入就减少了222个亿，从这个数据可以看出我们马钢风险之大、经营之难。按钢材品种来计算：马钢电工钢年生产能力在45~50万吨，以45万吨为基数，现在比2010年价格最高点跌价损失为11.8个亿；马钢4条镀锌线，以年产160万吨镀锌板为基数，现在比2011年价格最高点跌价损失17.3个亿；马钢是中国第一个引进国外设备生产H型钢的企业，也是出口H型钢最多的企业，可以说H型钢是马钢的知名产品，但是我们的知名产品以年产200万吨为基数，现在比2011年价格最高点跌价损失29个亿。说出这些大的数字，大家可能没有什么感觉，那就谈谈大家的收入，5月份考虑到公司大部分职工生活还是很困难，怕职工利益受到影响，为了确保职工的收入，股份公司贷款给职工发的奖金，最高的汽车板推进处人均2854元、销售公司人均2738元，最低的单位只有620元，全公司29468名职工人均奖金1012元，共支付2983万元，如果拿1个亿来发奖金的话，那全公司人均奖金将达到3400元，是现在的3倍，通过这个数字，大家可以直观感受价格下跌对公司的销售收入、对自己的收入造成多大的影响，所以说价格断崖式下跌对公司的经营是灾难性的影响。

我们都知道马钢的产品特色是“线、型、板、轮、特”，在当下的困境中，公司的产品结构也在不断变化。2015年公司五大产品生产计划为：线材222万吨、型材220万吨、板材976吨、车轮和特钢29万吨，与2010年的产品结构相比，变化最大的是板材，比例从54.21%增加到70%，如果7月份四钢轧干下70万吨钢，那这个比例还要上升。同时线材比例从24.52%下降到16%、型材比例从20.01%下降到12%，因为马钢想要生存下去，只能依靠板材搏市场，我们的螺纹钢和线材成本降不下来，一直竞争不过周边的小型私营企业，所以我们二钢、三钢的线材、棒材都在关停或者进行升级改造，这是顺应当前市场的需求。车轮和特钢在公司产品结构中占比不大，2010年公司没有特钢，车轮占比为1.26%，现在特钢和车轮占比均为1%，变化不大。大家作为销售人员，对马钢的品种结构要做到心中有数，我希望你们能好好学习专业知识，尤其是把板材相关的知识搞搞透，也希望你们中大部分人能够加入卖板材的行列。

马钢还有一个特色产品：汽车板，在品种上可以分为热轧汽车板、酸洗汽车板、冷轧汽车板、镀锌汽车板。我们卖的最多的真正做汽车面板的是冷轧连退板，镀锌汽车面板价格最高，但我们水平还有差距，所以销量有限。值得肯定的是马钢镀锌汽车板销售总量在逐年稳步上升：2010年还没有生产，2011年为4375吨，2012年为5.4万吨，2013年为13.6万吨，2014年为21.4万吨，今年1~5月份已经达到10.6万吨。同样，马钢酸洗汽车板销售总量也在逐年稳步的上升。从销售均价来看，形势同样严峻，随着国内汽车板竞争对手越来越多，销售均价不断下降，但售价最高的仍是镀锌汽车板，虽然你们今后并不直接销售汽车板，我还是希望大家在学习中能关注一下这些信息。

马钢股份公司现在经营越来越困难了，因为销售均价大跌，我们前五个月销售收入仅175.3亿元，公司还是寄希望于销售人员能多拿回一些好的品种结构订单，但与品种结构调整增效计划相比，1~5月份累计仍欠计划8296万元，所以下半年公司产品结构调整增效压力很大，这需要公司全体销售人员下大力气、下苦功夫来实现。

**第五部分，谈谈我对销售的理解。**

我没有直接从事过销售工作，也没有分管过销售工作，但我也上阵过：我在当一钢轧总厂厂长时卖过电工钢，我还协助特钢公司销售过新产品。在当前严峻的市场形势下，如何干好销售工作？所谓严峻的市场，是指严重的供大于求，出现了历史从未有过的低价，市场上产品总量不见减少，各大钢厂拼得你死我活。我也认为中国钢铁工业远没有到最黑暗的时候，而且现在也绝不是黎明前的黑暗，看看每个月全国钢产量的数据，并没有出现下降的态势，只有一些钢铁企业真正倒下去，产品总量下来了，形势才会有好转。我认为我们销售工作决不能坐在家里等着别的钢企倒下去，市场自己好转，这样的话倒下去的一定先是我们，销售一定要主动迎上，展开白刃战，抢夺哪怕一点点的市场。

**第六部分，分享经典案例。**

我给大家讲几个国外的销售真实案例，希望能给大家带来启发。

（一）第一“果粉”的智慧。一家公司研发了一种新溶液，在手机受潮发生故障时，只需将手机卸掉电池放入该溶液中浸泡7分钟以上，就能将水中矿物质和腐蚀性物质去除，手机风干后恢复正常使用。这种粉剂销售有两个障碍：有多少人手机会掉到水里？又有多少人手机掉到水里后知道有这样的产品？

2014年秋，苹果公司宣布iPhone6将在澳大利亚开售，使之成为全球首个发售苹果iPhone6的国家，因此大批“果粉”从世界各地赶到澳大利亚苹果旗舰店，在门口风餐露宿，只为购得第一批iPhone6，其中包括一名叫迈克尔的中年男子，他到达时已经有人在排队了。迈克尔不甘心，为了第一个买到新手机，他和排在第一位的人进行了激烈的讨价还价，最终以300美元远高于iPhone6售价的价格买下了第一的位置。当迈克尔第一个拿到新手机时，周围的记者早已把摄像机都对准了他，迈克尔一言不发，从行李包中取出啤酒倒在透明的大杯子里，随手将打开的新手机丢了进去，所有人都惊愕不已，不知他要干什，迈克尔说手机受潮和掉入水中没问题，从啤酒中捞起iPhone6放进另一个大杯中，倒入一小包粉剂，浸泡了几分钟，然后取出烘干，手机竟然又启动了。这个时候大家终于明白，迈克尔不惜多花几百美元争当第一“果粉”，为的就是借人们喜欢关注“第一”的心理制造出新闻事件，继而把消费者的目光聚焦到他公司研发的粉剂身上，最终世界各地的产品订单像雪片一样飞向了他的公司。

这个案例的成功之处第一在于人为制造需求，为自己的产品登场做好铺垫；第二在于借花献佛，借别人的产品来推广自己的产品，最终达到销售产品的目的。

（二）宝洁公司的“群狼”战术。在中国赚钱最多的企业不是可口可乐、麦当劳、沃尔玛，而是P&G（宝洁公司），我们每个家庭的日用品柜子里都有宝洁公司的产品：洗发、护发、护肤、婴儿护理、家居护理、妇女卫生用品、个人清洁用品等。宝洁公司根据不同的消费者开发出不同的产品，同是洗头发的，海飞丝的特点在于去头屑，潘婷的长处是对头发的营养保健，飘柔的好处是使头发光滑柔顺，沙宣则重在调节水分与营养。宝洁公司采用的战术是根据不同消费者，对同一类产品诉求的细微不同，利用强大的研发能力，开发出不同的产品，然后通过一切媒介强调这种不同，制造出不同的消费概念。

对内而言，宝洁公司的产品相互竞争非常激烈，如同狼群一般，即使有了猎物，也必须通过相互比拼，才能确定自己能吃到多少，所以，宝洁公司内部的这些子品牌公司，始终保持着旺盛的斗志与生命力。对外而言，宝洁公司的产品如一个狼群摆满了卖场的柜台，强力挤压了同行们的生存空间。事实证明这种营销策略是非常成功的，有利于提高公司对市场整体份额的占领，并能有效地降低单一品牌的风险。

通过这个案例，我想告诉大家的是对市场要有个细分的认识，这块市场被别人占领了，那我就看看他的强项是什么、弱项是什么，然后我就去补这个弱项，一匹狼杀伤力有限，那我们就和别的商家组成狼群共同开拓市场，销售人员不要怕竞争，要有这种协作的狼群意识。

（三）“狐假虎威”的策略。现在所有人都知道美国的知名品牌星巴克咖啡销量世界第一，在商业中心、机场、车站及其他人流密集的地方都设有店面。其他品牌在与星巴克的竞争中败下阵来，只能要么销售咖啡粉剂，要么直接销售咖啡豆，在即饮咖啡业务上难以立足。

1986年，欧洲一家咖啡公司推出一种高品质的咖啡，通过在购物中心发放咖啡或者电器店销售咖啡机赠送咖啡胶囊的方式来销售，但由于星巴克咖啡品牌物美价廉的形象过于深入人心，新推出的咖啡销量十分惨淡。正当销售总监在销售网点喊破喉咙也手足无措的时候，一名刚毕业的大学生销售员提出要调整销售的方法，提出把店面选在合适的位置，不妨与奢侈品牌为邻的销售理念。总监一头雾水，但又想不到更好的方式，只好硬着头皮一试，在LV旁边开了一家店面，采用了法国建筑设计师的设计进行装饰装修，深黑、光滑的木材作为吧台和柜台，黑色调的真皮沙发，褐色的木质咖啡桌，穿插着富有现代感的金属和时尚的玻璃荧幕。这家咖啡店生意很好，从此以后，这个咖啡品牌不断营造奢华的氛围吸引上流人士，终于找到适合自己销售的定位，这个高端咖啡品牌就是世界知名品牌雀巢公司的奈斯派索。

这个案例告诉我们产品的营销手段成千上万，采取与他人不一样的营销策略才会使你大获全胜，奈斯派索通过狐假虎威的手段，借与世界奢侈品牌为伍成功把自己也打造成为奢侈品牌。

（四）为巴菲特配眼镜。巴菲特是世界知名的“股神”，眼睛商为其配眼镜的真实目的是想借助名人效应来推销自己的产品。

巴菲特收到一封来信，是一位名叫沃尔的眼镜商想为其配副新眼镜，看完信后巴菲特认为这个眼镜商无非是想借他的名人效应为其产品做广告罢了，便顺手将信件扔进纸篓。几天后巴菲特去参加一个会议，沃尔找到巴菲特，提起了写信想为其配眼镜的事，但巴菲特再次拒绝了。沃尔没有放弃，指出巴菲特现在的眼镜是七年前配的，人的视力已经改变，且眼镜确实过时了，同巴菲特现在的气质也不匹配。巴菲特被逼到了死角，只好答应了，沃尔就在会议休息厅为巴菲特测量起来，期间巴菲特有意问沃尔为什么非要为他配副新眼镜，沃尔笑道："我之所以坚持为您配新眼镜，是因为您经常出国，如果总是戴着一副过时的眼镜，外国人会误以为我们国家没有优秀的眼镜商，为避免这种尴尬，我才决意为您配副新眼镜的。"在会议结束的前一天，沃尔将配好的新眼镜送给了巴菲特，巴菲特试戴后感觉很舒服，便让助手付给沃尔1200美元，沃尔却说500美元就够了。

巴菲特感叹道："我非常钦佩沃尔这种坚定的信念，并且感谢他教给我的秘诀：将自己所做的事与国家声誉结合起来，开拓视野，摒除铜臭，处处为他人着想，才是做好生意的不二法则。"

刚刚和大家分享的四个案例是我从大量案例中筛选出来的，希望能为在座的各位带来一些启发，在以后的销售工作中也迸发出灵感的光芒。

**第七部分，我参与销售的产品。**

我参与销售的第一种产品是电工钢，现在销售公司的好几位经理在那个时候都和我一起去卖过电工钢。马钢2006年研制出无取向电工钢，由一钢轧CSP线热轧，再送往武钢冷轧，不过同年我们就建成了自己的硅钢分厂，一开始产品牌号是低的，还有半工艺电工钢。当时市场对电工钢需求量很大，但是马钢却没有订单，因为客户不知道马钢能生产无取向电工钢，而且我们试生产期间产品质量不稳定，更重要的是客户怕给了我们订单我们无法按时交货造成其资金占用。2008年我开始担任一钢轧总厂厂长，同时我还是"电工钢研产销小组"组长，为了多拿订单，我跑过浙江、福建、江苏省的很多电机厂家，起初这些厂家也不相信马钢能产电工钢，我在这些厂家了解到马钢销售人员到客户处，只是在宾馆交流，我去销售则直奔现场，一直到全部掌握用户的要求。我们不仅要看重销售，更要看重对客户的服务理念。2008年之后我们实现了电工钢的准时交货，质量也有新的提升，再加上同客户用心交流、真诚沟通、精心服务、承诺兑现，马钢电工钢订单量猛增，到2010年马钢电工钢产销量达到了40万吨，而当时全国产销量只有190万吨，这一年马钢仅电工钢就盈利了5亿元。

通过销售电工钢，我的体会是销售一定要积极主动跑市场、找用户，对潜在客户一家一家的去上门，我认为每一个用户都希望同一种原料他能有多家供应商可以选择，不能由于信息不对称，造成找不到客户。

我参与销售的第二种产品是低温钢筋，随着国家经济高速发展，环境保护日益提升，清洁能源成为国家的战略需求，于是在沿海建设了大量的天然气储罐（LNG）。这种储罐需要一种能在-165℃使用的低温钢筋，当时全部依赖进口，马钢的工程技术人员研究发现我们有能力制造这个产品，于是我们开始一边研发这个产品，一边在市场上寻找订单。我和公司销售、研发人员多次前往中石油、中石化、中海油的项目部和设计院推介我们的产品，他们一开始是持怀疑态度的，而且最大的难点是国内没有检测条件，我们生产出来的低温钢筋是怎样在-165℃环境下验证各项指标是否符合要求的，后来马钢自己开发了一套检测设备并申请了专利，低温钢筋生产出来后，我们请项目监理方、采购方、设计院来审核，请国家级实验室来审核我们的产品检验方法，最终经二方审核、三方审核，马钢牌低温钢筋在广西北海、天津大港等项目得到使用，成功开辟了市场。

销售这个产品，我的体会是销售人员要有捕捉信息的能力，力争准确掌握第一手信息，对于新产品销售要从客户的工程设计阶段就积极介入，知道客户真正需要什么，同时还必须具备介绍新产品的专业知识。

我参与销售的第三个产品是铁路内燃机车轮，全国铁路线上的大功率内燃机车轮大部分依赖进口，不使用国内的产品。有一个奇怪的事情，马钢车轮公司接受美国GE公司订单生产机车轮出口美国，装有马钢车轮的美国机车车头再由美国GE公司返销给中国。而且国内部分内燃机车制造厂在进口车轮供货不足、价格很高的情况下，也悄悄订购部分马钢机车轮作为备件。鉴于国内制造技术整体提升以及马钢车轮的实物质量，铁路总公司最终同意试用马钢机车轮，但前提是要经过申报、试制、检验、上路试验、通过CRCC认证，这是个非常繁琐的过程。为了实现机车轮的销售，我同车轮公司经理安涛、李翔，高级技术主管江波以及其他专业销售人员，北上跑过齐齐哈尔车辆厂、南下跑过广州车辆厂，这两个地方一个最热、一个最冷，温度差异达到六、七十摄氏度，可以有效考验车轮的性能。2012年8月15日，为了确认机车轮在线使用的公里数，我们一行4人在中午冒着酷暑高温，汗流浃背地从上海铁路局赶到南翔车务段，头顶着太阳暴晒、沿着铁路线走了3公里多，找到停在铁路线上的机车车头。最终，马钢的大功率机车车轮通过CRCC认证，那一天我和铁科院专家喝醉了，我们的机车车轮终于在国内报上了户口、得到了名分。

通过销售机车车轮，我的体会是必须要清楚知道用户使用你的产品所必须通过的审核程序，只有达到审核要求，你的产品才能进入它的市场。作为销售人员，不但要有钉子精神，还必须有背景知识作为依托。销售是一项伟大的工作，干好销售工作确实是了不起的！

**第八部分，分享销售励志名言。**

为了和大家多分享一些销售的理念，我从179句励志名言中挑出来的11句来送给大家。

1. 我成功是因为我志在成功。我的体会是做任何事都必须有恒心，树立雄心壮志。

2. 空想会想出很多绝妙的主意，但却办不成任何事情。我的体会是只有付出一步步的行动才能真正解决问题。

3. 成功与不成功之间有时距离很短。我的体会是别人比你成功往往是因为最后一公里的距离。有一个经典销售案例讲的就是这个道理：一个人去非洲卖鞋子，回来报告说那里的人都不穿鞋子，根本卖不掉；另外一个人回来报告说只要有一个人穿我们的鞋子，别人都会来买我们的鞋子，那里将是巨大的市场。

4. 销售都是从被别人拒绝开始的。这句话与大家共勉，销售人员不要怕被拒绝，要勇于登门，缠住客户，要提前策划好自己的销售动作。我的女儿也曾做过销售，站在上海、深圳的地铁口发广告，所以我知道销售人员的苦处。

5. 始终怀有一颗感恩之心，学会报答你的客户。我的体会是如果认为销售只是一锤子买卖，把产品卖给客户销售就结束了，那你只能是个失败的销售人员。

6. 如果要挖井，就要挖到出水为止。做销售工作需要有这样的韧劲，不达目的不罢休。

7. 忍别人所不能忍的痛，吃别人所不能吃的苦。你们当中很多人会被派到各地的加工中心去，几个月不能回家，在周末想家的时候，能不能把孤独转化为动力，去客户的厂子里走一走，看一看还有什么能突破，想成为成功的销售人员必须能吃别人不能吃的苦。

8. 顾客的后面还有顾客，服务的开始才是销售的开始。我的体会是销售人员要清楚你的顾客用你的产品加工成了什么零件，跟踪他的顾客对产品有什么要求，针对性的改进自己的产品。

9. 销售是从和最基层的人打交道开始。大家去销售产品，要主动和各级人员打交道，先是门岗，要给对方留下好的印象，因为好的印象能为你今后的工作增色很多。

10. 销售人员最重要的品格是真心对别人的产品产生真实兴趣。我的体会是只有你对别人的产品产生有很大兴趣，别人才会对你的产品感兴趣，不是喋喋不休的介绍自己的产品。

11. 不要放弃老客户，老客户总能给你带来新客户。留住一个老客户，维护只需1%的精力，而重新开发一个新客户，需要投入100%的精力，所以请尊重老客户。

# 激情跨越 砥砺前行

## ——在四钢轧总厂高效生产专题会上的讲话

（2015年8月11日）

我们六月份开始策划了四钢轧总厂七月份冲击70万吨钢的生产目标，为此，丁毅董事长分别在六月份和七月份参加了四钢轧总厂高效生产专题会，今天是第三次会议。从准备到启动，从完成到评价，一方面是为了小结七月份高效组产过程中的经验，另一方面是对高效组产中摸索出来的工作进行固化与完善。

今年1~7月份，四钢轧的粗钢产量已经达到422万吨，去年同期为327万吨，产量提升29.05%；热轧材达到413.6万吨，去年同期为317.8万吨，产量提升30.14%。这两组数据都是惊人的，标志着我们调集资源向四钢轧要量，七月份四个钢轧总厂总共生产了120万吨钢，四钢轧一家就干了73万吨钢，比一、二、三钢轧总厂产钢量之和还要多26万吨。正是由于四钢轧的高效组产，我们的板带比从去年同期只有62.51%，到今年累计已达到了70.23%，七月份单月板带比更是达到了74.08%，所以说四钢轧在公司产品结构调整中的位置是非常重要的。

7月1日起，四钢轧发起对70万吨钢新目标的挑战，最终稳稳地站在了73万吨钢的水平上，以这个产量放眼全年，四钢轧实际上已经具有年产850万吨钢的产能。在七月份的拉练中，我们记录了各种故障所耽误的生产时间，找到了整个生产组织过程中最薄弱的环节，采取了相应的措施，我们看到了300 t转炉系统联动产生的高效。在座的各位都很清楚，马钢是轧钢的能力大于炼钢的能力、炼钢的能力又大于炼铁的能力，因为四钢轧大幅度提高效率、提高产能、提高板带比，我们生产组织回旋的余地被激活了，我们可以更好的面对市场需求的变化。今年以来，长材厂的二钢轧总厂从四炉四机变到一炉一机，三钢轧总厂从四炉四机变到两炉两机在按订单组产，这是根据产品边际贡献大小来决定的。到了八月市场又快速变化，板材价格持续下跌，长材价格出现回升，长材的边际贡献高于普通热轧卷板，所以公司对四钢轧八月份的生产计划做了调整，钢产量又削减了10万吨，我们必须紧跟市场的变化，力争有限的资源产生最大的效益。

在产量大幅提升的同时，7月份，四钢轧的降本也第一次100%完成了任务。而过去的六个月，降本任务完成比例在70%~80%之间，随着高效拉练展开，我们看到了降本的空间，7月份，吨钢降本达到61.74元，降本总额达到4578万元，这是一个很大的进步。四钢轧7月份干得非常努力、非常精彩，我们不仅看清了主攻的方向，实现了非压缩转炉冶炼时间外的整个系统的联动，铁水倒灌、KR脱硫、铁水兑炉、转炉出钢、吹氢微调、精炼处理、钢水上机、连铸连浇，尤其是头顶的天车和地面台车精准快速地联接，时间被一分一秒挤了出来。现在到了八月份，四钢轧与上个月相比可谓是冰火两重天，7月份各位都忙的透不过气来，中层干部不休假、紧贴现场、24小时值班，我深受感动，现在却没这个量了。靠产量是降本的一种方法，但8月份四钢轧计划削减了10万吨，而降本任务又增加了，我们下达新的降本目标是每吨钢在60元降本上再加28元，达到每吨钢88元。现在就必须开始精益组织生产，提升品种质量，改善技术指标，从总厂的每一个消耗指标上一点点来挖潜。每吨钢88元的降本任务能否完成，四钢轧自己把降本指标分解之后，重担压在炼钢分厂，连铸分厂和热轧分厂的指标变化不大，因为过去降本任务没有完成，所以没有再增加新的，希望四钢轧在连铸分厂和热轧分厂的指标上要下功夫，对标挖潜和别人比，好中求好和自己比。四钢轧生产任务减量，而降本却增加了，这和过去的干法是不一样的，四钢轧要拿出干70万吨钢的劲头，要认真地再做分解和梳理，因为四钢轧在公司占得比重太重，如果不能完成降本任务，整个制造系统完成内部降本是不可能的。

在7月份生产过程中，四钢轧在品种方面也取得了好的成绩，尤其值得表扬的是实现批量稳定生产高牌号M35W300电工钢，在取向电工钢的生产技术上取得了进一步的突破。APQP小组要把四钢轧生产取向硅钢过程中，摸索出来的工艺技术参数认真分析回归后量化出来，特别是经过三轮生产电工钢的过程，实现对N元素的控制，这些都是我们的知识产权。取向电工钢最大的难度现在看来已不再是控制碳、硫、钛、氧四大元素含量小于100 ppm，而是准确控制N元素的含量，现在我们能做到了。在上一轮干取向电工钢的时候，听取专家的建议设置加热炉温度，把炉子损坏了；这次在工艺参数设定上我们结合实践设定在1275℃，从轧制的热轧卷来看，这个温度还有再继续往下走的条件，这也是今后需要继续做的技术工作，实际上这都是技术秘密。我和销售公司王炜总经理建议，取向硅钢基料的订单也可以批量接，毕竟还有近1000元每吨的边际效益，钱总经理说我们不仅自己生产取向硅钢，也可以为别的厂家供应生产基料，叫做拳不离手曲不离口、常做常熟，为我们今后生产取向硅钢，进一步提高牌号做了准备。

四钢轧生产组织很不容易，我们的订单确实是多品种、小批量，难以定制生产，需要不停地组合订单。在支撑四钢轧完成73.5万吨钢的背后，四钢轧的外部也在系统联动。

铁运公司的保产可谓是24小时全天候的。以前四钢轧干60万吨钢的时候，有时出现小夜班、大夜班鱼雷罐总是跟不上点次的情况，铁水运输存在问题。这次，四钢轧产钢73.5万吨，需要73.5万吨的铁水，而三铁总厂总共生产52.5万吨的铁水，需从公司二铁总厂抽调21万吨的铁水，而抽调的铁水又分别来自于1#高炉和2#高炉，因为不能等待一个高炉出两罐铁水后运输，兑空取重在炉下四个铁口反反复复，给调车员、调度系统增加了难度，即使这样，从老区送新区，铁水调运最高峰还是全天开出21列、42罐铁水的数量，铁运公司启动铁水二通道，公司老区和送新区的铁水得到了充分保证，二厂站司乘人员在机车上交接班是立了汗马功劳的。

检测中心做了细致的分工及人员优化。还是这些人、还是这些设备，检测中心一站员工以精准、快速为原则，从四钢轧干班产22炉钢到27炉、再到31炉，取样、分析、发出报告的检测节奏一直跟上，为配合四钢轧高效组产确实做了不少工作。安排专人在炮弹头收集口等着取试样，在交班时间之前提前完成交班，两台光谱检测仪事先根据生产计划都把标样准备好，在通讯发生故障时，立即用电话或手机保持联系，正是这些积极主动的配合，争取出时间，为四钢轧高效组产提供了有力保障。汽车板、电工钢等高新产品的开发，理化一站经历了学习、尝试、对比分析过程，在Ti、TO、N微量元素的检验水平上达到了一个新的高度。

耐火公司付出了巨大的努力。现在1号转炉的炉龄是1247炉，2号转炉的炉龄是3411炉，3号转炉的炉龄是1688炉，如果下半年钢铁市场能有些转机，给我们减亏止亏带来外部条件的话，四钢轧今年无炉役检修计划了，三座转炉都能拉得上去。五月耐材招标时，耐火公司给力，在1号转炉引进了具有300 t转炉耐材资质的上虞自立，价格极有竞争力，同时引进了炉底砌筑新技术；耐火公司承担的2号转炉滑板挡渣更换，由国际知名公司英特斯托帕公司提供，现在连用已达到了16次，基座砖也达到了32次， 回P小于3个，渣层的厚度达到要求。目前三座转炉都有合同约定的指标，特别是实现顶底复吹同步，最重要的是积累操作与维护的经验，要有目的来使用，排出普碳钢、品种钢生产计划及炉役，拉开三座转炉的炉龄，这方面工作我希望给予特别关注。

设备口子的工作值得尊敬，没有设备的正常运行，四钢轧完成73万吨钢是不可能的。设备保障特别重要，应该讲这一次整个设备的保产是非常有力的。炼钢区域无论是高速运转的行车还是快节奏的转炉，几乎没有设备故障；连铸机出过问题，但故障原因分析后和设备本身关联度不大；热轧区域的1580轧机和2250轧机，七月总计堆钢5次，操作是精心的，但设备维护及精度保障同样是要点赞的。这其中设备检修公司、重机公司、冶建公司都在默默无闻做了大量的工作，我经常看到这几家单位的领导在现场奔走的身影。

通过四钢轧这次70万吨钢的拉练，给我们方方面面都带来了竞争力的提升。“拿下70万吨钢”这个口号不仅是在四钢轧，而是集中公司之力来保这个计划的实现，四钢轧内部、外部均在系统联动，任何一个环节出了问题，整个目标就会受到影响，最终实现目标是因为诸多方面都做出了努力，《马钢日报》头版刊登的“四钢轧总厂激情跨越月产70万吨钢”，是在层面上写出了四钢轧突破73.5万吨钢，其实背后有许多精彩感人的故事。

在完成70万吨钢目标的同时，我们高度关注四钢轧的订单兑现率、条目兑现率和质量控制。制造部通报的7月份数据显示：公司订单兑现率达到了96.2%、条目兑现率达到了90.63%，均创下今年最高纪录，四钢轧外销产品的订单兑现率达到了98.21%、条目兑现率达到了92.88%，均达到公司要求。四钢轧产品的总体质量状况是稳定受控的，尽管7月份四钢轧IF钢一级坯达到了81.15%，得到新的提升，我们希望能掉过头来解决围绕的质量问题。第一个是因酸洗板表面质量问题直接封闭达到13%，这个量够大了，缺陷是压氧、划伤、横折印、麻点，是看得见、摸得着的，产生的原因可以查清，能不能从细节上强化管理把这些问题解决掉，不能是按下葫芦起了瓢，8月份以质量为主攻方向，这些质量问题能降低到什么水平？第二个是板坯表面角裂攻关成果有些退步、板坯清理量八月增加了，这到底是品种钢的影响，还是连铸工艺的影响，还是设备精度的影响？刘启龙、沙学广两位已是公司新任高级技术主管，板坯表面角裂缺陷降低就是考核你们的指标，要求前期攻关成果达到稳定，之后1#、2#铸机要有新下降，这个指标是关键绩效，对高效生产和产品质量影响都比较大。今天是2015年8月11日，到2016年8月11日一年时间，这个指标不能实现均衡稳定的下降，绩效考核对你们收入影响不小，我希望你们两位能坚持问题为导向、坚持PDCA循环、坚持技术与管理齐头并进。

四钢轧总厂在汇报材料中提出的五个问题，我代表公司给出意见。

第一个板坯库库存处于高位运行、影响物流的问题。经理办公会强调保资金流，在许多会上都强调停止新的工程审批、暂缓部分项目建设。如果每个月都有70万吨钢的计划，那公司要解决库位不满足这个问题，8月份四钢轧就减产了，所以这个问题又不是问题了。四钢轧总厂能不能通过内呼外应，提升铸坯质量，提高铸坯直送热装比，实现铸坯少落地，制造部把生产计划与1580、2250两条热轧线配比好，系统高效生产这就不是问题。

第二个成品库积压过多、影响生产的问题。从成品库设计、投产、使用，四钢轧还没干过这么多的产量，产量低时也在反映成品库小，我们又不是真正的成品库。我记得去年这个时候1580热轧库也出现装不下、运不出的问题，库房小卷上落卷，垛位号与卷号未进入信息系统，影响发货，后来信息化手段10天上去了以后，这个问题就迎刃而解了。解决成品库积压的关键是在于订单的兑现、制造的质量，不然，不在这边积压，拉出去在其他地方也是积压，库越大，积压的产品越多，占用的资金成本也不小。

第三个235和101系列品种热装问题。直装比例我们再试着提高，理论上没问题，实际运作有问题，制约因素是什么？如果觉得风险不大，就一个台阶、一个台阶往上走。

第四个渣处理负荷过重的问题。四钢轧渣处理设计是很完美的，在运行后经过改进完善，实现内循环、中循环、外循环，今年评为省科技进步二等奖，但是三炉三机运行到高产水平以来，渣处理系统又跟不上节奏了。针对这个问题，以四钢轧为主、制造部配合，要拿出至少两套可行的改造，或优化的方案，第一要解决钢渣综合利用的问题，第二要解决环境保护的问题，拿出的方案要花最少的钱干最好的事，我们对拿出的方案做出评价。

第五个钢包下渣检测的问题。一是英特斯托帕转炉滑板挡渣项目什么时候在1#转炉、3#转炉使用，二是钢包下渣检测的方法比较，我觉得可以暂时不急于这个事情。如果有人愿意到马钢推荐试用新的设备和技术，我们欢迎并配合试验，前提是必须免费提供，不要先谈价钱，现在是买方市场，做法要变，我们用了效果好就采购，效果不好就让他走。

公司7月24日召开干部（扩大）会议，强调降本增效求生存。参会人员扩大到科长、作业长、党代表、职工代表，丁董事长的报告指出公司下半年的目标和措施，今天四钢轧高效生产小结会，参会的是四钢轧的干将和其他单位负责人，对报告的任务要落实在行动上，8月份四钢轧在产量下降的情况下，如何完成在吨钢60元的基础上又增加的28元降本任务，这是我们要抓住的重点工作。虽然最近长材边际效益略微好一点，但不是要放弃四钢轧的高效组产模式，我们要把7月份的高效组产模式固化下来，找出弱点、找出强处，一有外部条件内部即可起动，千方百计地对标挖潜，这对四钢轧确实又是一次高效考验。

现在公司实际要求是控制亏损而不能亏本，控制亏损在每月2.2个亿，亏损超过这个数字就是在失血，现金流下降发工资都有困难，公司在直接传递压力，7月份奖金下降的幅度会更大，我们要做好思想准备，因为我们现在没有效益，外部两头市场降本任务完不成，内部降本任务也未完成，我们拿什么来支撑生产经营、保证我们的收入不降低呢？

四钢轧7月份的工作取得了可喜可贺的成绩！市场变化很快，内部必须跟上，希望四钢轧总厂能在高效快节奏上固化一些成效，在品种质量上细化一些办法，在降本增效上拿出一些新的举措。

# 勇挑降本重担 确保高炉顺行

## ——在三铁总厂创新成果、领衔项目表彰会上的讲话

（2015年9月1日）

今天参加三铁总厂创新成果、领衔项目暨第二届技能竞赛表彰会，我的评价是有价值、有功效、有意义！我看了台下的参会人员，数了约在80人左右，汇聚一堂就是一个大家庭。如何通过各种形式的活动，把职工的积极性调动起来，使职工的心凝聚起来，做到上下交流、工序之间互动起来，如果其他单位也有类似做法，公司竞争力一定会有进一步的提升。现在一些人内心浮躁、急功近利，管理企业缺乏长期坚持的理念，因此总是时好时坏、波动起伏不定，三铁总厂两座高炉现在一直比较稳定，生产持续在高水平运行，我们首先看到的是职工精神状况好。

我向大家传递一些信息：8月份公司铁、钢、材都创下了历史最高纪录，生铁产量达到119万吨，其中三铁总厂达到了54.64万吨，钢产量达到126万吨，成品材达到124万吨，创出了马钢铁钢材历史新高水平。在大家为生产高产、稳定而感觉高兴的时候，我给大家传递另一个信息：8月份股份公司本部亏损3.2亿，如果把合钢、长钢以及股份公司投资的一些单位包含进来，那股份集团预计亏损超过3.5亿，所以是生产好而经营不好，外部面对两头市场无情的挤压，内部是千方百计、节衣缩食。

今年1~7月份，公司铁产量与去年同比增长4%，一铁总厂产量持平；二铁总厂因上半年检修项目，产量负增长7.3%；贡献最大的三铁总厂，一马当先铁产量增长16.4%，这个高增长率一定程度上是因为去年三铁总厂两座大高炉均出现炉况失常产量的损失。在生产稳定的同时，希望三铁总厂的各项经济技术指标得到持续改进和提升，丁晖厂长对三铁总厂今年1~8月份的工作小结是实事求是的，对后四个月的工作做了布置，要求燃料比低于500 kg/t，喷煤比提高到150kg/t以上。8月份三铁总厂燃料比是506 kg/t、喷煤比是143 kg/t，与8月份的指标计划比，燃料比降低了21 kg/t，喷煤比还差7 kg/t，这些指标与同行先进水平的差距，就是降本方向。在提升技术指标的时候，要分清领头指标和跟随指标，领头指标进步，其他跟随指标也会得到改善。

公司开展高炉体检和高炉预警机制以来，我认为在三铁总厂应用效果是好的。A#、B#高炉炉长两次对高炉体检和高炉预警成果的发布，说明体检预警机制和总厂内外部生产要求紧密联系在一起。我感到方法还要再探索，如何做到把准高炉脉搏，判定高炉炉况，使生产好的过程和生产不好的过程与体检和预警对应起来。我们开展的体检报告要和体检得分相对称，发出的每次预警，对内部要实现烧结、球团、炼

铁、公辅系统以及设备状况的闭路循环，对外部也要实现以问题为导向，解决办法的跟踪，发出预警就要判定原因，有预警措施，有解除预警，这个工作应该遵循PDCA加认真，常态化的坚持。

高炉长周期稳定顺行是很难的工作，更是三铁总厂全体职工时刻放在心上的大事。我们忘不了2014年1月4日至3月19日，A#高炉共75天的失常，导致损失铁产量29万吨；2014年2月18日至3月29日，B#高炉共40天的失常，导致损失铁产量15万吨，给公司生产经营带来重大损失。就像人的身体一样，高炉炉况日常不做一些体检和预警，小病不治大病吃苦，抵抗不住一次感冒也会倒下来，如果平时注意，发现小问题及时调整，那高炉就会越来越稳。当然我们也清楚地看到，在高炉出现失常后，宝钢李卫国专家、首钢张卫东的技术团队用什么依据及方法处理的，我们应该学习到什么？回望我们走过的历程，为什么马钢高炉隔一段时间倒下，我们到底缺的是什么？经过这段时间的摸索，只能说尝试体检预警，这条路初步验证方向是正确的，手中的拐杖能否支撑我们在这条路上走稳，还有待于长时间的判定。目前A#高炉已经连续稳定顺行529天、B#高炉已经连续稳定顺行519天，中间也有风吹草动。我和炼铁分厂高鹏讲过，我们抓安全生产长时间不出事故，有麻痹的时候，安全生产每天翻牌记日子，参考这种做法，抓高炉稳定对于高炉连续顺行的天数也要上墙记日子，我们要追求高炉长周期稳定顺行的目标，我们能实现高炉顺行多少天？统计结果是实现顺行1000天就是挑战，从三铁炉况恢复那天开始数，正好是2016年12月24日圣诞节平安夜，我很期待这个日子，1000天到来的时候，这一天我们把A#、B#两座高炉上的灯在夜晚全部点亮，像两棵高大的圣诞树一样照亮新区，给公司炼铁人带来天天向上的感受，到时我们聚在三铁总厂一起庆祝！

股份公司8月份预计亏损3.5亿，这个亏损数是什么影响？以马钢集团公司共5万职工来计算，人均每月7000元没有了，这个数是很可怕的。马钢公司上半年经营业绩已经按规定发布，共亏损13.65亿，排在同行的第三位，今年1~8月份马钢公司累计亏损20个亿，也就是5万职工人均4万元的损失，相当于每位职工一年到手的现金收入。中国钢铁行业发展过度、产能严重过剩、生产原料受国外三大矿山垄断控制，全国钢铁企业都在亏，仅靠修炼内功很难实现不亏，只是觉得我们亏损太大了。马钢可以忍受的亏损额每月在2.2亿元以下，这个数是去除设备折旧，不再更新发展，维持生产，做到现金流不出问题，也就是我们提的亏损不亏本、不失血，保证生存的底线，可是现在我们难以控亏到这个数。马钢现在处在出血运行状态，常务副省长詹夏来到马钢调研时强调，“如果马钢继续这样的话，一旦资金遇到困难，就会非常危险，马钢当前的首要工作是如何生存下去”。

公司7月份奖金已经下发，股份公司一共下发奖金总额1530万，其中三铁总厂奖金总额是75万元，人数是1190，人均奖金630元。这个月全公司奖金下降幅度都很大，三铁总厂在主线厂矿中奖金是最高的，其他单位人均仅在300元到400元之间。现在公司管理层减少收入50%，中层干部减少收入30%，确保职工工资，常务副省长詹夏来说，“如果马钢像这样亏损下去，那公司管理层是没有绩效收入的”。马钢确实有少部分职工收入低、生活较困难，所以在当前的情况下，各级党委、党员干部要多多关注这部分困难职工的生活状况，要共渡难关。

我们该怎么办？公司召开总经理（扩大）办公会议，指出我们现在是谁都靠不上、老天也帮不了忙，只有靠自己努力。公司给各单位又下达了新的降本任务，要求严控2.2亿元亏损底线。新的降本指标中铁前、钢后和公辅每月要承担9700万元的降本任务，其中三铁总厂要完成1420万元降本额。今天参加三铁总厂这个表彰会，我有了信心三铁总厂下半年每个月降本1420万元的新招数都有了。昨天会上，我向高海建、丁毅、钱海帆提出了把公司降本总额以10%左右的比例提取奖励给各单位，如果三铁总厂完成月1420万元降本，按10%计算可提奖142万元，月人均提取奖金1200元。分兵突围、分灶吃饭，依靠公司的好政策，我们向自己要饭吃，我们为自己求生存，今天的创新成果、领衔项目、技能竞赛都是用来充分调动降本积极性的好方法。1420万元降本总额分摊到三铁总厂职工头上，人均月降本1.2万元，三铁总厂分解任务细化降本指标，在全厂严控各类消耗，在高炉、烧结、球团、设备和公辅全方位加压，对照行业先进指标，对照自身最好水平，深度挖潜，把命运掌控在自己手里。我们以工厂为家，人人出力，厂荣我荣、厂衰我耻，我们拧成一股绳。如不能实现分兵突围，不能干出更优秀的业绩，那公司将无法生存。现在公司重中之重的任务是把亏损控制在2.2亿元以内，不能连续出血运行，内部制造单元降本是公司及各单位摆在第一位的工作，我们大家把厂当家，习惯性地从出门随手关灯，检查水龙头、燃气灶一样，在每一个细节上，从可控的每一个费用上细化消耗指标，做到能省一点是一点，这个日子就不会过不下去。

参加今天的会议，我看到三铁总厂已经站出来搏一把！一个人要想成就事业贵在坚持，一个工厂要想经久不衰贵在管理，三铁总厂党政班子和中层干部精神状态好，职工斗志很强，要注意已经开展的工作不能松，万事开头难，万事坚持下去更是难。我们方方面面的工作都必须坚持布置、执行、检查、考核，这样才能更上一层楼。

高炉的稳定离不开烧结的稳定、球团的稳定，离不开设备的稳定和公辅的稳定。我们努力实现三铁总厂高炉长周期稳定，一步一步走扎实，一年过去了，两年快到了，现在向着高炉顺行1000天迈进！

# 严于律己 方得始终

## ——在公司党委中心组学习会上的发言

（2015年9月11日）

习近平总书记提出的“三严”——严以修身、严以律己、严以用权是对党员干部的根本要求，对应的是“三实”——谋事要实、创业要实、做人要实是对党员干部的作风要求，今天我按党委工作部通知要求谈谈我个人按三严要求干好本职工作的问题。

当官了，不论大小都会有权，关键是你如何用组织上给你的权，你用手中的权干了什么？干事有干大事和干小事之分，干大事和小事还有是否干成了事之分。能否出于公心，真正地做到公平、公正、公开，不受方方面面的影响，的的确确不是一件容易的事情，这需要自己能把事情干好，能拒绝腐蚀不陷进去，能在管辖的工作中不畏困难、敢于担当，能破除过去的模式干事，能自觉以为人民服务的思想去工作并诚恳接受各级监督！

结合对我自己影响至深的两件难度很大的工作，谈谈我通过“三严”把难事变成不难，并干成事的体会。

**废钢管理**

废钢公司自2012年12月成立至今，马钢的废钢管理是有效的！这是因为废钢公司根本改变了过去废钢运作的模式，集责、权、利于一体，自找市场、自己定价、自己验收、自己加工、自己供货，对废钢公司而言外部是市场，内部钢厂也是市场，钢厂对废钢质量不满意，公司就会向废钢公司发起问责。可以说成立废钢公司之后，仅废钢管理的改进，每年至少减少上亿元的损失。

过去马钢在废钢管理上所发生的事情令人吃惊，混料、掺杂、以次充好到了猖狂的程度，甚至无人敢管！由采购中心负责废钢外购是一段，到货后由质检中心负责评判等级是一段，仓储中心负责堆存废钢是一段，夹带着大量杂质的废钢被送往各个钢厂，废钢场地成为垃圾场，导致转炉除尘系统经常堵塞，一年下来30个亿的废钢采购资金因质量不符扣款不足千万元。供应马钢废钢的个体户之间都在比谁造假的胆子大，在个体户的亲自陪伴下，一位普通的质检员一笔就能判定废钢等级；在个体户的亲自陪伴下，各钢厂的验收人员对废钢质量视而不见，最终优质的废钢供应商反而因备受刁难而离开马钢。以被抓捕的马鞍山个体户废钢供应商为例，从废钢采购到验收、到发货、到入炉使用整条线都有人员被他腐蚀，以致畅通无阻了！

我接手分管此项工作后，直接取得公司企管部、纪委等单位的支持，对废钢运作连续组织了10个月40余次的督察，猫和老鼠的游戏每天都在上演。废钢供应商也知道马钢动真格了，我多次因此受到威胁、诱惑和挑衅！通过深入跟踪把来龙去脉全部清楚，形成实质性调研报告，设计新的管理办法，马钢成立了废钢公司！现在废钢运行全变了，思考废钢管理的过去、看今日废钢管理的现状，我体会到“三严三实”的重要，今后仍要认真坚持“三严三实”，这样就没有难事，这样定会做好工作。

**炼钢辅料管理**

炼钢辅料在整个钢铁行业都是一个难管的事。马钢在炼钢辅料上有人栽过跟头、出过事，有人被逮捕法办！因为它的定价、功能、属性、检验、用途均有鉴别的盲点，但是确实一些新研发的炼钢辅料，对提升质量、降低成本、快速炼钢是不可缺少的，也有一些炼钢辅料是投机取巧、花样别名、可有可无或锦上添花的。

2010年我到股份公司担任炼钢副总工程师，就感到这块工作的挑战。我很清楚在管理上由总工程师委托给副总工程师去干这条路是行不通的，过去公司领导亲自为某单位某个产品的炼钢辅料引入或试用由上对下做出批示是不对的！在总经理明确由我分管炼钢辅料之后，我摒弃了过去的管理方式：一是我本人坚决不用权去批示任何单位、任何品种的炼钢辅料去总厂试用，各钢厂对新引进炼钢辅料必须按公司确定的评议程序严格执行；二是在上一年吨钢炼钢辅料实际使用金额的基础上，要求各单位按公司降本比例对炼钢辅料费用同比例压缩10%，如果在技术上有问题可以和我来面对面探讨；三是炼钢辅料试用一律免费，引进新产品必须淘汰落后，对总厂提交试用后评价报告，必须由公司评委会投票表决。

“三严三实”必须落实在自己工作的职责中，“三严三实”是护身符是宝剑，对工作中看似复杂的事情，不敢担当是不行的，我感到用“三严三实”来要求自己挺好！当年我每月紧盯炼钢辅料降本时，有个体户恨我、拉拢我，我也听到个体户“我们盯着他的一举一动，他能真正公平公正，还是表面一套背地里一套”的言论。炼钢辅料现在我无需插手，一切按程序办，我感到挺轻松的，也没有供应商来找我做什么批示了。

我工作、我快乐，我干事、我高兴。在马钢当前巨额亏损之中，我感到自己还要更加努力，发生在我们身边的犯了错的人或事，他们买不到后悔药，这些案例时刻在敲响警钟。严格按“三严三实”的标准要求自己，经常在脑海中把“三严三实”对照自己过一过，对公司好、对事业好、对自己好。保高炉长周期稳定，抓APQP小组开发新产品，提升产品质量，降低制造成本，培养年轻人，工作忙同样是一件好事，少分心去想不该想的事，要对得起党和人民的培养，不辜负组织、领导和家人的期望。

# 努力开创技术中心新局面
## ——在技术中心工作座谈会上的讲话
(2015年9月17日)

马钢技术中心是国家级的企业技术中心，曾经有过骄人的业绩。现在仔细反思技术中心的发展，我认为可以划分为四个时代：

**（一）1982~1995年**

1982年我作为恢复高考的第一届大学毕业生进入马钢，那时技术中心是让人非常羡慕的单位，有一批知名的、受人尊敬的工程技术人员，像陈明仁、蒋定中、陆锁顺是炼铁专家，严根发、顾章涵、黄汝梁是炼钢专家，还有为数不少的检验技师等等，看到他们的工作态度会让人有种信任感。当时公司高炉炼铁全国有名，转炉炼钢也有名人，高线轧机更是全国一流，他们在现场做什么事情、用什么方法，他们展现出来的拼搏奉献精神，让我们年轻工程技术人员受益匪浅。

**（二）1996~2005年**

马钢完成股份制改制，有了资金，马钢快速发展，规模迅速扩张，新建2500 m³高炉、焦炉，继引进H型钢轧机后，又引进CSP连铸连轧，淘汰初轧建立冷轧厂，一大批新设备、新工艺、新产品在马钢亮相。当时市场供不应求，为了抢占先机，尽管我们的产品档次不高、技术储备不足、人才培养不够，但我们在干中学、在学中干，一批工程技术人员满腔热血、拼劲十足，马钢牌H型钢、热轧钢卷、冷轧镀锌产品畅销华东地区，生产现场同时培养出一批优秀的工程技术人员。我感到这个时候的技术支撑力量，现场工程技术人员开始强壮起来而技术中心总体开始弱化。

**（三）2006 2013年**

技术中心权威不大了，影响不高了。作为国家级技术中心没有够水平的研究成果，没有自主产权的新产品，在申报国家科技进步奖、省级科技进步奖时总是在创新上欠一把火候。优秀的工程技术人员到不了技术中心，技术中心的技术人员也不愿到现场，渐渐的技术中心与现场越来越疏远，而技术中心的人仍自我感觉良好，自弹自唱，每年制定一些课题，研究、攻关、成果、论文，验收标准宽泛，评定一下就算完成了。经历了这三个发展阶段，技术中心在现场这个舞台上，从主角到配角，从配角到群众演员，这是我们可以清楚看到的事实。

**（四）2014年以后**

在股份公司新的班子上任以后，在急剧下行的市场环境中，技术中心也走到了转折点。公司开始搞项目委托制，先有了公司级的A类项目委托，随后又有了总厂级的B类项目委托、开发新产品的研产销小组，今年年初公司开始推进APQP项目组，直接负责新产品的开发、老产品的工艺优化、在线生产技术的降本、批量产品的质量稳定，都与效益直接挂钩，我感到技术中心能够发挥领军人物的作用。

2010年我担任股份公司副总工程师起，我的工作便离不开和技术中心打交道，因而我对主要科室的工程技术人员的能力是了解的。优秀的工程技术人员令我佩服，他们对什么样的产品好、市场缺什么、某个产品有什么难度、我们能不能生产、取胜的把握有多少，心里一定有数，他们请战的事，公司要求去干的事，是可以胜任并独当一面的。良好的工程技术人员，有本事、实践经验也丰富，在现场和同行人中是受尊敬的，他们习惯于跑现场，在现场有主操、作业长级的好朋友，问题分析的清楚、解决的办法切合实际，受到基层的欢迎。合格的乃至不合格的工程技术人员现在还很难区分，现在技术中心博士、硕士特别多，受一些不求上进、贪图享乐，坏的环境的感染，有些人不安排他去现场是绝对不会主动去的，即使去了也是毫无目的地转转，不知道自己该干什么事，这些人如何学会工作方法、改变工作作风、迅速提高自己担当能力，已经到了关键时间点上，这也需要技术中心管理团队给予关心和考核。

今天总经理主持座谈会，技术中心的高管都到了，除了孙维、江波、王立涛、金俊四位是老高管，公司今年又在技术中心又新聘了11位高管。孙维的贡献和能力是公认的，公司领导在长材技术上遇到难处，就会想到孙维出马。江波是车轮专家，在铁科院也有影响，处理车轮产品技术问题去北京一天早出晚归，在外能和铁路专家沟通，在内能和制造单元讲清楚，发表的意见能引起更多人的思考。王立涛负责电工钢，在公司历史上，电工钢发展时间短、速度快，效益上也经历过起伏和波折，我们生产中高牌号电工钢的能力还不够，如何在原有的平台上一步步地把电工钢产品升级上去？我们现在的设备和技能干成了取向硅钢基料，但生产的取向硅钢是低档的，我们离生产高牌号取向硅钢Hi-B还有多远？金俊主要工作在铁前的原料、烧结、废弃物利用上，我个人对他所做的工作是认可的，但对其作为炼铁高管不参加高炉炉况控制、技术操作有看法，炼铁高管关注的应该是全工序从头至尾，而不是仅限于其中一段，应该关注高炉的生产稳定顺行。

对于11位新聘高管，你们每个人都应该在自己的研究方向上、在自己开拓的主打产品上有更高的造诣。有些人开始崭露锋芒，如吴保桥对H型钢产品攻关方向明确，选择道路是正确的；赵云龙在家电板产品研发上倾注心血，要给自己定个目标“长江后浪推前浪，要在技术上超过杨兴亮”；陈刚也是车轮所高管了，要向江波学习，但作为高管现在不能只盯着车轮，必须拓展自己的知识面，未来马钢车轮、车轴是要合成轮对的；汪开忠要向孙维学习，尤其是在市场和现场的闯劲，借用各种资源解决工作的难题。我对11位新聘高管的要求是要敢于担当，公司给了你们高级技术主管的技术职务，遇到技术问题不能回避。公司对新聘高管的收入政策是绩效收入占很大比重，业绩好的甚至可以高过公司总经理的收入。马钢现在太需要技术大拿了，需要一批有真才实学、有真造诣、达到技术权威的人来对公司遇到的技术问题拍板，在座的各位高管今天跨出的是第一步，在自己的专业范围内做实理论与实践的基础，努力成为公司技术权威。

对于技术中心，我认为还需要再研究工作方法和管理方法。我2013年担任股份公司总工程师以来，技术和质量工作成了重重的担子。每月由我亲自主持召开一次技术质量例会，做到了雷打不动，时间实在排不过来，就是在晚上也要开；根据每次技术质量例会得到的反馈，不断改善开会的效果；每次对布置的重点工作进行了检查和点评。把技术质量例会变成强化学习与互相帮助、工作布置与检查落实、信息交流的平台，开会的同志每次均有一定的收获。坚持每月一次在《马钢日报》上公布公司质量损失、用户投诉及各条产线质量索赔情况，这是最真实、准确的信息，对我们的工作很有用。我没什么高明之处，只是在工作中坚持PDCA循环，布置的工作一定会检查，我能力不足但确信勤能补拙，养成一种良好的工作习惯就是工作技能。技术中心要善于学习，一个是理论学习、一个是实践学习，现在学历都比较高，更重要的是补上在实践中学习。

我想告诉大家公司技术中心的职责，效益好的时候投点费用做科研项目储备，困难的时候一定要和市场、和产品紧密相连，把技术力量凸显出来。

马钢技术中心今日的主要职责是什么？一、开发效益好、现行条件可以生产的新产品。这句话意思是开发新产品，首先是我们的硬件工装具不具备条件，其次是关键的技术诀窍能不能掌握，再次是产品质量能不能保证稳定。二、围绕在线产品开展优化设计并改进质量，从而达到降低制造成本，提升竞争力。这其中材料的成分、组织、性能，通过不同的工艺路线及参数的控制，可谓是方法诸多但一定要经济。三、做好产品的技术支撑工作，一个产品从试验成功到小批量试产销售，到大批量定制生产，这个过程中，“写所需”是需要不断修订的，产品设计的（DFMEA）失效模式也要修订，“做所写”是要不断完善的，产品制造的（PFMEA）失效模式是要完善的。新产品开发，优化设计，技术支撑是不可分割的整体，是相辅相成的，新产品开发关键在技术秘密与用户的特殊需求，优化设计关键在安全系数与不同的工艺路线，技术支撑关键在对现场“人、机、料、法、环”的要求与实际差值的掌握。

现在的技术中心在新品开发、优化设计、技术支撑上还达不到公司的期望值，我个人归纳原因有三个：

一是主观努力不够。不把工作当事业干，上班时间用在哪里了，不愿意到现场，没有奉献精神，基础理论不扎实，实践经验也不丰富，我认为这是主要因素。没有了工程技术人员知难而上的劲头，遇到挫折就退了下来，没有敬业和奉献精神就难以成为一名称职的人。

二是专业能力不够。能力来源于在实践和理论中学习，不停顿的学习，能力不够可以向别人学习，我们的能力不够可以外委科研项目，直至引进人才，但一个“懒”字是十分可怕的。只要你在拼搏，公司会为你搭平台、创造条件，我们有些科研项目实际上花钱完全外委，但要想办法积极主动地介入并全程参加，问题是我们根本就没跟别人一道去做，这也是科研项目外委存在的问题。

三是受制于外部条件。你搞不了可以找其他人、找公司职能部门，想办法让各级领导疏通关系开放外部条件。单打独斗有时不行，我们必须要形成合力，学会把大家的积极性调动起来，学会借用资源，如果各方面工作都带不起来的话，那至少也是能力不够的一种表现。我曾经讲过一个故事：父亲让儿子搬起地上的石头，儿子第一次搬不起来，父亲再让儿子搬，儿子又挺挺肚子，深呼吸，还是搬不起来，就对父亲说搬不起来，此时父亲就向儿子问道：我就在边上，你为什么不喊我帮忙呢？

我们是公司的技术中心，我们收入也是来自公司产品实现销售盈利后的，我们工作的重点就是支撑我们产品在市场的竞争力，我们的使命是不断满足客户的需求，找到我们的生存空间。我们中优秀的人是公司的宝贵资产，公司的计划、决策、方案需要他们，我们中称职的人是公司的重要资产，每条生产制造线上的产量、质量、成本离不开他们。除此之外的工程技术人员都要努力定位，现在进技术中心的博士、硕士人数不少，怕到市场和现场锤炼自己，不经历这样一个需要痛苦磨炼的过程，是担当不起重任的！

我是一个老工程技术人员了，在不同的岗位上经历过试验的失败、尝到过质量的苦果、烦恼过技术的不解。在炼钢本专业上干过电炉、平炉、转炉，但我努力了，我拼搏了，我也欢笑过了。在今天的岗位上仍感不安，经常有能力不行的恐慌感，在今天马钢特别难过、难熬的日子里，所说的话只有一个目的，我们振作精神、不畏困难、团结起来、奋勇向前！

# 守住现场才能稳定质量

## ——在冷轧总厂2015年质量月活动大会上的讲话

（2015年9月15日）

我是一个非常有激情的人，我感到冷轧总厂班子成员的性格与我相投，也都很有激情。今天的质量月活动会开得效果好，在座的是冷轧总厂的关键人物，在自己的岗位上守护着产品质量，我相信参加今天的会议，一定能感受到我们产品质量的重要性，并按标准要求落实自己的行动。

杨兴亮厂长报告了今年1~8月份的总体情况，布置了后四个月的质量重点工作；不同岗位的5位职工代表作了精彩的发言，听完之后我很有感悟。

第一个发言的是科干代表操召贵，他是冷轧总厂的质监站站长。大家可能知道马钢对质检工作要求最高的是车轮公司，他们的质检站站长和检验员的奖金设定也是最高的，他们的任务是要把好车轮最后的出厂关。车轮产品人命关天、风险极大，2009年8月14日，车轮公司曾经吃过大亏，因为一片不合格车轮出厂，铁路总公司向马钢出示了红牌，停止向马钢订货，造成公司上亿元的损失。因为这段痛苦的经历，每年8月14日车轮公司都要举行反思活动，强化每位员工的质量意识。现在公司要求冷轧产品无用户投诉，那么检验的岗位可谓是责任重于泰山，落实岗位责任极为重要，同样必须给予好的待遇，实行竞争上岗。

第二个发言的是作业长代表陈德春，他是我在一钢轧总厂当厂长时最早接触到的一线管理者，作为一名责任心很强、极具学习精神、吃苦耐劳的职工，他被评价为品牌作业长。那时只要我到冷轧现场，就能遇到他；只要我问到产品质量问题，他都能说地一清二楚。他是我们公司生产镀锌产品的元老派了，脑海里装有冷轧产品各种缺陷的图谱，长期坚守现场的结果是有问题都习惯于问陈德春。

第三个发言的是优秀技术人员代表王浩。我在公司的“讲理想、比贡献”活动中听过王浩的演讲，厂里对他的评价是三年时间工作进步很大，被破格聘请为冷轧总厂高管。在冷轧总厂这么一个重要的大舞台上，一个大学生如何能不辜负父母的培养和领导的期望，王浩已用行动证明了。争取在工作上跳得更高、干得更好，等到公司再竞聘高管时，凭借自己的业绩来申报，一定要给自己立下追求的目标。

第四个发言的是大学生代表沈振杰，他是东北大学材料专业的研究生，在硅钢一分厂工作。硅钢是我当一钢轧总厂厂长时投入精力最多的产品，经历了开发市场、产品亏损过程后，我们干到40万吨硅钢产量的时候，全国年产仅200万吨硅钢，2010年我们抓住了机遇，赚得盆满钵满，仅硅钢产品的利润达到五个亿，顾建国董事长、苏鉴钢总经理亲自宴请功臣。现在硅钢市场进入惨烈的搏击阶段，我们新开发的高牌号电工钢，面临着板型、颜色、涂层问题，作为一名研究生，要勇于挑战没有答案的难题，希望冷轧总厂在座的技术人员能积极参与工艺技术难题的攻关。

第五个发言的是质检员代表金婷婷，听了她的发言我感到很震撼。作为连退线四班三运转的质检员，她敢说出“我的质量我负责”，表现出她是非常敬业、非常自信的。连退生产线是公司重要的效益产线，同时也是压力很大的产线，马钢的汽车板要经过这条线，汽车面板质量造成的影响要远大于其他产品造成的影响。金婷婷是通过社会招工、竞争进入马钢的年轻女职工，你有这样的雄心在连退线为产品质量站岗放哨，今天你能一眼识别缺陷，后天能说出缺陷可能是由哪道工序造成的，立足岗位成才，你就是专家。

冷轧总厂的办公楼及今天开会的会堂我来得比较少，但是冷轧总厂的每一条产线、每一个分厂我都很熟悉，每周我都会选个点看一看，因为在当前市场情况下，冷轧总厂实在太重要了，这是我的职责。

我平时喜欢现场，工作中遇到问题的时候，就到现场去做调查，问问主操和作业长，以问题为导向、盯住问题不放，不懂就问而且要不耻下问，问到真正明白为止。抓质量不是一件容易的工作，要敢于较真，不能马马虎虎，生命在于运动、工作在于行动，一个工厂的质量管理就是要动一动。经常思考人、机、料、法、环的变动，能保证我们的产品质量稳定吗？会提升我们的产品质量吗？会导致我们产品质量下降吗？在做出动作前，一定要清楚现状，需要用数据来说话；对动作的方案一定要确认，也要用数据来说话；动作完成之后的效果，仍要用数据来说话；动作固化下来，最后还是要用数据来说话。各位在工作中一定要坚持PDCA方法，要有计划、有行动、有检查、有考核，我在不同的岗位上工作过，让我终身受益的就是我坚持PDCA方法，我布置的工作我检查，该奖励的奖励、该处罚的处罚，一个良好的行动养成习惯将成为工作技能。

为了盘活人力资源、提高劳动生产率、降低人力成本，股份公司于近期出台了编制定员文件，股份公司定员要实现人均产钢从550吨/人提高到800吨/人，入编制人员要从31800人减少到21800人，通过瘦身来提升企业竞争力。冷轧总厂组织结构调整为厂部四室：综合管理室、党群工作室、生产技术室、设备管理室，外加13个分厂、车间和站，总共17个科级单位。不含科级以上干部，全厂定员1929人，其中核定作业长岗位68人，技术业务岗位160人，操作岗位1701人。而现在冷轧总厂总人数是2122人，意味着有93人要到其他厂工作，同时科级干部和作业长岗位人数也随之缩减，公开这个信息是想让大家真真切切感到压力的到来。随着中国经济进入新常态，有些钢铁企业必将死去，要做精钢铁主业，必须要有一批优秀的人才，所以不具备良好岗位职能和素质的人，只能到低的岗位上，把现在的岗位让给优秀的人，通过减员和增效来提高主线岗位的收入，拉开与辅线岗位差距，这也是当前钢铁企业求生存的办法。

干部和职工都应引入竞争机制，对末位进行岗位调整或培训，在冷轧总厂产品变化多端，每个人都要有能力不够的危机感。我对冷轧总厂的班子和科干是比较熟悉，持之以恒做好基础管理就是了不起的。攻关一次不难，怕的是攻关之后又回到从前；解决一个事情也不难，难的是长期坚持做好自己的工作。不管是碰到冷轧总厂的领导、科干、作业长、主操、员工，我第一眼就是看戴不戴手套，这不仅是作风的体现，更是各级管理者行动的体现。杨新亮厂长主办了责任追溯报，被追责的员工都要反思自己为什么出错，这项基础管理一定要固化下来，这就是用事实说话，通过这种最直观、最实际，到岗位责任者的管理来支撑好工作，对这项工作要及时做出阶段性评价。

产品质量是一个企业管理水平的真实反映，产品质量的长期稳定需要各方面基础管理工作的长期稳定做支撑。产品质量与人人相关，广义的产品质量是用人的工作质量来保证工序质量，用工序质量来保证产品质量，产品质量是制造出来的。在现在市场取得订单困难的时候，没有品牌产品效应，没有产品质量保证，我们难以生存下去。

冷轧总厂有两条连续酸轧线、四条镀锌线、两条硅钢生产线、一条连退线、一条酸洗线、一条平整线，公司板带类产品都是在冷轧总厂作为终端产品出去的。冷轧总厂入口的都是原料的钢卷，出口的都是产品的钢卷，中间过程主要是物理变化：由厚变薄、由硬变软、由软变硬、由黑变白、由灰变亮、由瓢变平、由单变双，正常生产时除了主控室操作人员以外，自动化水平很高。冷轧总厂职工的劳动强度体现在哪里？我认为最重要的是跑腿，腿要勤快。对于主操来讲，查看本人工作区域，了解本人工作区域内设备运行状况要跑腿；对于作业长来讲，查看整条产线从入口段、清洗段、炉子段、平整段、到出口段的所有设备状况和在线产品质量要跑腿；对于分厂厂长和总厂领导来讲，查看产品原料、查看过程控制参数、接收现场问题、解决现场问题、关注产品质量、研究产品成本控制、观察员工在岗精神状态要跑腿。我们是否关注到我们的细节，是否做到了过程稳定，是否在原料预警的时候暂停了生产，是否找到问题的原因，是否给出了解决办法，坚持在现场是主操、作业长、分厂厂长的主要任务。

我在冷轧经历过几件终生难忘的事情。2008年我经历的第一件事就是1#镀锌线加热炉检修后点火发生爆炸事故，当时公司仅此一条镀锌线，我压力很大。后来查明1#镀锌线爆炸的根本原因是应该用氮气吹扫炉膛，由于操作工错开阀门，用煤气吹扫，导致在点火时发生爆炸。作为厂长，这次事故为我敲响了警钟，即使我们的生产线自动化程度很高，一个人操作失误，不经确认也会出大事。

第二件事情，我去看过几家钢铁企业冷轧厂，我们冷轧厂是改造原初轧厂建成的，冷轧区域的设备状况和现场环境要求是很高的。审核冷轧产品质量体系，你只用到生产现场看一看，头顶的屋檫、地面的设备、钢卷的摆放、绿色的通道，就会给出主观印象评价。我狠抓冷轧区域的设备见本色工作，爬过冷轧的每一台行车、摸过冷轧的每一台电机，群燕高飞头雁领，作为管理人员，只有自己保持好的精神状态，才能号召职工和你一起拼搏，只有保证设备状况和整洁的现场环境，才能干出好产品。

第三件事情，在马钢历史上，电工钢产品与人才的同时成长绝对是一个创举。从CSP热轧钢卷送至武钢做后工序处理，到我们建设电工钢后续处理线，从铁损、磁感、到板型一次次的攻关，从一个市场不认可的产品到最终产生巨大的效益，不仅是马钢电工钢占据了市场，更重要的是培养出了一批有进取精神的人才，马钢牌电工钢带出了一个优秀的团队，省委书记王金山亲临产线检查、询问，大家共同的努力与付出，我终身不忘。

第四件事情，去年六月份，冷轧总厂北区生产的镀锌卷盐雾试验不合格，形成白锈。顺着工序查问题、找原因，最终发现是烘烤和包装的温度高了。找到了根本原因，今年再也没有发生此类问题。类似的例子我们连退线生产的汽车面板发黄的问题，公司级的、总厂级的、外国专家级的会议开了多次，提出了各种原因：加热炉气氛不对、炉辊润滑油渗入、上道工序有问题等，检查了每一道工序，最后一名作业长发现是连退淬水槽的水混浊了，换了水，就解决了这个困扰大小专家的“大问题”。

我喜欢我们的冷轧产品，总在想和大家聊点什么。有次我在连退分厂走进开卷操作室，看墙上挂着“正在生产汽车面板”的指示牌，但当时没有生产汽车面板，我得到的解释是“厂里要求挂的，就一直没拿下来”，后来有一次眼看着就要生产汽车面板了，我去操作室却没看到有人挂这个指示牌。我觉着这些工作都与质量密切相关，不是一种形式，如果不能稳定的做好一件事，一定搞不好质量。我们生产汽车板前要求进行设备状况确认，又有一次我在现场间主操设备确认情况，得到答复“各项因素都已确认过了”，我请他当面复述一下确认了哪些因素，他却卡壳了。我们的工作不能光布置不检查，一定要坚持PDCA循环，冷轧总厂在公司的地位太重要了，我是公司首席质量官，今天来讲这些事情，是想和大家共同努力，一起把产品质量搞好。再讲讲合金化镀锌板冲压脱粉的攻关，宣传报道已经解决这个问题了，但是我们是不是找到了问题的真谛？是不是今后的镀锌板冲压就不再脱粉了？结果也证实了我的疑问，我们对工艺参数的制定，从温度到功率都还不全。不是一次试验成功就找到了成功的方案，要经过反复的验证，并使之固化下来，得到不断的积累。以上我所说的都是我在工作中亲身经历的事情，希望大家听完之后能有一些启发，在今后的工作中多用一份心、多操一份劳，我愿和大家一起把工作做得更好一点。

5月20日，我参加了总厂科协成立大会。公司希望寄托在冷轧总厂，寄托在冷轧总厂大拿的身上，我相信冷轧总厂的大拿在中国钢铁工业都是紧缺的人才，希望大家能够快速地成长起来。我听到这次冷轧品牌检查，检查到冷轧总厂的关键质量指标时，有人说不清楚。希望冷轧总厂“兵教兵、官教兵、兵教官”，围绕着共同的目标：“干出稳定的产品，干出好的产品”而努力。

今年考核冷轧总厂主要有四个绩效指标：产量指标、质量指标、计划执行率指标、计划兑现率指标，这些绩效指标的完成情况直接同冷轧总厂全体职工的收入挂钩。冷轧总厂1~8月份计划执行率累计完成96.34%，超过公司的考核值，说明各个分厂都在坚定不移地执行公司生产计划。1~8月份计划兑现率累计完成93.42%，比公司考核指标差了0.58%，希望再努把力，多加关注这个指标。对于质量指标，总经理要求外部质量投诉为零，要知道市场条件越不好，客户对质量的投诉就会越多，虽然外部质量投诉与去年比大幅降低，但是我们平均每个月还有61次，远没有达到公司目标；外部质量损失考核值为1.83元/吨，1~8月份我们累计达到了1.94元/吨，超了考核值0.09元/吨；质量总损失考核值为24.57元/吨，1~8月份我们实际完成为15.8元/吨，比考核目标降8.77元/吨，完成得不错。此外降本考核指标为43.71元/吨，1~8月份我们降本实际实现了24.57元/吨，还差19.14元/吨，大家再仔细找一找哪里还有降本空间。

马钢当前的形势是非常严峻的，公司在努力实现亏损额控制在每月2.2个亿以内，如果达到这个目标，我们就能生存下去，我们的口号叫“亏损不亏本”；如果亏损额超过2.2个亿，我们的资金就会很紧张，叫做“带血运行”，如果贷不到款就有可能发不出工资。

冷轧总厂是公司最重要的生产线，要把产品质量时刻放在第一位，因为产品出了冷轧总厂大门就直接到了客户手中，一定要坚决把问题产品留在家里，内部质量问题好处理、影响小，外部质量问题损失大、影响坏。在整个工序质量控制相对比较难的情况下，守好出厂前的最后一道关至关重要，这是冷轧总厂全体职工的共同责任。各级管理者一定要抓住自己的工作重点，科级干部不是传声筒、作业长不是甩手派，要一级带着一级干，一级做给一级看。

最后提一个要求，分厂、作业区每个月的工作小结，都首先要把质量指标放第一位来报告，逐级设计出“冷轧产品质量评分表”，把各种影响质量的因素按权重分一分，将各产线产品的综合质量同上个月比一比、同去年同期比一比、同历史最好水平比一比，看看是进步、倒退、还是持平。这项工作在今年内建立起来，月月完善，以数据说话，这样我们的产品质量是一目了然的，问题是容易追溯的，对众多冷轧产品的质量，我认为是一种评价的好方法。

# 确保安全生产 努力对标挖潜

## ——在煤焦化公司科技质量座谈会上的讲话

（2015年9月28日）

今天煤焦化公司科技质量座谈会我是第一次参加，几位代表的发言精彩，技术质量部的总结实在，邱厂长的报告很好，这次会议内容丰富、科技水平含量高、知识面也很宽，我和诸位一样很有收获。我作为公司总工程师，通过今天的会议对焦化的现状、焦化未来的发展和其他焦化企业的情况、马钢和OCI合资情况均有了了解，加深了印象，煤焦化公司由于专业的特殊性，以科技引领降本增效，提高竞争能力。

我对煤焦化公司既熟悉又陌生，煤焦化公司的新区、老区、煤场、苯加氢、焦炉、干熄炉、湿熄焦凉台、生产区域我都去过，所以熟悉。但是我对焦化专业有不少东西还没弄懂，对今天基层大部分同志还不认识，所以陌生。煤焦化公司是马钢非常重要的生产单位，焦炭、焦炉煤气、化工产品的生产均是特殊岗位，粉尘、易燃、易爆危险源多，安全生产压力大；有近2000名职工，和铁运公司、三钢轧总厂、四钢轧总厂、冷轧总厂一样是大厂；从地域上分为焦化新区、老区，管理幅度大；在安全上管理级别要求高，一起小的事故可能会引发大的安全事故，安全生产责任特重；在环保上，新环保法的实施直接将压力传递下来，环保工作丝毫不能放松。中层管理人员现在身上的担子很重：邱全山经理要努力完成公司下达的降本任务，保证职工的收入；李军书记要抓各级干部作风、一岗双责，确保党风廉政建设不能再出问题；汪开保副经理分管生产、安全，朱乐群副经理分管的设备、环保，彭宗胜副经理和毕振清副经理各自有专门分管的板块，你们要各司其职，狠抓责任分解与任务落实。马钢现在到了非常危险的时期，到了生死存亡关头，对于在工作中有失误，或者努力程度不够而不能完成公司指令性任务的，公司已经启动了对处级管理层的直接问责。

马上就是国庆假期，今天上午全体公司领导在一起开会后，最终决定了十月份生产经营计划，财务预测10月份股份公司亏损将达到4.44个亿，外部市场是钢材价格继续下跌而进口矿石价格挺住不动，销售和采购两头市场当月带来的差值是5个亿，马钢要做到亏损而不亏本、能熬下去，每月亏损应控制在2.2个亿，9月预计亏损在3.9亿元，如果10月份亏损4.44个亿，公司是带血运行，资金流出的多、流入的少。在这种形势下，是继续保持满负荷生产还是限产、减产成了我们必须直面的问题，同时存在的问题还有订单严重不足，每月120万吨钢的产能，目前10月份只拿到70万吨钢的订单，缺口达50万吨。有建议减产的，可以从源头把一铁总厂四座小高炉全部停掉，减少月铁水产量，把无订单计划的炉、机停下来检修，多套方案都经过了计财部的测算，结果是公司现在不满负荷生产，那亏损的金额将不止4.44个亿，停掉一铁总厂四座小高炉，不仅没有正贡献，反而是负贡献。公司现在真的是进退两难，不同的观点在一起碰撞，听起来都有道理，最终集团公司高海建董事长定下调：10月份再满负荷拼一个月，要求一是在外部市场千方百计找订单保生产，二是内部全力以赴再降本。10月1日公司将召开动员会，要求各单位中层管理人员、高级技术主管、科级管理人员全部参加会议，出台新的考核办法，对降本任务不能100%完成的单位零奖金并扣除部分工资的强硬措施，9月铁前降本总额3787万元，欠840万元，10月公司要求100%完成，这是挂在我头上的绩效考核指标。

9月份煤焦化公司预测吨焦降本51元，完成原定降本目标的127.5%，10月份按新的吨焦降本目标，从40元提高到68元，以现在的水平还有17元的差距。我们的降本是不是没有潜力、没有空间了？我们是不是把所有工作都做到位了？大河没水小河干，煤焦化公司职工不要抱怨收入的变低，从现在开始，要和居家过日子一样。在家出门的时候都会检查水、电、气有没有关好，不会允许跑冒滴漏的存在，能不能把这些意识都带到自己的岗位中，实现全方位降本。我们只盯着总的降本任务指标，这样看会感到难度很大，要将大类的消耗指标细分到末梢，这样看就会有不少降本细节可用来支撑总的目标，要将每一个分解后的末梢指标都落实到具体人头上，我想68元的吨焦降本目标就有办法，通过对标挖潜、开源节流是一定能实现的。

我和煤焦化公司经历过几件难忘的事情，因为分管生产和安全，天津港化工产品的大爆炸，使我对煤焦化公司的安全生产特别关注。9月3日纪念抗战胜利70周年大阅兵的前一天，按照国家对确保安全的要求，我会同安管部、企管部抽查了公司五家单位的主要负责人，第一家就选了煤焦化公司邱全山经理，要求立刻回答出煤焦化公司范围内的危险源有多少个和控制措施是什么？结果邱经理一个不落地答了出来。去年夏天，煤焦化公司新区化产设备检修，那是市级危险源控制点，当时正值高温天气，我担心检修人员放松警惕而出现安全事故，在中午11:40赶到了现场，看看有没有安全员在现场值守，到了之后我很感动，安全员虞文平从开始检修到休工一直监护在现场，认真负责，我推荐他为公司级优秀安全员。今年春节前三天，气温很低，凌晨2点钟，我接到煤焦化新区5#干熄焦提升机构的滑轮片损坏的电话，我知道这会对大高炉产生影响，立马起早往现场赶，到了之后，看到汪开保副经理已经在组织抢修了。白天、夜晚、冬天、夏天、领导、职工，我看到煤焦化公司的干群作风是扎实的，管理是有效的。今天又听了苯加氢作业长的汇报，这个现场做安全检查时我去过，深知苯加氢区域的危险程度，这个岗位的职工没有太多的体力劳动，但担负的安全责任是最高等级的。是不是按照公司的要求真正做到了“写所需、做所写、记所做”，我检查了公司很多岗位，但能不打折扣执行公司要求的不是很多，保证苯加氢区域百分之百的安全生产，是我们应当承担起的岗位职责和社会责任，在此岗位上的职工时刻要保持高度的警惕，必须严格执行公司“写所需、做所写、记所做”的要求。

九座高炉的长周期稳定是马钢生产经营中最重要的事。煤焦化公司多年来一直保持了焦炭质量的稳定，去年公司高炉均实现平稳过冬，到现在都处于稳定状态，与你们的工作密不可分。从高炉外部预警次数上看，全年仅有焦炭的灰分和粒度两个指标的几次波动，希望煤焦化公司在面临降本压力的同时，能始终把把稳定焦炭质量摆在第一位，甘当配角、当好配角。现在煤焦化公司开展焦炉生产自评价活动，强调每道工序的质量控制，借鉴高炉体检方法，找出一套控制因子并分配权重系数，用数据对每座焦炉、每座干熄炉、每炉焦炭的质量进行分析，看看这个月焦炭质量同上个月相比，是进步了、退步了，还是保持不变。我们追求产品质量，就必须有一套科学的质量管理方法，质量提高要能说出做了哪些改进，质量下降要说出哪些因子变化了，希望能在今年四季度大力推进并完善这项管理工作。

对煤焦化公司的考核主要有三个关键绩效指标，这三个指标的完成情况直接同职工的奖金收入挂钩。第一个是产量指标，全年生产计划为441万吨焦炭，公司焦炭需求量还依靠外部采购部分，一铁总厂的四座高炉以及二铁总厂的3#高炉均使用的是外购焦炭。为了确保自产焦炭的质量，公司没有对煤焦化公司提出超产要求。第二个是降本指标，煤焦化公司的降本工作年年是进步的，今年1~6月份吨焦降本考核指标为40元/吨，实际1~3月份没有完成，4~6月份完成了，从7月份开始，随着市场急剧下行，公司加大了降本挖潜的力度，新的吨焦降本指标是68元/吨，7月份实现降本47.55元/吨，8月份实现降本50.97元/吨，到9月份预计实现降本51元/吨，距新的降本指标还差17元/吨。第三个是质量指标，又分为抗碎强度指标M40和耐磨强度指标M10，从1~8月份的统计数据来看，这两个指标的完成情况是比较理想的。

今天的科技质量座谈会涵盖的内容很多，最后我还是想聊一聊大家最关心的奖金收入问题。1~7月份煤焦化公司职工平均奖金是1080元，与去年相比下降了，但你们的奖金收入在全公司仍然排名前列，有些单位平均奖金不足600元。在当前困难形势下，公司领导层已经减薪50%，如果全年亏损的话还要下调，处级干部已经减薪30%，科级干部、作业长的奖金收入也都在大幅下调。面对不断降低的收入，我们的日子还要过，只有大家共同努力，上下拧成一股绳，千方百计为生存而战，依靠自己的贡献，为自己挣得收益。一年的时间过得很快，但钢铁行业的苦日子还没看到头，保卫马钢家园已到了最艰难的时候。

# 中流击水 我们不进则退

## ——在2015年9月份铁前例会上的讲话

（2015年10月9日）

马钢的生产经营特别困难，国庆节早上，公司用视频会议的方式向各单位传递压力。董事长作了十月马钢内部与外部条件下，应对生存的分析与干法的讲话。随着全国钢铁同行经营报表的陆续公布，以钢铁集团公司排名，前三季度马钢集团公司的亏损额排在第六位。根据这个数据，马钢不是上半年的情况了，这是公司面对持续下跌的钢市，上下努力、拼搏的结果，证明我们的生产经营决策是正确的，但继续在苦日子里煎熬是难免的。我们炼铁的成本低于全国平均水平，配矿价格低于家门口的长钢和南钢，靠的是铁前系统的采购、运输、焦化、港口、港原、炼铁厂不懈的努力，如果没有炼铁的优势，马钢的亏损要大得多，资金流可能就出现了问题，铁前今年工作力度很大，取得的成绩值得充分肯定。

对于外部市场我们心有余而力不足。进口矿、煤等原材料价格下降的幅度很慢，采购和销售无法同步进入双降的通道，两头市场每个月的降价差从3个亿扩大到4个亿、4.5个亿，9月最终结算达到了5个亿，这是我们亏损的主要原因。外部市场没有办法，内部降本就成为当前重中之重的工作，现在是多降一元就减少一元的亏损。各个单位要仔细找寻降本工作还有哪些不足，在技术上、管理上，与自己的历史最好水平比、与同行的先进水平比，对标挖潜，还有没有进一步降本的空间！公司把制造系统每月8950万元的降本任务，放在了我们的身上，其中铁前系统每月4650万元，现在是一铁100%完成、焦化100%完成、三铁完成85%、二铁仅完成70%。各单位要好好研究公司新出台的降本及考核政策，在困难时期最重要的是逐级分解指标，积小胜为大胜，把降本工作做到极致，这既锻炼了职工队伍，又显示了管理水平。

今年整个集团公司都必须立足于内部降本求生存。姑山矿降本工作做得最好，他们的行动口号是“矿价降到哪里，成本跟着降到哪里”，这是他们不畏困难、敢打敢拼的精神写照。相比较，股份公司各单位比较谨慎，因为连续施加压力，降本大的举措都下去了，继续降本的空间就非常小。一铁总厂的11#高炉十月生产计划是不停的，但生产出的铁水成本高于二铁、三铁，用最高成本的铁水干出最低售价的产品，即使产量增加了还是负贡献，加上11#高炉炉缸不是镁碳砖砌筑、炉缸预警已经好几次了，公司最终决策将11#高炉停炉了。一钢轧总厂的CSP生产线主要生产热轧卷供冷轧作原料，日产能6000吨，因为产品档次的局限性，加之下行市场对表面质量的要求，干下去没有边际效益，公司分析利弊后也将CSP产线关停了。停产单位或停产产线只能安排员工放假、少量员工学习，或部分员工充实到任务繁重的各产线。

在我们持续做好高炉长周期稳定的同时，也要持续抓铁前降本。有两个方面我要特别关注：第一、无论是焦化、港原、炼铁厂，还是要眼睛向内，虽然原料降本有难度了，但是在能耗指标上降本还有不小的空间，只要再多做一点管理与技术上的实事，再仔细盘点一下整个生产过程，还有很多工作能做的比现在更好。生产中需要的库存、矿粉、块矿、球团、燃料、辅料，性价比高的我们都可以引进试验，力争有更多的资源可供选择。第二、进入四季度之后天气开始转凉，铁前生产将进入“第二次平稳过冬”的时期，5#干熄焦检修顺利完成、6#干熄焦也开始出焦，5#焦炉跨年度的检修工作将开始，外购焦炭的质量控制及高炉的预警必须强化起来，去年高炉过冬的举措要启用、高炉过冬不足的工作要改进，我们的块矿烘干线也要承担更大的生产量。

**四季度炼铁技术处牵头做好几件事情：**

一、今年十一月末或者十二月初以《安徽冶金》专刊，出版马钢人的炼铁文集，收集铁前港务原料总厂、煤焦化公司、三个炼铁总厂相关优秀的文章。围绕着保高炉长周期稳定、料场低库存、高炉体检与预警制度、焦炉评分、提升经济技术指标、铁前系统联动降本增效等主题，这两年工程技术人员很给力，已经有很多优秀的文章在马钢宣网、微信、日报上发表，是马钢炼铁人的技术沉积、智慧结晶，收集出版这些文章很有意义，这样可以鼓励更多的工程技术人员钻研技术、总结过去、写好论文、提升水平。

二、集团公司高董事长宣布，到十二月中下旬，公司高炉生产稳定，炼铁成本持续低于全国平均水平，各项指标不断进步，公司召开一次铁前系统总结表彰会，专门拨出奖金奖励在技术上进步、在管理上创新，为今年铁前生产稳定顺行做出贡献的同志。对生产一线的主操、作业长、炉长、分厂厂长、优秀工程技术人员，紧贴现场服务的，也予以表彰。这件事请黄总和炼铁技术处精心策划，以典型领路、扩散正能量，公司就是要在困难时期重奖做出实实在在业绩的铁前人，他们是公司的栋梁，应该在精神上和物资上都得到奖励。

三、公司在研究马钢三个炼铁总厂的核心作业长、炉长、主要技术骨干，实现内部交流，钢轧总厂已成功做出了实践。钢铁工业的危机一定是越来越加剧，新建的4#高炉明年要投产，为了我们炼铁工作能往前再走一步，为了追求高炉长周期稳定，必须更优秀的人派到更重要的岗位上去锤炼。俗话说“人挪活、树挪死”，有人一辈子在一个单位工作，希望大家能毛遂自荐，工作要有激情、追求变化，老是守着一亩三分地或许会错过更多机遇，适时岗位交流一定能激发出新的活力，这也是对炼铁工程技术人员的一次挑战。我希望想在工作岗位上有变化的同志积极来找我，三个铁厂的厂长也应该积极推荐人才。各座高炉的关键人物可以在内部交流，也可以在总厂之间交流，小高炉的炉长可以到大高炉，大高炉的炉长也可以到小高炉。总厂厂长不要担心，第一名离开了第二名才能更快成长起来，给优秀的人才提供更大的舞台，我相信这样能把铁前工作做得更好、更活跃。

我从去年五月份接管公司生产到现在，及我之前长期担任过公司生产部经理，一直在用心关注铁前各单位。一铁总厂高炉从2005年起至今，处在稳定向上的时期，四座小高炉的各项指标和降本在进步。二铁总厂两座2500m³的高炉由过去大幅波动进入现在小幅波动，3#高炉制定了新的操作模式，公司对此组织了三次考试，日产铁水量现在稳定在2700±50吨，目标是日产铁水3000±50吨，炼铁人要有雄心壮志。1#高炉是先建设的，在此基础上做出设计修改建设2#高炉，1#、2#高炉的操作模式也应该借助于体检的推进重新制定了。三铁总厂今年A、B高炉实现进一步的优化操作，实行高炉体检和高炉预警机制工作做得好，两座大高炉对公司熬过当前至关重要，绝对不能出现过去的炉况失常，不然这就是压垮我们的最后一根稻草。煤焦化公司邱全山、汪开保都是很年轻的厂长，焦化重担压在身上，要时刻感到责任难以担当，强化学习提升管理能力。港务原料总厂总体是平稳的，现在影响较大的就是供料皮带偶尔被撕断，今后必须要采取措施，找出哪家单位的责任，可以追溯考核。我们在工作上要经常动一动，不能守着现状没有突破，当前状况是哪怕进三步退两步也要往前走，不追求变化、没有创新是熬不下去的。

我感到铁前五个单位的文化确实不一样，希望能求同存异、相互学习，表现出来的是好的企业文化。我推崇的是三铁总厂的企业文化，三铁的高炉中控室通道的窗口，一张炼铁院士张寿荣85岁时在操作台与职工的合影，这是企业文化；当班人员必须把手机统一放在充电台上，禁止工作期间玩手机，只有来电允许接听，这是企业文化；中秋假期期间，组织在岗大学生职工一起吃饭共度中秋，这也是企业文化。作为企业的管理者，如果自己觉得管的没劲、管的厌烦，那这个企业不会有好的文化，群雁高飞头雁领、火车跑得快全靠车头带，大家回去可以反思一下。我提个要求，铁前所有中控室当班操作人员不允许工作期间玩手机，各位厂长对这种现象不能不管，虽然现在炼铁总体稳定，但是只有每人、每班、每天的精心操作，才能实现高炉更好更稳定，希望各位厂长把细节管控起来，我们都知道铁前能长周期的稳定，这是要靠各方面的综合管理来支撑的。

# 迎难而上 化危为机

## ——在2015年度冶金工业质量经营联盟理事座谈会上的发言

（2015年11月17日）

今天参加冶金工业质量经营联盟理事会，通过各家的发言，我得到很多信息，也有一些想法。我很喜欢管炳春总经理的报告，他站的层次比较高，可以把各家企业的信息聚在一起做出分析，我能看到哪些东西是我们需要的，哪些东西我们还没有想到的。

2015年就要过去，这一年钢铁企业都过得特别难。高管层真的难过的睡不着了，每个月经营结果都是报亏，企业在失血运行；职工日子难过了，收入大幅降低。我所在的马钢公司现在科干减薪、处干减薪、公司高管层大幅减薪，按照省国资委的考核要求，公司高层管理团队今年是没有年薪了，因为约定是基本工资加绩效奖励，如果马钢经营亏损，那就没有绩效这一块大头的收入。

企业中最难的是销售人员，现在国家经济形势严峻，加上各大钢企在市场激烈拼杀，想拿到订单特别困难，包括宝钢、武钢、首钢等知名企业，为了能让产线饱和生产，降低固定费用分摊，都在争取多拿订单，高中低档次产品也都干了。纵观今年的市场现状，最先狠跌的是长材，价格一跌到底，造成长材产量萎缩，接着板材价格开始走低，从中钢协发布的数据来看，指数一直在下行，但是我看板材还没有跌到位，还有继续下跌的空间，因为供大于求，一直到真正有部分企业不干时，或者市场需求平衡时，才会触底。在安徽地区，马钢的螺纹钢就是如此，现在马钢螺纹钢的边际效益还真的已经超过了板材的边际效益。

面对困难的形势，钢铁企业都走在绝路上，直到拼死为止，没有谁有能力把市场拽回来，没有谁是救世主。从过去没有边际效益不生产到现在没有边际效益不生产不行，从过去不失血运行到现在固定资产折旧不要了，保证资金流为正就行。预算一退再退，亏损也要继续生产，让利不让市，坚定不移的拼死为止，钢铁行业已经到了非常混乱的时期，不是理智是玩命，一个“拼”字、一个“熬”字，看谁能最终度过这个“寒冬”。

回头看马钢2014年底制定的2015年预算，可以说是完全背离的。现在又到了制定2016年预算的时候，无论用什么方法都做不出不亏损的预算。市场是残酷的，马钢正常生产一个月125万吨钢材产量，两头市场的剪刀差从年初的2.5个亿增加到上个月的5.2个亿，相对应要求内部降本从一年24个亿加码到36个亿，但大家都知道现在降本的空间很有限，该做的都已经在做了，再想做的事已经不是企业自己可以做下去的了。

我认为中国钢铁工业面临的格局短时间改变不了，因为我们对内、对外都被绑架。对外我们的资源外部依赖度很高，进口矿石被国外三大矿山高度垄断，以往钢价涨矿价涨、钢价落矿价落，存在一个相对的平衡关系，钢企有可活动的生存空间。现在钢价跌矿价不跌，国外三大矿山的盈利状况比整个中国钢铁工业拼在一起都要好，两者存在巨大反差。对内我们被钢铁下游制造企业绑架，因为严重的产能过剩、市场萎缩，稍微高附加值的订单能达到2000吨，普通的订单能达到3000吨，需求企业就会招来数十家钢铁企业竞标，疯狂血拼、恶性相斗，甚至劣品冲击良品。最后一系列产品，包括取向电工钢、无取向电工钢、高档电工钢、汽车板、汽车外板、镀锌汽车板、高强汽车板、家电板，价格全都一头栽了下来。此外上游采购货物是不到钱不发货，下游制造产商又提出了“零库存”的概念，汽车制造厂要求钢企如想得到汽车板订单，需在汽车制造厂门口设立加工中心，把各种规格的汽车板都备好待用，这都给钢企增添了竞争的难度。

现在用户拿产品质量设置门槛，真实的使用条件他们清楚，但用产品质量这把剑砍价、追求性价比，因此如果哪家钢企今年质量考核指标不上升，甚至还能下降，那这个企业的质量管理是绝对的高水准。以往汽车制造厂用日本生产的汽车板，每百万片汽车板出现质量异常约有60~80片，这也符合6σ管理标准。现在我们做汽车板，先进入自主品牌市场，再进入合资品牌市场，最后想进入独资品牌市场，质量要求高到有一片汽车板出现问题都要拿回去，质量异议很难处理，甚至有些根本不是质量问题，是商务问题，市场真让我们深深的知道了顾客是上帝。当然我认为这种对质量的挑剔也不一定是坏事，锤炼了我们的产品制造能力，如果能一直保持这样的质量观，未来我们会越做越强，客户是上帝的理念会牢牢种在心底。

2015年各家钢企最终亏损如何，一季度多家的报表都挺住了；二季度的报表有些报亏了，开始指望下半年市场转好；三季度的报表大家今年都扛不住了；四季度的报表到底会是什么情况，需要等到明年一季度才能知晓。特别是上市公司，今年如何做账，是实打实去做还是为明年减轻负担去做，经营团队是否考虑个人的利益，还是明年怎么干法，这已经不只是一个实事求是的做账问题，而是一个企业如何熬过今日求得生存下去的问题，是一个非常艰难的选择。企业的资产负债率不再是大家首当其冲考虑的事情了，开源节流也好，定向增发也好，国有股减持也好，首先要确保经营现金流不能断，确保不出现借贷无门。

2015年马钢也出台了很多举措，试图找寻还有什么灵丹妙药更有效，但感觉还是没有好的招数。亏损减产不行，减员增效不行，裁减劳务也不行，一是裁减顶岗劳务涉及到法律问题，二是许多劳务岗位劳动强度大、工作条件差，正式职工给钱也没能力干，这些举措都不是我们喊喊口号就能开始的。同样对职工减薪也是企业领导人压力最大的事情，首要是宣布自己不拿年薪，否则容易激发更大的矛盾，因此我看各家对可以用的举措都是比较谨慎。除了这些举措之外，只有内部精益组织生产、加大对标挖潜，从各项经济技术指标上深化降本。具体措施上，马钢要在非钢板块上下大力气，成立物流公司做强物流板块，搞耐材总包降低耐材保产成本，分流股份公司员工到集团公司减轻钢铁主业负担，成立APQP攻关小组开发新产品，成立能源管控中心控制能源消耗，要求对每条产线计算日成本，通过追求卓越绩效管理方法弥补自身不足。

钢铁行业面临的这一轮危机到现在真的很难看清楚，乐观的看法等着别的钢铁企业先死，钢材市场需求转好；悲观的看法随它去了，到哪一步是哪一步，干不下去就血拼。钢铁企业以往盈利的在减利，亏损的在加大亏损，今年为了扭亏把可用的方法用尽，明年市场进一步下滑，还有什么办法？现在钢铁行业到了不重新洗牌不行的地步，我希望经过这一轮的大浪淘沙，有一部分钢铁企业受国家法定条例的制约逐步淘汰掉，钢铁产能总量萎缩下来，同国家钢铁需求总量相适应，整个行业能在惨淡经营中过着微利的日子就行了。

马钢人对度过当前难关都是很有信心的，我们的资金流管理状况很不错，还能再顶过一阵子。2015年，我们对质量、品种、降本都已经在狠抓。2016年，我们首先要抓的就是对人的管理，开始分兵突围、分灶吃饭，让有能力的人领衔来干一些重要的事；其次要抓我们的销售体制，现在销售直供户比较少，中间商也走了不少，自己的销售队伍力量还很薄弱，能不能把销售体制机制民营化动一动；另外要抓我们的采购体制，为什么汽车厂、家电厂能轻而易举地对我们的产品砍价，我们的采购为什么砍不下价格，要在体制机制上再细细琢磨琢磨，企业一样的经营法则，买得便宜一点，卖的稍贵一点，中间制造再省一点。

马钢有自己的特色，丰富的产品品种质量是我们稳固的根基。明年马钢经营计划定的是可以亏损但不能亏本，内部在汽车板、家电板、镀锌板、H型钢、彩涂板、特种钢、轮轴钢深耕细作，外部在采购、销售上转变体制机制，激发出潜在的能力。未来马钢将继续追求卓越绩效，全面质量经营，面对危机、迎难而上，马钢不会输！

# 为《安徽冶金》炼铁专刊作序

2015年12月4日

今年公司高炉实现了稳定顺行，各项经济技术指标得以提升，在推出高炉体检方法历时两年实践后，这本凝聚着炼铁工作者心得的专辑论文出版了！反映了当今铁前工程技术人员在企业生存与发展中的重要作用，为充分表达学术观点与交流经验提供平台。

两年来马钢铁前系统的进步，得益于对高炉失常的认真分析、聘请专家的指导、学习“保姆式”呵护法、系统管控技能的提高。在面对自去年以来钢材价格持续下跌，日益恶化的市场环境下，解放思想、眼睛向内、自我突破，高炉总体实现稳定顺行，2015年1～11月在炉机同等日历作业时间内，比去年同期增加铁产量26万吨，毛焦比平均下降19kg/t，生铁成本由2014年初高于行业平均成本119元/吨，到2015年三季度起低于行业平均成本60元/吨，行业排名得到快速提升。

马钢创新的《高炉体检制度》解决了操作标准化及各项影响因素量化分析的问题；《铁前系统外部保供预警方案》解决了入炉原料波动及内外部快速反馈响应的问题；在铁前配煤、配矿方面，比较性价比降低采购成本；以稳定自产焦质量和外购焦炭质量，开展降灰攻关；在高炉操作方面，实现气流稳定，提高煤气利用率，降低燃料消耗。

实现高炉长周期稳定顺行，保持铁水成本的竞争力，我们一直要在这条大路上走下去。一分耕耘一分收获，作业长、炉长、厂长、工程师、高级技术主管要不断进取。博学之，审问之，慎思之，明辨之，笃行之。技术学术氛围的活跃会为马钢的炼铁事业展现一片美好的未来。

# 附 录：

## 2015年述职报告

（2015年12月15日）

本人岗位为股份公司常务副总经理、总工程师。一年来，在公司党政的领导下、分管部门的配合下，所做的工作主要有：

**一、担当责任的几项关键绩效指标完成情况**

1.股份公司2015年铁、钢、成品材计划产量为1368万吨、1476万吨、1447万吨，预计分别完成1325万吨、1400万吨、1355万吨，完成率分别为96.82%、94.85%、93.64%。2015年板带产量预计完成912万吨，与2014年相比增加33.35%。

2.2015年板带订单产量兑现率、条目兑现率预计分别完成95.00%、88.20%。产品质量总损失8.70元/吨，达到控制要求。

3.2015年1~11月份铁前系统降本目标10.01亿元，实际完成降本8.92亿元，累计完成率89.02%，2015年铁前系统降本预计比2014年进步6.03亿元；2015年1~11月份钢轧系统降本目标10.4亿元，实际完成降本10.2亿元，累计完成率98.06%，2015年钢轧系统降本预计比2014年进步3.74亿元。

4.2015年股份公司10个APQP项目组正在实施的50个新产品开发项目，新产品开发项目完成率85%，完成公司考核指标。

5.2015年股份公司在岗职工无工亡、无重伤事故，轻伤事故40起，属地工亡事故1起。

**二、担当的几项重点工作落实情况**

1.全力保公司炼铁生产稳定，推进高炉体检及预警机制的实施、完善和常态化运行，组织铁前炼铁分厂厂长、高炉炉长、作业长三个层次进行高炉操作指导书学习，强化铁前基础管理，今年马钢实现了炼铁成本低于行业平均水平。

2.紧盯四钢轧总厂连铸设备的精度恢复，提升质量、产量，强力支撑公司第一个技术攻关招标项目，板坯角部裂纹攻关措施的落实，组织系统联动保四钢轧总厂高效拉练，并在月产钢70万吨的台阶上站稳。

3.特别关注冷轧总厂质量保证体系建设，在冷轧产品制造、检验工序中落实“写所需”“做所写”“记所做”，坚持PDCA循环，对产品内在外观质量缺陷的原因进行跟踪验证，直至问题解决。

4.主持晶龙公司与马钢公司在中高牌号（W300、W270、W250）电工钢上的开发，一步一个脚印，从生产取向硅钢基料起，到明年合作生产马钢牌取向电工钢，这样的合作方式是双方都要凭实力，来不得半点虚假。

5.组织车轮钢塑性变形试验及车轮钢新工艺的试验，两轮正式试验结果全部达到设计要求，再次验证后组织评审，转正式使用新工艺，解决夹杂探伤长期以来的困扰。

6.常态化地做好技术管理工作，每月在《马钢日报》上公布外部质量索赔情况、公司产品质量指标完成情况、各条产线产品质量损失考核情况，每月主持召开技术质量例会，找寻典型案例，提升技术水平。

7.做好科研项目、技术攻关项目的评审立项工作，认真评审，不符合要求的项目删除，今年申报项目通过率不足50%，推进A类科研项目的定期评审工作，马钢7项成果获得2015年冶金科技奖。

8.公司质量保证体系常态运行，按时开展内部审核、外部审核、二方审核、三方审核，完成整改工作，并对审核发现的不合格项逐项纳入考核，推进10个APQP小组学习与进步。

9.对生产、设备、安全、质量工作中出现的问题，不怕得罪人，敢于担当，追究相关人员责任，严肃向中层管理人员问责，现已形成惯例，保障了公司生产经营正常进行。

**三、个人情况报告**

1.我愿自觉接受广大职工的监督，干干净净做事、老老实实做人，坚持以勤政廉政的作风，深入现场协调或解决问题。

2.自觉落实公司各项规定，遵守中共党员干部八项规定，个人无违章违纪的事例发生，坚定不移地和以习近平为总书记的党中央保持高度一致。

3.面对公司的巨额亏损，本人深感压力巨大，为了保卫马钢家园，我会积极努力、立足于行动，做出自己的贡献。

# 对标挖潜 再创佳绩

## ——在2015年12月铁前例会上的讲话

（2016年1月8日）

2015年，马钢炼铁生产实现了全年稳定，所做的工作及取得的成绩得到了公司领导层、职能部门和全体职工的高度认可，一改往年对马钢炼铁的评价总是负面的多、正面的少，这次整个铁前系统，包含煤焦化公司、港务原料总厂、港口集团、炼铁技术处在内，一项项系统支撑工作的改进及完善直至标准化，真的很不容易。

2015年12月16日，公司在宾馆召开马钢高炉稳定顺行暨铁前系统降本总结大会，向对公司炼铁有功劳的单位和个人分别颁发了高炉体检预警机制创新奖、公司铁水成本突破奖、进口矿低库存运行奖、高炉稳定顺行协作奖、红旗高炉奖、3#高炉技术进步特别奖、优秀炉长奖共七个奖项，总计发放了300万元奖金，还编撰出版了一本炼铁技术进步论文集。晚上丁毅董事长亲自宴请参加总结大会的铁前系统代表人员，我和陆克从副总经理、黄发元副总工、田俊总经理助理陪同参加了晚宴。做这一切的目的是为了给铁前系统鼓劲，是公司高度重视炼铁工作的体现。我说这些是想和大家共同回忆2015年我们是如何走过来，我们到底做了哪些卓有成效的工作，总结过去，往往能更好地部署未来。

我每天都看炼铁报表，从去年12月份下旬起，我们三个炼铁总厂的产量都很高、炉况都很顺，如果算上一铁总厂停下来的11#高炉的平均产量，那我们每天出铁水都是38000吨以上，甚至到38500吨水平。今天是农历二九的最后一天，高炉仍处于过冬状态，到现在为止，天气还没真正冷下来，雨雪也没有到达，高炉过冬运行很好，再往后天气会不会倒春寒、会不会雨雪增多现在说不准，所以我们在思想上一定不能麻痹，我还是提醒不仅需要高度关注内部，还要关注外部原燃料的变化。

目前马钢几座大高炉的情况，三铁总厂的A#高炉稳定顺行659天、B#高炉稳定顺行649天，二铁总厂的1#高炉稳定顺行727天、2#高炉稳定顺行1344天、3#高炉稳定顺行314天。我报出这组数据，在座的都是炼铁专业行家里手，我只能算站在外围来看炼铁生产，继续追求每座高炉的长周期稳定，我们还需要什么？我们真的需要什么？我经常和黄总打比方，作为炼铁副总师，黄总就是公司炼铁的总指挥，而我很高兴当个政委。从政委职能这个角度讲，我认为第一条就是需要各级人员的高度敬业，光有总厂厂长敬业不行，还要有中层干部和一线职工的敬业，没有总厂厂长的敬业，就不存在中层干部和一线职工的敬业，当然总厂厂长敬业也不一定意味着中层干部和一线职工会敬业。有管理的箴言说：一流的管理是厂长上面看下面忙着干，二流的管理是厂长带着大家一起干，三流的管理是厂长忙得团团转下面不知怎么干。保高炉长周期稳定顺行是管理问题不是技术问题，管理问题是管理者自身的问题。

2015年我们铁前实施了体检和预警机制，由依据结果回溯过程，到现在通过过程控制保证结果。三个炼铁总厂的企业文化有很多相似的部分，却都展现出不同的特色来。实事求是评价，2015年铁前工作内在是方法套路正确、外在是有声有色出彩，干得真好，炼铁的位置在公司凸显出来，这个是钢轧系统厂长们也公认的。有这样一个好的气氛，今天是2016年的1月8日，我想我们在座的各位真的要一起思考，在2015年炼铁工作取得好成绩的基础上，2016年我们该怎么干？守住原有的工作方法不变是一种干法；守住原有的工作方法，再有一些创新和突破也是一种干法；用新的方法，挑战新的目标也是一种干法。

高炉的外部条件，公司陆总、黄总，包括炼铁技术处在牵头谋划，现在公司主要领导把目标指向高炉外部条件，要求高炉外部条件继续改变，大中小高炉都要对标挖潜，目的是炼铁的降本能再往前走一步。理论上讲是可行的，因为有同行的榜样，但想法和我们的实际差距能不能缩小下来，想法能不能实现，还需要什么保障条件，毕竟保高炉稳定顺行还是排在第一位的。高炉的内部条件，炼铁技术处应对2月份马钢姑山矿停产，预案已经做好，也发给了采购中心，一定要提前做好准备；计财部针对2015年高炉煤气消耗价格与回收价格差2元，已经做出来调整，高炉煤气的消耗和回收都是一个价，这有利于铁前今年的降本，增加炼铁成本竞争力。2016年公司生产经营计划已经下达，我们只有围绕新的目标来干，现在已经过了追求产量的时代，控亏保持正常生产需要精打细算，每个单位都要梳理出自己新的降本目标。

我们炼铁原料成本、加工成本比例已经发生了大的变化，一铁总厂原料成本占51%、加工成本占49%，二铁总厂原料成本占58%、加工成本占42%，三铁总厂原料成本占62%、加工成本占38%。随着进口矿价的不断走低，现在已到了每吨40美元，大中小高炉炼铁的加工成本所占总成本的比例在上升。三个炼铁总厂要针对各自的情况，为了达到降本的目标，应该适时提升或突破各项操作指标，对应的列出不同的工作重点。

在这里我要提醒一个需要关注的信息，在马钢高炉稳定顺行表彰会上，丁毅董事长特意提到了马钢的炼铁文化。过去这个文化有问题，每次高炉失常的分析都是外部为主的原因，炼铁降本把眼光全部投向原料降本。现在炼铁文化是修炼自身的，我们的观念和行为方式已经发生了大的转变，眼睛向内，苦练内功，钢铁行业竞争到这个时候，应该讲内功永远是抵抗外部侵扰因素最有力的支撑。

既然我们有能力保高炉长周期稳定，就要千方百计瞄准我们的降本目标，下达更有力的举措。我想即使我们可能达不到100%，也要搞到95%、85%，再回头看一下，我们确有自己不满意的工作，梳理一下自己的措施，之后一定要把各项消耗指标分解到神经末梢，指标下到炉长、核心作业长、科级干部和职能部门身上，真真动态考核起来。现在都觉得降本困难，我觉得几个炼铁总厂厂长的压力确实很大，但是在压力大的情况下更要有新招术。

2015年，马钢集团亏损53个亿，股份公司本部加上长钢和合钢，股份（集团）公司亏损是42个亿，我们的目标是力争集团公司总亏损在同行中排名第五、第六位。2016年，为了保证亏损额限制在固定资产折旧额之内，不再失血，公司下达了新的降本任务：控制每个月亏损额度不能超过2.3个亿，给制造系统下达新的降本任务是2.6个亿，其中铁前系统是1.245个亿，钢轧系统是1.2398个亿。结合产量换算之后是：一铁总厂吨铁降本73元、二铁总厂吨铁降本99元、三铁总厂吨铁降本86元、煤焦化公司吨焦降本70元。刚才计财部许经理测算的铁前各单位元月份降本任务完成结果是：一铁完成降本任务的50%，二铁和三铁完成降本任务接近50%，焦化完成降本任务的86%，这一结果无法交待，我们第一目标至少也要完成任务的70%以上。如果我们今年元月份降本还达不到去年最好月份的水平，我觉得只有一种解释，没有守住原有的阵地反而向后退了。

与新的降本计划相比，铁前系统元月份还欠5288万，我是制造系统降本的负责人，我想只有每位职工都把厂里当成自家一样来过，才能说是降本工作做到了极致，这就无话可说了，因为大家现在还差距不小，所以我们还要再努力。我们早晨出门上班，可能会想到家中灯和水关好了没有，稍有怀疑还要跑回去再确认一下，能不能把这种细致带到工作中、带到降本任务上。降本的大头抓住了，现在只能是抓细节了，各个厂都要梳理出每一个消耗指标，这些消耗指标分块打包没用，大指标分下去也没用，就是要将指标细分到位，还是那句话：“千斤重担人人挑，人人身上有指标”。到月之后再回过头来看，哪些人完成了担负的指标任务，哪些人没有完成，没完成任务的人单独找出来谈一谈、查原因，把每个人的工作用奖和罚都逼到极致。今年第一个月公司预计亏损达到3.88亿，超过控亏2.3亿的月度目标，其中铁前系统与目标差距很大，我和黄总压力都很大，现在公司要求把3.88亿亏损控制在3个亿，还差八千万的降本任务需要再作调整，销售、制造、采购各分一块背回去。

我们炼铁生产走到今天这一步，有创新的东西，但基础工作并不需要多少创新，在去年工作的台阶上守住，有突破更好，没有突破就实现进一步的精细化。高炉稳定是第一位的，在追求高炉稳定和关键经济技术指标的时候，要将高炉的外部条件和内部条件放在一起来看。2015年炼铁干得很好，2016年我们将重点转放在炼铁降本上，通过不断对标挖潜，相信我们会实现确定的目标，交出一份自己和公司满意的业绩。

# 坚守保卫家园的主战场

## ——在二铁总厂四届三次职代会上的讲话

（2016年1月15日）

接到了今天上午参加二铁总厂职代会的邀请，昨天晚上，我专程从北京赶回马鞍山。1994年我在经理办公室工作，那时二铁总厂1# 2500m³高炉开炉的历史镜头让我终生难忘。虽然马鞍山城市很小，但是为了1#高炉开炉，顾建国总经理助理带几位处长日夜都留守在现场，我们就在高炉指挥部小平房里现场办公，连续五天五夜没有回家。1999年我出任公司生产部经理，当时公司的钢产量只有297万吨，由于二铁1#高炉当时是公司最大的高炉，我们面临许多要学习和解决的问题，所以高炉一有事，我就往二铁总厂跑，后来二铁总厂又上了2# 2500m³高炉，因为我们有了生产实践的经验，实现了快速达产的目标，公司钢产量跨上了800万吨台阶，在新区筹建两座4000m³大高炉期，这两座高炉实际上是公司生产经营的源头和效益的保障。二铁总厂现任厂长伏明，与我共事多年，我们有着相似的工作经历，我当过公司生产部经理，然后去干一钢轧总厂厂长，他也曾是公司生产部经理，现在干二铁总厂厂长。我和二铁总厂马桢亚书记也共过事，他先后在南山矿、中板厂、一钢轧总厂工作，现在在二铁总厂，我在公司不同单位上上下下、多次交流。我不是干炼铁出身，也没干过烧结、球团，但是我的工作经历始终与炼铁联系在一起，现在我对3#高炉新的操作方法有浓厚的兴趣，每次经过这里，就爬到3#高炉的炉台上转一圈，就想到中控室看一看。我刚才扫了一眼在座的人员，台上基本上是熟悉的面孔，台下大部分人都还是认识的，我过去经常去三座高炉、烧结机、球团竖炉，因为生产不顺、因为设备故障、因为计划检修都与我工作相关，今天参加二铁总厂的职代会，就是想和大家谈谈心、说说我的心里话。

因为在出差的路上，我在手机上认真地看了转发的伏厂长的报告，看看2015年伏厂长如何评价二铁总厂的工作，看看2016年伏厂长怎么安排二铁总厂的工作，一路上在一边看一边想。刚才又看了马书记的报告，看看党政怎样围绕共同目标、劲往一块使，我们二铁总厂能够走在同行先进水平。看了伏厂长的报告，心情为之震动，听了伏厂长的报告，看到了台上、台下专注的神情，我要为二铁总厂2015年的工作点一个大大的“赞”字，要为二铁总厂2016年的奋斗目标加油鼓劲、摇旗呐喊。我代表公司感谢二铁总厂全体职工一年来所做出的杰出的贡献，谢谢大家！

伏厂长对二铁总厂2015年工作的回顾是实事求是的，是耐人回味的。“2015年是二铁总厂充满艰辛和挑战的一年。一年来，我们感受到了市场风云变幻的凶险，饱尝了对标挖潜的艰难，经受了边生产、边建设的考验”，对这一段话我做三个点评。

二铁总厂的职工还不能真算是“感受到了市场风云变幻的凶险”。因为二铁总厂还在全力以赴地满负荷生产，那些已经停产的生产线，例如一铁总厂11#高炉、一钢轧总厂的CSP，还有一些处于半停产状态的产线，例如车轮公司、特钢公司、彩涂板厂这些产线，恐怕对市场凶险的感受就真的更为直接了。因为我们没有出现停炉停机，所以只是间接地感受到市场的凶险，而那些全停、半停下来的产线，随着公司的巨额亏损，职工的奖金没有了或是更少了，收入出现大幅度下降。整个马钢集团2015年的亏损接近50个亿，这个亏损数字的结果是马钢全体职工，不管是集团的还是股份的，人均损失了12万元。从公司不断地增大降本的压力，我们二铁总厂的职工只能眼睛向内，间接地感到了市场风云变幻的凶险。

“饱尝了对标挖潜的艰难”这切身的体会是真的。因为公司不停地在压降本，拿全国同行的最高水平衡量我们，我们又不得不承认有人比我们干得好，有高炉指标比我们先进，“山外有山楼外楼，英雄好汉在前头”，虽然去年我们的炼铁生产成本有了很大的进步，已经低于行业平均水平，但是比我们成本低的单位还有，我们并没有跑进炼铁成本的第一梯队。现在马钢要生存下去，只能是深化对标挖潜，所以公司施压降本任务我也是担当者。你的成本降不下去了，那别人的成本是怎么降下去的呢？现在的降本单盯着一个工序、一个点是不行了，而系统降本的抓手又在哪里，要出门取经看看别人是怎么做的，从“我们饱尝了对标挖潜的艰难”这一条来看的话，我们的工作确实还有些差距，需要更加努力。

“我们经受了边生产、边建设的考验”，原有介质管道的换位、山体的封固、道路的调整，我们新建工程是在螺蛳壳里做道场。如果过去钢铁工业蓬勃发展的时候，不会选择在这里再建一座大型烧结机和4#高炉，现在生产经营没有效益，为了节省投资、节约土地、压缩费用，我们只能在原有这块位置上重新布局。现在，一座3200m³的4#高炉已经矗立在我们的眼前，3# 360m²的大烧结机也已经安卧在我们的厂区里。回过头来看，从拆除到建设，我们都在努力、都在拼，苦了我们二铁总厂的人，连总厂办公楼都拆了，现在一个总厂连办公楼都没有，寄宿在原修建部的分厂的小院子里，这反过来更说明我们二铁总厂以自己的奉献精神在追求着梦想。

回顾一下2015年二铁总厂的工作，令我难忘，令我困惑，令我感动，也令我兴奋。我想讲几件我亲身经历的事情，讲讲心里话。

第一件事情，2015年刚起步，1#高炉在中修前出现炉皮开裂、冷却壁破损，通红的焦和矿都从炉子里冲出来，风口的波纹管被烧穿，两次大的紧急休风，风口被灌死，处理炉皮，拆分冷却管水管，压浆造衬，二铁总厂连夜组织人马抢修。这件事我全程参与，令我难忘，保生产顺行真的是很艰难。

第二件事情，今天是三九第四天，天还没真正冷下来。但去年这个时候，天特别冷，空中还时不时地飘着雪花，3#高炉炉况失常了。我们自己寻找恢复炉况办法，因为3#炉的操作一直都是怪怪的，所以公司决定由三个炼铁总厂的工程技术人员共同来化解3#高炉的困难，最终在总结过去经验的基础上，制定了正确的操作法，成功解决了3#高炉稳不住的问题。

第三件事情，1#高炉进入中修期，因为操作失误，停炉降料线不顺，原定的施工计划被打破了。为了抢回工期，二铁总厂扒炉队是真拼了命的，煤气流、粉尘、高温，就这样一个个勇士戴着呼吸器干活，在现场的人没有一个不为他们动容，高海建董事长说他心里真不是滋味，让职工受了这个罪。但在1#高炉开炉时，我们引进了首钢的专家团队，开放自己、向别人学习，面对炉缸死料层的困难，快速恢复了高炉生产。

第四件事情，2#高炉从2013年起一直在探索变更煤气流的控制方法，其中也有一些小的波动，走过来了，走稳了，至今已实现连续1352天的长周期稳定，这说明我们也是有技术人才来保大高炉持久稳定顺行。现在1#高炉已稳定顺行735天、3#高炉已稳定顺行322天，但和我们自己的2#炉比，1#炉差了近两年时间，3#炉差了近三年时间，真是任重而道远啊。

第五件事情，厂长在报告中点到，3#高炉恢复炉况以后，总厂出台了新的高炉操作指导书，我们必须走出误区，按操作指导书要求，实现标准化操作。我和3#高炉很有情结，我主持了二铁总厂炉长、核心作业长和区域工程师3次闭卷考试，我是一本正经、用心良苦的，因为我看到3#高炉是有希望长周期稳定运行的，到现在3#高炉已经稳定站在日产2750吨的水平上。

第六件事情，2015年10月21日，二铁总厂2#高炉炉顶下料罐的4根螺栓断掉了，造成休风。我对此有些担心，认为4根螺栓能震断掉，螺栓材质一定有问题，要求技术中心的首检技师去检测，结论是螺栓质量没有问题，我又不放心，隔了两天，一个人爬到了2#高炉的炉顶上去查看。最后的结论是我们点检不到位，4根螺栓实际是一根一根的震动松开后，因为有疲劳裂纹源而被剪断的，最简单的办法就是把螺帽点焊在一起。

第七件事情，2015年12月17日，公司在马钢宾馆召开高炉稳定顺行暨铁前系统降本总结，这是一次激动人心的鼓劲的大会，经过公司多层次的评定，二铁总厂共获得了5个大奖：3#高炉技术进步特别奖、高炉体检预警机制创新奖、公司铁水成本突破奖，1#高炉获得红旗高炉奖，2#高炉炉长曹海获得优秀炉长奖。

第八件事情，为了高炉的稳定，各炼铁总厂推行了高炉体检和预警机制，从这个方法的建立到各种因素的选择、权重的分配、评分的水平，我们经历一次次的优化、一次次的完善，现在我们基本上可以把它作为炉况研判的依据，最重要的是这种机制顶替了过去我们凭经验、凭感觉、凭官大来说话的方式，现在我们一切凭数据说话。本周高炉运行的分数高了、低了，有没有对应的因素，与上周对比是什么原因造成的。二铁总厂三座高炉在这方面的工作，应该讲是很有特色的。

第九件事情，二铁总厂2015年铁、烧、球生产均衡稳定，完成了493万吨铁水，烧结矿完成了630万吨，球团矿完成了246万吨，尤其是降本任务，完成了3.02亿元。目前二铁总厂职工总数是1567人，也就是人均贡献降本达到19.3万元，这个降本额按职工贡献率在公司是前三名，是很了不起的。

上面讲的九件事情都是我个人经历中令我难忘、令我困惑、令我感动、令我兴奋的事情。

2015年，全国的冶金行业都过得特别艰难，各大型钢企的钢铁主业没有不亏损的，有的钢企由辅业补主业，所以亏得少，马钢的其他行业也不行，所以亏得多。我并不是给我们的亏损找台阶，马钢亏了50个亿也确实是亏得多了点，如果我们每个厂都像二铁总厂这样，每个厂都能够学习二铁人这种奉献精神，我们能不能只亏45个亿、40个亿？还是要大家一起行动起来，一起干起来！这一年我们熬得特别艰难，但是我们还没有倒下来，我相信马钢不会倒下来！2016年公司职代会已经开过，二铁总厂今天也开了本厂的职代会，对全体职工提出的唯一要求是：2016年，只要你是马钢人，只要你觉得离不开马钢，你就应该行动起来，立足岗位、干好工作、保卫家园。这对绝大部分职工来讲就是保卫饭碗、保卫生存，如果马钢倒掉了，那我们广大职工靠什么去生存？全体马钢人，要做到不在现场、就在市场。伏厂长刚才在报告中提到，二铁总厂很快要把铁前的主战场争回来，因为4#高炉完工以后，加上1#、2#、3#三座大高炉，二铁总厂四座高炉总容积是9200m³，而三铁总厂的2座大高炉总容积是8100m³，伏厂长现在连办公楼都不建立，全部扎根现场去，大显身手在一线，公司制造部已经从机关大楼部搬到新区现场去。

2016年，二铁总厂的目标一是产量，铁540万吨、烧结681万吨、球团282万吨，我计算了一下，去年产铁493万吨，今年产铁目标要净增47万吨。我们的4#高炉按预定计划是9月20日投产，现在公司要求提前40~50天，赢得时间把2#高炉的大修和其他高炉检修做一些调整性的安排。按540万吨铁来计算，日产14700吨，这已是我们去年12月下旬和今年元月上旬生产的水平，烧结、球团也没有问题，理论计算和实践证明都可以达到。所以我认为二铁总厂的产量今年肯定超出这个量。二是设备作业率，高炉99%、烧结96%、球团98.5%，这个指标有难度，关键在于能不能把基础管理抓得扎实，能不能把整个点检过程细化到位、责任到人，设备是生产的条件，更何况连续生产的炼铁总厂。三是经济技术指标，燃料比要降到吨铁530 kg，要完成今年的降本任务，我们的燃料比一定还要再低，应能小于520 kg，但是仅燃料比里的喷煤比吨铁150 kg，就能够难住二铁总厂了，元月份炉况如此顺行，喷煤比还是过去的水平，今年要怎么干到这个水平？还是要再把限制性的因素拎出来攻关，降低高炉燃料比要把住各工序细小的环节，靠整个系统一起来努力。烧结固体燃耗吨铁55 kg，这个指标还要再往下突破；膨润土指标我们基本上做到位了，如果对入厂原料和使用过程中再精细一点，这个指标是能够下降的。四是降本，要求成本在完成计划BOM值的基础上再实现降本吨铁99元，这个目标真的很难，是对二铁总厂2016年生产经营的一个重大的考验，也决定着二铁总厂职工收入能否增加一块。现在公司的奖金差距很大，完成考核指标，即使亏损也给予兑现，完不成考核指标，收入低是必然的。要注意到2016年二铁总厂原料成本占总成本的比例已经降到了53%，而加工与制造成本占总成本的比例则升到了47%，现在预测结果二铁总厂元月份吨铁降本58元，离99元的目标还有差距，因此压力是巨大的。这就需要把每一项消耗指标都能分解到末梢，都有人来管，这恰恰是我们没有做到的，差了这一步，就和别人差了一大截。把厂当成家，我们有时出门下楼了，不确定灯有没有关，都会跑回去看一下，如果大家都能把这种主人翁的意识带到工作中，都能把总厂的消耗指标看成自己应该管的、和自己的经济利益相连的东西，那我们的降本任务就一定能完成。

接下来的压力如此之大，二铁总厂怎么办？公司怎么办？现在二铁总厂全体职工有信心，我也很有信心！因为我们的信心有来源：来源于公司把铁前生产经营提升到前所未有的高度，我们炼铁的成本达到全国平均以下的水平；来源于我们二铁总厂的员工对高炉的管控能力越来越强，能够使高炉长周期稳定的往下走；来源于虽然降本有难度，但我们仍不停地突破降本的瓶颈，在降本上创出新的水平，通过努力，我们看到目标就在眼前，还在拼命往上追；来源于我们新的烧结机、新的高炉即将建成，并将提前投产；来源于我们的管理越来越精细，职工深知企业和个人利益的关系，我看到了一条条分解到操作、设备、原料、方法和环境上的具体举措，我认为这些举措，都是科学的、正确的、可操作的、可实现的。

在座的各位，不管你在哪一个岗位上，不管你是球团的、烧结的、点检的、维护的、原料的，不管你是空中的、地上的、地下的，为了高炉的稳定顺行，我们都要甘当配角、当好配角，高炉炉况顺了，全厂就顺了！祝愿二铁总厂2016年一马当先，为公司在如此困难的形势下实现全年的目标做出更大的贡献！

# 同心筑梦 携手前行
## ——在马钢废钢供应商座谈会上的讲话

（2016年1月15日）

尊敬的各位供应商，欢迎你们来参加2016年马钢供应商大会！2015年钢铁行业的日子异常艰难，也连累了你们，但感谢你们对马钢的信任和支持。上午开了大会，下午分组讨论，我们邀请了浙江新世纪再生资源开发有限公司、江苏新长江集团、宁波兴发物资回收有限公司、常州同正再生资源有限公司、中海工业有限公司获港船厂、安徽双赢再生资源集团有限公司、华成金属资源（马鞍山）有限公司、滁州市洪武报废汽车回收拆解利用有限公司、安徽省德慧再生资源有限公司、安徽省诚兴金属材料集团有限公司十家企业，你们是我们从废钢供应商中选出来的A类企业，具有较强的代表性，重点是听你们对市场的研判和对马钢的意见。

今天我认真听取了各位供应商的发言，你们都在表扬马钢废钢公司，应该说我是很高兴的。但是我们对废钢公司一年工作的评价没有你们给的这样高，2015年废钢公司真正踩准市场节奏也只有今年末的11、12两个月，前十个月马钢废钢的采购价格，根据钢协公布的数据，是高于行业平均价位的。当前中国经济进入了新常态，发展速度下来了，纵观全国各行业，除了创新型企业、生产高精尖产品或者顶替进口产品企业、掌握核心技术企业日子好过一些，其他企业日子都不好过。对我们钢铁工业来说，日子更是艰难，在全国所有行业中排在倒数第一，整个中国钢铁工业或者说钢铁行业的钢铁主业都处在巨亏中。对废钢供应商来讲，因为钢铁行业巨亏，所以生意也不好做，还是以前的量，但钱少赚了不少。马钢集团公司2015年亏损近50个亿，这里不可抗拒的市场跌价是主要因素，国有企业承担的社会责任是不可少的，不在同一起跑线上竞争是难以评价的，因此生产经营的决策是无奈的选择，同马钢相比较，我们的供应商是经营有方的。

中国钢铁工业已经走入极端的困境。过去我们是没有边际利润不生产，现在是没有边际利润也要生产，再退后一步，亏损超过固定资产折旧不生产，叫亏损不亏本，还要保现金流，但是这个底线也被打破了，我们把固定资产折旧从过去的8%调到4%、调到0，还是继续在生产，现在现金流也是负数，我们根据钢材市场、原燃料市场以及我们的内部降本水平，定一个预亏的目标组织生产。为什么钢铁产量还不见减下来的量，因为各大钢企、民企都在这么干。从2015年下半年开始，马钢每个月因钢材跌价和原燃料降价造成的剪刀差从4.6个亿增加到5.2个亿，月月连续亏损，我们是真的很艰难。

我们国家作为新兴经济体，从年产9亿吨钢的规模来看，钢铁工业发展是达到了顶峰。本土自产废钢再加上买进的废钢和对外拆船，中国的废钢积累已经完成。但是废钢从源头的收集到进入钢厂、到规范管理、到分类，这个道路还是比较曲折、比较漫长的。马钢定位年产2000万吨钢，一年的废钢需求量在180~200万吨之间，这主要取决于整个市场钢价的变化。比如随着产品结构调整，我们要生产高档产品，像电工钢、汽车板、弹簧钢，废钢的用量相应会减少；我们在生产普通材时，当废钢价格与自产铁水成本比低时，或者产量规模能带来效益、能实现额外降本时，废钢的用量相应会加大。总之，只要对马钢有利，我们就一定会采购废钢，反之，如果我们无利，废钢的采购也会停下来。在发达资本主义国家，废钢已经形成完整的产业链，垃圾全分类，金属废弃后就进行了有意识的分类，然后再通过收集、加工、分类，供应给不同的用户。我参观过国外废钢企业，他们对废钢整个流程的管理，让我感到值得认真学习，从粗放到精细，现在如果问我们国家的废钢产业发展空间在哪里的话，我相信最终也会走到这样一条道路上。

各位供应商反映了马钢在废钢采购上存在的问题，主要是管理存在不规范、定价不够市场化、验收扣杂标准太粗、付款方式变化太大，希望废钢品种能再拓展一点、合作方式能再多一点。我认为这些意见都是非常好的，会把这些问题接受进来，认真梳理、对应出招，在现在这个特殊困难时段，我们和供应商应该是真诚相待，实现抱团取暖。马钢废钢公司是一个成立仅三年多的企业，没有盈利也无亏损，关键是政府财税的返还。我个人认为无论是对外经营还是对内服务，废钢公司都还要努力学习、补齐短板。现阶段对废钢公司考核要求就是质量和价格，废钢的质量，废钢公司说了不算，而必须由它的用户，也就是我们的各个钢厂说好才算好。废钢的价格，未来马钢与各供应商之间，市场在不断变化，但双方的合作还是要建立在一个“诚”字上，用“诚”来约束双方的行为，我们是你们的直供户。“定价要诚”，大家不要在一单合同上看吃亏讨巧，未来定价机制废钢也可以随行就市，如果我们实现零库存，也可以有一个价格后期追溯办法来平衡。“定货要诚”，供应商必须做到货真价实、童叟无欺，不能看的这种货，谈了价格，签了合同，最后发到我这里是另外一种货，这种事情在马钢的过去发生过不少次。“定时要诚”，这对供需双方约束是同样的，不能废钢跌价时加速送货，废钢涨价时不及时送货，交货必须严格按合同约定来。

中国有句老话叫“只有错买，没有错卖”。现在情况变了，马钢本身钢材也在错卖，背离了竞争价格的基础，亏本也要卖。因为市场是无情的，今天不保留销售渠道，不保留自己的客户，在经营遇到亏损时退出了，未来就可能被这个市场挤压出局。中国经济的调整，现在只能算是刚看到开头，中国钢铁工业现在还不是黎明前的黑暗，只有一些钢铁企业死掉不能复生了，只有供需之间相对平衡了，只有钢铁行业

开始不亏或者微利状态，在很多限制性条件下，不再选择干这个行业，不再有新的投资了，到那时中国钢铁工业实现由大到强，才会稳定下来。各位供应商提到去年废钢价格跌三到四成，马钢钢材价格跌了四到五成；废钢每吨跌到了1000元，螺纹钢每吨也跌到了1800元，现在更可怕的是中板和螺纹钢有时卖到一个价位上，热轧卷和冷轧卷有时卖到一个价位上，这种畸形的市场，各位都很难理解。中国的国家经济实力是相当强的，习总书记领导的中国发展方向是正确的，现在反腐倡廉的形势让大家是有信心的，所以即使经济下行，各行各业对未来形势发展还是看好的。商品供大于求、出口受限、内需饱和，过去我们讲资本主义经济危机，现在我们也切身体会了这个过程。

今天我们召开马钢供应商大会，前几天我们也召开了马钢销售商大会。高海建董事长强调，不管马钢的经营形势有多么困难，也无需作假马钢的亏损实际，对待我们的供应商和客户都按章办事、按理出牌，一个公司的信誉度是长期积累出来的，所以我们把各位供应商请来，倾听你们的意见，双方做一个真诚的交流。2015年上半年，我们确实真的十分紧张，马钢一季度、二季度的亏损额排在了全国钢铁行业前三名，但是我们实事求是，许多钢铁企业到三季度、四季度才把自己的真实亏损公布出来，使我们看到了行业亏损的真实状况，也看到了下半年马钢生产经营决策的方向是正确的。虽然我们在管理上还有漏洞，或者说我们的管理水平还达不到优秀，但是马钢在资金管理方面一直是做得非常严谨、非常规范的。尽管马钢的生产经营面临着巨大的压力和困难，我们的资金流还是很健康的，我们对供应商的付款都是按约定守信的。

国家的经济形势困难只是一段时间内的，国家的经济形势一定会好转。在座的都是企业家，即使面对困难也不愿放弃自己的事业，我相信各位这个时候如果选择退出不干，生活也会过得很好，但是企业家总想着再做经营，在这种思维的引导下，你们和我们一样不会放弃自己的客户，不会放弃自己的市场，一定会选择继续拼下去。今天我可以告诉各位，相信马钢，马钢一定不会倒，马钢一定能渡过这轮危机，马钢是守信用的！烈火见真金，困难的时候更能考验合作伙伴。

# 精益把关 当好马钢家园卫士

## ——在检测中心二届二次职工代表大会上的讲话

（2016年1月26日）

根据公司安排，来参加检测中心职代会。我和台上各位都是很熟悉，在工作中我们有不少交往；台下所坐的大部分职工代表我也是比较熟悉的，在工作中打过不少交道。检测中心是一个很大的单位，李继宁书记在报告中提到有近1100名职工，考核的在册职工有1062人，可以讲马钢有多大，检测中心就有多大，从我们原料进入的港口，到我们制造工艺的各个环节，一直延伸到我们产品最终的销售点，都有检测中心职工在辛劳，所以检测中心是点多、面广、战线长，是一个非常重要的单位。

我仔细地听了杨本华主任和李继宁书记的报告，他们对检测中心2015年的工作做了很好的回顾，让我了解了检测中心2015年重点工作及取得的成效；杨主任对检测中心2016年的工作既提出了目标又提出了具体举措，我看到了检测中心当前面临的压力和挑战。

今天和各位职工代表们说些什么，我喜欢说一些心里话，和大家做一些深度的沟通，我想这样我来参会的效果可能会好一些。我在工作中和检测中心有着莫名缘分和自然联系，2010年我出任股份公司副总工程师，那时检测中心还叫做质监中心，当时公司管理状况不好，质监中心的检验人员出事的不少，造成的负面影响很大。王步更调往三钢轧总厂当厂长，和菱公司经理张国胜到质监中心任主任，他调研情况，做出了设计，希望能来解决废钢检验和原燃料随机取样的问题，张国胜同志在质检中心工作7个月后调离了马钢。2010年9月，公司又安排炉料公司经理胡夏雨担任主任，因为质检中心具有专业性，点多、面广、战线长，涉及到原燃料质量及供应商的利益，所以公司总是想选懂管理、有专业、工作能力强的同志来，胡夏雨在这个位置上干了11个月，去了技术中心，因为铁前生产始终是公司难点。2011年8月，杨本华由车轮公司党委书记调至检测中心，他曾经在二钢轧总厂、彩涂板厂当过厂长，现在检测中心任职时间最长，至今已经有四年半了。每一次处干调动，不管是离任还是上任，从顾建国总经理到苏鉴钢总经理，我都被喊来参加干部交接，所以我和检测中心有着莫名缘分和自然联系。“树挪死人挪活”，应该讲频繁调动对干部本人而言是件好事，但是对一个单位来讲我认为不一定是好事，因为任何一个领导都有自己的想法和做法，而实现这个想法和做法需要有一定的时间。我也实在地感受到，本华主任和继宁书记搭档的这一任班子，检测中心进步很大，领导稳定和改革的举措不断落实，再加上外部环境和压力，发生了很大的变化。这个变化体现在检测中心方方面面的管理上，体现在检测中心服务公司全方位的业绩上，体现在检测中心科级机构职能的变化上，体现在检测中心职工的精神面貌上。

今天本华主任报告的标题是“深化检测资源整合 提升现场保障效能”，这个标题是很切合当前实际的。检测资源整合快两年了，在座的职工代表都能感觉到资源整合后发挥的效率，通过对技术中心检验人员的整合，我们解决了过去遗留的一些难以解决的问题。今天继宁书记报告中反复强调的是“廉洁从业”，过去人们讲“常在河边走，哪有不湿鞋”。如果没有一个体制机制保障，个人的权力就能够把公平、公正的天平打翻掉，现在我们有了对原燃辅料检验，从头至尾一整套相互制约机制的保障，即使有人想通过贿赂行事，因为受到的束缚也难以干成。过去检测中心人员分散在各个岗位，一个员工手中权力就不小，取样、制样、检验很有自由性，容易被人盯上钻空子，现在我们把岗位人员集中起来管理，随机分工取样、统一流程制样，上下试验传递有条形编码，一个检验试样用完，一个备用样封存起来待查。过去我们的人员分散在各个偏僻的角落，一天的工作可能就只干2~3个小时的活，多数人还在喊自己的工作量大，环境不好，现在大家在一个宽敞明亮的工作站里，每个员工可以看到别人在干嘛，整个工作的氛围都发生了很大的变化。检测资源的整合已经完成了，今天职代会报告提出“深化检测资源整合”，如何再深化，这是检测中心2016年要上台阶的工作。现在公司对各单位新的定编定员已经下达，要朝着这个目标去做，就是“减员增效”。如何围绕公司提出的新的定编岗位，需要检测中心有新的思路、新的举措、新的行动，来实现“深化检测资源整合”。

“提升现场保障效能”，检测中心在现场所做的快速分析是得到铁前、钢轧等单位充分认可的。比如服务特钢的理化二站，不断满足特钢产品的开发需要是不容易的，核电用钢、汽车用钢、高压油管、高铁车轮、出口车轴坯料，这些产品都是对马钢检测能力的重大考验，不能出一点问题。中国钢铁工业在残酷的竞争中进步很大，尤其是在质量的快速提升，但是所有的质量都离不开精准检测，没有检测就没有制造。我们过去做钢铁产品检验，通常是C、Si、Mn、P、S，产品理化性能与外观尺寸，现在会要求N、Ti等微量元素的控制，以ppm单位级别，没控制好就导致产品的报废。我们今天的检验标准不再只是过去的国家标准、企业标准了，我们现在面临的检验标准都是由用户自己定的标准。比如服务四钢轧的理化一站，马钢汽车板去年干到160万吨，其中既有汽车面板又有高强结构钢，整车用钢都生产，尤其是高强结构钢的检验技术含量非常高。理化一站在公司开发中高档电工钢、取向电工钢的过程中也紧紧跟上了，适应了公司开发新产品的需要，不论是站长还是职工都非常勤奋、非常努力。C、N、S，有金属、气体、非金属元素，过去讲100个ppm是超洁净钢，现在要求达到80个ppm。分析设备的功能齐全，人的操作技能达标，检测中心有力的支撑了公司的需求。2016年还要“提升现场保障效能”，我们该如何提升，我们应该以问题为导向，发现问题并找到解决问题的办法。对检测中心的要求更高了，这就需要有新的思路、新的方法和新的举措。

本华主任的报告中提出：“我们要为公司打好家园保卫战，我们检测中心的职工要努力奋斗。”保卫马钢家园，实际上就是保卫我们自己的饭碗，如果没有马钢我们要怎么生存下去。工作在马钢，过去有幸福感，现在要有危机感。我们大家都要行动起来，担负起我们身上沉甸甸的担子，讲空话是没有用的，总的收入减少了，对大多数人而言是一种压力，我们还是要以实际行动来显示我们在为保卫马钢家园做出新的贡献。

中钢协公布了各成员单位最新的财务报表，这是权威发布的数字，2015年亏损情况：酒钢亏损88个亿排在第一，包钢亏损80个亿排在第二，鞍钢亏损77个亿排在第三，武钢亏损69.8个亿排在第四，马钢集团亏损53个亿排在第五，其中马钢股份公司亏损了40个亿。如此大的亏损额对各家钢铁公司而言都是惊人的，这个数据也让我们看到马钢所处的位置，上半年马钢亏损在各大钢厂排名在前，管理层压力都非常大，但在下半年市场风云突变后，各家钢厂都觉得亏损挡不住了，年终决算出了这个排名。我们公司的亏损额是什么数字呢？股份公司现有约3.25万职工，40个亿的亏损意味着2015年人均12.3万元没有了，这样分摊下来确实是惊人的。职工、科干、处干的收入都不同幅度下来了，根据省国资委的考核办法，亏损企业就没有绩效奖，公司高层只有基本收入。

在座的职工代表，我们2016年能不能再多降本，将马钢的亏损额再压缩下来，将马钢的亏损名次再往后拉？我们是有可能的，因为我们还有很多工作没有做到位、做到更好！亏损额的增大，使企业负债率上升，靠贷款就是在给银行打工，这样不能生存下去，要生存就必须要减亏。2016年公司没有定盈利的目标，因为当前形势下盈利目标不现实，公司要求股份亏损不超过27个亿，我们一年设备的折旧额就是27个亿，折旧不要了，只要能维持马钢生产、维持马钢的市场、维持马钢的资金流，我们就能继续拼下去。中国钢铁工业现在还远不是黎明前的黑暗，一定是一些钢铁企业死掉不能复生了，一定是供需之间相对平衡了，一定是钢铁行业长期保持不亏或者微利状态，在很多限制性条件下，别人不再选择干这个行业，不再有新的投资了，到那时中国钢铁工业可能会好一点、会稳定下来。在现在这个困难时期，只要马钢全体职工都更加努力，我们的马钢一定能够坚持到最后。

2015年，检测中心严把入厂原料的质量检验关口，在外购原燃料检验上，堵住以次充好，防止取样不均，原燃料的水分测定、内含有假成分、外观粒级评价上，相比过去一年，带来上千万元的效益；定期定时对碱金属、锌富集的检验，为高炉的稳定顺行保驾护航；缩短混匀矿和炼钢辅料的检验时间，使公司实现低库存运作、减少资金占用。这些工作加在一起，估算2015年检测中心对马钢公司的贡献是亿元级的。这些贡献都隐藏在成本中，去年我们炼铁的成本比全国同行平均水平低60~90元，这就有我们检测人的辛劳，所以检测中心的工作是非常重要的。过去我们怎么检验，现在我们怎么检验，我们自己对比一下全都清楚了，我们的贡献就体现在我们转变的过程中，检测中心的工作，得到了公司领导的充分肯定，也得到了检测中心职工的认可，对于检测中心所做的各项工作，我代表公司向检测中心全体职工表示由衷的感谢！因为你们辛勤的工作、严谨的把关，对外购物资的检验，降低了采购成本，对内部生产的检验，让我们的车轮、汽车板、镀锌板、电工钢等产品的质量能得到用户的认可。2015年用户评价我们质量稳定提升，产品性价比有竞争力，这和我们检测中心职工的努力是分不开的，你们是马钢产品的卫士。

本华主任未雨绸缪提出了当前检测中心存在的五个问题：检验集中度要进一步提高的问题，检验技术和管理要进一步提升的问题，个性化需求和检验标准的问题，人才缺乏和提升检验水平的问题，检验设备的使用与维护问题，这五个问题提得很好。企业检验岗位是极为重要的，必须要有一批有实践经验的优秀人才，虽然随着现代检验设备的投用，可以弥补部分，但是我更愿意看到检测中心管理岗和操作维护岗员工素质提升后，来解决这五个问题。

检测中心对2016年工作提出了七项目标，这些目标都不容易。第一、完成降本任务120万，实现利润目标8880万。中心领导要进一步向职工宣传，讲清楚从哪里可以实现降本任务120万，一定要把降本指标分解下去，这个看似有难度的指标就能够得以实现。公司推出了新政：谁采购，谁负责。过去把检测费用整块划到检测中心，其他单位检测再多的样品，费用同样不变。今年采用计件制，各单位要检验就付钱，不检验就不付钱，所以今年检验的工作量会大幅度下降，这样一来，奖金就会大幅度下降。我们要充分利用自己的资源，要开辟第二战场：把我们检测专业对外服务，当然对外检验需要更高的技术水平。第二、外购原燃料分类检验实施率100%，这个目标检测中心要做好行动计划，中心要考核计划执行率，计划不兑现就要分析原因。第三、车轮产品零缺陷出厂，钢轧产品综合判定准确率达到100%。检测中心是可以达到这个目标的，但是公司做不到。因为车轮产品的内在缺陷有时通过超声波探伤也是探不到的，很多车轮用了八年甚至十年之后，出了问题还是会找到马钢，我们不可能追究检验的责任，因为每一步的制造工序并不在我们的检测范围内，工序过程的精准控制是自检的要求。板带类产品检验、判钢，我们是按照检验标准来的，但是处理过质量异议的人都知道，用户在使用过程中会把钢卷分成无数的小条、无数的小块，一块有缺陷，客户都会来找出，当下市场对产品质量的要求是非常苛刻的。现在银行的ATM取款机、高铁站的取票机、能源汽车的充电桩很多都在使用马钢板材，所以我对检测中心的要求也高，缺陷产品千万不能放出去，出去就会惹麻烦，我拜托检测中

心职工一定要把好出厂关。第四、理化抽检合格率大于98%，我们的检验只对试样负责，抽检能够做到98%也是很不错的了，我记得多次抽检的记录是做到了100%，所以保持一项指标好的记录是需要扎实的基础工作来支撑的。其他三项重点工作分别是：新建重点项目如期完成、完善廉洁防控体系、安全生产工作，我一定会对检测中心完成七项工作目标给予大力支持。

做好2016年各项工作，本华主任在报告中提出了四个信心：第一个信心来源于我们走科技检测之路，第二个信心来源于我们精益检测行动，第三个信心来源于我们职工队伍素质提高，第四个信心来源于各方面的支持。我感觉近几年检测中心最大的变化就是检测人文化的变化。过去到各个站看看，各种脏乱差，检测设备上有灰尘，正是上下都疏于管理，公司才到了严重亏损的地步。现在走到各个站，员工的照片在墙上亮着，规范的管理与规范的操作，检测人的文化已经展现。任何一个企业要经营下去，都要有自己的文化，员工的精神面貌靠文化支撑，基础管理也靠文化支撑，管理与文化结合的工作。

2016年将是马钢十分艰难的一年，去年中国钢铁工业全面陷入亏损。为了活下去，钢铁企业今年一定是拼到死，亏损要生产，借钱也要生产，血战到底，因为都不愿先倒下去。在这个最终拼搏的时候，更需要全体马钢人上下齐心协力渡过难关。2016年，公司要求每个月亏损不超过2.33亿，元月份我们还是亏了2.98亿，现在根据最新的预测结果，2月份我们是能达到控亏目标的。检测中心的全体员工要更加给力，要精益把关：对外销售，不合格产品决不出厂；对外采购，不合格原料不进马钢；内外部检验能够满足生产经营的要求。检测中心的地位在提升，检测中心的贡献在凸显，检测中心的文化在形成，让我们在原有的基础上把2016年工作做得更好。

# 家和马钢兴

## ——和三铁总厂职工家属座谈

（2016年1月27日）

我荣幸地来参加三铁总厂职工家属座谈会。听了丁晖厂长的讲话，今天这个会不是职代会，所以他放开了讲，对三铁总厂去年经历的大事如数家珍，对各位爱人的工作说得清晰明了。在一周之前，丁厂长和黎书记告诉我每年春节前要开贤内助座谈会，因为去年我在宣网上看到关于三铁总厂贤内助座谈会的报道，形式和内容都很好，满满的正能量，想一想一批骨干日夜在高炉上，所以我主动提出要参加这个座谈会，看看三铁总厂贤内助们的家庭状况和英姿风采。

一个企业最重要的是要有凝聚力。如果连职工队伍都凝聚不起来、团结不起来，那这个企业肯定也是搞不好的。企业要培育自己的文化，想生存下去还是要靠企业文化来支撑。今天的座谈会让我感受到了三铁总厂的企业文化，高炉通廊中的厂史照片，中国工程院院士张寿荣83岁在炉台上的合影，中控室集中摆放的手机，春节对单身大学生的关爱，一项项技术难题的招标攻关，三铁总厂在企业文化建设上，煞费苦心，确实走在公司的前列。我仔细看了在座的职工及贤内助情况介绍，在炼铁、烧结和球团的骨干我比较熟悉。职工家属代表中，年龄最小的是一位28岁的女士，她的小孩只有一岁。年龄最大的是一位52岁的女士，更多的年龄在40岁和50岁之间，他们孩子的年龄都在18~23岁之间，有的在外地上大学，有的在外地工作。更为重要的是我看到了这样的信息，30名贤内助代表中，有10人没有选择工作，当然不是找不到工作，可能是因为爱人工作辛苦收入较高，她们选择在家照顾孩子和料理家务，这都是人的意愿可以理解。今天我们的贤内助代表中还有三位先生，我也感到非常骄傲和自豪，因为他们都是马钢人，他们在公司人力资源部、设备检修公司、铁运公司工作，他们在辅助单位，而三铁总厂是我们马钢真正的主线单位，这说明他们支持贤内助工作做得挺好。

三铁总厂是一个新厂，是马钢在“十一五”建设中的重点工程。我们从300m³小高炉起家，到建成2500m³中型高炉，最终选择建设了全国最大的4000m³高炉，到目前为止，步入这个级别的高炉全国仅有19座，其中有两座就在三铁总厂，就是我们的A#、B#两座高炉。这两座高炉是马钢的半壁江山，公司一年1360万吨的铁水产量，有近一半来自A#、B#高炉。三铁总厂的两座高炉“打个喷嚏”，公司都会紧张；要是“闪了腰”，那公司生产秩序就乱了。到今天为止，A#高炉已经稳定顺行了678

天，B#高炉已经稳定顺行了668天，都快接近两年了。这两年来，马钢炼铁生产被公司提到前所未有的高度，尤其是三铁总厂厂长黄发元任公司炼铁副总工程师以来，我们总结历史的教训，吸纳外部专家的建议，首创了高炉体检和预警机制，通过公司上上下下的共同努力，观念发生了变化，对高炉使用了“呵护”、“贴身保姆”、“嘘寒问暖”的方法，把铁前的信息每天收集上来并综合分析，上下齐心、同向而行，现在马钢炼铁生产已经进入了平稳期，使马钢在激烈的市场竞争中内部有自己的功力。

2015年我们炼铁有很大进步，最重要的就是我们的炼铁成本首次低于全国平均炼铁成本，我们比行业平均水平吨铁低了60~80元。我分管的工作要求我必须频繁深入现场，到现场听一听、看一看、查一查，钢轧总厂都认可2015年炼铁水平的提高、降本的贡献超过了钢轧。我认为确实如此，炼铁的成本低于同行平均水平，如果我们炼钢、轧钢的成本同样低于同行的平均水平，马钢就不必担心我们的生存问题，所以铁前在公司的地位超过了以往任何时期。三铁总厂厂长丁晖刚才在座谈会上说：“2015年，感受到公司把我们炼铁的地位提高的同时，我们也感受到肩上的重任和压力，2016年三铁总厂成本要进入同行先进水平，对标挖潜找差距，最关键的还是充分调动全体职工的积极性，以厂为家过日子。”我和厂长的观点一致，不要先看到别人家日子过得红火，要看到别人家是怎样过日子的。

我离退休也就两年时间，也是当爷爷的人了。但我依然感觉自己精力充沛，当然我首先要感谢我爱人对我工作的支持，我在马钢上上下下多个岗位工作过，所以对马钢的体会是至深的。我的专业是炼钢，我干过电炉，干过平炉，也干过转炉，因为担任过生产部部长，我和炼铁、轧钢也接触的很频繁。回首多年来的工作经历，我认为难的还是炼铁，因为高炉是一个黑匣子，看不见、摸不着、不直接。在座的职工家属代表有的可能知道爱人在铁厂工作，有的可能还知道爱人在干什么工作，但不会知道高炉内流出的铁水温度达到1450℃，风温也至少是1200℃。炼铁生产过程是一个充满物理和化学变化的过程，高炉是连续生产的设备，从高炉炉顶加入固体原料，到从出铁口流出液态的铁水，一年365天、每天24小时，不停地重复加料、出铁，没有休止时间。如果这个循环过程中有哪一个环节操作不当或者把握不准走偏了，就必须及时采取措施恢复，经常走偏了多少天就需要有多少天来加以扭转。相比较而言，炼钢和轧钢生产是比较透明、可以看得见的，自动化检测和控制水平非常高，现在通过一个按钮可以实现一键式炼钢或轧钢。高炉就不同了，各类仪表监控的数据，从侧面反映着炉内的状况，炉长和作业长要时时关注它的变化状况，所以干高炉非常辛苦。铁前的作业环境也不如炼钢、轧钢，对人的敬业精神、技能水平要求高，这需要长期吃苦耐劳积累出来。

一个成功的男人背后必然有一个优秀的女人，同样的，一个辛苦的男人背后肯定有一位辛苦的女人，我们取得工作成绩的同时要感谢我们的爱人。现在马钢巨额亏损，职工收入在减少，马钢真正的中流砥柱在白天加黑夜、5天加2天的工作，没有周末休息日，能干的人始终就是要多干，一个小家庭是这样，一个大家庭也是这样。因为马钢很大，上千万吨钢的规模，高炉、炼钢、轧钢、物流、通廊都在不停地运转，我们知道自己身上的责任、指标和压力，希望通过我们的努力，能够使公司摆脱生存危机，减少当期的亏损，保住基本的收入。我们知道没有家里爱人的支持，我们承担不起这样的重任，不论是男人也好、女人也好，相互理解比什么都好。今天的贤内助座谈会，我觉得最重要的是我们的职工家属能听到、能看到我们身上肩负的担子，家庭需要我们的收入，我们需要在马钢的工作。

2015年，马钢过的真是很艰难，根据中钢协发布的成员单位2015年财务报表情况，酒钢亏损88个亿排在第一，包钢亏损80个亿排在第二，鞍钢亏损77个亿排在第三，武钢亏损69.8个亿排在第四，马钢集团公司亏损53个亿排在第五，其中股份公司亏损40个亿。如此大的亏损额对各家钢铁公司而言都是惊人的，这个数据也让我们马钢看到了自己所处的真实位置，上半年马钢亏损在各大钢厂排名在前，管理层压力都非常大，但在下半年市场风云突变后，各家钢厂都觉得亏损挡不住了，年终决算出了这个排名的结果。我们公司的亏损是什么概念呢？股份公司现有约3.25万职工，40个亿的亏损意味着2015年人均12.3万元没有了，居家过日子，在座的职工家属算一算在马鞍山市一个家庭一年的收入与结余，就能体会这个震惊的数字。因为面临巨额的亏损，我们一直背负着巨大的压力，马钢确实还有些事情没有做好，现在公司正在加大改革的力度，把没有做好的事情都做好。同样因为亏损，去年马钢职工的收入普遍减少，科干、处干的收入也都不同幅度的下来了。我事先也看了三铁总厂去年的奖金情况，人均减少了近三分之二，但高炉、烧结、球团的关键人物，真正的一线骨干的收入，总厂是全力在保的。

钢价跌的太厉害，已经跌回到了1992年的价格水平，大家可以想一下1992年我们的收入是多少？现在的收入是多少？现在真的是一斤钢材卖不过一斤蔬菜。因为钢价下跌，我们的年销售收入从以前的接近850亿降到现在不足400亿，下降了一半多，两头市场买与卖的剪刀差从月3.8个亿拉到了4.6个亿，我们真的很困难。现在马钢不论是职工还是大小的领导，日子都不好过，尤其是各级领导直至兵头将尾，整个公司降本的压力非常巨大，这一点和贤内助们持家一样，能省的一切都要尽可能省下来。

虽然整个行业都处在水深火热的困境中，但马钢与其他钢铁企业比，有自己的优势。第一、我们在资金管理方面一直是做得非常严谨、非常规范的，尽管生产经营面临着巨大的压力和困难，我们的资金流还是很不错的。第二、我们内部生产组织是非常稳定的，产品质量是可控的，产品交付是能满足客户要求的，往年赚钱的时候内部生产时不时的不稳定，铁前高炉惹些事，现在虽然我们亏损，但是没有人批评我们的内部生产不给力。第三、我们降本是下大力度的，各单位都为公司降本做出了贡献，其中三铁总厂去年降本实现3.5个亿，人均降本排在了全公司第一位，贡献很大。

高海建董事长提出保卫马钢家园，这其实就是保卫我们自己的饭碗，保卫我们的孩子，保卫我们的父母，保卫我们的家庭。在座的有十位没有选择工作，如果没有了马钢这个大家园，小家园怎么过下去。马钢一定要生存下去，马钢也有能力生存下去！经过去年一年的激烈竞争后，已经有钢铁企业成为僵尸企业或者另谋其他，也已经有钢铁企业生存不下去了，但现在钢铁工业还不是黎明前的黑暗，我们要做好痛苦的准备，我认为至少是两年。开公司办企业，大小一个道理，没有利润就不生产，现在是没有利润也要生产；再退后一步，亏损超过固定资产折旧不生产，但是这个底线也被打破了，还是继续在生产；现在我们根据钢材市场、原燃料市场以及我们的内部降本水平，定一个预亏的目标组织生产。各家钢企都赚不到钱了，拼杀的是实力和融资渠道，马钢现在的状况是朝好的方向走，马钢一定不会倒，但一定要过一段苦日子。

2016年，公司出台了层层推进“承包经营、授权组阁”的改革举措，从处干到科干、从科干到作业长、从上往下，目的就是提升我们的竞争力。三百六十行，行行出状元，无论干部、员工，干精、干好本职工作，我的工作我最强，就是个人最大的优势。马钢即使在当前这么困难的情况下，只是减少了奖金的一部分，其他工资和福利性的开支一分不少。我们靠企业生活，公司靠我们生存，面对当前的危机，我们没有别的选择，相信马钢一定会挺过来，爱拼才会赢，家和万事兴，感谢各位贤内助对爱人工作的支持！

# 扎根现场 紧贴市场 以责任担当保卫家园

## ——在制造部全体职工大会上的讲话

（2016年2月3日）

我和在座的都相当熟悉，很想和大家在一起沟通交流，今天制造部召开全体职工大会，钱海帆总经理因为要去上汽通用拜访，委派我来参加这个会议，要求我一定要更多地关心、指导制造部，也要给制造部施加工作压力。

制造部现在是公司职能部门中的大单位。原先我在制造部的前身生产部当部长时也就53人，现在达到了180多人，不仅是人数的增加，业务也不同于过去的生产部，现在的制造部承担的职能发生了根本性的变化。过去叫生产部时，主要是组织完成年或月铁、钢、材的生产任务，那时马钢不断扩大规模，产量不断攀登台阶，有了量就有了钱可赚，生产口并不太关注市场情况和成本情况。现在公司成立制造部，从职能和权限上明确要抓生产过程中的成本和质量，更为重要的是公司产品结构发生了变化，不再以长材为主，转为以板带产品为主，和过去生产长材不一样，板带产品需要根据用户的订单，是专门定制的产品，所以订单兑现率包括产量兑现率、条目兑现率，也作为对制造部的考核指标。在座的各位都要切实感到肩上的担子是沉甸甸的，因为我们还在爬坡、还在学习，马钢干板带的时间并不长，我们的指标和别人相比还有一定的差距，所以我们还需努力拼搏，每一位制造部的员工都要深刻反思一下，如何把订单兑现率、质量、成本这些新的挑战融入到日常工作中，如何拓展自己的能力来适应这些新挑战。

今天的市场已经发生根本的变化，现在是过剩经济、供大于求，尤其是钢铁、煤炭、水泥、玻璃行业，产能严重过剩。针对这种经济现状，国家也相继出台了一些政策，让僵尸钢铁企业死掉，让落后钢铁产能淘汰掉，或者转型干别的行业，目的是使钢铁产能供给发生根本变化。钢铁工业是多重矛盾交织在一起，日子非常难过，马钢也面临着生存的危机，面对巨额亏损，公司各级领导压力都非常大，如何能熬下去，形势真的很难。2015年，马钢出现了历史上从未有过的巨额亏损，集团公司亏损53个亿，股份公司本部亏损42个亿，资产负债率至少上升5个百分点，我们欠银行的钱更多了。目前各大钢铁企业2015年的经营报表也已经陆续公布了：酒钢亏损88个亿排名第一、包钢亏损80个亿排名第二，鞍钢亏损77个亿排名第三、武钢亏损69.8个亿排名第四、马钢亏损53个亿排名第五、太钢亏损43个亿排名第六。按我们的亏损来计算，每个马钢职工2015年相当于12万元没有了，这就是亏损53个亿的概念。

因为市场巨变，马钢也在主动地调整，公司早就有成立制造部的想法，随着公司板带比不断攀升，资源配置不断优化，成立制造部这个指挥机构已经迫在眉睫。公司对新成立的制造部充满信心，也授予了很大的权利，担负着指挥公司内部生产经营的重大职责，除了过去生产部的职能，还加上质量、订单、成本的管理，这就要求我们制造部员工要有较高的素质和强烈的敬业精神。很多人认为制造部是公司机关，但制造部一定是公司最忙的，不进来的人不知道制造部的工作担负着多大的责任和压力，我希望制造部能做到“千斤重担人人挑、人人身上有指标”。

昨天我认真地看了张文洋总经理助理作的制造部全体职工大会的报告，也认真梳理了2015年制造部有哪些得与失。报告中提到2015年取得多项新进步，列出降低大梁钢开平后表面氧化铁粉攻关、美芝酸洗板W压氧改进、改善合金化镀锌产品脱锌粉缺陷这三项技术质量攻关项目。要知道这三个课题攻关前都是我们产品开发中的难题，用户使用后提出了意见，公司领导也是高度关注的，最终我们的攻关确实取得了成效。但是我作为一名老工程技术人员，我想提醒在座的工程技术人员尤其是参与这几项攻关的同志要清楚，这些攻关项目远没有结束，原先是什么样、现在是什么样、未来你希望是什么样，这是我给你们的问题。在参与攻关的过程中，有没有完成“写所需”、“做所写”、“记所做”三步走，有没有修订D-FMEA、P-FMEA的要求，存在的问题真正可控了吗，还能不能进一步的改进？我们对这三个产品是充满信心的，因为我们确实付出了努力，困扰我们的问题也搞清楚了。但是在座的工程技术人员能不能想一想，在三个课题攻关中谁领衔了？谁担当了？谁成为大拿了？我认为这个特别重要，作为总工程师，我总希望我们的工程技术人员能得到迅速成长。未来在正常生产过程中，这三个产品会不会再出现质量波动，参与这个课题的员工，今后能一针见血的指出是“写所需”还有认知不足，还是“做所写”违反了规定，只有做到这一点，才能在一次次的攻关过程中不断地升华自己。制造部是一个大舞台，在座的员工都扮演了不同的角色，大家要有强烈的学习意识，要提高自己的工作能力，力争早日在技术质量上，从配角转到主角。

张助理在报告中对制造部2015年的工作做了实事求是的评价和回顾。2015年公司效益不好，出现巨额亏损，过去公司困难的时候，被指出的第一个问题就是内部生产组织不稳定，一到市场好的时候高炉就倒；但去年无论是省长来也好，公司领导自己也好，评价都是外部市场压力山大，都认可2015年公司内部生产运行是平稳的。首先炼铁生产走出模式，2015年铁水产量达到1324万吨，这也是近几年最好的水平，炼钢和成品材产量也都很高；公司在长沙、合肥举办客户座谈会，用户对我们产品评价质量是稳定的、是提升的。2015年我们主要差在销售和采购两个外部，这是对马钢打压最重的。销售是公司当前第一难的工作，不仅仅是卖，能卖出并卖个好价钱，拿到高附加值的订单，怎样使我们的销售体制机制更适应市场变化的需求？2015年我们没有跟上，好在2016年情况已经发生变化，公司给销售公司新增了销售总监，每位承包一类产品，激励到位，产品卖好了收入该是多少给多少。其次是采购，不仅仅是把钱花出去把东西买回来，大宗原燃料以什么时点买入，以什么样的竞价方式招标，如何实现零库存，都是采购需要思考的问题。好在2016年公司采购系统已经优化整合，将物质公司解体了，采购的职能全部到采购中心，把买与卖也在一起掺和。马钢仍在坚持熬下去，要挽救马钢必须实现少亏损、少流血，我们只盯着内部生产是不行的，必须下大工夫紧盯着外部市场并对其变化趋势做出准确判定。

2015年，内部生产我们干得还是不错的。公司板带比达到68.01%，比2014年净整了5.06%；汽车板产量达到140万吨，比2014年增长了16.8%；出口材达到120.5万吨，比2014年增长了57.8%；与2014年相比，我们订单的产量兑现率提升2.59%，条目兑现率提升2.90%，产品质量总损失下降423万元；四钢轧总厂月产最高干到73万吨钢，热轧71万吨也干到了，这些都是实实在在的成绩，进步显著。但要看到我们与市场需求的差距，究竟是订单的问题，还是资源调配的问题，还是工艺技术的问题，还是设备保障的问题？我们的订单兑现率虽然得到提升，但是还是没有完成公司考核的计划，导致我们每个月都被公司考核，嘉奖不多、扣钱不少。为了贴近主战场、服务主战场，公司决定制造部、设备部及技术中心部分技术人员搬到新区办公，所以我要求我们制造部的同志要扎根现场，不只是办公室在现场，应该是更多时间的人在现场，通过辛勤的努力和工作，使出浑身解数，把2016年的工作做得更好。

关于制造部2016年的工作目标，铁产量实现1376万吨，这是公司历史上从未达到的水平；目前来看，因为高炉体检与预警机制的使用效果已经展现，为高炉长周期稳定打下基础，如果新建的4# 3200m³高炉能按计划在9月20日投产，即使2#高炉大修，应该讲实现1376万吨铁水这个目标我们是信心满满的。有了高炉生产的稳定，就为公司后序资源配备打下根基，钢产量达到1463万吨，转炉本身的生产能力应该没有问题，关键在四钢轧，炼钢和热轧如何做到同频共振还有难度。设计铁钢比0.936，现在铁钢比退下来的确有难度，多干特钢是好事，有利于我们降低铁钢比，关键是废钢供应，虽然质量问题解决了，但是废钢的堆比重、块度这些问题还没有得到解决。材产量达到1378万吨应该没有难度，关键是汽车板产量目标一下提到200万吨，这对内、对外都有难度，对内，接回来的订单更复杂、更难干、要求更高，那我们的质量损失和判废就会很大；对外，我们能不能接到200万吨的汽车板订单，这对销售还是很有挑战性的任务。我们在制造部一定要对汽车板高度关注，从计划下达起就必须实时追踪，因为没有比汽车板更赚钱的了，当然也没有比汽车板用户更苛刻的了，我们向汽车板用户做出的承诺必须做到100%，因为马钢目前板带比也已到高位了，而板带中最应该突出的是汽车板。

2016年公司对制造部订单兑现率的考核指标是产量兑现率90%、条目兑现率

85%，比2015年往后退了，2015年这两个考核指标分别是95%和90%，我们没有完成2015年的指标，因为订单随机接收和复杂的难度，所以今年下调是实事求是的，这也给在座的员工提供通过努力多增加一些奖金的机会。我要真诚地告诉大家，这个指标代表了公司多方面的综合利益，即使公司下调了考核指标，但是我仍代表公司提出要求，不管是小订单、小批量，还是花色多、品种多、极限规格多、高强钢多，我们制造部全体员工心中要有目标，2016年我们的订单兑现率一定要高于2015年的水平，干好了给予奖励、干不好一定处罚，因为这直接关系到客户对我们的信赖度，关系到公司制造水平、管控能力的提升，更关系到公司的直接经济效益。

2016年的工作目标现在可以看得很清楚：铁前生产要抓住A#高炉、B#高炉、1#高炉、2#高炉、3#高炉这五座大高炉，板带生产要抓住2250轧线、1580轧线和CSP轧线这三条热轧线。抓住这些重点产线，抓好每天的计划执行率和计划兑现率，这样才能积小胜为大胜。关于进一步稳定产品产量、降低质量总损失、控制质量异议、贯彻零缺陷出厂的理念，我认为我们要在去年工作的基础上再细化，已经开辟的工作要继续做好，强化过程控制，扎实开展督查活动，把“写所需”一步一步写写好，把“做所写”一步一步做做好，更重要的是坚持对每一起质量事故都能够划分质量等级，都能够逐级分析和考核，真正做到事事有人负责、大事必须问责。以上是我对制造部主要工作目标和举措的感想，也代表公司提出了新的要求。

春节快要到了，2016年我们的生产经营计划是折旧不要了，允许每月亏损2.3个亿，全年亏损27个亿，就是所谓的亏损不亏本、不带血运行。虽然元月份两头市场的剪刀差缩小了，但是股份公司本部仍亏损2.93个亿，比预算多亏了6300万。这主要是钢材价格比预算价格每吨还少了209元，另外公司内部降本也没有达到要求，铁前系统欠了5069万、钢轧系统欠了2522万、其他单位欠了340万，元月份内部降本总计欠了7931万，如果降本能再往前走一步的话，还是能实现控亏2.3亿的目标。2月份可能是2015年以来实现月度亏损最小的一个月，首先严寒已经过去，高炉生产稳定，其次公司订单很足，而且价格与预算差值又减了一点，原燃辅料保供条件也具备，根据已经公司下达的生产经营计划，初步预测亏损小于1.8个亿，如果达到这个水平，我们就拿回来5000万，在当前水深火热的煎熬中，会为我们挺住增加正能量。

中国钢铁工业艰难的日子还看不到尽头，现在也不是黎明前的黑暗。过去没有利润不生产，现在没有利润大家都生产；过去没有资产折旧、不能谋发展、不能谋生存不生产，现在不断下调资产折旧比例，把钱用到生产过程中，把折旧全部贴进去还要生产；再往后，根据两头市场和内部降本情况，控制亏损也要生产。为什么我们非要撞到头破血流，即使这样也不回头，因为我们不能退出，我们退出我们就失败了，我们退出我们可能就是永远退出了，我们的市场就被别人占据了，所以现在钢铁行业是宁肯拼命也不让市场，宁肯亏损咬着牙也想坚挺过去。中国钢铁工业现在已经到了最关键的时点，哪家资金链断掉哪家就先死了，慢慢等待钢铁工业供给总量缩减了，市场供需关系稍微平衡了，形势终会好转，现在就是最艰难的刺刀见红阶段。企业效益不好，职工的收入必将受到直接影响，我相信90%以上的同志要靠在马钢的收入来维持生计、要靠马钢来生存，因此我们要奋力拼搏，背水一战、绝地反击、自我救赎，我希望这三句话现在成为大家工作中的座右铭，每天问一下自己有没有做到这三句话的要求，落实到行动上就是保卫马钢家园，就是保卫我们自己的饭碗。

我和制造部的各位员工很有缘，从1999年底到2008年中，我在生产部工作了十个年头，在生产部工作的经历、在其他岗位上工作的经历，以及我的人生经历，无论我是成功还是失败，我都体会到曾国藩先生说的话：一勤天下无难事。一勤解百难，制造部员工现在还很年轻，要牢记勤能补拙、笨鸟先飞。今天制造部的工作已经直接与公司效益相连，公司的生产、质量、成本、订单的责任都落在我们身上，我代表公司感谢2015年制造部全体员工做出的成绩和奉献，代表公司对2016年制造部的员工也提出新的要求，我们努力做出新的奉献和新的成绩。

# 向新的工作目标前进

## ——在轮轴事业部2016年科技质量大会上的讲话

（2016年2月26日）

今年又来参加车轮公司（现在整合为轮轴事业部）的科技质量大会。从接到李翔的邀请起，我就在回顾2015年我们经历的有关车轮的工作。看了一下领奖人的名单，轮轴事业部一批年轻的工程技术人员已经快速地成长起来，去年在科技质量上大显身手、2011年以来入职的研究生和大学生中，刘志、付应龙、庞进龙、桂兴亮、高峰、赵慧等已获得了技术创新奖、管理创新奖。长江后浪推前浪，一代更比一代强。轮轴事业部需要这么一批有激情、有责任感、能够担当的人才，我要为你们点赞！现在市场和现场工作压力真的很大，在市场上拼就是获取订单及服务好客户，在现场拼就是保质量及降低成本，希望你们成长得更快，挑起更重得担子。

今天的会场人坐满了，灯光明亮，大家都穿着我们的工装，整齐划一。我有意看了台上、台下，又抬头看了并数了120盏灯，没有一盏灯是不亮的，为什么要提这个？我们这个改造了的小会堂也已十多年了，我参加过许多单位的职代会、科技质量会、技术成果发布会等，能做到这一点并不容易，所有的结果都有产生的过程。如果会前领导特意提要求，管会堂的职工也落实了，就是这次布置周到，职工执行到了。如果领导没有提这个要求，我们的会堂每次开会前都检查灯光设施，这就是工作的主动性和责任心。在这里换一个灯泡8米左右的高度，要有专用升高梯，即使有一盏灯不亮，不会影响会场的照明，也不会有几个人注意到这一点，但延伸至每一岗位的工作质量，我们就会觉得有瑕疵。我们轮轴事业部对生产的每一片车轮、每一组轮对，就要像对今天会堂灯的管理一样，不仅是做到百分之百合格，而且没有一件带有瑕疵。有一件带瑕疵的产品出厂，留下的隐患可能就会伤害我们一次，用户的抱怨乃至批评就会增加了一次。

轮轴事业部每年都召开科技质量大会，列出多项攻关项目，去年安涛和各位签字仪式我在场，今天兑现的奖励额度又超过了100万，连续六年了。也有没完成的项目，是我们主观努力不够，还是团队配合不够，还是承担的课题确实难度太大、要求很高、解决不了？我想这些课题可以结转下来，因为有了去年的努力，分析原因、找准问题，今年继续攻关。我们不能遇到问题就退缩或放弃，这样我们如何进步？分析问题的原因要有办法，解决问题的办法要有资源，归结在一起支撑项目的完成。开展科技攻关和奖励兑现、群众性的QC小组活动，车轮公司有很好的基础，现在整合形成轮轴事业部，还是要大力支持这项工作，我们没有理由不把这项工作坚持下去。经过了一年的评审期，马钢一项关键技术《高性能铁路机车用整体车轮关键制备技术集成及国产化》获得安徽省科技进步奖一等奖，这在马钢也是首次，是和我们上述的科技质量工作紧密联系在一起的。今天我们下大力气去整合轮轴技术资源，明天就会形成我们在轮轴产业上更大的竞争优势，这些竞争优势要充分发挥出来，不仅是硬件的投资与建设，更重要的是软件的掌握与使用。

公司成立轮轴事业部，由总经理助理杜松林来担当，这个组织架构设置比以前的车轮公司是高一个级别的。我们的轮轴事业部与彩涂板事业部、特钢事业部、长材事业部是不一样的，目的是通过轮轴事业部的努力，能够打拼出马钢轮轴事业的新天地，轮轴事业部融合了车轮、轨交、马钢（法国）瓦顿公司，要参加国际、国内市场的竞争，把马钢轮轴板块做大做强，最终能形成一家新的高科技水平的上市公司。

听了李翔同志的报告，我特别关注了车轮的主要经济技术指标，如成材率、万元质量损失、产品综合合格率、用户质量投诉率、赔付金额。不仅仅是2015年的数据，我从2011年起，追溯了这五个指标每年的变化情况。2011~2015年，成材率指标（%）分别是：70.57、71.40、70.96、71.96、71.50，最好的是2014年达到了71.96%。成材率指标是车轮成本中最重要的竞争力指标，我们要把工序查得再细一点，从设计、定尺、下料、称重、烧损上继续攻关，努力把这个指标提升到72%，因为通过计算理论上是可以达到的，我们要搞清楚实际值和理论值之间的差异到底在哪里。我们看到车轮质量管理体系在发挥作用，质量在职工心目中的分量。2011~2015年，万元质量损失（元）分别是：124.18、116.08、96.32、88.71、68.06，呈现大幅度连续下降态势。这得益于诸多优秀的质量管理工作者、优秀的QC小组、优秀的工程技术人员不懈的努力。2011~2015年，综合合格率指标（%）分别是98.19、98.59、98.88、98.91、99.26，五年内连续上升。综合合格率指标反映的是每一道工序中员工的素质、设备的维护状况、各种产品的工艺技术保障。2011~2015年，受理质量异议（起）分别是115、94、87、68、53，连续三年稳步在下降，说明产品实物质量在提高，产品出厂质量把关信得过。2011~2015年，对外赔付金额（万元）分别是227、243、231、98、47.92，同样是稳定下降。上面的关键指标数据对比，得出了结论：我们的技术质量工作五年来取得实实在在的业绩。

我来点评2015年在车轮公司我参与并经历的五件事。第一件事，我们通过了IRIS复审。这是世界铁路行业的标准，车轮产品出口的基本条件。我们找不出更好的管理方法，但是可以将别人创造的先进管理方法学好和用好。IRIS质量体系从启动认证到通过，再到复审通过，所做的工作都是有问题、有答案的，在IRIS体系的指导下，查找丢分的原因，是对标准执行不到位，还是对标准理解有偏差？只有用精益的制造过程，才能保障车轮和轮对产品的质量；只有有了新的认知才能有新的进步。通过IRIS

质量体系复审后，要对整改项、失分项进行责任追究，力争每年复审得分都能提高，将每一项指标细化到岗位，责任落实到人头，管理就是要求不能犯相同的错误。

第二件事，轮轴事业部QC小组活动现在是全公司最活跃的单位，在安徽省质量协会组织的竞赛中获奖，去年参加外部三次比赛获得八个大奖，其中还有两个奖项享有国家级荣誉称号。群众性的QC小组活动有力地支撑了车轮产品技术和质量的提升，2011年到2015年五大技术质量指标的稳定提升，离不开这些分布在最基层的QC小组活动。轮轴事业部创新发布形式，男女两人同时登台，成果发布效果非常好。QC小组活动要坚持PDCA循环，每一年都处在循环上升的过程中，我本人的工作方法受益于早期从事的QC小组活动，我布置的工作我一定会检查的，QC小组活动不仅是形式，更重要的是成效。

第三件事，过去常讲国际标准、国家标准、企业标准，现在我们所做的一切是要满足用户的要求。APQP就是产品质量先期策划，我们现在生产产品，不仅是要满足最高标准了，还要清楚地了解用户的特别需求。在产品设计D-FMEA过程中，考虑一切可能造成产品失效的因素，把产品的先期策划做得不留遗憾。现在我们每小时350公里的高速车轮和每小时250公里的城际车轮都已经上线试运行，大功率机车轮已获得CRCC认证，澳大利亚最大的矿业公司BHP又采购了我们的重载货车轮，这些产品都有特别的技术指标，必须做好产品质量的先期策划，和我们的客户有着直接面对面详细的沟通，倾听他们的意见，这项工作在2015年已取得很好的效果。

第四件事，2015年，在铁总的支持下，我们安排了50余人次行遍全国各个车辆段，对马钢在线运行的客车轮、货车轮、机车轮和轮箍进行售后服务。起因是一片车轮质量的缺陷，让我担心一炉车轮的质量。公司领导要求要学会走访用户，苦了我们外出的职工，春节团拜会上宣传了王阳同志的事迹，零下二十度的天气，他们在外地查找受牵连的车轮，一片一片的探伤和排查，我在唐山车辆段见到了我们的职工，令我深深的感动，这是真实的事情。今年轮轴事业部特设了国内客服团队奖和国外客服团队奖，对此我点个赞，这项工作必须要持续下去。现在市场竞争已经白热化了，光在家里干肯定不行，我们的职工不在现场就在市场，公司制造部去年底率先从机关大楼搬到了新区，各个厂的工程技术人员也都搬到了现场，在现场把“写所需”和“做所写”结合起来，以问题为导向，快速响应，这是回归过去，但却是正确的抉择。

第五件事，车轮全生命周期质量信息化管理的有序推进。马钢作为全国唯一的零部件供应商，参加了铁总运输局机务部的机车电子档案建设项目。因为我们生产的大功率机车车轮顶替了进口产品，因为铁总对机车车轮质量的管控，我们克服困难做到了一轮一档，记录了每片车轮全部制造过程的信息，受到了铁总的高度认可。他们知道我们干了这件事，向我们开放了机车电子档案管理系统，把我们吸纳进去，这才是真正的车轮全生命周期，从制造过程到使用过程。我们的信息给铁总享用，铁总的信息为我所用，双方之间有一个很好的接口，未来对机车轮设计、制造、使用的改进有了大的工作平台，这项工作任重道远。

2016年已经过去两个月了。因为订单严重不足，轮轴事业部职工今年春节期间放了一个长假。国家经济处在调整期，轮轴行业需求不足，公司今年给轮轴事业部定的生产目标是22万吨，可是订单从哪里来？没有订单的日子一定过得很艰难，现在寻找订单是第一位的工作，也是最难的工作。铸钢货车轮在挤占我们辗钢货车轮的市场，太重在客车轮、车轴上强有力的竞争，知名和非知名的轮对工厂难让我们新手入场。当前我们的三大任务是：订单、质量、成本，解决订单的难度在市场，解决质量和成本的根本落脚点在现场。我们的科技工作者在“写所需”上有新建树，写出新的东西；我们的广大员工在“做所写”上按标准化作业，干出好的产品。

2015年到现在，发生了七起马钢车轮的辋裂报告：2015年6月1日沈阳局通辽段客车轮，2015年8月5日徐州北货车轮，2015年8月19日太原北车辆段货车轮，2015年9月7日湖东车辆段货车轮，2016年1月4日合肥段客车轮，2016年1月13日唐山轮箍，2016年2月24日济南段客车轮。最近这一起，我特意到特钢公司按“写所需”和“做所写”分别仔细核查，“写所需”不存在问题，我就看“做所写”出了哪些问题。首先是单开的头炉，头炉怎么会发到车轮厂轧制了客车轮，其次这炉轧制的车轮在超声探伤过程中机探报警超高，现场直接就判废了12片，最终这一炉的车轮还是被放行出去了。上述的报告都是在例行检查时发现的，要是在车辆运行中造成事故，我们是难以交代的，使用不到两年就发生了质量缺陷。

2015年到现在，我们对车轮的新工艺作了研究，要进一步降低车轮钢中夹杂物的含量，改变夹杂物的外形，消除脆性夹杂物的影响。进行了三炉CL60K的试验，结果是机器探伤报警率下降到5%以下，手工再进行探伤确认，没有一件车轮判废。这么多年来年我们使用的工艺技术已经适应不了现在铁总的要求，真的要做出改变。接下来试验还要继续做，要对成果召开内部评审会，目标是解决车轮夹杂问题，这是技术、质量、管理交织在一起的问题。

我代表公司，对轮轴事业部2015年度科技创新项目完成的获奖者表示真诚的祝贺，希望未能完成的项目不要放弃，坚定信心，继续拼搏。希望今天所签订新的攻关项目，到明年的这个时候，更多的能到台上来领奖。对今天攻关项目的承担者们，希望尽早策划行动方案，分解出阶段性目标，最终取得实在的成效，进一步提升我们的竞争力！

# 把设备功能与工艺要求匹配起来
## ——在马钢设备技术与管理创新成果发布会上的讲话

（2016年3月25日）

今天由公司科协、设备部、《冶金动力》编辑部联合主办马钢设备技术与管理创新成果论文发布会。我作为公司科协副主席，作为把设备功能和工艺操作经常结合在一起的一个老伙伴，作为《冶金动力》的读者，对这个会议的召开表示祝贺，并谈一谈我工作的体会。

马钢作为国内千万吨级钢铁企业，在中国乃至世界有自己的地位和知名度。经过十五、十一五、十二五发展，规模快速上千万吨级台阶，品种结构从长材走向板材，生产设备实现了现代化和大型化。设备管理人员、设备点检及维护人员和各岗位管理操作人员一样，产量上新水平要靠设备、提升产品质量要靠设备、降本增效也要靠设备，人和设备的水平是企业真实竞争力的体现。

我们设备部提出以“零故障”管理为目标、精度管理为载体，强化设备状态把控，实施功能检修。这些定位是科学准确的，从执行效果来看，对支撑公司当前生产和产品稳定带来了显著的效果。在马钢这种大型钢铁企业中，搞设备的人必须要清楚工艺的设定及操作过程，搞工艺的人也必须要清楚设备的限定及控制功能，应该是有机结合在一起的，只有这样才能面对生产经营中所面临的问题，不断的革新、创造，更好的支撑生产经营。

这次论文发布会大家热情都很高，一共征集了164篇学术论文。我数了一下，三铁总厂报了28篇、能控中心报了18篇、煤焦化公司报了17篇、南山矿报了13篇，这几个单位学术氛围比较活跃。反过来我注意到，论文报的多的单位确实在设备运行、技术改造、引进设备上下了功夫，有一批在设备管理、设备技术持续改进上优秀的管理者和工作者。164篇论文经评委会分专业择优选出了83篇，部分论文我看了，充分反映了马钢当今设备技术以及管理创新的成果。有些论文的含金量很高、涉及技术秘密，有力地支撑了马钢当前的降本和产品质量再提升。入选的论文可以分成三档：第一档，论文的学术水平及实用价值高，对在线设备有指导作用；第二档，论文是在解决了实际问题后，分析了原因及措施，作为经验总结出来的；第三档，取得了阶段性的成果，但是后面仍有待解决的问题，如果坚持下去会收获更好的结果。

在看其中的一些论文时，我有时很兴奋。有的论文我会回忆一下，这些设备过去它是什么样的？现在它是什么样的？论文结论告诉我什么？刚才在会上发布的5篇代表论文，恰好是我原本就给予关注的论文，我借和大家面对面点评的机会，谈一谈我个人的观点。

第一篇论文《2130连退线的带钢跑偏原因研究及对策》，作者是利小民等。面对冷轧总厂从国外引进的连退线设备出的故障，不做出系统的分析，或碰见故障就说是设计问题，说成是难以解决的问题，只能是开脱自己。每次故障停炉揭盖，我脑子里也在想这到底是管理问题、技术问题，还是设备问题？我们干汽车面板不容易，要求每次开干前对设备状态要排出检查表来，对每一台设备进行确认后，才能把汽车面板基料往连退线上投。我本人在连退线入口处等待开始干汽车面板时，曾检查岗位操作者是否对设备因素都确认了，得到的是确认的答复，但深究下去却讲不全确认了哪13个设备因素，这是真实的事情。没有设备状态保障怎么干好汽车面板？从选铁水到炼钢、到连铸、到热轧、到冷轧，汽车面板经过了每道工序，如果在最后一道连退工序生产出问题，那代价真的很大。所以每次生产汽车面板的时候，要求操作者亲自确认一下设备状况，让大家都看见，目的是希望能引起设备、操作等所有人的高度重视。我讲的这些是去年年初的情况，布置的工作就要检查，落实不到位，怎么能干出好的产品质量？只要持之以恒地去抓，就一定能改变面貌！冷轧连退线从那以后，在设备管理上做了很多工作，包括自己设计的高强钢退火装置也取得好的效果，整个生产线运行比较顺了。

连退线干宽幅薄规格面板时跑偏的次数较多，谁能真正潜心坐下来研究这个问题，真正下决心要解决这个问题，真正把问题的原因找清楚并拿出具体措施？我想到了利小民，他在冷轧南区设备工作做得很细，对工艺也熟，又是公司高级技术主管，把他从冷轧南区调到北区后，他就开始专注于这个问题，刚才的报告是实事求是的。我的评价是带钢跑偏这个问题的原因已查准了，无论上不上纠偏装置，在现阶段生产过程中，通过对设备基准度和设备偏差度之间的校正，可以保持生产正常进行，现在连退线产量不断突破记录。原设备上的瓶颈问题，有高手盯着，精准的加垫片纠偏问题就解决了。

第二篇论文《四钢轧1#、2#板坯连铸机设备精度管理实践》，作者是谢欣荣等。1#、2#板坯铸机是四钢轧的主力设备，投产以来每台铸机的产量均都超过了一千多万吨，从管线钢到高强钢、从汽车板到酸洗板，连铸坯角部裂纹攻关是公司第一个公开竞聘的项目，问题集中在连铸机欠修、失修，丧失了应有的精度。为恢复1#、2#板坯连铸机的设备精度，一次性投入了上千万元，公司领导高度关注，原来的检修力量满足不了，要求重机公司进口的大型科堡机床把其他活都放下，全力扑上去。连铸机是西马克的设备，原来不是没有精度，从新设备有精度运行到失去精度，之后很长一段时间，因为四钢轧任务比较重，产量比质量重要，所以一直在凑合着使用设备的精度。最后走到精度不能保证产品质量，不仅对后道工序有影响，还包括表面质量、漏钢事故。重新开始恢复设备精度，我想到一钢轧的首席技师张文学，他对板坯铸机研究了一辈子，遇到问题不琢磨透从来不放过，把他调过去一看，设备的精度已经到了不能再生产下去的程度。通过课题攻关，设备管理、点检维护、工艺技术都有了新的要求，我们达到了今天这个水平。1#、2#板坯连铸机的设备精度能够持续保持下去，这篇论文提出了要有一套科学的管理方法，点检、维修、管理必须环环相扣，不因生产计划排斥检修计划，才能确保四钢轧总厂设备状况的稳定。

第三篇论文《特钢公司大圆坯连铸机$\phi$700圆坯扩规设备改造实践》，作者是徐林林等。我们这台连铸机是2010年从国外引进的，原设计直径有$\phi$380、$\phi$450、$\phi$600三种断面，为了满足市场对我们新的需求，把圆坯铸机规格扩大到直径为$\phi$700，先改造一个流，其他四流不动。为什么设备刚投产不久就想着把圆坯铸机最大直径从$\phi$600扩大到$\phi$700，因为$\phi$380、$\phi$450、$\phi$600的铸机大家都上了，特钢工厂竞争非常厉害，再加上我们在产品结构调整中，提出要干大功率机车车轴，$\phi$600断面的圆坯锻造的车轴达不到要求的锻压比，需要直径$\phi$700的圆坯，且未来我们干一些大的特殊环件及锻件，都要求这样的锻压比，需要这样规格的圆坯。在进口设备上实施改造，从设计开始，到订购配件，特别是我们搞设备的工程技术人员，在边生产边改造的条件下，完成了圆坯连铸机扩规改造，现在特钢公司$\phi$700圆坯每个月都有一定的订单。

第四篇论文《干熄焦焦炉炉体长寿技术的研究与实践》，作者是钱虎林等。干熄焦对公司炼铁生产非常重要，我们不仅希望干熄焦焦炉能达到设计寿命，更希望能超过设计寿命，未来还希望干熄焦焦炉能进入完全受控的计划检修状态。现在干熄焦炉一检修，公司就要马上调整生产计划，特别是新区干熄焦炉检修，涉及到干焦、湿焦转换，高炉生产马上退负荷并降低冶炼强度。各大钢铁公司都在做干熄焦炉炉体长寿技术攻关，我们煤焦化公司搞设备的同志做出了很大的努力，不停地攻关、不停地革新。这个课题对煤焦化的人来讲，我觉得是跨专业的，因为他们原来是搞炼焦、搞化工的，现在来研究干熄焦炉的耐火材料抗热震性能以及耐气流冲刷牛腿形状，这个课题立项在评审中得到公司同意。这个事情本应该是设计单位或者耐材单位的，由他们来不停的改进，满足客户的需求。国外搞设计的人一定是始终关注设计的产品实际使用状况怎么样的，上海外滩的外白渡桥，100年前英国一家公司设计建造，100年后通知你桥要重新做鉴定了，但是我们这方面信息就隔断了，设计院把钱拿走就不再想这事了，即使有一些人会做一些征求意见和改进工作，但是理念差距还是非常大的。煤焦化公司在长期使用干熄焦炉的经验上，把干熄焦炉牛腿材质及结构改进，这项工作非常有价值，事实上我们干熄焦炉的使用与管理在全国同行中是一流的。

我点评了特别熟悉的设备管理与技术论文，这四个成果现在已完全经过生产实践检验，设备工作者解决了企业生产经营中难题。

第五篇论文《马钢高炉上翘炉底的对策研究与启示》，作者廖海鸥等。昨天下班很晚，丁总在电梯里还在问我炉底板上翘与锌富集的问题如何解决，我今天早晨下了两道命令：第一、四钢轧和二钢轧停止使用含锌废钢；第二、三铁总厂OG泥不再喷洒到烧结料层上，开路一段时间，因为锌的富集已经超标了。这个课题从开始，通过打螺栓桩想把炉底板拉住，加装应力传感器，测试应力过高，松了螺栓桩再调整，到现在高炉炉底板拉力自动监控，这个课题是国内外大高炉都曾遇到的难题。炉底板上翘拉力升高，廖海鸥高管就给我发微信，炉底板上翘的压力是多少，已经达到多少公斤，已经进入警戒状况，已经进入危险状况。在报告中，廖高管讲到请了高炉专家来研究这个问题，事实上，这个问题从设备口子来看是无能为力的，严总说一定要回到把锌控制下来的措施上，看看炉底板能否不再上翘，拉力能减轻多少。这属于发现了设备问题，但是这个设备问题一旦发现就难以解决，设备人员一定要做好监控。从过去讲炉底板上翘，到现在实现了好的检测办法，有数值来反映，搞设备的同志和搞工艺同志在一起，把锌负荷、碱金属、高炉顶压、冶强指标综合在一起，要找出一个对应量值的关系。这个课题关注的是公司最重要的设备问题，不是别人解决了我们没有解决的问题，希望能够持续研究并跟踪这个问题，在我们新建的3200m³高炉设计上提前考虑到抑制炉底板上翘的因素。

第六篇论文《马钢电解脱脂机组的工艺及设备方案》，作者叶明成。我们从看到马钢罩退产品表面质量达不到一流产品水平，到评估了冷轧总厂南区酸轧机组和罩退机组的功能达不到现行的产品质量要求，最终决定要增上一套电解脱脂机组。这套机组采用理化结合的工艺，投资近1个亿，由我们工程技术集团在干，预计4月28日投产。这样我们酸轧出来的板带，经过这道工序，提高了带钢表面的清洁度，变成高附加值产品，每吨可以多卖20~50元。上这台机组功能需求由我们自己提出，在螺蛳壳里做道场，没有新建厂房，在原来的位置上，从输入到输出，每台设备的布置，叶明成是无愧于公司冷轧设备高管的头衔了。

后两项设备管理与更新的论文，都已经在生产线上实施了，正在解决以往发现的设备问题，有很高的技术含量，具有我们自己的知识产权。

今天这些论文，涉及我们设备工作者很多诀窍，可以申报专利或者技术秘密，我觉得都是很好的。论文如果在《冶金动力》上发表的话，核心部分要再含蓄一点。我刚才点评的这六篇论文，都是围绕当前生产经营实际，为企业降本增效、提升质量、改进工艺提供了很好的支撑，搞设备的同志要清楚工艺要求，搞工艺的同志要了解设备功能，相互配合起来。

# 辛勤耕耘终有果

## ——在冷轧总厂2016年科技质量大会上的讲话

（2016年3月31日）

杨兴亮厂长和沈新玉总工请我来参加冷轧总厂科技大会，我也愿意来听一听、谈一谈。现在分工我管的事真是不少了，有时是难以招架，今天下午有三个会要我参加，比较了我去干什么后决定到冷轧总厂来，因为冷轧总厂在公司生产经营中的地位太重要了，我和冷轧总厂领导班子诸多工作上的事有共同的想法，在一起沟通会更好。

中午我翻了一下笔记，2015年5月22日，我参加了冷轧总厂科协一届一次代表大会。我提到："钢铁工业再往后五到十年，能成为高级技术主管、成为首席技师的同志，更多的是在冷轧区域产生，炼铁、炼钢、轧钢大干快上的时代过去了，国家基本建设使用的螺纹钢、线材产品不是大型企业的优势，随着国民经济的发展和人民生活水平的提高，冷轧产品作为汽车、家电、装饰、家具等材料，用量会越来越多。精通冷轧设备、工艺、产品的大拿无论在哪里都是紧缺人才，有本事的对国家、对社会、对家庭的贡献都还在后面，所以希望冷轧总厂的工程技术人员能够珍惜工作与勤奋学习。"当时还要求："2015年还有七个月的生产时间，每个月连退产量要干到8.5万吨，在2#镀锌线上汽车板的量要干到1万吨，M35W300高牌号电工钢要干到5000吨以上。"当时看是很难完成的任务，现在目标都实现了。2015年公司考核冷轧总厂四个绩效指标：产量指标、质量指标、成本指标、效益指标，分量都不轻，当时我提出要求："弯下腰、伸出手是一种优良的工作作风，领导班子以及科级干部和作业长，在现场必须戴手套，如果不戴手套一次考核1000元。"现在冷轧总厂全体干群已经养成很好的工作习惯，扎实的工作作风使一条条生产线不断创造出新的业绩。今天《马钢日报》头版刊登了冷轧总厂现场闪亮的照片，这代表着冷轧基础管理的水平。我要求："冷轧总厂要坚持做到对发生的每一起事故，无论是操作、设备、材料、方法、环境的原因，都要将事故责任落实到具体人头上。对事故的责任人不仅要扣罚，还要求写一份书面检查。冷轧总厂应严把原料入厂关，往上道工序追溯原料卷的质量，对不合格的坚定不移地叫停、坚定不移地回退。"至今冷轧总厂《责任追溯报》已经连续出版十二期了，每期都要求相关责任人在报上签字确认。我提到："冷轧总厂要把质量指标放在最重的位置上，尤其是对最后一道产品出厂的把关，对于表面能看得见的缺陷，一定尽最大可能避免流出去。"公司现在按需要给冷轧总厂添加检测仪器，也是为了表面质量判定工作能做得更好。

2015年9月15日，我参加了冷轧总厂质量月活动大会。那天第一个发言的是科干代表操召贵，第二个发言的是作业长代表陈德春，第三个发言的是优秀技术人员代表王浩，第四个发言的是大学生代表沈振杰，第五个发言的是质检员代表金婷婷。我概述了冷轧生产过程："冷轧总厂入口是原料的钢卷，出口是产品的钢卷，中间加工过程主要变化是：由厚变薄、由硬变软、由软变硬、由黑变白、由灰变亮、由瓢变平、由单变双，正常生产时主控室操作人员在点击电脑，自动化水平很高。"我讲了在连退分厂抽查"写所需"与"做所写"所见所闻：我在连退分厂走进入口操作室，墙上挂着"正在生产汽车面板"的指示牌，但当时没有生产汽车面板，后来又有一次正在生产汽车面板，我去操作室却没看到挂这个指示牌。我们各级管理者一定要抓住自己的工作重点，科级干部不是传声筒、作业长不是甩手派，要一级带着一级干，一级做给一级看，这体现的是现场管理层次与方法。

刚才回忆了前两次我来冷轧总厂说过的一些事情，今天来还是和大家讲心里话。今天是3月31日，一季度就要结束了。首先讲一个好消息：2016年3月份，因为钢材涨价、公司内部生产稳定及降本力度进一步加大，在连续14个月的亏损之后，股份公司盈利了，财务快报通报的结果是股份本部盈利5600万。其次、在公司如此困难的时候，冷轧总厂全体职工非常努力，领导班子和在座的精英骨干，你们的拼搏奉献值得赞扬，2月份冷轧总厂计奖人数2019人，人均奖金2718元，排在第一，比全公司平均奖金超出1000多元，绩效考核指标完成得很好，这是你们自己干出来的，我要为你们点赞。

今天上午冷轧主管工程师高光泽在公司技术攻关会上做了汇报，一年时间连退线和四条镀锌线经过攻关，断带率已达到设定目标，可以结题。2014年，连退线加四条镀锌线一共发生14次断带，2015年控制下降至7次，正好达到50%。这项技术工艺攻关项目确实为总厂带来了直接效益，同时也降低了职工的劳动强度。把功夫花在夯实基础管理上，同急时抱佛脚相比是事半功倍的事情。

2014年末，公司决定把一、四钢轧总厂冷轧分厂切分出来成立冷轧总厂。我个人评价这是公司对生产流程决策最正确的事情，冷轧总厂充分调动和使用了南北两区的人力资源。在此之前，我们冷轧南区、北区诸多的经历与经验可以共享和彼此借鉴，过去我们设备、工艺、技术、操作面临的难题，在冷轧总厂成立以后，1#、2#、3#、4#镀锌线产能的提升与品种规格的分工，南北区不同专业工程师的岗位交流，连退炉带钢跑偏、合金化镀锌汽车板脱粉的解决，2#重卷线的建成与投用，酸洗板增加湿平整等，产量与质量、品种与规格，双双创出新的业绩。

2016年初冷轧总厂又把指挥中心从南区迁移到北区，这是一个管理的举措。之前冷轧主战场在北区，行政管理系统在南区，当时办公条件不好，现在更不好，但冷轧总厂有一个好的领导班子，群雁高飞头雁领，相信由他们带着在座的骨干一定能干成事、干大事。整合仅一年多时间，冷轧总厂持续发力，产品质量受到了我们用户的广泛好评，镀锌、罩退、连退、硅钢、酸洗总产量已破40万吨，今年1~3月份降本也走出了新的路子。我在心目中特别关注冷轧总厂、四钢轧总厂、二铁总厂、三铁总厂，因为这四个厂是公司主力单位，生产稳定对当期的效益影响很大。工作在这四个厂关键岗位的职工有优越感，但更重要的是有责任感。

继马钢高速线材、螺纹钢、H型钢后，马钢的镀锌板、家电板、酸洗板正在培育为品牌产品，现在已受到国内外客户的认同和信赖。在国内市场，供给格力、美的、富士康，已经享有一定的知名度；在欧洲市场，马钢的镀锌板和酸洗板加工成汽车零部件进入一流造车厂，国外客户评价马钢牌产品性价比高、很有竞争力。

2015年12月，2#重卷线开始试投产；酸洗湿平整在2016年的2月也开始排计划，6月底具备酸洗板全部湿平整机的能力；脱脂线将在2016年4月底投产。在当期如此困难的情况下，为了提升冷轧产品竞争力，公司还在为冷轧投入资金，新上项目或进行改造，相比较其他厂基本新项目投资没有，甚至连维修费用都在削减。

2015年冷轧总厂用于新品试制（但免于考核的）成本是350万。这个费用既是研发的投入又是新品的学费，立足于我们现在的硬件设备和软件技术，在这个平台上，我们的知识产权、专利、技术秘密怎样形成，我们往下延伸继续新品开发还会有哪些核心技术？冷轧总厂这块的费用是比较高的，这恰好说明冷轧总厂还是在学习之中。和别人卖一样的产品很难赚到钱，只有不断地研发投入和技术投入，不断地增加我们的新品，才能处于有利地位。我们四条镀锌线设置的最大厚度是2.5mm，但超厚3mm镀锌板在1#镀锌线也干出来了。2016年马钢贴牌取向硅钢的销售目标是6万吨，后工序内外怎么干？怎么办？这是我们今后要努力突破，用创新的工作方法去干。

2016年1月，利小民高级技术主管做的题为《2130连退线的带钢跑偏原因研究及对策》的报告，对我们连退线跑偏问题做了一个定性，区工李洪洲也做了一个专题发言。事实证明他们是对的，现在连退线生产稳定了，虽然纠偏装置还没上，但连退生产在正常进行。这就是我们工程技术人员的贡献，紧贴现场以问题为导向，抓住问题症结所在，这样我们就有办法来解决它，不管是叫以偏纠偏还是预知预判，在我们新的纠偏装置投上之前，不畏困难总有办法，我们的工程技术人员发挥出重大作用。

从2015年三季度起，在公司级的技术质量例会上，每次我们都安排了冷轧总厂的专题报告，点一个题目，要求你们的工程技术人员在公司的舞台上讲给大家听一听。这样做的目的：一是让冷轧的工程技术人员在公司的舞台上展示自己的攻关成果；二是引起大家对我们自己工作方法的反思。从高牌号M35W300产品的研发，到常州洛克硅钢涂层脱落的问题，到2#重卷线机组功能的分配问题，到连退跑偏的控制效果问题，到冷轧总厂张四方刚刚做的报告，再到下一次技术质量例会已经布置的脱脂线、

湿平整线的专题报告，我看到冷轧一批年轻的工程技术人员在快速成长，我希望冷轧总厂的技术人员能持续活跃在设备、技术、工艺、攻关和新品开发的舞台上。冷轧总厂是一个大学校，要不断培养出优秀的工程技术人员，建成一支学习型的团队。

我和冷轧总厂的缘分应该是源于2004年公司成立板带部。我出任板带部经理，和一钢轧总厂、中板厂、冷轧厂建立了直接的联系，板带一体化生产从那时候开始，所以我关注冷轧。2008年我担任一钢轧总厂厂长，分别定义了钢区、热轧区、冷轧区的工作界面，对冷轧这方面的学习也是挺用心的。冷轧总厂干好、干稳定，持续提升竞争力，我觉得需要人才支撑，需要严格的管理。板带部成立的时候，公司在板带部举行集会，参加人员只有过去的冷轧厂职工把工作服穿的整齐划一，整个冷轧厂的现场让人感觉洁净有序，冷轧厂当时给人的感觉完全不一样。

本月上旬，我专门要杨兴亮厂长带我把冷轧北区全部走一走、看一看。因为有时我一个人进与出，想问一些问题找不到人。我看到连退的检修刚结束，我认为这一次检修现场是规范、很到位的。让我高兴的是我看到我们冷轧总厂人有智慧，把酸轧轧后库的地基下沉问题解决了，这是设计院设计不出来的，不干此行的人也难以想出办法来的。面对难题，我们一定有办法，这其中又分为一般办法、较好办法、更好办法，每个工程技术人员都要经常思考别人的意见和自己的意见，如果别人的意见和自己的意见不相一致，能不能综合一下，看有没有比较高的办法，其实这很有意思。

本月中旬，我又约了沈新玉总工把冷轧总厂南区每个角落都走遍。到了硅钢一分厂，正好撞上硅钢分厂葛涛厂长带着两个作业长做环境保洁。南区这一片的劳务工撤掉以后，环境压力还是比较大的，在冷轧任务这么饱满的情况下，科级干部能带着作业长自己干，在关键时刻这是一种精神，只要我们科级干部、作业长带头往前冲，那还有什么困难克服不了，我们要有这样一种励志的工作态度。最后，我对冷轧总厂一季度取得的成绩、对公司的贡献表示感谢，也预祝今天科技质量大会所签订的攻关项目，在明年评价时能予以兑现。

# 在第五届全国炉外精炼学术年会的发言

（2015年8月29日）

我是来自马钢股份公司的代表，马钢现在的实际产量仍处于大钢中游。马钢产品较多，有优势也有劣势：线材、棒材、型钢、大小H型钢、中板、热轧薄板、冷轧薄板、火车车轮，又新建了一条特钢线，年产100万吨。兴澄特钢蔡老师曾经到马钢去过两次，认为马钢特钢设备先进，在全国处于前列。马钢特钢于2011年投产，现在产品定位在高档次上，高铁车轮我们已经完成试制，通过了国家级鉴定，达到国外车轮实物水平，目前正在铁总做装车试验。过去马钢只做车轮，现在车轴也做，包括重载车轴、高铁车轴，马钢要继承传统优势，服务于国家轨道交通事业。连铸坯替代模铸锭生产车轴产品率先进入国内外市场，我们是领跑人。马钢的产品：特钢、汽车板、家电板、镀锌板、耐蚀板、电工钢，以及取向电工钢。马钢在调整产品结构，寻找自己的生存之路。

第五届全国炉外精炼学术年会，学术氛围相当浓厚，看到的问题面比较广，涉及到高端产品的开发和制造，不少老专家的发言，聆听以后，感到有新的收获与启发。

我是粉碎“四人帮”后第一届大学生，1982年进厂，干炼钢也已经33年。从事过平炉炼钢，我国真正有精炼设施时，马钢算较早的一家，因为马钢火车车轮产品，铁道部不断提速，对火车车轮材质的要求，特别是火车车轮氢致裂纹问题危及到行车安全，1995年马钢第一家制定了氢含量低于2.0ppm的标准，没有真空脱气装备是达不到这一要求，那时各家对上什么样的精炼设备比较迷茫，马钢引进了SKF炉。SKF炉当时就是在钢包上加盖抽真空，带有钢包电磁搅拌，钢包壁旁有一台三分之一弧形段的ABB电磁发生器，项目花了3个多亿。基本工艺流程是：平炉钢水出到钢包里，钢包进行倒罐，把炉渣憋掉，温降损失很大，再到SKF进行造渣。1999年平炉淘汰，我干转炉，引进薄板坯连铸连轧，与之相配套上了LF炉，后来又上了VD。2008年，马钢特钢立项围绕到底是上RH炉还是VD炉进行了讨论，最后选择了RH炉，实践证明选择是对的。在马钢特钢还有一套VC大型钢锭真空浇注。马钢的精炼手段较多，吹氩、喂线、LF炉、VD、RH炉等精炼设备齐全，马钢对RH炉本体装备进行了一些创新，单嘴精炼炉也用于工业试验了，达到了较好的冶金效果但寿命提高是个问题。

钢水精炼达到什么目的，一定要围绕做什么产品，产品要做到什么档次，或者最终用户是谁？通过的精炼方法能保证你的客户对产品质量要求吗？经过与其他厂家产品比较后要让他认可你的产品是最好的。过去精炼属于特钢的范畴，钢水百分之百经过精炼处理，车轮钢、车轴、弹簧钢、轴承钢等，现在产品档次要求更高了，精炼过程是必不可少的。我们过去大量进口的汽车板、家电板、电工钢、管线钢等，这些产品在我国现在进步很快，当初我国70%管线钢是进口的，现在国内至少有15家企业能生产。现在国内管线建设停滞后，有的钢厂转出口做得也很好，X80、X100这样的产品，过去这是国外垄断的产品，现在对中国钢厂来说都是常规产品，都在抢订单。现在管线钢产能趋于饱和，价格由原来进口的八千降到现在的四千，前不久中石化、中石油等企业采购招标，每吨三千六百元为最高限价。电工钢也一样，2007年我国进口电工钢的时候，无取向硅钢W1300、W800、W600，最高干到W470，硅钢冶炼需用精炼设备，当时工艺有经过VD，有经过RH，后来经过优化试验，电工钢必过RH炉工序。 2009年全国硅钢产量才200万吨，马钢产量40万吨，接近全国总产量的五分之一，现在全国产量是2000万吨，不少企业可以生产电工钢了，但更高牌号W470~W220电工钢产品，质量稳定依然难度不小。现在宝钢、武钢、鞍钢都能生产取向硅钢，因此市场竞争也很激烈。现在汽车板也做得差不多了，重钢也在上新项目，家电板国内市场也趋于饱和。所以上炉外精炼必须要结合市场，要考虑企业产品的定位。我知道国内兴澄特钢做得比较精，是品牌产品了，产品牢牢地占据市场，质量稳定，产品结构也好，在钢铁企业如此困难的情况下，生产经营效果还是好。兴澄特钢秘诀是什么呢？高端的精炼技术与设备尤为重要，没有金刚钻，不揽瓷器活，它的中间包加热技术全国独此一家。提升产品质量是否一定必须有一流的控制技术，有好设备未必能干出很好的产品。涟钢的蔡焕堂副总报告时提到他们汽车板生产设备很常规，DC04、DC06的生产量已占相当的比重，每道工序各司其职，炉外精炼技术工艺参数控制很好。如果说铁水脱硫粗放了一点，转炉炼钢粗放了一点，仅靠精炼恐怕是做不出精品的。现在国内铁水脱硫方法各异，大中小转炉都在干IF钢，RH精炼应用的多，一套工艺方法都在用，但连铸的保护浇铸水平相差较大，要长期生产出质量稳定的、有竞争的产品，是有难度的。客户今天愿意用你的产品，三年后还在使用你的产品，产品质量没有波动，这应该是制造工序的充分保障，精炼工序不应该仅是调整温度、调整成分、缓冲时间的，这样的工艺思想现在落伍了。

这次会上我体会到在精炼过程中还有不少盲区，科研单位和现场的工程技术人员对精炼的认知还不够，似乎感觉到科研或技术攻关方向或多或少地偏离了问题导向，并没有紧密结合冶金工业实际。我们最终的目的是开发产品，适应国内外市场需求。这次会议我感觉北科大包教授对RH的过程研究及实验室模拟有应用价值。深脱、中脱、浅脱，我们干什么产品及具体工艺参数的选择很重要，不是钢水循环起来就行了，真空槽体内的沸腾阶段、过渡阶段、波动阶段与时间和流量可以量化，工业生产时看不见，只能依靠工艺参数的设定。我们愿意与科研单位合作，提供工业试验的平台，我们300吨RH炉天天在生产，现在的生产工艺肯定是有优化空间的，不能因为结果是达标的，时间、空间、成本是否值得？功能是否过剩或没有达到并不清楚，这些问题我们需要取得新的突破。精炼一炉钢，蒸汽有一个量，耐材消耗有一个量，浸渍管寿命有限的，如果能找出优化后的方案，经过几轮工业试验后，和过去相比，分钢种制定工艺参数，总的消耗减少，降了成本就有成果分享了。我们的精炼过程从最早的成分进线到缩小成分窗口，到“写所需”写得太高要求，“做所写”做不出来，感觉难度太大，是因为仅看到了单一因素的控制而没有通盘考虑综合因素的影响。现在的RH工艺对钢水提升高度、净循环时间等一系列的参数，大多数是套用理论上的或初定后就未改过了。这次会上总院冶金工艺所曾院长的报告有创新，现代冶金过程复杂的技术描述不清，理解困难，你费力说的事我不一定听得明白。我国冶金研究技术的阐述还没有跟上时代的发展。医学上现在对人体内各部位复杂功能通过三维动画演示后，从仿真到真实。“窥视镜手术”在各科得到应用，通过动画演示后，普通人也能很快明白。如果说现在做研究，RH内钢水循环、转炉底吹动态还是黑匣子，或还停留在实验室模拟，我们就没有很好的应用其他学科的技术，今天转炉低吹动画演示就不用大量话语解释了。现在转炉要干高品种钢，面临脱磷尴尬局面，铁厂吃钢渣降本，铁矿的质量劣化，脱磷的任务交给谁呢？综合平衡下来是可以发挥转炉脱磷能力的。顶底复吹对钢厂干汽车板类产品，特别是碳氧浓度积，对转炉的终点控制起决定性作用。我们的研究方向、实验室的试验成果和企业中遇到的困难联系得更紧密一点。现在钢铁课题签约方式与过去比有很大的变化，过去是我给出调查意见及建议，评价验收后就可以结题了。现在不一样，要求能有些真材实料，解决钢厂实际问题，比如提质降本等，这种课题需求，科研单位和大专院校掌握了全面的信息，原料使用、工艺顺序、关键点控制，课题成功的例子不少，钢厂都有亟待解决的困难。兴澄特钢蔡总对国内外特钢产品的实物质量特别清楚，他做夹杂物控制时，是从产品在用户使用后发生了失效开始的，比较了国内外品牌产品的档次，产品的使用性能及寿命周期，提供国外产品的实物解剖后的指标，告诉国外的工艺方法及过程控制因素，多听听、多想想对我是有帮助的。

其实，精炼装备无论是LF炉还是RH炉，我感觉国内国外水平基本一致。但国内连铸与国外相比差距不小，差距在于中间包的大小，在于应用中间包加热技术，更为致命的是保护浇注水平。保护浇注更是关注细节，钢水二次氧化、增氮、酸溶铝的衰减，能否实现稳定的浇铸过程。我们现在的薄弱点在连铸，保护浇注水平就是评价标准。目前高品质钢铁产品高速用钢、高强度钢帘线、高强度齿轮钢、高铁航空轴承，每年国家还在进口，有的是因为技术know how，有的是原料辅料的标准，有的是怎样坚持一贯制的精益管理。我国要成为钢铁强国，我们冶金工作者任重道远。

# 怎样当好热轧分厂厂长

（2016年4月13日）

听了兰宇和成印明两位分厂厂长一个多月的工作汇报，我感到心里踏实了。从你们3月1日分别就任2250和1580热轧分厂厂长那天，我给你们出了题目，任职一个月后谈一谈如何当好两个热轧分厂的厂长。今天，我已经知道了答案。

把四钢轧总厂原一个热轧分厂按2250和1580两条产线分设热轧分厂是我向公司提出的，合在一起和分离开来都是各有利弊，是1加1等于2、大于2、小于2的问题，现在的分设调整有其特定的背景，是因为要强化基础管理的需要。原来公司将炼钢、连铸、热轧、冷轧设立为一个钢轧总厂，现在因产品质量的更高要求，单独成立了冷轧总厂，主要是卡住冷轧原料入厂关，精细制造过程，把住冷轧产品出厂关。

今天兰宇先汇报了一季度的工作，然后讲了怎么当好2250热轧分厂厂长，思路清楚、办法可行。成印明把怎么当好1580热轧分厂厂长和一季度的工作揉和在一起来汇报，套路简单、实用性强。两个分厂厂长性格不一样，履历有不同，但你们有共同点，是安徽工业大学的同班同学，同是70年代末的人，又都在原热轧薄板厂干过，从过去共同作战到现在各自另起炉灶，在过去的工作中我和你们多次打过交道，堆钢问题、卷重问题、热装问题等。我觉得今天的工作是挑战自我、相互学习、比翼双飞，我要为你们点一个赞。你们在工作中都关注到了分厂白班的工作人员，这些岗位十分重要，要注意对白班管理人员和技术人员的使用与要求。充分发挥好白班管理人员的作用，是推动工作一个好帮手；充分调动起技术人员的积极性，分解各项性指标也是落实责任的一个好方法。分厂厂长身边人动起来以后，他们知道分厂厂长工作的目标，甚至知道今天的重点工作，把各自的工作担当起来，那你们两位分厂厂长干起来就游刃有余了。不能在你们面前出现忙的忙、闲的闲，这就不公平了，在分配工作的时候，要注意每个人的能力大小，但一定要求有奉献精神，这样就不会存在这种情况。你们两位的报告，写的都很好，建议刘国平厂长把这两篇讲稿挂到四钢轧总厂的网上去，让其他分厂厂长也看看，结合自己的工作也想一想。在今年上半年，四钢轧总厂每个分厂的一把手都出来讲一讲如何当好分厂厂长、如何做好基层管理工作。通过这种形式在四钢轧总厂中层干部中营造一种学习的氛围，让大家都能得到提高。

四钢轧总厂是公司最重要的生产单位，2250和1580两条热轧生产线承担的任务也是最重的，有了热轧才有冷轧，才有镀锌、连退、酸洗等产品。一季度板带产品是公司售价高、效益好的产品，公司的板带比已达67%。因为三铁总厂的铁水满足不了板带订单需求，铁运公司日夜不停地把二铁总厂的铁水由南往北调。四月市场变化大，钢价上涨，在长材都有好的边际利润的情况下，四钢轧总厂在产量上暂时喘口气。四钢轧总厂申请5月份计划钢产量由68.5万吨调至70万吨，第一是要为公司做贡献，第二是因为有降本的压力，产量任务重了各类消耗才能减下来。钢水不能变成板坯存在库里，尽可能红送热装，经2250或1580轧线成为热轧卷出来，多干效益好，四钢轧总厂职工才能多拿奖金。

成印明和兰宇，你们俩从副职到正职岗位，会感到压力是巨大的，尤其是工作在公司重要的两条热轧生产线。如果这两条产线始终保持稳定、指标提升，那厂长、书记都安心，如果生产经常堆钢，边部加热器、卷箱不正常投用，公司不会直接批评你们俩，首先挨批评的就是司小明副厂长，其次是刘国平厂长。现在市场给了马钢一个机会，公司3月份取得6800万利润，4月份钢材继续涨价，公司定下目标利润1个亿，5月份的行情也能看到，公司力拼上半年盈亏持平。现在不管是哪一条产线，都要精益组织生产，尤其是铁前单位，都在为高炉稳定顺行尽心尽力。马钢主线厂的科级干部，不少人在5加2、白加黑，奉献在现场。我们都依靠马钢生存，生产经营好是第一位的，公司要求我们的各级管理人员不在现场就在市场，要担当起自己的岗位职责。

马钢过去是以长材生产为重的，在我心目中，孙福生、王炜、张文洋、司小明，现在都是集技术与管理于一身的热轧人才，都是先做技术然后做管理的。公司现在特别缺乏人才，四钢轧总厂是全自动化控制的工厂，两条热轧线有人才断层的危险，技术人员顶不上来，表现在重复的故障、极限规格的产品生产上，要建立良好的培养机制，懂技术、会管理，学技术、抓管理。希望兰宇和成印明两位能从自身做起，你们都是搞技术出身，在管理上也要补上一课，把技术与管理更好地结合在一起。你们两位都是78年出生的年轻人，公司给了你们这么重要的岗位，能否担起重任，既是对你们人生的一种历练，又是一大仕途考验。光有工作热情不行，还要有工作的办法，对自己、对同事、对分厂都要有办法。从今天汇报的内容来看，你们都思考了自己的工作方法，条条大路通罗马，管法不一样，可以先实践然后放在一起比较，再优化出更好的方法。我希望你们两个比着干、多交流，要学会沟通，有困难相互请教。我有一项工作感觉干得很好，说给你听听，能不能有所启发，你有一项工作干得很有成就感我也去听听，找点灵感，为了一个共同的目标，让我们的热轧走进一流，取长补短。我们铁前的氛围现在非常好，有了高炉体检预警机制的成果发布会，我们热轧的甲、乙、丙、丁四个班也要形成有这样一个氛围。

我们的各级管理者，是一级一级干出来的，要随时牢记“一级带着一级干、一起做给一级看”。兰宇和成印明两位分厂厂长今天也谈到了，其身正不令而行，其身不正令而不行，现在对你们都是一种新的要求。作为一个分厂，除了完成当期的生产任务，包括产量、质量、成本、安全外，我认为要努力建立一个学习型团队。可以分为管理者学什么？操作者学什么？工艺技术和设备点检人员学什么？以往铁前是一个师傅带一个徒弟，各有各的干法、各按各的说法，现在归并到体检和预警机制，由这个简单的标准化法带着大家都走到共同的路上，现在铁前新入职的大学生成长得很快，因为一个好的学习方法很重要。我们热轧的工程技术人员仅待在一个点、仅管一条线，这是一种学习，干久了激情会衰减，工程技术人员的学习要从原料入厂辊道开始，到加热炉、到粗轧机、到R1R2、到精轧机、到卷取机，这样学习起来就更系统，有更多要学习的东西。发生一起故障，成为一个案例，以单点课的方式，讲工艺、讲设备、讲操作，创造一种好的学习氛围，收入是一方面，能学到更多东西的话，收获感就会更多一些。

1580分厂现在仅有两座加热炉，干到年产200万吨，如果再有一座加热炉，就能干到年产400万吨（含取向硅钢），加上2250分厂年产500万吨，900万吨的年产量占了公司大半壁江山，所以你们两位应该有责任感、自豪感、成就感。我喜爱自己的工作，当生产部长时，马钢炼铁、炼钢、轧钢生产，我都为自己的工作树立起挑战的目标，敬业是干好工作的基础，只要是主线生产单元因故停了下来，无论是什么原因影响，我都要去现场，掌握准确的信息。我比兰宇、成印明大了20岁，如果我现在是你们这样的年龄，在热轧分厂厂长这样的岗位上，我的工作一定是“疯狂”的。1580分厂也好、2250分厂也好，两位分厂厂长现在不仅要关心工艺和技术，更重要的要关心爱护设备，要对设备的功能进行充分的了解，对设备的爱就像对生产和对工艺技术的爱一样，在日常工作中更加贴近设备。2250和1580的设备工作优先，一是靠正确的操作，二是靠精确的维护，我是提倡操检合一的。我希望两位能带个头，每次设备检修我都在现场，但是现在设备检修时，操作人员离岗了或者还坐在操作室内，只有操作人员对设备特别熟悉，才能更好的操作设备。每次例检设备时首先应该征求操作人员意见，设备存在什么问题，经过点检确认后，然后检修公司检修。在检修过程中，操作人员要贴上前去看，是不是把自己提出的问题都解决了，是怎样解决的，而不是等检修完开始试轧。我在一钢轧总厂当厂长时，当时分为炼钢、热轧、冷轧分厂，我要求全厂设备必须见本色，我布置的工作我检查，全厂设备一台台检查。在四钢轧总厂，设备是最重要的生产工具，2250、1580的设备有异常状况就不能生产。落实自己的工作，一定要把多因素放在一个盘子里来整体考虑，抓住主要问题，生产才能越来越顺，长期顺了，人的工作就会轻松起来，轻松起来，职工的精神面貌就会表现出来。

作为分厂厂长，好的工作方法非常重要，书本上有的可以学，别人的榜样也可以学，更好的是能通过经验积累提炼出一套适用的工作方法。前任留下什么，哪些地方我可以继承下来，哪些地方我现在应该重新做起来，做任何事都有一个起点和平台，我认为最重要工作方法就是坚持PDCA循环，做任何事情都要有计划、有执行、有检查、有考核。我工作到现在，只要是我定的事情我一定去检查，因为检查完之后才知道定的计划对不对，在执行的过程中是如何完成计划的。坚持PDCA循环，一套工作方法不在于多次的更改，而在于不断的完善和提高，所有的工作都贵在坚持、贵在持之以恒，新开豆腐店容易，开品牌豆腐店就难了，我们许多基层管理者确实有自己好的工作方法。今天和你们相约，到2017年3月上旬，两位分厂厂长工作满一年的时候，我们把1580和2250两条生产线关键绩效指标做个评价，一是看看与上任前同期相比你们的业绩如何，二是看看你们接棒以后每个月和自己比较如何，三是看看和同行先进水平比你们又如何。

作为基层管理者，不要封闭自己，要有开放的心态。跟兄弟单位友好往来，因为热轧干的品种基本一样，市场需求也差不多，关键是产品档次不一样，在技术上有许多交流的东西。我们冷轧总厂和梅山钢铁就干酸洗板交流得很好，机架参数、酸洗切边、表面山水画等，交流了很多。你不开放自己，别人也不会对你们开放，要大胆交朋友，到全国同行的2250和1580产线去，学到更多的东西。

量化的指标一定要量化评价，没有量化的指标则要定性化的描述，尽可能再往前细化一步。管理上最为突出的成效是认知区间扩大了，技术上最为突出的成效是“写所需”已经固化了，生产上最为突出的成效是“做所写”达到要求了。阶段性的工作有成就感会激励我们继续向前，有些问题起初看起来不可能解决，但只要持续不断地发力，最终是得到解决的。

我曾批评技术中心年轻的工程技术人员，布置给他们的任务过了几天后没有音讯了，遇到困难完成不了任务也不吱声。我讲过一个例子，在工作中要懂得借用资源、求得帮助，两位分厂厂长遇到问题时，手头资源有限的时候，要懂得借助外部的力量、借助总厂的力量、借助公司的力量，而不是遇到问题自己解决不了就不管了。对四钢轧总厂出现的问题，公司是在所不惜的，为恢复1#、2#板坯连铸机的设备精度，公司一次性投入了几千万元，领导高度关注，原来的检修不修换掉，重机公司进口的大型科堡机床把铸机扇形段全检测修复过来，很快完成了难以完成的任务。讲这些是想说，不要遇到解决不了的问题，甚至认为不是我的事了，也不要遇到问题报告一次就不再报告了，这都不是解决问题的态度。基层管理者的工作就是发现问题并让问题得到解决，另外就是不能容许再犯同样的错误。

2250和1580两个热轧分厂的管理者都很年轻，前途光明，和我们那个年代大学毕业生进厂已经是不一样了，我们那时变化的东西不多，而现在变化的又太快，新产品、新工艺、新技术、新设备，年轻人要往前冲，不怕在工作中遇到困难、遭受挫折、经历失败，但一定要勤于学习、善于钻研、自我总结，只要能掌握好的方法，分厂厂长一定是你们人生成长一个重要岗位，也是一个磨炼你们的岗位，在这个岗位上，你们要严格要求自己，学会并带头遵章守纪。

学习、借鉴、交流，结合工作，不断改进自己的工作方法。我们请过北京科技大学的、东北大学的、燕山大学的，老师来的时候，我们要提前准备好问题去请教他们，我们要把他们开出来的药方进行试用，要评价下吃了老师开的药方有没有疗效，需要组织我们的作业长、技术人员、管理队伍在一起讨论。我们和法国人探讨特钢公司干弹簧钢、轴承钢和曲轴钢，组织了两个团队，连续7天时间每天必须小结法国人提出了什么，都理解不理解，能不能做到，还缺什么条件，做不到要求明确告诉法方，寻找其他法方可以接受的方法，7天后大家都有了新的收获。工程技术人员要养成写技术笔记的习惯，特别是老师在的这段时间内。你们提出了什么问题？老师发现了什么问题？提出解决问题的方法是什么？经你们验证问题解决了没有？我们公司现在有些项目，就是通过不断和专家交流，缩短了自己走弯路的过程，最终取得了较好的效果。四钢轧总厂引进外国专家支撑汽车板生产技术，采用了AB角，现在几位B角都成了公司高级技术主管。高牌号无取向硅钢及取向硅钢生产，1580热轧生产线上工艺参数的设定与确认，这种实践中的学习，一定是我们工程技术人员最容易得到提高的途径。搞不懂的问题要不耻下问，兰宇和成印明两位厂长，事情没想通，问题没有解决，一定把遇到的问题盯到底。

我希望1580和2250两条产线今年能取得更大的进步：一是稳定生产，就是设备不因人的操作故障影响生产；二是实现高效生产模式，出产量、保质量的生产；三是保极限规格生产。什么时候该出产量、什么时候该保质量、什么时候该干极限规格，都有不同的管理模式。今天你们已经列出干某种品种规格的时候，细化到小时产量应该是多少，那你们实现目标就不会太远了。

高海建董事长讲，各级管理者的工作方法主要是对人去的，要充分调动人的积极性，抓人的学习，目的就是发现问题和找到解决问题的办法。管理的提升和技术的进步就像一架车上的两个轮子，当管理进入一个层次就会发现技术是个短板，当技术进步到一定程度倒过头来看管理又出现短板。所以我希望两位分厂厂长，经常思考技术问题和管理问题，把管理和技术问题先区分开来处理，后结合在一起。

2250和1580两个热轧分厂现在都构建自己的小文化圈子，看板管理、定置管理、计划管理等，只要想干事、干好事，就没有克服不了的困难。四钢轧总厂太重要了，两个热轧分厂也太重要了，为此我也经常背负着压力。今天和大家在一起，感谢兰宇和成印明，你们做了很好的准备，仅仅上任工作一个多月，就有了自己的工作想法，你们回去把今天的报告在分厂范围内去讲，让每个职工都能听到，在工作中最重要的还是要创造一种学习的氛围。

# 和四钢轧总厂贤内助们聊聊天

（2016年5月7日）

今天来和四钢轧总厂的贤内助们聊一聊，我特意穿了西服，了解我的同志都知道我天天都是工作服，我家的贤内助批评我从不注意外表形象，参加贤内助座谈会起码应该穿西服打领带，要尊重别人，可我自己很不习惯这一套。

我在马钢工作已经35年，工龄也有41年了，但我依然还是很有激情，这要感谢我家的贤内助对我工作的支持。我和爱人是1985年结婚，一路走来我从一个普通的技术员，一步步成为车间主任、总厂厂长、总经理助理、副总经理兼总工程师。每个家庭唠叨的话都有相似之处，你们刚才讲的家庭故事我也都经历过，但是我有一个优点：听爱人的话，不做家务事在家不说事，从来不抬杠。

但今天听了各位贤内助的讲话，我感到还是不一样，我们还有很多的事应该反过来想一想，换位思考。我在想为什么刘厂长安排今天开贤内助座谈会，别的单位一般都安排在春节前后或者总厂职代会以后，刚才我反应过来了明天是母亲节，今天的贤内助们都还有另外一个身份：母亲。对于我这个年龄的人，一年的时间转瞬即逝，五一假期时，我家的小外孙回来，感觉自己还没有好好陪陪他玩一玩，假期已经结束他被父母带走了，我的爱人批评我可以有更多表现的机会，但我现在的工作岗位也只能等退休之后享受逗孙之乐了。

马鞍山这座城市四季分明，最美的季节是秋季，春短秋长，在整个秋季女同志可以穿上各类自己喜爱的时装尽显魅力。马鞍山是一座移民城市，我觉得这个城市有档次，如果马钢效益好、贡献大，马鞍山就更美了，好在我们马钢也经历了各种风雨，一路前行，未来一定会好。五月气温升高后就要迎接梅雨期，这是马鞍山人感觉不太舒服的季节，湿度大、很不爽，对我们工厂来讲，可能电器设备上的故障会增多，而且预报今年的雨水量较大，所以我们要准备防汛排涝。出梅以后就进入高温期，酷暑难耐，立秋过后至来年五一前都好过。我搞了一辈子炼钢，挺喜欢火红的现场，炼钢工真正最喜欢的季节还是夏季，在冬季，四班三运转的职工早上和夜晚爬起来去接班还是够辛苦的，而夏季白天长、夜间短，同样是去接班，给人的感觉是不一样。

马钢去年亏损额度很大，大数在54个亿，均摊到全体职工，那么每个人背负了10多万的损失。市场是无情的，在背这个担子的过程中，我们很难做到“千斤重担人人挑、人人身上有指标”。其实公司压力最大的是高海建为首的领导班子，他们要去考虑当下亏损时的经营，怎样保职工的收入，如何管好现金流进流出。我们公司压力在逐层衰减，并没有压到每一位职工肩上。在企业顺行的时候，主要领导承受的压力常人是看不出来的，但在企业处于逆境亏损的时候，高处不胜寒，主要领导的日子一定是过得非常艰难，再往下压力就到了我们经理层的肩上，然后把压力传递到各个总厂。马钢这么大的一家企业，真正承受压力最大的是可数的几个单位，在我的心目中，首先就是四钢轧总厂，其次是两个炼铁总厂，然后是冷轧总厂、一钢轧总厂，其他单位做一些辅助工作相对承受的压力还是小不少。而点的这几家主线单位，真正感到压力的就是在座各位贤内助的先生们，无论他们是分厂厂长也好、作业长也好、主操也好，兵头将尾，他们直接承受着总厂逐级分解下来的降本增效指标。我们搞设备、工艺、炼钢、精炼、连铸、1580、2250的同志最辛苦，工作时间上5+2、白加黑，现在都是算着干、干了算、成本日日清，和你们居家过日子一样。公司依靠的是中层干部，各个总厂依靠的是我们的精英和骨干。永远是20%的人在吃苦耐劳，在集体中起着脊梁和立柱的作用，而另外80%的人都在跑龙套，这对哪个企业都是一样。所以只要你是骨干，是主操、作业长、分厂厂长，一定是比别人奉献的更多。

四钢轧总厂成立于2007年，至今已经历时9年，9年的生产时间，对一个家庭小孩子已经在上小学了。四钢轧总厂第一任厂长钱海帆，现在是股份公司总经理；第二任厂长蒋育翔，现在是集团公司副总经理；第三任厂长王炜，现在是股份公司总经理助理兼任销售公司总经理；现在是第四任厂长刘国平，他是博士学历。我们的事业一定是前仆后继的，九年时间四任厂长，在这么一个关键的岗位上担当，这样的总厂必然会锻炼出一批优秀的人才。

马钢正常生产一天产钢是四万吨，按一节火车皮载荷50吨，我们每天的产量要800节火车皮才能拉完。如果铁水资源保障供应的话，四钢轧总厂产量就能占到马钢的一半，至少是2万吨，像去年七月份和十月份四钢轧放量去干，月产水平在70万吨钢以上，所以四钢轧总厂绝对是占据了公司的半壁江山。一个厂的产能抵上了公司其他几个钢轧总厂之和，所以四钢轧生产运行出了问题，别的总厂是难以担当起来。四钢轧总厂的硬件条件无论是在中国还是在世界上都是一流的，我们是现代化的炼钢厂和现代化的热轧厂，当今公认最为先进的韩国浦项制铁工厂，其设计规模和实际能力上，四钢轧总厂的状况与其也是基本相近的。过去马钢生存一直是围绕着一、二、三钢轧总厂和一、二铁总厂，最终要把钢铁主业做大做强后，花了巨资建成了马钢新区，如果不是当初做出这个决策，恐怕马钢的钢铁主业已经摆不上局了。马钢现在依然能站立的很好，就是因为我们有马钢新区，有四钢轧总厂、三铁总厂等有竞争力的工厂在支撑。

各位贤内助今天在四钢轧总厂已经转了一圈。隔壁是最大的两座4000m³高炉，日夜不停流出近两万吨的铁水，进入到320吨的鱼雷罐里，由铁运机车拖着它们到四钢轧总厂铁水接收跨，把铁水翻入兑铁罐，用480吨的天车把铁水罐拎起来推入脱硫站，然后铁水兑入转炉中，300吨转炉吹炼起来开始炼钢，脱碳、脱硫、提温度炼成粗钢，后经过IF、RH精炼变成真正的高质量的钢水，按不同品种、不同性能的订单，用1#、2#、3#铸机浇铸成一块块板坯，通过辊道输送到加热炉，经过R1、R2初轧机，然后是F1-F7精轧机，轧制成有宽有窄、有薄有厚的热轧钢卷。

从接受铁水开始，炼钢、精炼、大包、中包、一直到进入连铸的结晶器以内，都是液态的钢水，这些过程的温度都处在1600℃左右，夏天气温35~36℃就热得受不了，所以我们炼钢人是很伟大的。围绕上面一道道工序，我们马钢人指挥行车吊罐、按动电钮操作、取样分析变化。马钢今天的炼钢环境真是好了，比日本、德国的炼钢工厂条件好，他们都是老厂，我们是现代化工厂，我们的自动化水平也已远远超过了他们。我曾带团去德国巴登钢厂学习，巴登的生产环境漂浮着粉尘和噪音，工人都是戴耳塞和口罩作业，相互间以手语交流，为了保护环境，不让粉尘外泄，把厂房整个封住，空气也不流通了。相比较我们四钢轧的环境是非常好的，不再是过去的炼钢了，需要抡大锹、加合金、炉前工带着蓝色镜片，盯着炉口看火焰颜色变化，汗流浃背。我们是现代化工厂，自动化控制过程，如果标准化工作做到位，已经可以实现一键炼钢。各位贤内助，你们的先生在现场真是手不拎、肩不扛、几乎不弯腰，他们要做的只是在岗位上看着计算机上设定的参数，看着每一个操作过程，看着每一道流程能衔接好，他们的辛苦和过去炼钢人的辛苦已经不是一回事了。

我曾去日本北海道的室兰钢厂，他们的连铸机至今没有大包回转台，还是靠行车工快速卸和上钢罐实现连浇，我们引进国外先进铸机，从钢水进入结晶器到出来板坯，经过两条热轧线出来一卷卷钢卷，这时看到的液态钢水向固态钢卷转变过程，是一个温度不断降低的过程，热轧钢卷是冷轧钢卷的原料。此时轧钢的人在干什么呢？他们是在操作室里按设定的轧制模型，看着一块块钢坯进入轧机，再全部被卷成钢卷，完全依靠自动化控制程序来完成。轧钢人同样是手不拎、肩不扛、几乎不弯腰，也就是站在计算机前，用鼠标点击操作。不像过去的轧钢工，要调整孔型，顶着热浪去测量轧件的尺寸。现在马钢人在体力劳动上是没有工作量的，但是作为骨干，在上下班时间上一定是超时的，关键是要抓好基础管理工作。各位贤内助，如果生产顺，你们的先生应该能有六个小时坐在自己的岗位上，那他一定不辛苦、一定不累，在单位没出力气，要让他们回家做事，要让他洗菜烧饭。但是如果碰上故障加班很晚才回家，那你们的先生一定真的很辛苦、真的很累，那就不要再要求他们再做事了，就自己干吧。

四钢轧总厂确实是马钢的顶梁柱，整个公司都仰仗着四钢轧的生产，都看到四钢轧各位骨干的贡献。我也查了一下，四钢轧职工的收入在马钢还是很高的，虽然2015年的收入略低于2014年，但主要骨干年收入还在10万以上。公司对全体员工提的要求是“做所写”怎么规定，职工就怎么干，没有额外的要求，只要按规定干了生产就一定会很顺。在当前困难的情况下，高海建董事长对马钢全体干部和职工提出响亮的要求：干部好好干、职工干干好，没有其他的内容和额外附加的要求，每个职工都珍惜自己的岗位并努力工作。看到职工超时加班处理现场故障，我们认为是干部还没有尽到责任，基础管理工作还没做好，职工没有执行标准化操作，每一起事故都可以分析出原因。如果马钢每一个职工都能像在座贤内助的先生一样敬业、精心、能干，那马钢一定是更好的工厂。就像家庭一样，兄弟姊妹之间能干的肯定要多干、多吃苦，我们企业的骨干也一样要多承担一些责任，当然你们从单位得到的也应该会更多。

刘国平厂长刚刚做了讲话，向各位贤内助细致介绍了四钢轧总厂的情况，每位贤内助的讲话，我也在认真地听。2015年，四钢轧总厂完成了744万吨钢的产量、热轧干了725万吨，而马钢产钢总量是1403万吨、产材总量是1349万吨，四钢轧都是占了53%以上。如果公司未来产品结构进一步调整，四钢轧总厂产能真要占到公司60%的水平，是公司竞争力所在。不管你在马钢哪个岗位，不管你在不在马钢，如果马钢职工的收入都高了，那马鞍山的经济也就活了，生意也更好做了，每个人都能享受到马钢社会责任带来的贡献。我们马钢人的工资从哪里来，不管你从事炼铁、采矿、运输、维修、炼钢、轧钢还是其他工作，我们的收入都是依靠销售马钢生产的各类产品：汽车板、家电板、电工钢、管线钢、船用板、镀锌板、酸洗板。每个家庭息息相关的东西，无论是电视机、冰箱还是你的汽车，用的钢板马钢全部都能生产，马钢公司现在能够提供钢材市场中板材产品的全部，我们正在全力以赴抓各道工序的产品质量，或者说别人的同类产品有些是品牌，我们正在努力地争取做出自己的品牌。

四钢轧总厂是一个大舞台，各位贤内助的爱人拼搏在这样的舞台，贡献自己的青春才华，我和他们一样是无悔的。为什么你们的先生守在厂里拉不回家，因为他们爱这个工作，因为工作在这个地方产生了干事业的情感。我代表公司，感谢各位贤内助的理解，感谢你们对爱人工作的支持。在座的各位贤内助，最大的已经54岁，最小的才26岁，你们的先生工作在一条拼搏的战线上，他们是马钢的主力、是野战军，已经习惯了打硬仗，他们不想也不愿意退到后方的岗位上。高董事长说，家和万事兴，对大家、小家都是这个道理，你们的先生用自己工作的敬业奉献马钢，这种敬业是人的一种品格、是人生道德的一种升华，我们的企业需要你们先生这样的人。我和我的爱人讲，一个成功的男人背后一定站着一个更为辛苦的女人，你们的爱人有敬业精神，你可以放心了，他们的作风会在更多地方表现出来，你的家庭氛围会好，你本人和孩子受到的影响会更好！

# 夯实基础才能稳固提升

## ——在特钢公司质量评价会上的讲话

（2016年5月25日）

今天科技管理部周晓岚高管对特钢公司一季度质量综合评价体系的运行做内审报告发布，这既是公司的安排，也是我的要求，不像过去把内审报告直接交给被审单位了。因为特钢公司一季度因质量波动遭到了客户的抱怨，照成了不好的影响，公司也一直担心特钢产品的质量，为此天明经理背负着很大的压力，所以以这种形式，把厂里关键人物集中在一起，由周高管从保持质量体系正常运行中发现的问题，给各位做一个原因的剖析，面对面咨询交流。我要求参会的各位不是听完报告就完事了，为了加深印象回去后拿笔抄一遍。我们在炼铁推出了高炉体检预警管理办法，保持了长周期稳定，当高炉出现波动又平稳后，要求炉长一定要分析原因，做案例分析，通过一次次的实践，不断地完善，取得了今天的成绩。在工作中学习，在学习中工作，不断提升能力。不抓学习，发生过的事情还再发生就是白缴学费、浪费精力。

公司产品质量水平在不断提升，长材质量是稳定的、板材质量是提升的，这是客户对我们的评价。产品质量是企业的命根子，我们的特钢从起步到现在，有一批产品渐接近兴澄特钢的水平，以性价比开拓并占据了市场，但时不时还是出质量事故，这与基础管理直接相关。现在公司又将高品质的线材厂与特钢整合在一起，两厂一南一北，北面稳不住，南面则难以招架。特钢公司必须首先划清质量的界面，内部必须是以下道工序就是用户为理念严格要求。现在方方面面的工作都很重要，有人说我们现在生产经营最难的是开拓市场拿订单，我不同意这一点，一定要把产品质量放在首位，以质量求特钢的生存。在管理上，一定要抓住工作的重点，不能动摇，不能顾此失彼，回溯一季度的工作，也清楚地说明了问题。

在座的每一位工作都很忙碌，但是你们自己评价自己：你们在现场忙什么呢？你们在办公室忙什么呢？你们自己要管的工作占用的精力有多少？别人该干没干好的事情占用你的精力有多少？各位梳理一下，评价自己工作的效果，用学习和改进的方法给自己制定一个工作标准。我的工作与质量有关吗？我承担产品质量的责任吗？我如何承担起更多的产品质量责任？我一直在动用宣传的力量来强化职工对质量的重视，在一钢轧总厂任职时，每个月总厂发布一张质量责任追溯报，发到每位职工手里，点到的人都要在报纸上签字，质量事故的责任人要写一份书面检查交上来，奖罚并重，形成闭路，这是我的质量工作和对质量管理方法。我到公司工作后，每个月在《马钢日报》上发布一页质量报告，公布外部质量索赔典型案例、20条产线产品质量损失指标、六个单位质量指标完成情况，一直点到责任人，在责任人中再点出直接管理者、直接操作者、出厂检验者。这样做的目的是突出质量工作，引起职工关注，把管理抓到位，知道出了产品质量问题是有人要来找麻烦的。管理方法不同但贵在坚持下去，工作是要有责任担当的。我把自己方法告诉你们，希望你们先借鉴并学习和使用这个方法。我们主管的工作怎样和现场结合起来，如何把要求传递下去，又怎么靠现场来支撑你的工作得以完成，你们这样工作后也会取得更好的效果与方法。

我今天点了电炉炼钢，对初炼钢水要有达标指标，一定要考核，炼钢分厂要将指标分解到班组，LF炉精炼的达标指标也要分解下去。分厂厂长要动动脑筋，你们是大学生、研究生，好好想一想如何把实践积累的经验以通俗易行的办法教会给工人，越简单越好，这样更能达到效果。研究RH炉放硫操作的问题，我和丁长江在RH炉操作室讨论过，现在有了这么长时间的经验，我们有没有再突破一点的办法，钢种与钢种之间怎么连续过渡好？我点了连铸，今天告诉你们一个事实，车轮钢失效都是因夹杂作为疲劳源引起的问题，这个夹杂物产生就在连铸过程中，炼钢精炼真空过程已分析了，因为这个夹杂不是上工序产生的。钢水的二次氧化、钢水卷渣、水口结瘤物的脱落，这是多轮试验分析的结果，我们达成的共识。连铸要把每一环节的操作做到极致，即使天天在铸机现场，工人操作的标准很宽泛也没用，要带着问题去，要查证关键操作点是不是按要求做到了极致，这都是我们能看得见摸得着的东西，炼钢连铸过程的评分与结果是一致的。轧钢的过程是清楚可见的，在质量上要提出明确要求：带有表面缺陷的产品是不能从你们这里流出去的，凡有表面缺陷造成的原因都必须找出。特钢的设备，电炉、铸机是引进设备，轧钢是连续的，设备功能及检修状况是进步还是退步了，一个是设备的内涵，一个是设备的外观，总体看我们都还存在这样那样明显不足。如果能以问题为导向，问自己为什么总是出这个问题？与操作者在一起找解决办法，盯住问题不放，一定有解决问题的方法。我想有了这些基础管理支撑，而不是守不住，特钢公司就能稳得住和改变面貌，在原有的水平上再次提升。

虽然我现在快到退休年龄了，但我依然精力充沛。我可以顺着高炉供料皮带爬到高炉顶上去，公司4#新高炉开炉在即，我频繁地用跑现场的方法去学习。人是要有精神的，不能见到荣誉就想要、见到困难就想躲、见到问题绕道走，要迎难而上，要有一种责任感和奋斗精神。今天在座的比我都年轻得多，我在管炼钢时，只要是在干重点品种，不干完我都会看着不走，炼钢完了去连铸，连铸完了去冷床，各级管理者、工程技术人员要学会到现场去寻宝、去找宝。我工作我快乐，在工作中找到工作的乐趣，把自己和现场的各类问题粘在一起。今天到特钢公司来我快乐，我把特钢和我连在一起、把特钢和公司连在一起，我是以这种感情来工作的。

通过特钢公司一季度的质量汇总表，可以看出产品质量是在下降的。设置的16项考评指标，没达到考评值的有2项，没达到目标值的有11项，这个结果是交代不过去的。这些指标4月份也不是很好，但我知道5月份一定是好的，因为5月份你们又开始高度重视产品质量了，天明经理又出台了质量风险抵押金。我们的基础管理工作并不在于多少的创新，条条大路通罗马，但贵在持之以恒的坚持。我任公司总工程师后，每个月召开一次技术质量例会，没有忙不过来的借口，时间排不过来就安排在晚上。每个月的技术质量例会先检查上次工作的落实情况，再结合当前技术质量上存在的主要问题，点题、点兵、点将。你们在工作中有没有坚持计划、执行、检查、考核，要知道新开豆腐店容易开精品豆腐店难，管理上不能狗熊掰玉米，捡起一个丢下一个，要在已有的平台上把工作做到可分解、可测量，我们现在还是要盯着这16项考评指标，把每项指标考评值细分开来。

对于16项指标的设置，如果考评值要求太低，与目标值之间的距离太大，这仍达不到要求，需要重新修订，考评值和目标值要严格区分。现在电炉终点碳考评值是70分、目标值是90分，我看这项指标考评值给个60分，目标值要达到95分，太宽泛的指标不顶用。考评值是最低要求，是考核的起点，达不到就要扣罚，达到了公司才能保证基本工资，目标值是产品质量制造过程的保证，达到了才给嘉奖，这些指标都要和经济责任制结合起来。每一项指标都需明确责任人，干得好拿奖、干不好受罚，并列出和责任人相关联的管理矩阵图，明确哪些人员和指标是联系的，无关联人员不要和指标挂在一起。公司APQP小组就是这样，20%的人在起关键作用而80%的人是在跑龙套。今天参会的人员也可以给自己分个二八开，看看谁是关键人物、谁是跑龙套的，力争自己为关键人物，而不是跑龙套的人。如果一个指标我们长期达不到，要组织分析原因，一定是技术上有未解决的问题，应该怎么办，有什么方法？如果一个指标总有波动，极少数时间达不到，绝大多数时间能达到，这一定是管理问题，在管理上如何改进？按上述思路，抓住这些关键绩效指标，带着任务跑现场，和职工交流的话语就多了。

日清月结，每天生产完就盯着指标，哪个班干得好哪个班干得不好，不怕不识货就怕货比货。下一步，如果指标达不到，是不是“写所需”的问题？对于“写所需”，是不是属于D-FMEA的问题，因为认知不足造成的，操作过程是没有问题的。或者“写所需”是不是写的太粗了，对操作约束性不够，操作手册就是这样写的，你就没有办法来评价了。电炉终点碳指标，对不同钢种要求是不一样的，统计的时候应该分开，应该对应每一个钢种终点碳达标率做出要求，我们结合自己的实际工作，定出新的标准，一定要注意首先是抓好职工的培训。“写所需”存在的问题一是自己认知不足，二是写得太粗放、对操作没有约束力，三是没有培训过程。“做所写”存在的问题一是职工技能不够，必须抓学习、培训、实践、标准化操作，要把复杂的事情简单化，简单事情重复做好不走样。二是考核不能太轻，管理者要积极有为，学会无

事找事。

我们的管理制度，大到公司，小到分厂、班组，制定了不少，关键的是定下来的事情可以不执行，这样的管理制度如同虚设，所谓的抓管理，好像制度制定完之后工作就结束了。要按管理制度来评价工作，不断循环起来，一级对一级负责，这才叫管理。现在我们炼铁人公认高炉体检预警制度是一个很好的管理方法，兄弟企业也在模仿，公司设备部对冷轧设备开展了体检、焦化厂对焦炉也实施了体检，这些借鉴还不到位，因为影响因子要抓准、权重分配有偏。关键还是要找一个适合自己可行的管理办法。

结合我的工作体会，我觉得管理是一种乐趣。在管理中，人的因素永远是第一位的，“人、机、料、法、环”，其他因素都可以被人的因素所替代，而唯一不能反过来替代的就是人的因素。公司现在狠抓对中层人员的管理，对中层人员的问责很严厉，明确“写所需”发生的问题，要追究各级总工的责任，“做所写”发生的问题，要追究各级生产厂长的责任，要做到逐级问责。管理就是管人，就是和人打交道，回避人的责任是不行的，管理者要定时对员工的工作情况做出评价。特钢公司的中层人员，一定要担负起职责，因为你们是事业部制，在直接面对市场。你们的科级干部成长很快，岗位变动也很大，在其位谋其职，一定要学会抓好基础管理工作。

特钢公司绝对不是以完成每天生产任务为目标，这是基础工作能够保证的。特钢人完成每天生产任务后，要回过头来看看整个生产过程中，炼钢、连铸、热轧，是不是按标准化要求在干，有没有瑕疵，是不是都达到设定的目标值了，要盯住这个目标不动摇。特钢不是干产量的单位，永远要把质量放在第一位，千万不要以为生产顺，为了跟上节点，而中间制造过程不达标，炉与炉成分波动大、铸机不时调拉速、为了降本去拼快换中包，一定要回到质量的最高指标上。特钢只要把质量干好，那客户就来了，订单就来了，成本也降了。特钢人不能容忍生产过程中的缺陷，要把制造过程严控起来，操作到极致，用过程来保证产品质量，做到这点你们就成功了，要用这样正确指导思想。要产量，四钢轧总厂一天生产2万吨钢是特钢一个生产期的量，一定要把我们特钢人的关注点真正的全部的转到产品质量上来。

我建议曹经理从五月份起步，把基础管理责任追溯制建立起来，并长期坚持下去。我们特钢是一个新厂，人员由各单位抽调而来，现在又增加了线材分厂，只有把基础管理做扎实了，才能稳定下来。因为特钢现在是间歇生产，每月不管是一轮生产还是两轮生产，每轮生产前要开会，讲讲重点、难点是什么，把特钢公司掌握的信息串联起来，以这个方式快速传递下去；每轮生产后要开小结会，又分公司级和分厂级，分厂级要尽可能多的职工参加；停产时间就下功夫抓职工的培训与学习。

特钢公司五月份的生产与四月份比有进步了，各类事故大幅度下降，各类指标显著提升。五月份52组连铸过热度合格率为88.63%，比四月份连铸过热度指标提高了22.64%，过热度指标好，低倍组织就好，恒拉速生产时间多，不然过热度低了要快拉，过热度高了要减慢拉速，所以过热度达标是关键指标；钢包自引率98.26%，五月份自引率又达历史好水平，取得的成绩也要归到具体人头上；五月份中包快换16次成功15次，也是基础管理工作带出来的。现阶段我们车轮钢废除了老工艺，有新工艺和改良老工艺两套，实践证明都是可行的，可以有效降低整炉报废的次数，关键还是你们能不能细化车轮钢操作过程，把两种工艺的每个步骤都做到极致。

特钢公司的产品质量是基础管理的晴雨表，具体事情明确具体责任人来抓，特钢经理要下力气抓基础管理，不能是一抓就好，把我们的工作规范起来，在管理中持续改进，梳理正确的生产经营方针。质量、质量、质量，重要的话说三遍。

# 在四钢轧总厂连铸分厂党支部讲党课

（2016年6月7日）

按照公司统一安排，我到四钢轧总厂连铸分厂党支部，给基层一线普通党员讲一次党课，作面对面交流。

我对连铸分厂是相当熟悉的，作为公司总工程师，我特别关注1#、2#、3#连铸机的生产、质量及各项经济技术指标。2014年，连铸分厂副厂长刘启龙竞聘了“板坯表面角部裂纹”公司级攻关项目后，我就一直关注着攻关方法、攻关过程和攻关目标。公司强调这个项目不仅仅是刘启龙一个人的事情，攻关成效如何，四钢轧总厂刘国平厂长和毛学庆书记都有责任，要充分调动全厂资源来保障这个难以完成的课题。在四钢轧总厂和连铸分厂及公司设备系统的鼎力支持下，最终攻关项目完成了大部分预设目标。没有实现的部分目标，刘启龙今后在高级技术主管的岗位上，要继续把连铸板坯表面质量的要求再往前提。

四钢轧总厂是整个马钢岗位最重、任务最重、公司期望最大的总厂，因此连铸分厂也担负着很重的责任。去年四钢轧总厂顺利尝试月产70万吨钢的目标，等到4#新大高炉建成，如果铁水源源不断输送，我想年产850万吨钢是完全有可能的。炼出的钢水经过1#、2#、3#铸机，由液态钢水变成固态板坯，经过1580和2250两条热轧线，按照客户需求轧制成各种品种规格的产品。这其中连铸分厂担负着很重的生产任务，作用也极为重要。我本人很乐意到四钢轧总厂来，喜欢到连铸台上看看。

这次来之前，我认真地看了连铸分厂党支部党员信息统计表。连铸分厂共有党员66名：其中25年以上党龄党员有8人，这8人工作年限比较长，入党时间比较早，应该都是连铸分厂的骨干和重点依靠对象；10年以下党龄的有29人；总体来看，连铸分厂党支部年龄结构非常好，各个岗位分布比较合理，组织架构很完善。目前抓党的建设是凝心聚力的重要工作。在党言党、在党忧党、在党为党，作为基层党支部书记责任很大，要进一步发挥好基层党组织战斗堡垒作用，不断组织学习、组织活动、组织修行，在新时期基层党组织建设中，把支部全体党员的思想统一在一起，与党中央保持高度一致，与党中央所部署的工作相向而行。

我们党经过多年来的发展，领导各族人民先后经历了抗日战争和解放战争，建立了新中国，实现了中国历史上最广泛、最深刻的社会变革。善于总结斗争经验、坚持真理、勇于正视党组织自身存在的问题、纠正错误，这是党保持生机和活力的根本所在。把党支部建在连队上，这是党战斗力的来源，连铸分厂党支部就是建在连队上的基层党支部，发挥党员先锋模范作用，吃苦在前、冲锋在先。在职务上连铸分厂党员

队伍中有分厂厂长书记、作业长、班组长主操、普通党员四层，但在党的组织里，我们都是平等的党员，共同参加组织活动，只不过是党给我们的岗位不一样。

我们党的早期要求是非常严谨的。随着改革开放全面铺开，中国发生了翻天覆地的变化，社会的物质生活条件得到极大提升，党过去的一些优良传统和立身之宝却没有被继承下来，党率领全国人民奔小康的目标，建设强大中国的梦想，受制于党自身建设和能力的影响，党中央决定在全体党员中开展“两学一做”学习教育，指的是：“学习共产党党章党规，学习贯彻习近平总书记系列重要讲话精神，做合格党员”。为什么要这样学和做呢？反过来理解，现在确实存在少部分党员同志虽然挂着党员头衔，但早已不是合格党员，在工作中把自己混淆成普通职工甚至表现还不如普通职工，这就使得党的形象在老百姓心目中受到很大影响，使党的战斗力损失不小。现在以习近平为总书记的党中央发现抓党的建设往往是在抓高级干部、抓大机关党的建设，而我们忽视了当初毛主席把党支部建在连队上的教导，导致到了神经末梢就没人触及，部署的工作呈现逐级衰减的趋势，许多党员同志对自己的身份有迷失，不知道党在哪里、赋予了自己什么使命，所以现在重新学习党章方方面面的要求、重新领悟党的精神是很有必要的。

马钢作为国有企业，随着国家经济总量的增长，在经历一系列变革后，可以说是从过去“大国企、钢铁主业、计划经济”的形象，到现在面临着“改制、人员分流、主业亏损”的压力和困境。寻找问题的根源，同样可以发现其实是我们部分党员同志已经丧失了最基本的信仰，现在的所作所为和当初入党时的誓词已经背道而驰了。所以在当前“两学一做”专题教育的背景下，我们要把马钢所有党员的思想统一在一起、凝聚在一起。大家还能否说得出当初入党的誓词，重温一次可以回忆当初我们入党的场景及奋斗的过程：“我志愿加入中国共产党，拥护党的纲领，遵守党的章程，履行党员义务，执行党的决定，严守党的纪律，保守党的秘密，对党忠诚，积极工作，为共产主义奋斗终生，随时准备为党和人民牺牲一切，永不叛党。”这段誓词一共只有92个字符，从志愿入党到入党后干什么，要求得清清楚楚，包括11个逗号和1个句号。因为是党培养了我，给了我工作学习的机会，在现在领导干部的岗位上，趁这次“两学一做”专题教育，我不忘初心，又仔细地学了领会了入党誓词。学习以后确实感觉不一样，对这段誓词我有了更深得理解，检查自己这么多年的工作，又激励起对党的崇敬和热爱。

中华人民共和国是1949年成立的，到2049年新中国成立一百周年时，我们的国家将真正成为在世界上有影响地位的国家，中华民族的尊严将容不得别人再来伤害。到那时，中国将对世界做出巨大的贡献，将对整个人类有积极的影响作用。我们的党到今天成立已经95周年，2021年建党是100周年了。放眼全球范围内，党龄达到这个年限，领导如此庞大的国家，依然能自我检讨、与时俱进，这是很难做到的事情。习近平主席在当选中共中央总书记接受中外记者采访时，就提出了鲜明的政治主张，提出“两个一百年，绘就中国梦”的宏伟蓝图。到建党一百年的时候，我们的党将依然有着强大的凝聚力；到建国一百年的时候，中国将会成为世界上最伟大的国家；党领导中华民族实现伟大复兴的蓝图是一定能实现的。我们在座的每一名党员都要努力付出实际行动，如果我们能“一级带着一级干，一级做给一级看”，“吃苦在前、享受在后”，我相信我们党会树立起更加光辉的新形象，中华民族会在中国共产党的领导下屹立于世界民族之林的先锋，我们会为伟大的祖国感到骄傲和自豪。

中国的历史经验告诉我们，没有共产党就没有新中国，没有中国共产党的领导，中华民族的伟大复兴是不可能实现的。我们中华民族虽然历史悠久，但也经历过起起伏伏，民族和国家的命运不能把握在自己的手中，我们有着被列强欺压、民族危在旦夕、近百年的屈辱史。现在中华民族又走在伟大复兴这个关键历史节点上，在中国没有哪个政党能替代中国共产党的领导，没有中国共产党，我们今天的日子一定是往后倒退的，国家会出现内乱和外扰的。我们的党担负着整个中华民族的脊梁，有共产党的领导中华民族才有凝聚力，才有中华民族的未来，这是历史已证明了的，这是任何人都阻挡不了的。反过来讲，如果党丧失了先进性，腐败分子得不到惩处，高级领导干部追求享受、奢侈、糜烂之风，基层党员干部作风腐化，得不到人民的拥护，那这个党就失去存在的根基，无法生存下去。中国共产党已经意识到党内存在的恶疾影响到党的执政力，所以以习近平总书记为首的党中央反腐是动真格的，对党内的不良作风，必须要下刀子、去毒瘤。现在是老虎苍蝇一起打，强力反腐已经振兴了人民对党的信任，重塑了党的光辉形象。

一正一反连起来看，党的建设是极为重要的。现在通过党的自我调整，通过党组织一级对一级的影响、一级对一级的教育，重构起党的最初信仰和最早主张，使人民群众看到了我们党有能力治好自身的问题。这个时候的中国共产党，没有一项工作比抓党的建设更为重要，必抓发扬党员先锋模范带头作用，在广大中国共产党员身上重拾信仰，用党的一批先进模范人物去带动全国人民，那中华民族真是足以抗衡任何外部压力，足以立足世界民族之林。中国现在是世界第二大经济体，我们在发展过程中得到了什么、失去了什么，希望每名党员不要把自己混淆成一名普通老百姓，我是党员遇到困难就该我上，在点点滴滴的工作中表现出一个党员应有的先锋模范作用，每一个人都为党争光、为党献彩；希望每名党员可以对党提意见，甚至可以退党，但一定不要给党的形象抹黑，在困难时期要谨记自己的党员身份。

作为马钢职工，我们必须把“两学一做”专题教育和马钢的工作实际结合起来。一方面，要把“两学一做”活动贯彻到每个基层党支部，充分调动广大职工的积极性，力争扭转当前亏损局面；另一方面，“两学一做”关键在做，我们要“聚焦两大战场、锐意变革突破”，在当前困难形势下，不管你在哪一个岗位上，要充分发挥先锋模范作用，不在现场就在市场，把“两学一做”和自己的工作紧密联系在一起，在岗位上为党的形象增光添彩。

借今天的党课，我想请在座的各位党员对照一下自身：在你心目中，对共产党的信仰、信念和宗旨还在不在？如果不在，请补课！各级党员在做每件事情的时候，能否正确处理公与私、利与益、个人与组织、个人与群众的关系，一定要遵章守纪。是不是还有高尚的追求，践行社会主义价值观，保持健康的生活方式，我们要加强自身修养。现在你对党章、党纪还有没有敬畏感和绝对遵守的自觉，这是衡量我们是否是一名合格党员的一把尺子。是否还保持着良好心态，在关键时刻你的党员担当精神还在不在，把我们放回至各人工作的岗位，在不同岗位体现出党员的先进性，就是为党争光。

最后，我来带着今天参会的党员，对着党旗，重温誓词。我们要激励自己带领别人。不仅是做一名合格的党员，我们要争做优秀的共产党员！

# 风雨之后见彩虹

## ——在一周生产经营视频会上的讲话

（2016年7月16日）

长江的水位从达到历史的高点后，开始缓慢下降，梅雨天气的连续大雨、中雨，现在中止后转阴转晴。从6月下旬起至今已过了25天，马钢的生产经历了严峻的考验，我们挺住了。每周六上午处干和各单位科级干部都在参加公司的调度会，今天受总经理委托，我就近期公司生产经营情况做一个点评：

一、根据气象部门发布的中长期预报，即日起至月底，马鞍山总体是以阴天为主，每天都有或大或中或小的雨水，这对抑制高温天气十分有利，对正常生产影响也会很小。从7月1日至7月15日，公司累计铁欠产1.46万吨、钢欠1.66万吨、材欠2.2万吨，这主要是因受暴雨、洪水影响，我们主动减产应对困难所致。本月市场比我们预测的要好，钢材价格止跌并略有上升，所以我们要千方百计克服上旬天气对生产造成的影响，努力完成全月生产计划任务，这不是以丰补歉，而是再一次抓住难得的盈利机会。从今天开始，每日公司多产铁970吨，运行的8座高炉在确保稳定顺行的条件下都再搏一搏，如果铁产量完成了计划，那钢和材也就可完成原定的计划任务。

二、因为受暴雨、洪水影响，我们在减产的同时七月上旬降本也随之减少，降本总额也欠了，计财部预报7月将比6月少降本近440万元。我相信在提升产量的下半个月可以把降本补上来，目前铁前完成降本总目标的69.48%，但冶金行业有发布的信息，因为公司高炉连续28个月的稳定运行，我们1~6月份的铁水成本比行业水平低36元/吨，比对标单位长江钢铁低23.5元/吨；钢轧完成降本总目标的97.18%，从行业报表来看，可对比的15个钢材品种，马钢有12个钢材品种，镀锌、热轧卷、酸洗卷、电工钢等成本低于行业平均水平10~30元/吨，仅普碳中板、低合金中板和普碳线材成本略高于行业水平。伴随着马钢家园文化深入，职工在努力降本，马钢的竞争力有了新的提升。

三、此次暴雨和洪水，相当于1998年的场景，马钢经受了大的考验，在事前、事中、事后，公司均制定了各项应对方案。铁前单位，尤其是港务原料总厂、煤焦化公司、铁运公司的职工在保原料输出、在路局卸车上都全力以赴、不畏困难，体现了全力保家园的精神，可歌可泣、令人感动。公司3200m³高炉投产在即，对原燃材料有了新的需求，洗煤、焦煤库存略有回升，但进口矿粉、灰片依然处在收不抵支的状况，处于急需补库的警戒状态。当前进料仍是第一位的工作，采购、物流、卸船、卸车单

位仍要极尽全力去抓。

四、公司公布了上半年的经营业绩，股份公司盈利达到4.5亿，作为上市公司，这一消息在国内同行中引起了不小的反响。我们经历了残酷的市场竞争，遭受了巨额亏损的考验，我们认定了苦练内功，才有了今天良好的企业经营之道，人人都应该珍惜并努力工作，现在我们既无内忧就不怕外患。高董事长要求干部好好干，如果我们做到了，职工就会干干好。

五、7月30日~8月6日，全国质量奖评审组将对马钢进行现场审核，公司对此专门做出了布置。《马钢日报》连续几天在头版刊登了马钢企业文化理念，马钢精神：文明生产、精益制造、创新超越；核心价值观：敬业爱岗、诚信共赢；企业使命：用产品和服务创造价值；企业愿景：做精钢铁、多元并举、绿色企业、美好家园。这个理念是经过多年提炼而成的，符合马钢的实际，应该成为我们的行动纲领，我们要记在脑中，落实在行动上。参加公司周六生产经营点评会的各单位代表人员散会后互测一下。我认为只有理解得好，才能记忆得好，在现场审核时配合的好。全国质量奖是管理质量奖，马钢现在是天时地利人和，现场检查不能丢份子，要争取今年获全国质量奖。

# 无取向电工钢技术集成与创新

## ——安徽省科学技术奖答辩前10分钟的报告

（2016年8月23日）

各位评委上午好，我是马钢股份公司总工程师高海潮。今天由我代表我们课题组，汇报薄板坯连铸连轧生产无取向电工钢技术集成与创新。我将从它的技术背景、问题及总体解决思路、主要成果及技术创新点、与国内外同类技术综合比较、应用情况及经济社会效益、推动行业科技进步的作用等六个方面来报告我们课题组所完成的工作。

### 一、技术背景

冷轧电工钢是我国战略性产品，同时也是高科技钢铁材料。目前中高牌号电工钢依然是我国短缺品种，是国外实行技术保密的产品。电工钢其实质是实现电与力互相转换的功能性材料。生产冷轧电工钢主要有两种工艺：一种是20世纪60年代发明的长流程工艺；一种是蒂森克虏伯于2004年率先成功开发的短流程工艺。马钢于2006年采用短流程工艺开发了电工钢，成为国内首家采用薄板坯连铸连轧流程生产电工钢的企业。随着我国电工钢生产技术的掌握和产量的增加，电工钢的进口量开始逐年下降，同时电工钢的价格也出现了大幅度的下跌。马钢采用的薄板坯连铸连轧短流程电工钢工艺，依然要经过16道生产工序，从炼铁到转炉炼钢、到真空脱气、到连铸、到均热炉、到精轧机、到卷曲、然后到常化酸洗、到酸连轧或单机架冷轧、到连续退火涂层机组、到最终成品，所以电工钢又称作钢铁产品中的工艺品，是评价钢铁企业制造水平的标志。

我们的课题得到了国家和安徽省政府科技政策的支持，是“十五”国家科技攻关项目，项目名称为《薄板坯连铸连轧生产电工钢新技术研究》，项目编号为2004BA318B；是“十一五”国家科技支撑计划，项目名称为《薄板坯连铸连轧生产取向电工钢新技术研究》，项目编号为2006BAE03A14；是安徽省科技攻关项目，项目名称为《薄板坯连铸连轧生产高牌号无取向电工钢50W350材料基础特性研究》，项目编号为11010202175。马钢股份公司也为电工钢研发项目先后投入了6784万元的资金。

电工钢是系列产品，按牌号可以分为：低牌号电工钢、中牌号电工钢、高效电工钢、高牌号电工钢和超高牌号电工钢。目前我国有不少企业生产低牌号和中牌号电工钢，这些牌号的电工钢现在在市场上是供大于求的产品。但是高效、高牌号和超高牌号的电工钢，尤其是应用在高效电机、高效压缩机、特种电机、发电机、大型工业电机、变频压缩机、大电机、大的超高变压器方面，我国制造企业每年仍有一定量的进口。

## 二、问题及总体解决思路

2003年CSP生产线投产以后，马钢才有可行的设备条件，进行了电工钢研发。第一阶段是2005~2009年，我们以消化吸收国内外电工钢技术为主；到了2009~2012年第二阶段，我们主要是做设计研发、实验室验证、半工业试验；到了2012~2015年第三阶段，马钢电工钢的生产技术已经日渐成熟、产量质量占据市场并享有知名度，此时我们的主要工作是优化工业生产中各工序控制过程，进一步降低成本，提升马钢牌电工钢的竞争力。

从M50W1300到M35W270，这其中因厚度、铁损、磁感的不同有诸多牌号的电工钢。电工钢的牌号越高，技术难度越大。马钢薄板坯连铸连轧流程生产电工钢，经过多轮次的攻关，我们在6个方面取得了领先技术，分别是：超高纯净度钢水冶炼、无缺陷表面制造技术、微米级板形尺寸控制、电磁性能的优化匹配、陶瓷化绝缘涂层材料、无氧化连续退火工艺。

## 三、主要成果及技术创新点

伴随着这些领先技术，马钢在电工钢生产过程中一共获得十项国家专利，其中9项发明专利、1项实用新型专利。此外，在电工钢研发过程中，我们低牌号、中牌号和高牌号电工钢典型产品，先后通过了省科技厅和省经信委的评定，分别获得了安徽省新产品、高新技术产品的荣誉称号；研发过程中一共获得了58项技术秘密，分别设定了10年或20年的保密期限；发表科技论文27篇，刊登在国家级重点刊物上。

第一个创新点是电工钢钢水超高纯净度控制技术，是一项钢铁冶金技术。超高纯净度要求钢中C、N、Ti、S总量小于等于100 ppm，实际上马钢目前的控制水平可以达到75~85 ppm。为此我们有一项专利CN103526001B“一种定频压缩机用冷轧无取向电工钢的制造方法”来支撑我们实现稳定的钢铁冶金技术。它包含了铁水预处理、转炉冶炼技术，RH炉精炼后期净循环工艺优化技术，夹杂物球化变性技术以及电工钢CSP连铸技术。

第二个创新点是高牌号电工钢“瓦楞状”缺陷控制技术，是一项控制轧制技术，结果是使电工钢表面没有“瓦楞状”缺陷。我们在这项技术研发过程中也获得了一项专利CN103510005B“一种中牌号冷轧无取向电工钢的制造方法”。它的关键在于铸态晶粒细化控制技术、柱状晶破碎技术及晶粒均匀化技术。

第三个创新点是电工钢板形控制技术，是一项自动化控制技术。电工钢对板形要求非常严格，同板差横向和纵向都要小于8微米。为了实现这样的高精度板形控制，我们采取的措施中，包括专用热轧轧制模型开发、专用轧辊辊形设计和冷轧厚度精度控制模型优化，引进了ABB轧机板形仪，开发了冷轧高次方辊型轧制曲线。在攻关过程中，获得了两项专利CN102632111B“一种半工艺电工钢板平整机及应用、半工艺电工钢板平整机进行钢板平整的方法”和“CN204396517U一种防止卷取侧导位晃动装置”来支撑高级别板形要求并实现自动化控制。

第四个创新点是高牌号电工钢电磁性能控制技术，是一项材料控制技术，目的是使马钢的电工钢产品在同类产品中达到磁感最高、铁损最低。以对M35W300的要求为例，铁损要小于2.45W/kg、磁感要大于1.68T。这项创新关键是常化退火技术参数、高效化生产技术参数和产品加工性能控制技术，为此在常化酸洗机组和连续退火机组等试制过程中，掌握住6项3A级技术秘密。

第五个创新点是环保型涂料开发及应用技术，是一项化工产品技术。为使马钢电工钢表面涂层达到环保、绝缘、易冲性优良的陶瓷化绝缘涂层要求，我们开发了专用的涂料，获得了一项专利CN102220073B“一种电工钢用无铬半有机绝缘涂料及其涂覆方法”。目前，马钢开发的电工钢符合RoHS、REACH等欧盟环保指令高标准要求，获得了瑞士通用公证行颁发的认证通过证书。

第六个创新点是电工钢表面氧化层控制技术，是一项热处理技术，要求电工钢进行热处理后形成一种半透明金属表面。为此，我们有两项发明专利CN102636041B“一种具有清理炉辊上金属结瘤功能的连续热处理炉及清理炉辊上的结瘤的工艺方法”和CN204690074U“一种电工钢退火加热装置”。通过这项热处理技术，保证了马钢牌电工钢能够得到较高的半透明金属表面。

**四、与国内外同类技术综合比较**

我们分别选择了马钢高牌号和中牌号的电工钢，将之与国内知名的某B钢厂、某T钢厂以及从日本进口量较大的企业某N钢厂的同类产品进行比较。通过关键特性值比较可以看出，高牌号电工钢M35W300，四家企业的板形控制即横向厚度差和纵行厚度差在同一水平上，而在铁损和磁感方面，马钢高牌号电工钢的磁感最高，达到了1.68T，铁损则介于中间值。同样，中牌号电工钢M50W600，横向厚度差、纵向厚度差控制大家基本在同一水平上，但是马钢中牌号电工钢的磁感依然是最高，达到了1.71T，铁损仍是介于中间水平。

**五、应用情况及经济社会效益**

应用领域：马钢电工钢已经成功应用在发电机组上，中国发电机组制造的代表企业东方电气、上海电气、哈电集团均使用了马钢的电工钢；此外，在工业电机应用上，西门子、卧龙电气、加西贝拉以及威灵电机等知名电机制造企业都采用了马钢电工钢制造工业电机；在家用电器应用上，马钢电工钢已经成为格力、海尔、美的、格

兰仕等知名家电企业的主要供应商；在电动自行车行业应用上，马钢电工钢在九州电机、中国信质电机有限公司、宝迪这些著名的电动自行车电机制造企业中拥有很好的口碑；马钢电工钢也已经成功地应用在汽车电机上，宝马、奥迪、本田、特斯拉均已经采用了马钢电工钢生产汽车电机。

经济效益：2008~2015年，马钢电工钢新增销售收入122.46亿、新增利润15.55亿、新增税收4.09亿；2013~2015年，马钢电工钢新增销售收入52.66亿、新增利润3.78亿、新增税收1.64亿。

社会效益：薄板坯连铸连轧流程生产无取向电工钢生产技术集成与创新的完成，打破了发达国家对我国电工钢制造技术的封锁；因马钢电工钢和国内外产品具备同样的性能，但制造技术独特、成本低，在市场上具有更高的竞争优势，所以马钢牌电工钢已经领先占据国内市场并出口欧美；马钢电工钢的发展为中国机电制造行业增加竞争力，安徽合肥、芜湖、六安、滁州地区也已形成家电制造基地，国内外机电行业的领军企业纷纷在皖投资建厂。马钢电工钢历时10年的研发，为企业培养了一批技术、管理和操作人才，其中培养博士6名、硕士14名；培养高级工程师13名，工程师29名；培养首席技师2名，技师23名。

**六、推动行业科技进步的作用**

马钢的电工钢一直坚持技术先行、创新驱动，率先成功开发了薄板坯连铸连轧系列电工钢产品生产技术，在行业内具有示范效应和推广价值。马钢牌电工钢产品的发展为我国家用电器、工业电机、微电子、电力能源等下游行业实现高效化及节能减排做出了突出贡献。时任安徽省委书记王金山专程视察马钢电工钢研发和制造过程，亲切会见团组成员，对马钢电工钢研发团队提出“登峰造极、登高望远”的新目标。经过市、省科技项目的逐级评审，我们的课题完成了省政府、国家科技攻关项目的规定任务。

# 连续29个月高炉稳定顺行解析

## ——在股份公司2016年竞争力分析大会上的报告

（2016年8月27日）

为什么马钢大中小9座高炉可以连续稳定29个月没出问题？我想这是公司上下都十分关注的大事！现在我将从历史记忆、技术先行、管理跟进、文化转变、运行效果这五个方面做出阐述。

**一、历史记忆**

铁前为什么会有如此长周期的高炉稳定顺行？2007年以来，马钢每年均有炉况发生失常，最近的一次是2013年底至2014年初，两座4050m³高炉和一座2500m³高炉先后失常，给公司生产经营造成了很大的损失。从2014年4月至今，公司9座高炉已实现连续稳定运行29个月！从中国钢铁协会发布的数据看，与行业平均比，我们的铁水成本在2013年时高出46.91元/吨，排名在行业第43位；2016年1~6月我们的铁水成本低出25.23元/吨，排名在行业第20位。其中4050m³高炉排名在全方位对标、同口径对比下，在行业上升至第6位。翻出2007~2014年的数据，我们共发生高炉失常32次，平均下来每年4.5次，铁产量损失210万吨，相当于原一铁总厂一年的产量。曾几何时有一种邪说，只要市场好、高炉就要倒，我们的高炉确实是有在关键的时候发生炉况大失常的事实，公司本身就是材大于钢、钢大于铁，让人难过。归结分析32次高炉失常的原因，我们可以看到的分类是：因高炉操作因素占了31%、因冬季因素占了25%、因原料因素占了22%、因干湿转换因素占了16%、因设备因素占了6%，但是从管理分类追下去，无论是操作、冬季、原料、干湿转换、设备，最终都能归结到人的责任上，均是因为分管方方面面工作人的责任心和技能水平的不到位，管理的缺失，最终导致了高炉的灾难。

A#（4050m³）高炉2007年2月建成投产，大的失常两次，损失产量34.22万吨。失常时间最长75天，最短16天。最后一次失常是2014年1月4日，起因是焦化厂干熄焦设备检修，干焦变湿焦转换，历时75天，损失产量29.03万吨。B#（4050m³）高炉2007年5月建成投产，共失常六次，损失产量56.47万吨。失常时间最长40天，最短20天。最后一次失常是2014年2月18日，同A#高炉一样，原因是干湿转换后撑不住了，高炉不顺40天，损失产量14.76万吨。1#（2500m³）高炉2007年6月大修后第二代炉役投产，共失常三次，损失产量20.85万吨。失常时间最长30天，最短8天。最后一次是2013年11月6日，原因也是干湿转换，历时30天，损失产量9.73万吨。2#（2500m³）

高炉2003年10月建成投产，共失常八次，损失产量46.56万吨。失常时间最长33天，最短8天。最后一次失常是2012年1月20日，原因是冬季炉冷板漏水造成炉墙粘结，历时13天，损失产量5.2万吨。3#（1000m³）高炉2004年4月建成投产以来就被偏认为是个怪胎，先天畸形，无论是马钢内部人员还是外来专家都承认操作有问题，但又不知该如何操作，尝试多次，以失败告终，共失常十次，损失产量27.46万吨。其中2005年失常高达255天，损失产量28万吨，留下了马钢高炉失常时间之最的纪录。最后一次失常是2014年3月31日，原因是高炉气流调整不顺，历时27天，损失产量4.90万吨。除上述五座大中型高炉外，9#、10#、11#、13#四座小高炉也有失常，损失产量24.24万吨，2007年下半年9#、10#、11#高炉先后都发生了失常。从2008年2月起，一铁总厂经历了四任厂长，但马钢500m³高炉保持在连续稳定运行中。其中最万幸的事情是对11#高炉炉缸晚期的监控，通过强化管理，在关键时刻，对炉缸监控很到位，因为11#高炉炉缸侵蚀水温差超预警值，按《炉缸监控管理办法》执行，发出了严重警报，2015年9月30日公司下令停炉，停炉以后对炉缸解剖，发现出铁口周围，隔热碳砖已经没有了，铁水炉渣和炉缸的最外层钢板粘上了，炉缸有四处随时会通，此时能安全停炉是我们非常走运的事情。

## 二、技术先行

我们马钢首创了高炉体检制度，对高炉的研判实现了以数据化代替经验化的转变。2014年5月，首次提出高炉体检理念。2014年8月，高炉体检方法进入初试阶段，设计了高炉体检因子及重要性的排序，《高炉监控与诊断管理办法》发布实施。2015年1月，高炉体检制度进入中级阶段，回归历史数据带入现行的体检评分表中测试，举办了第一次高炉体检发布会。2015年7月，高炉体检制度进入完善阶段，在9座高炉上全部采用顺行指数评价法，对应高炉稳定、基本顺行、波动预警状况，举办了第二次高炉体检发布会。2016年2月，高炉体检制度进入了基本成熟阶段，对高炉体检失分项实施管控，举办了第三次高炉体检发布会。2016年7月，高炉体检制度进入良性的PDCA循环，针对体检发现的问题，以单点课形式在铁前系统讲解，形成案例，不断完善评价标准，并举办了第四次高炉体检发布会。应该讲，高炉体检制度在初试阶段只是一种形式，不知道能走多远，当时仅仅是以高炉实际操作参数偏离设定指标范围为评价依据的，还没有连续的跟踪和分析，有点事后诸葛亮。到了中级极端，我们开发顺行指数，但有些指标的设定与炉况关联度不高。到了基本成熟阶段，我们细化了高炉48个指标，分为ABC三类权重，按照顺行指数进行调整，进行了两轮PDCA循环，高炉体检结果与实际情况可以吻合了。

根据高炉体检的评判标准，我们把顺行指数大于90分定义为稳定顺行，把顺行指数大于75分定义为基本顺行，把顺行指数大于65分定义为波动预警，当顺行指数小于65分时我们就认为高炉炉况已经开始失常了。每天的体检指标要与昨天比、上周比、要与上月比、要与顺行的平均水平比，开展这项工作是非常有意义的，通过比较可以把控高炉的状况到底怎么样。针对高炉体检的失分项进行管控，高炉体检的分丢在哪里，要针对主要失分项进行分析并采取措施。一次次体检形成案例，给了我们启发和验证，要对体检参数的作用重新核对，要进行日常数据收集分析，要有高炉顺行指数趋势图，这是动态循环的过程。每周对失分项进行分析，调整操作参数，形成小结；每月对案例进行评价，优化权重，提高精度。对高炉体检失分项实行管控，这是体检后的重要工作，发现问题必须采取行动。讲两个案例。第一、2016年1月下旬，1#高炉受低温冰冻天气影响，顺行指数连续下滑到77。检查失分项因素，用数据前后进行对比，清楚地发现失分项是高炉渣中MgO含量偏低、炉喉钢砖温度也连续下降了。经过一周对应采取技术调整措施，对症下药后指数恢复到90以上，体检是真的能够抓住根本问题。第二、2016年6月16日，B#高炉炉况波动，顺行指数跳跃下降至74、69，波动预警。把体检的历史数据调出来进行检查，统计失分的项目，位居前二的是炉墙温度波动大，炉缸温度不足。找到原因确认以后立即着手，调料制、控压差、保持充足的炉缸热量。经过3天调整，边缘气流均匀发展，指数恢复到80以上。经过实践的验证，高炉体检是科学的、是准确的、是经验的积累、是能力的提升。

高炉体检的运行模式包括班体检、日体检、周分析、月评价，班体检由工长负责，日体检由炉长负责，周分析由总厂和炼铁技术处进行，月评价在总厂、公司层面进行。高炉体检运行的机制是高炉日炉况分析会、炼铁总厂周体检技术研判会、公司月铁前技术例会。通过举办体检成果发布会推进高炉体检运行，交流经验查找不足、形成案例后PDCA循环。高炉体检运行的效果是对高炉炉况正确预判和波动应对。我们深切的感到高炉体检必须坚持与完善下去，以数据化、规范化代替模糊化、经验化，将“适量、酌情”量化为数据，改变“我感觉”、“我认为”的定性推断。实施高炉体检最突出的案例是为3#（1000m$^3$）高炉量身定制了《高炉操作指导书》，在成功运营的基础上，2015年4月按“一炉一策”在全公司各座高炉推广《高炉操作指导书》，并对所有高炉操作者举办三次《高炉操作指导书》闭卷考试，达到90分才算合格，这个力度是很大的。通过这些举措，马钢的高炉操作实现了数据化、规范化，操作者的技能水平得到了提高。

马钢实行高炉体检制度，打破了传统的师傅带徒弟的教传方式，以数据说话，精准“把脉”、精准施策，为高炉分析提供了科学的技术平台。高炉操作人员听得懂、问得清、干得实，技术水平得到了快速提升，为我们自己培养出了一批优秀的技术人才，更重要的是营造了良好的学习氛围、技术氛围。比如说顺行指数与铁水产量的关系、顺行指数与料柱透气性的关系、顺行指数与燃料比的关系，现在走进我们炉前操作室，和炉前技术人员在一起交流，相互间因有对称的信息，遇到困难时很容易统一思想、达成共识。

## 三、管理跟进

2014年10月，马钢发布《铁前系统外部保供预警方案》，建立了铁前预警机制。最大的压力就是出现问题必须有人来解答问题，形成了快速解决问题的通道。我们的预警形式多种多样，可以是早调会预警、也可以是周会预警，可以是书面预警、也可以是微信预警，做到事事有应答、件件有人管，全方位、无死角的“保姆式”服务保供机制初步形成。外部资源出现变化，主动应对，采购单位发出预警；铁厂出现变化，发出预警，保供单位查找自身原因；外部变化原因难以判断时，炼铁技术处托底“接球”。实施铁前预警机制以后，变事后被动调节为事先预警控制，信息传递及时，高炉应对有效，炉况波动减少。

2016年1~7月，因冰冻、暴雨、运输、煤炭资源、矿石资源、有害元素等原因，共发出预警19次，做到次次有响应，次次有应对举措，有力的支撑了高炉稳定顺行。铁前预警典型的案例是：2016年4月中旬，三铁总厂A#、B#两座高炉同时出现波动，烧、球、焦炭指标均未发现异常。炼铁技术处及时在“铁焦信息联动群”发出预警：“焦炭数据无异常出现，但高炉波动大，各工序自查！”。煤焦化公司立即回复：“这也是我们自己的事”，第一时间查配煤、查焦炉、查干熄炉；港务原料总厂检查混匀矿、高位料仓，整个系统都眼睛向内，迅速行动起来，一切看起来都是那么自然。曾几何时，那种一出事各自指责对方，互相推诿、扯皮的情形销声匿迹了。从“你”到“我”的转变，是铁前人“以高炉为中心”的团队意识，大局意识和家园意识的体现，最终系统性小波动的叠加影响消除后，高炉恢复正常。

以问题为导向为炼铁生产建章立制。为了规范高炉管控，建立《高炉监控与诊断管理办法》；为了解决冬季失常，建立《铁前冬季生产方案》；为了解决有害元素的可控性，建立《有害元素控制与管理标准》；为了规范外部保供“保姆式”服务，建立《铁前系统外部保供预警机制》；为了解决炉缸安全运行，建立《炉缸监控管理办法》。此外，修订企业标准6个、修订工艺技术规程16个、修订技术条件24个。公司的管理制度很多，但是很多制度形同虚设。我们以工艺纪律、专项管理制度检查为抓手，强化技术标准、管理制度的执行力，因此，铁前建立的这些标准是落实到位的，如果没有落实到位，高炉是不能实现稳定的，这就在于抓执行力。规范化的管理，必须由“人治”走向“法治”。

我们在技术管控上，主要是系统联动，统筹管理。指导思想是“一个中心，两个转变”：以高炉稳定顺行为中心；由过去的“点菜”制向现在的统筹配煤配矿系统联动转变；由过去原料成本最低向现在铁水成本最低转变。运行原则是：高炉内系统秉持“三分原料、七分操作”，保供外系统遵循“七分原料、三分操作”，态度决定一切，这已经较好地贴合马钢实际。根据市场变化，强化技术、采购、发货、运输、码头接卸、质检及烧结、球团、高炉等九大环节的系统联动，每日动态跟踪，每周联动分析，每月制定配煤、配矿需求、采购计划，按计划稳定运行，为高炉的稳定创造了条件。2012公司进口矿库存280万吨，2014年初为150万吨，2015年10月份以后连续处在110万吨水平，与2014年初相比，减少公司资金占用约2.4亿元。2012年到2014年初公司焦煤库存为40万吨，2015年10月下降到28万吨，与2014年初相比，减少公司资金占用约1.0亿元。尽管进口矿与煤焦处于低库存运行，我们却实现了公司配煤配矿比变动次数的大幅下降。

通过对工艺纪律做总厂级检查、公司级检查，通过对管理制度做落实情况的检查，我们坚持了对检查出的问题进行及时通报与考核。强化对标学习，我们500m³、1000m³级高炉选择长江钢铁，2500m³级高炉选宁钢、沙钢，4050m³级高炉选武钢、梅钢，实现了4050m³高炉连续稳定运行29个月，2500m³高炉连续稳定运行33个月，500 m³高炉连续稳定运行了102个月。2016年1~7月与2014年比，典型代表指标燃料比下降了19kg/t。

通过管理跟进，我们看到了铁前系统的亮点与不足。港务原料总厂：在低库存运行下，优化班移动平均误差，调整补偿方法，2014年后尽管进口矿库存下降，混匀矿一级品率仍连续达到100%，达到行业先进水平，块矿烘干月产达到22万吨的水平，保高炉过冬安全，但在连续雨雪天时，工序保供应对能力不足。煤焦化公司：焦炭冷、热态强度连续稳定在同类型焦炉先进水平，尤其是7#、8#干熄焦炉上齐了，大型高炉无干湿转换过程了，但焦炭入炉粒级在同类型高炉中偏小，4050m³高炉铁焦产能不匹配。烧结：烧结采用矿石高温性能互补配矿技术，但低硅烧结技术有待突破。球团：球团矿FeO与抗压强度均处于行业先进水平，但大高炉球团矿品位在行业中处落后水平。采购：实现低库存运行，配煤配矿结构稳定，贴近市场采购，进口矿采购成本进入行业前十，但低库存下，供应链保供能力偏弱。配煤配矿：变“点莱配矿”为公司“统筹配矿”，但系统联动适应市场尚有改善空间。检测：混匀矿检测周期由10小时缩短到5.5小时，同时实现了原料有成分入炉，但自动化程度低，检验效率有待进一步提高。高炉：消除了失常，实现了小幅调整及动态性的稳定，但燃料结构不合理，高炉喷煤比水平偏低。

**四、文化转变**

通过高炉体检预警机制两年多时间的运行，最重要的是我们铁前的文化发生了转变。我曾经问过铁前厂长、问过技术处长、问过一些铁前工作时间比较长的老同志，马钢铁前到底是一种什么文化？从引进宝钢资深专家李维国、首钢技术研究院副院长张卫东来指导恢复高炉炉况，开始学到了“以数据说话；不断学习，提升理论与实践能力；高炉操作要符合高炉冶炼规律；营造学习氛围、技术氛围；团队的经验大于个人经验”。形成开放式技术管理代替“官本位”的封闭式技术管理的技术文化理念。在学习的方面，2014年开展学习首钢京唐公司降低炼铁成本交流会，开展“点将论道”论坛，举办四次铁前专题技术研讨会、六次高级技术主管主题研讨会及四次高炉体检经验交流会，赴首钢、武钢、沙钢、宁钢、唐钢现场对标，取长补短，我们走出去了、别人也走进来了。最重要的以高炉为中心，在单位级工序间有了甘当配角、当好配角氛围，炼铁有了一损俱损、一荣俱荣的明确定位，全方位、无死角“保姆式”服务态度已经形成。公司实施长周期稳定顺行奖励政策，激发了炼铁人的干劲，2015年针对铁前连续稳定召开表彰会，公司领导在马钢宾馆为铁前“生产、技术、管理”三支队伍庆功，设立奖项8个，奖励资金300万，炼铁技术人员撰写论文92篇并出版马钢炼铁技术论文集。通过打造让技术人员有平台、有待遇、有上升空间的工作环境，稳定了高炉技术团队，我们已经有了自己的专家团队。

举四个例子来介绍我们铁前文化的新内涵。一、3#高炉操作制度长期与高炉冶炼规律不符，没有信心能够搞好了，公司组建由三个炼铁总厂、炼铁技术处组成的技术攻关团队，连续跟班操作，摸索出两道气流平衡操作模式，铁水日产量从2400t提升至2750t的近年最好水平，改变了以往依靠单道心部强气流操作调整的模式，体现出开放式的团队文化。二、2015年，三铁总厂要求炉台中控室操作人员上班时将手机统一摆放，让员工能集中精力、全力以赴投入生产、操作，随后二铁总厂也提出了要求，铁前“领导好好干、员工干干好”，注重在细节上体现家园文化。三、7月上旬暴雨水灾，桥梁被淹，铁路中断150小时，港口码头水位超警戒，煤、焦、矿面临断供，面对如此天灾的困难，生产调整用料结构，物流调整运输方案，实现了系统补短板，保证了高炉生产有序。四、同样是7月上旬暴雨水灾，混匀料场塌方，三铁总厂保供告急，港务原料总厂党政班子齐上阵，混匀二分厂厂长江斌带领突击队，人工清理轨道淤泥，取料机干到哪里他们就开挖到哪里，打通高炉保供“咽喉”要道，展示了马钢人不畏困难、敢于拼搏，高昂的士气和斗志。

**五、运行效果**

高炉体检预警机制的运行效果直接体现在指标进步上，从2014年到2016年，马钢的燃料比连续下降、高炉利用系数连续上升、煤焦库存连续下降、进口矿库存连续下降，铁水成本从高于行业平均水平到低于行业平均水平。

我们炼铁人是怎么看待马钢高炉稳定的？在作业区普通员工眼里，高炉受控能力越来越好，得益于公司三级技术团队的建设，用科学系统的炼铁参数来体检高炉生产中每个环节，高炉和操作者已经心心相印了。在作业长眼里，公司和总厂确立了以“高炉为中心”的工作思路，总厂上下坚持“保姆式”的服务理念，炉长与工长带着团队相向而行，取得了高炉的长周期稳定顺行。在高管眼里，公司长周期稳定顺行激励政策，稳定了高炉技术团队，到了高炉就有一种回家的感觉。在中层管理人员眼里，高炉“攻守退”把握能力逐步成熟，连续两年多来高炉稳定顺行，是重视技术，基础扎实，加强管理的必然。二铁总厂厂长伏明说：“公司把炼铁生产摆在了内部最高的位置上，我们有压力更有动力。”三铁总厂厂长丁晖说：“与其被动充当高炉救火队长，我更愿意当好高炉全天候的保姆。”

铁前兄弟单位又是怎么看待马钢高炉稳定的？港料总厂认为：以高炉为中心的理念得到充分认同，为高炉保驾护航的意识已深入人心，铁前“一盘棋”的工作方式正在逐步形成。随着4#高炉投产，公司的物流方式、炼铁能力将发生重大变化。技术中心认为：铁前系统稳定及铁水成本降低，对公司整体生产稳定和效益提升起到了基石的作用，长流程的钢铁企业以高炉为中心的组产方式不能动摇。煤焦化公司认为：把高炉对焦炭的需求作为自己工作努力的目标，高炉的事就是我们自己的事。矿业公司认为：铁前系统在精益管理上取得了突破性进展，高炉保持了长周期稳定顺行，为矿山高产顺行提供了可靠保障。采购中心认为：通过“研产供”内外部系统联动机制的有效运作，实现了市场与现场这两大战场的双向互通与快速响应，为建设有竞争力的供应链奠定基础。企管部认为：高炉操作标准化进一步强化，原燃料质量得到有效控制，高炉总体稳定顺行，铁水完全成本与行业第一梯队的差距大幅缩小，为公司效益的增长和生产的稳定做出了较大的贡献。制造部认为：公司把铁前生产组织从行动上提升到了从未有的高度，始终以高炉为核心，实现了高炉稳、生产稳、效益好的局面。

29个月的时间，900个日日夜夜，高炉出铁3000余万吨，我们经历了寒冬、酷暑、雨雪。马钢高炉稳定了，团队形成了，文化转变了，技术过硬了，管理规范了。4#高炉投产在即，对马钢落后产能的淘汰和产品结构进一步调整具有里程碑式的意义，有了3200m³级高炉，这是对马钢炼铁人一次新的机遇和挑战，我们坚信秉持文明生产、精益运营、创新超越的马钢精神，用正确的方法坚持好高炉体检预警制度，马钢高炉必将实现长周期、高水平的稳定顺行！

# 在销售的岗位上磨砺人生

## ——在销售公司新员工实习一年后汇报会上的讲话

（2016年9月23日）

今天的会议开到现在刚好两个小时。两个小时的会有时让与会者觉得太长，而今天的会让人感觉很短，因为与会者已经听得津津有味、融入其中了。这主要取决于会议的策划与内容，以及开会过程的互动性，开会的人是否能很好的沟通，彼此在一起是不是都有启发，培养我们自己的销售人才，有共同愿景、共同话题。今天七位同志的发言，用了1小时30分钟，平均每人13分钟左右，令我吃惊的是，每位同志的发言都无拘无束，而且好像有很多事例要讲述。这同第一次面试时你们给我的印象完全不一样了，那时都比较紧张，虽然也做了准备，但毕竟没有干过销售，让我们还是感到担心。你们的确进步很大，经过市场洗礼，心里有了底气，更有信心把销售工作做好，一年时间有这样变化是非常不容易的。

我和你们公司王总性格相近，我们有不同的成长背景，共同的行事作风，有人称我们是工作狂。海建董事长曾评价过我俩：一王一高是有激情的人。我们俩都是老同志了，在马钢工作三十多年了，在工作上敢于畅所欲言，勇于承担自己的工作职责。王总现在压力更大，负责销售工作，他也是高级销售员，前不久他带领团队到俄罗斯参加展销大会，一口流利的英语让人羡慕。人是要终身学习的，实际上学习能力是一个人最大的本领，你们来到了新的岗位，要知道有句话叫“师傅领进门、修行在个人”，在任何时候都不要停止学习，必将脱颖而出。经过市场实践的大课堂，如果你们是大专生，现在达到本科毕业水平了，如果你们是本科生，那现在一定程度上可以是研究生了。每位员工可以从自身变化中清楚地感到，我们通过你们今天工作的汇报也看到了。

第一个是广州加工中心的吴斌，今年34岁，原来是冷轧总厂硅钢线操作工人，破格录取到销售公司，现在已经是广州加工中心销售主管了，这很了不起，他从进入销售公司到现在满一年，取得了人生的新收获。从他今天的汇报中，我们能感觉到他的激情，他说销售拓宽了自己的人生舞台，在走访客户的过程中、在工作苦与乐的过程中，他感到自己不断有新的进步。从在用户产品上找到SPCC做搪瓷钢出现的问题，到后来开拓佛山型钢市场，现在每月完成上万吨的销售量，应该讲都是非常不容易的。我翻看了一年前我给你们上课后他写的体会，那时他就立志要踏踏实实做好每一件小事，一步一个脚印，勤勤恳恳、兢兢业业，向加工中心的同志学习，向销售的每一个流程学习，利用业余时间丰富自己，珍惜与每一个客户打交道的机会，不让自己歇下来，使自己能够快速担当。他用了一句话，忍别人不能忍的痛，吃别人不能吃的苦。广州加工中心是离公司本部最远的，我不知道他拿到第一张订单时是什么样子，但我能看出他在兑现自己的诺言。祝愿他在销售的舞台上越做越有幸福的感觉，实现快乐的工作。

第二个是重庆加工中心的刘远晨，今年也是34岁，原来是冷轧总厂镀锌线的主操，现在是重庆加工中心的生产安全主管，干销售工作一年来认定自己是称职的。今天他的汇报有一种给人上课的感觉，充分体现了他良好的沟通能力，这也是他对自己的评价。他当过武警，他的第一个客户也当过武警，一碰面立刻就擦出了火花，没有说钢材销售的事，而是聊起了当兵的经历，正如他所讲，要想实现产品销售，首先是要销售自己。他汇报了在重庆加工中心干过了什么，来销售公司的目的，对销售有新的认识，他对一年来的工作如数家珍，经历的每一件事情都是历历在目。我了解到重庆加工中心设立的较晚，是马钢加工中心中较弱的，重庆作为直辖市将会大发展起来，一方面有长江水道，另一方面正在对外开放，是潜力巨大的市场。在实践中，他发现宝钢有宝钢的市场、马钢有马钢的市场，现在有的厂家拿马钢的材料替代宝钢的材料，我们有好的性价比，用户希望有多个供应商，自己能有更多选择的渠道。他还发现重庆市场对弹簧钢的需求。抽空刘远晨可以去MASCO工厂看一下，马钢现在利用法国技术生产汽车用绕簧和稳定杆，未来我们通过提升制造水平，一定是世界上最好的弹簧钢。他谈到马钢板材在长安汽车试模的过程，把材料送过去后人就自始至终跟了进去，帮助试模工干点活，时不时地问问，我的材料在这里什么时候试试，先把人混熟了也是一种方法。你是大厨，我就帮你把菜都洗好、配好，摆在边上等着你来掌勺。一年前他在培训后写道："我过去受工作的环境限制，认为干好自己的事就可以了，只重视眼前利益，放弃了学习，惰性滋生，现在面临全新的工作真的不一样了。"现在他的所作所为已经甩开了他的当初，为服务好我们的客户，他感到自己必须努力，只有努力，才能向往成功。

第三个是金华加工中心的姚文，和前两位同年出生，今年34岁，原来是设备检修公司的钳工，现在是金华加工中心的品质技术主管，变化同样是很大的。因为他曾经和设备打交道，所以他在汇报中多次提到了设备精度是产品质量的保证。虽然他专业跨度很大，但人是技多不压身，老人说"饥荒年都饿不死手艺人"，知识是贯通和分享的。他今天已经能独立完成整个销售流程，这是他自学能力的体现。他看到了马钢镀锌产品在金华一带的优势，发现马钢中高牌号电工钢在这里有市场。马钢中高牌号电工钢开发速度很快，我们能生产取向电工钢热卷、冷卷。和客户打交道，当他急需某种产品找不到时，你能及时供上，这样抓住机会，取得客户的信任，高牌号电工钢的一单销售，发出了信息。这个机会一定是在准备之后，在有意识地布点和把握过

程中得到的，用自己的成功激励自己。高董事长提出马钢人的奋斗，不在市场就在现场，通过两大战场炼出人才。销售人员在市场上，是少数，站在马钢产品的前沿阵地。一年前的学习体会中，他就写到要细分市场、找到市场的变量和间隙地，今天他做的工作与此契合在一起。

第四个是扬州加工中心的童劲，80后，今年36岁，原来也在冷轧总厂工作，现在是销售主管，进步很快。曾经的工作经历是一笔财富，冷轧总厂作为马钢最后一道生产工序，产品直接面向用户，所以冷轧总厂的职工在平时是能听到产品使用的信息，或多或少能知道产品是干什么的，所以这一次冷轧总厂进到销售公司的人员特别多。他说了对销售感悟：销售的奉献、销售的吃苦、销售的客户、销售的方法。我去年下雪的时候走访了扬州的客户，走访以后我才知道包括银行的ATM机、高铁的售票机、汽车的充电桩在内，这些高端设备都有我们马钢的产品。我看到马钢板材在江浙一带加工成的产品，我们的价格和宝钢有一个差值，产品的性能是一样的，否则客户怎么会选择我们呢。当前世界经济疲软，国外品牌爱默生电梯用的也是马钢钢板，我们可以为马钢的板材自豪。所以我们需要了解我们的产品用在哪里，谁是我们的最终用户，溯源了解我们产品覆盖的范围。童劲在去年培训后写到：“销售工作是自己的选择，要踏实做好每件事，要到客户的工厂去做好服务，为马钢产品的销售做出我的贡献”，当初看这是誓言，现在看都已经化为自己的行动了。

第五个是杭州公司的季超，1988年出生，很年轻，28岁，他是由我面试进入销售公司的。原先他是南山矿的铲车司机，一年下来季超瘦了不少，现在是杭州公司的销售主管了。把自己想做的事情做起来，既是选择又是挑战，当然不是都有这样的机会。实际对他是破格录取，那天听他讲的销售理念，但是作为铲车司机，很难想象他未来做销售如何，他现在是实现了华丽转身。他在工作之余爱学习，爱积累信息，刚才还讲到互联网加，在工作中努力提高自己全方位的技能。

第六个是无锡公司的黄新龙，1983年出生，今年33岁，原岗位是一钢轧总厂中板的水泵工。水泵工是很多人愿意干的操作岗位工，这个岗位女工比男工多一些，因为这个岗位水泵在开就没什么事，喝喝茶看看报都可以，上班比其他岗位轻松的多。我干过一钢轧总厂厂长，熟悉他原来的岗位，他放弃那么舒适的工作环境，选择到销售岗位来磨炼自己，这本身就是一种勇气、是对自己的一种挑战。一年来他在销售岗位的收入比在原先水泵工岗位高多了。他在自己新岗位上始终做一个充满激情的人，他知道无锡是我国经济高度发达的地区，现在看到了无锡地区有如此之大的钢材消耗量，走进一家家制造工厂，掌握他们的原料需求与其他的不同。他的人生观、价值观、世界观，通过今天的发言，已经发生了很大的改变。怎样通过自己的奋斗，让自己的梦想变成现实，他一年来在走访客户的过程中，有成功的喜悦也有碰壁的难过，但是他讲述自己工作，确实能感受到一年前他在培训结束后写的“有志者事竟成、心坚石穿、百折不挠、只争朝夕”。

最后一位是重点工程部的李建军，今年39岁，原来是设备检修公司的电气副组长，刚刚由南京销售公司调回销售公司本部任客户经理。他评价自己是合格的销售人员，搞销售信心很重要，没有信心肯定不行，敢于称自己就是合格的销售人员是因为已经有了业绩证明。他的岗位转变跨度很大，未来能走到什么岗位取决于自己。他讲了一个处理质量异议的经典案例。有些销售人员一碰到客户提出产品的质量问题，马上问客户要赔多少钱，开始讨价还价，然后向主管报告。李建军讲的案例不是这样处理的，为什么会出现这样的质量缺陷，过去从没有看到，缺陷是在哪里产生的，他通过验证，发现缺陷是客户安排的运输单位造成的，对于这个结论客户经理最后认可了。李建军在用自己的行动践行当初要转行来干销售的承诺：“我一定能行！”

销售不是简单的卖东西，是一整套复杂的学问。今天人们对销售工作的尊重不同以往，听了7位同志的发言，我感到也得到了一次学习的机会。7位同志代表了新进的36位销售同志，你们入职一年以来，给公司的销售工作带来了新的希望，也铺就了你们未来的前景。36位同志，我了解到已经有8人工作发生了向上的再次调动，变动率达到22.22%，原来我认为一年时间内不会有变动，现在看来一年时间太长了，因为有些人在工作中立马表现出自己能力的多面性来，马钢销售太需要人才了。

2015年是马钢巨额亏损的一年，也是马钢最困难的一年，一直到今年4月份我们才盈亏持平，从5月份开始，公司生产经营好转，我们向着目标迈进。现在采购与销售市场变化很快，燃料价格涨得很高，原先设定9月份能拿下1个亿，现在看来9月份公司的盈利水平又打了折扣。马钢曾多次经过内忧外患，现在我们通过创建家园文化，凝心聚力，干部职工齐努力，不在市场就在现场，马钢的职工面貌转变很大，现在我们内忧很少，去年因工作责任，公司责成处干作检查，今年还没有处干作检查，既无内忧我们就不怕外患。整个销售团队对公司的贡献，现在我们10月、11月、12月的订单基本都能看的到，而且市场价位研判的很准，每次机遇都抓得很好，今年预计我们有可能拿下10个亿的利润。

我数了一下参会的人数，销售公司今天有65人参加会议。刚才我提到7位发言同志一年来的收入比原岗位增加了不少，我也看了整个公司同期的收入。去年9月到今年8月，销售公司人均收入达到了6.92万，其他主线厂人均收入分别为：煤焦化公司5.96万、三铁总厂5.57万、四钢轧总厂5.54万、冷轧总厂5.39万，你们36位新同志里面就有3人收入超过了7万，平均也高于主线生产单位。马钢的销售强就会带着马钢的制造强，这是销售的引领作用。高董事长多次强调不在市场就在现场，这两个岗位才能真正历练人。

开这次会是君子有约。一年前，我讲到我会一直观察你们36位新同志能走多远。选拔人，使用人，更重要的是要培养人，我希望销售公司领导班子能持续跟踪你们三年，等明年再看看是什么变化，后年再看看是什么结果。你们能进入销售公司，是王总不拘一格降人才的思路，创新方法得到创新的结果。

我想你们36位同志经过一年历练以后，会有自己的实践体会，要学会总结，能做到每周写一篇周记，把你每周经历的事情理一理，理出思想、理出火花、理出你的酸甜苦辣咸，我想这样你们的工作会更有味道。你们刚到外面跑市场时，每个周末都可以跑跑周围的其他厂，可以做很多工作，现在你们周围的厂都跑熟了，不能现在手里有十来个客户，到明年还是这些客户，要通过梳理自我，不断给自己树立新的奋斗目标，来提升自己的工作业绩。

一年前我给你们36位同志做了题为“公司当前最难的工作——销售”的培训，当时我讲了7个专题。一、我为什么给销售人员讲课；二、我们的工资从哪里来的；三、什么是公司的生产经营；四、马钢2010~2015年销售品种价格及销售收入的变化；五、我对销售的理解；六、和大家分享销售的经典案例；七、我参与销售的产品。

一年前我和大家分享了销售的励志名言：我成功因为我志在成功；空想会想出很多绝妙的主意，但却办不成任何事情；成功与不成功之间有时距离很短；销售都是从被别人拒绝开始的；销售人始终怀有一颗感恩之心，学会报答你的客户；如果要挖井，就要挖到出水为止，不可半途而废；忍别人所不能忍的痛，吃别人所不能吃的苦；顾客的后面还有顾客，销售的开始是服务；销售是从和最基层的人打交道开始的；销售人员最重要的品格是真心对别人的产品产生真实兴趣；不要放弃老客户，老客户总能给你带来新客户。我们重温这些销售名言，会有和一年前不一样的感觉，今天我们再加上一条：只要你足够努力，你就会取得成功。

# 中国汽车工程学会汽车材料分会第20届学术年会欢迎致辞

（2016年10月20日）



尊敬的中国汽车工程学会张宁副秘书长、汽车材料分会康明主任委员、各位委员、专家、代表，女士们、先生们：

大家上午好！

金秋十月，丹桂飘香。在这金桔满枝、硕果累累，充满丰收喜悦的美好时节；在这香樟浓荫、桂花盛开的诗城马鞍山，中国汽车工程学会汽车材料分会第20届学术年会隆重召开，共同探讨“汽车轻量化及新能源材料技术”。我谨代表马钢公司向各位远道而来的领导、专家、代表及同仁们表示热烈的欢迎和诚挚的问候。

感谢中国汽车工程学会、汽车材料分会给予马钢这次承办会议的机会，作为大会的承办单位，我们倍感荣幸。同时向会议协办单位——中信金属有限公司表示感谢！

马鞍山，位于安徽中部，向东45km是南京，向西45km是芜湖，在长江中下游的江东岸边。马鞍山市是因有了马钢才有了城市。经过60年时间的发展，马鞍山这座移民城市，已成为了国家卫生城市、适宜人居城市、诗城、马鞍山“一马当先，海纳百川”。

近几年，马钢和汽车用钢实现了快速发展，马钢在全国钢铁行业中始终处于中上游的位置，汽车板市场占有率排名在全国4~5位，2016年汽车板产量突破200万吨，同比增长在50%以上，其中热轧汽车板增幅13%，酸洗汽车板增幅46%，冷轧汽车板增幅41%，镀锌汽车板增幅20%。我们在产品研发、应用技术、品质控制、用户服务等方面也取得了长足进步，这些都离不开在座各位的热情帮助。马钢对汽车工程学会等单位一直以来的鼎力支持表示衷心的感谢！

随着汽车行业的快速发展，节能环保一直是马钢关注的重点课题。近年来，马钢致力于开发节约型、功能型、轻量化的汽车用钢，目的就是为了落实“汽车轻量化”的环保理念。我们致力于汽车板的研产销工作，在完成TS16949标准的认证评审后，又完成了VDA6.3标准的认证，公司每月有汽车板推进工作例会，实施了APQP小组工作制，技术人员以EVI的模式走进用户和市场，这为马钢汽车板用户的服务，产品研发、制造过程及质量控制奠定了基础。 此次会议的主题是“汽车轻量化及新能源材料技术”，凸显了此次年会技术领先、创新发展的重要性。

在座的各位在汽车、材料行业都有着丰富的经验，在技术方面有着独到的见解，掌握国内外汽车材料的先进技术发展方向。马钢此次会议有《马钢汽车用钢技术进

展》《基于成形极限图不同应变路径对冷轧TRIP钢残余奥氏体转变量的影响》《马钢汽车板焊接应用技术研究发展》《马钢热轧汽车结构钢研发及应用》4篇学术论文参加发布与交流，我们将抓住这次极好的学习交流机会，创建马钢与相关单位间互相学习、沟通的良好氛围。

会议期间，我们将竭力做好会务和服务工作，确保会议各项议程有序、顺利进行。

最后，预祝中国汽车工程学会汽车材料分会第20届学术年会圆满成功，祝各位在马鞍山会议期间身体健康，工作顺利！

谢谢！

附 录：

# 让技术之花在现场结果

## ——技术中心2016年驻厂工作汇报评比专题会侧记

驻厂服务效果如何、帮助现场解决了哪些问题？技术人员自己又有怎样的收获与感悟，还有哪些地方需要改进提高？

12月6日上午，股份公司常务副总经理高海潮主持召开技术中心2016年驻厂工作汇报评比专题会，听取该中心6名驻厂技术人员的工作汇报，与他们互动交流，并一一点评。

竞争在市场，竞争力在现场。根据公司要求，技术中心从元月份开始，先后组织了70多名技术人员进驻现场办公，在生产一线“安营扎寨”。为交流总结驻厂经验与不足，持续提升服务能力和水平，技术中心按照驻厂的不同区域和从业年限的长短，挑选了6名驻厂技术人员代表，分享各自在近一年来驻厂工作中的所做所得、所思所悟。

会议采取“技术人员说、服务对象评”的形式，邀请最有“发言权”的驻厂服务对象，与制造部、科技管理部、技术中心相关负责人及部分高级技术主管共同组成评审组，让评价更加客观公正，促进驻厂工作更加规范、科学、高效。

会上，6名驻厂技术人员依次登台，通过PPT演示和现场讲述，介绍驻厂工作经历，分享驻厂工作体会。二铁烧结铺底料粒度及厚度的优化，特钢公司CL60(K)标准化操作的建立，四钢轧连铸中间包充氩效果优化，冷轧镀锌产品亮点、划伤缺陷解决建议，冷轧硅钢产品层间电阻偏低问题的解决，四钢轧防氧化涂料应用试验、KR渣冷却粒化装置工业性试验……一个个具体案例的展示，一道道技术难关的攻克，一句句真情朴实的话语，展现了他们深入生产现场，贴近机台岗位，跟进生产进程的作风与状态；讲述了他们聚焦生产“瓶颈”、直面技术难题、回应客户需求，利用自身专业知识，应对处理各种突发状况，与现场技术人员携手攻关的艰辛和收获。

“驻厂一年，你学到了什么？发现了什么？解决了什么？在这三个递进的层次中，你认为自己处在哪个阶段？”每名技术人员汇报后，高海潮都和他们一对一进行交流。他强调，现场是技术创新的土壤，技术人员只有扎根现场才能汲取成长成才的养分。他叮嘱刚入职不久的年轻技术人员要养成良好的学习习惯，摸索正确的工作方法，在熟悉现场的基础上，聚焦关键、找准问题，用掌握的知识帮助解决生产实践中遇到的具体问题。他要求已经在各自专业能够独当一面的技术人员，多与产线上的技术人员、作业长、主操交朋友，学他们的经验、听他们的诉求、解他们的难题，并且把相关措施通过通俗易懂的话，深入浅出地讲清讲明讲透，更好地促进他们的理解、支持，让措施真正能够执行到位、效果真正得以显现。他希望，所有驻厂技术人员在工作中目的要清楚、动机要准确、工作要融入、效果要呈现、不足要改进。高海潮表示，公司期望员工人人成才，并将继续加强培训引导、积极搭建平台、不断活化机制，助力员工成长。技术中心领导班子必须做好策划、带好团队、建好智库，持续提升服务现场的意识、能力和效果；各类技术人员必须增强技术的饥饿感、本领的恐慌感、责任的压力感，扎根现场、吃苦耐劳，潜心钻研、服务现场。

作为服务对象的相关制造单元负责人也对驻厂人员的工作进行了客观评价。“通过驻厂，公司的‘技术精英’直接为我们提供‘面对面’的技术支撑，并且与我们一起‘手拉手’地解决问题，让我们彼此之间更加‘心贴心’。”他们对驻厂服务的形式与效果给予肯定，希望此项工作一直坚持下去，让公司技术研发与生产制造始终“肩并肩”地前行，并就如何进一步增加两者之间的融合度、关联度提出了意见和建议。

驻场技术人员纷纷表示，将以此次汇报评比为契机，改进工作不足，提升自身能力，接长技术“短板”，增强实战经验，结合生产厂的实际情况，下大力气攻克技术难关、解决生产中的技术难题。

务实高效的汇报交流、客观公正的评价指导、真情交融的点评互动，也让前来观摩的技术中心新入职大学生代表们收获满满。“今后一定要多问问现场需要什么？多看看现场缺少什么？多想想能为现场解决什么？努力发挥自己的专业所长，助力公司制造水平的不断提升。”

（《马钢日报》：高跃飞、刘军捷）

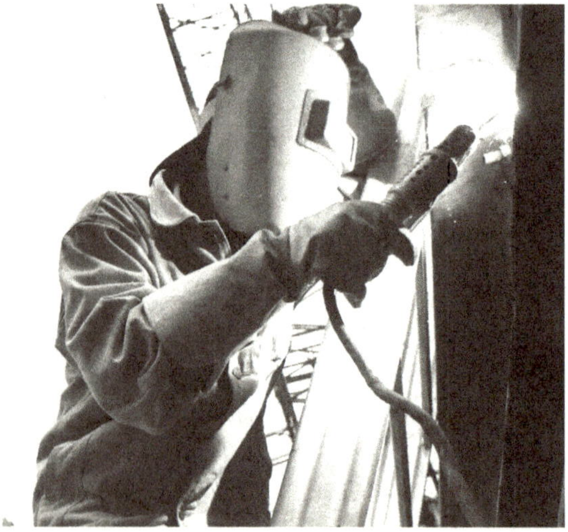

# 附 录：

## 2016年述职报告

（2016年12月9日）

本人岗位为股份公司常务副总经理、总工程师、首席质量官。2016年在公司党政的领导下，在各单位的支持配合下，我所做的工作主要有：

一、担当的几项重点工作落实情况

1.全力以赴保公司高炉长周期稳定。不断深入推进高炉体检及预警机制的实施，定期组织召开成果发布会及经验交流会，适时组织每座高炉关键人物对操作指导书进行完善和考试。在公司竞争力分析大会上发布的马钢高炉连续稳定29个月解析的专题报告，在行业内产生了影响。经常深入铁前各单位调研，与厂长、分厂厂长、作业长交流，推进铁前管理从文化转变走向文化引领。

2.关注冷轧总厂、特钢公司出厂产品质量和质保体系的运行。指导两单位建立健全了产品制造过程责任追溯机制，连续运行以来起到了好的效果，有力的支撑了全方位的基础管理工作。冷轧总厂为提升公司产品质量做出了突出贡献，特钢公司实现扭亏为盈提升了竞争力。

3.每日值守公司早调会。今年四季度起周六公司视频会已由各单位科级干部改为处级干部汇报，又由副处转为正职厂长、书记也轮流参加汇报，传递了压力，提升了公司中层的全局意识及工作水平。坚持从严管理、不推诿扯皮，对生产、设备、安全、质量工作中出现的每一起事故，向中层管理人员问责并追究相关人的责任。对总调、设备调、能源调的工作及时给予点评，提升他们工作能力，保障内部生产的稳定。

4.创新方法做好技术质量管理工作。以公司级技术质量例会为平台，以《马钢日报》刊登质量信息为载体，给工程技术人员展示能力的机会。每次例会策划好公司当前的重点及难点工作，抓住问题，寻求解决办法，检验实际效果，固化在管理技术文件中。全年召开的11次例会上，共点题49个，措施有效取得明显成效的有34个，发现、培养、提升了一批工程技术人员的水平。由沈昶中标的第二个公司招标项目：车轮钢夹杂攻关项目进展正常，多位高级技术主管登台报告了自己的工作，红黄绿灯的管理评审加速推进了公司科研、技术攻关及新产品开发工作。

5.特别关心工程技术人员进驻现场的工作情况，组织参加了制造部和技术中心技术人员进驻现场一年来的工作汇报。经常在现场同工程技术人员交流，关心他们的工作环境、学习条件和介入方法，提出了在现场工作目的要清楚、动机要端正、工作要融入、效果要呈现、不足要改进的五条要求，给出了个人是去学习、是去发现问题、是去解决问题的三个层级评价标准。倾心于对工程技术人员工作方法的培养，聆听他们在工作中学习、成长、熔炼过程，看到了他们的进步，只要坚持这样做下去，必将改变马钢工程技术人员的形象。

6.2016年的技术质量工作有喜有忧。一钢轧CSP新二级控制模型成功使用，薄规格耐候钢生产稳定了；四钢轧热轧W压氧麻点攻关取得突破，酸洗板品质提升了；冷轧连退线的攻关使产能大幅提升，汽车板及汽车面板产量质量都上了新台阶；常态化检查制造过程的写所需、做所写及工艺纪律执行情况。但连铸漏钢、轧机堆钢，产品表面质量缺陷、产品的稳定性的问题，中国标准动车组车轮通过了CRCC认证，每一片车轮的100%质量保证，我们还有不少改进的空间，技术问题、管理问题，我们还有要搞清楚的其他问题。

二、担当责任的几项关键绩效指标完成情况

1.2016年股份公司计划产铁1376万吨、计划产钢1463万吨、计划产材1378万吨，预计铁钢材均全面超计划完成任务。与去年相比铁增量3.56%、钢增量3.49%、材增量0.47%。

2.在2016年的生产经营中，负责抓好内部降本工作。以高炉稳定为抓手，提升铁水成本竞争力，铁前降本从年初达标率58%起步，提升至现在的达标率96%。做好资源优化，提升板带产量，钢轧降本达标率从81%起步至现在的100%达标。公司内部降本比去年多7.20亿，其中铁前贡献3.14亿、钢后贡献4.06亿。产品结构调整实现增利7.33亿。

3.外部质量异议降幅显著，用户满意度进一步提升。全年吨材质量总损失8.38元，低于计划考核值，同比吨材下降0.58元，降幅达6.47%。全年外部质量异议起数下降34.07%，赔付金额减少43.03%。

4.全年新开发新产品35万吨，创造销售收入1.5亿元以上，实现比较效益2.5亿元以上，转产14个牌号的新产品。高磁感无取向电工钢等五项新产品通过省级新产品的鉴定；600MPa级镀锌双相钢等两项产品获省高新技术产品认定；薄板坯连铸连轧生产无取向电工钢技术集成与创新获省科学技术二等奖。

5.质量管理体系有效运行全年接受外部审核32次，开展内部专项审核8次，通过各类产品认证10次，公司35项体系和产品认证证书保持率100%。科研及技术攻关积极推进，全年科研及技术攻关项目85个，进度完成率超过80%，有效推进了公司的生产经营。

6.重点做好安全消防隐患排查治理，确保关键环节安全平稳。经常敲响预防为主的警钟，坚持常态化的管理，有计划、有执行、有检查、有考核，创新工作方法，组织安全、消防预案演练，股份公司今年实现在职职工工亡为零，重大火灾事故为零。

三、个人情况报告

1.自觉落实公司各项规定，强化自身学习，坚定不移地和以习近平总书记为核心的党中央保持高度一致，严格遵守党的政治纪律、组织纪律，以共产党员的标准严格要求自己，以先进模范、优秀党员的人和事为自己的学习榜样，为马钢家园贡献自己的力量。

2.自觉接受广大职工的监督，坚持勤政廉政的工作作风，把握好自己手中的权力，本人按规定申报的事项没有变化，无违纪。为人民服务，担当起自己的职责，积极努力地工作，深入调查研究，带领好我们的工程技术人员团队，为提升马钢的竞争力使出全身的干劲。

3.今年股份公司在公司党政的坚强领导下，完成了既定的目标。尤其是家园文化、竞聘组阁、减员分流起了关键支撑作用，我们要持续深化改革。要敢于把自己放在改革的前列，我将反思自己的不足，检讨自己，听取各方面的意见，改进自我，心怀感恩，一腔激情，带着满满的正能量去工作。

# 和煤焦化职工代表们说说心里话

（2017年1月6日）

参加煤焦化公司职代会，一方面挺高兴，另一方面还有压力。因为怕讲得无价值，所以要提前花一番心思来准备。接到会议邀请后，我一直在回顾2016年煤焦化的工作，又仔细看了邱经理的职代会报告。刚刚邱经理用了一个小时把煤焦化公司去年的工作做了回顾，把今年的工作做了部署，这个报告凝聚了煤焦化公司班子集体的智慧。

煤焦化公司是我们重要的生产单位，三大产品：焦炭、煤气、化产。焦炭是直接和公司炼铁相连的，煤气是直接和整个轧钢线相连的，化产是直接和市场相连的。本人对煤焦化公司既熟悉又不熟悉。我和台上在座的各位都很熟悉，对煤焦化公司生产工艺、设备状况以及原料、产品的进出熟悉，但是我对化产的整个提取过程还是比较陌生，OCI合资公司要去认真调研一下，今天是和大家聊一聊。

邱经理刚才做了很好的职代会报告，报告主要是去年的工作回顾与总结和2017年的形势与任务这两大块。他从聚焦精益运营开始到深入对标挖潜、到推进技术更新、到深化机制改革、到共建美好家园，讲得朴实，实事求是、客观公正的回顾与总结了去年的工作，所用的指标是实际测量出来的。煤焦化公司去年工作的亮点是什么。一、为马钢大高炉稳定顺行1000天提供了优质焦炭。这是历史上煤焦化公司职代会报告中从未有过的，让煤焦化人感到骄傲和自豪，感到有信心的。这个描述恰如其分，过去没有完全定位，现在思想观念发生重大转变，在实际工作中付出努力，炼铁人也充分肯定，高炉的稳定有煤焦化人的贡献。二、煤焦化公司全年降本仍达到了2.638亿。去年12月份，公司各单位都在报捷，降本完成年度目标，但是煤焦化公司没有完成100%的年度降本目标，吨焦降本70元任务还差那么一点，因为是受5号焦炉大修对产量的影响，月差300万元，因降本任务没有完成，煤焦化职工的奖金也受到了影响但并未抱怨，邱经理已经提出今年煤焦化公司要细化降本措施，坚决完成降本任务。三、化产品销售额达到了5.26亿。马钢非钢产业有几十家公司，但能达到上亿元销售收入的很少，股份公司今年销售收入也就四百来亿，在市场如此下行状态中，这是了不起的事情。四、2016年，煤焦化公司环境污染事故为零。老一辈的炼焦工对焦化印象比较深，在老区这一块的人都对焦化的环境感到担忧，现在环保要求更高，钢铁企业要生存，环境压力越来越大。精心做好环保工作，始终保证达标排放，承担好社会责任，说起来容易做起来难。此外，5号焦炉大修工程、净化复合炉工程改造完成并投用；获得了马钢级以上科技攻关奖项三十项；减少在岗职工239人，提高了劳动生产率等等。这些都是可圈可点的事情，我们依靠内生的动力，提升了公司的竞争能力。

公司去年给煤焦化公司下达的生产计划是焦炭产量423.5万吨，煤焦化公司全年实际完成焦炭产量440.7万吨，超计划17.2万吨。公司铁、钢、材处在基本平衡状态，以铁定钢、定材，但是煤焦化公司的产能满足不了公司炼铁对焦炭的需求，公司焦炭需求的1/3还需要外购。按铁水日产量达到4.1~4.2万吨计算，每个月大概需要60万吨焦炭，如果煤焦化公司每个月供应40万吨的话，这就预示着我们每月外购20万吨焦炭，而买回来的焦炭比自产焦炭质量差、价格高，所以煤焦化公司焦炭的超产对公司是有贡献的。我们的A、B号大高炉，4号3200m³大高炉，乃至1号、2号2500m³高炉还得依靠我们的自产焦做骨架，做坚强的脊梁。过了1000天现在要确保高炉2017年继续稳定365天，我们一步一步的往前走！煤焦化公司把“取得高炉保供新突破，为高炉稳定顺行提供了有力支撑”作为第一条写在职代会报告中，定位正确、角色重要。过去高炉炉况不顺，煤焦化公司就是被告，炼铁一开口就是焦炭质量、指标下降造成了高炉的波动。从2015年开始就很少听到铁前抱怨的声音，去年更少了。当然，铁前的思想观念也发生了变化，首先眼睛向内找自己的原因。更重要的是煤焦化公司甘当配角、当好配角，服务意识特别强，稍有不良反应汪经理就带人立马奔赴现场，查找原因，利用各种渠道和铁前保持沟通。最近黄总给铁前的同志们送了本讲宝钢高炉的操作与实践和管理的书，我也看了看，书里列出了宝钢焦炉焦炭2011年到2015年所有的指标，我看跟宝钢对比，我们煤焦化公司焦炭的指标是不错的，焦炭的冷态强度M40、M10，焦炭的热态强度CRI和CSR指标相差不大，但宝钢的高炉比我们的大、宝钢的焦炉也比我们的大，宝钢公司配煤条件比我们的要好。

去年四季度，钢材价格上涨，炼焦煤的价格更是一路走高，煤炭行业采用限量保价来左右市场，完成了全年的利润目标。今年春节煤矿开始放长假，我们储煤总量仅有十天，个别品种断料了，煤焦化公司配煤生产处在一个非常尴尬的地位。今年前三季度，煤焦化公司一系统配煤比变动17次、二系统变动3次、三系统变动11次，但四季度一系统配煤比就变动了10次、二系统变动6次、三系统变动8次，四季度三个系统的配煤比变化次数是前三季度的总和，但是我们的焦炭质量控制住了，没有大的波动。正是我们焦化人秉持“全心全意服务于公司高炉生产”的理念来看待焦炭质量，对马钢高炉稳定做出巨大支撑，对公司生产经营做出巨大贡献。我代表公司，感谢煤焦化公司职工，2016年，你们真的辛苦了！

对于5号焦炉重建和净化复合炉改造工程，我是历历在目，在煤焦化公司人心中留下终身难忘的印象。在5号焦炉重建过程中，煤焦化公司突破性的做出创新，让年轻的大学生们在现场学做监理，一代焦炉寿命在30年内，从拆焦炉、平焦炉到层层的砌焦炉，参与焦炉重建全过程，这对只从书本上学炼焦专业的大学生来讲会是终身受益的，在这期间去现场中，我认识了几位大学毕业刚入职煤焦化的年轻人，他们很兴奋，从平面到立体，跟踪验证了全过程，5号焦炉重建不仅是建设了新焦炉，更重要的是培养了接班人。

煤焦化公司的化产板块分量很重，包括OCI合资公司、焦油深加工、临涣焦化保供基地等等。《马钢日报》最近报道了我们OCI合资公司第一船6000吨沥青产品在江阴装船，起航远销迪拜的新闻，以前我们的化工产品外销困难，只有国内少量客户，通过与韩国OCI合资，我们的产品开始走向国际市场，只要我们转换观念，相信化产板块还将做出更好的业绩。

煤焦化公司的技术创新体系实现了突破，破旧立新地搭建了三支职工队伍的新框架，在科研方面也做了很多工作。关注科技创新、科研成果和技术攻关是煤焦化的传统，我印象比较深是杨建华，他在马钢内外都是有一定影响的专家，爱岗敬业，成为煤焦化行业的专家。公司刚刚结束2016年度高级技术主管的考评，煤焦化公司佘高管得分很高、评为优秀，他是带题上岗，与公司签订了四个攻关项目，通过了专家组的审核。每当煤焦化公司哪里出了问题，我总能看到佘高管在现场，这一点非常值得年轻人学习，扎根现场、立足现场，在现场发现问题并解决问题。提前告诉大家一个消息，为了三支队伍能够齐头并进，今年一季度公司将进行马钢第二届首席技师评定。煤焦化作为冶金行业冷门专业，或许更具竞争力。2015年股份公司严重亏损，去年股份公司打了一个翻身仗，盈利达到了12.6亿，全行业排名第四。同样的人、同样的设备、同样的生产能力，虽然有市场的因素，但我一直在想去年取得如此好的经营业绩到底是什么原因？到底是什么因素发生了变化？在集团公司总经理办公会上我报告，首先是股份公司内部生产稳定，尤其是高炉炼铁生产稳定，高炉炼铁的成本占总成本的70%，2016年我们的炼铁成本低于全国平均水平，炼铁是重要的支撑。过去高炉稳不住，甚至市场好的时候，铁水供不上。没有内忧就不怕外患，是因为内部生产稳定才取得了如此好的效益，千万不能把外因放在首位，效益好时归结于市场、亏损时也归结于市场。我们曾经多次是内忧外患，外部市场不好、内部生产不稳、成本居高不下，现在我们即使面对市场冲击也不怕。其次是公司高度重视采购、销售两头市场的研判工作，原燃料的低库存运行，这虽不是采购的方法，但是在市场的剧烈变化中可规避风险。销售订单的选择是调整品种结构的首要条件，这样资源才能优化配置。丁总在今年职代会报告上第一次提到，我们对两头市场研判准确率达到了70%，过去不该买的时候买了、不该卖的时候卖了，所以采购、销售、生产要共同给力。更为重要的是以高海建党委书记为首的领导班子，做了重大的创新与改革：授权组阁三年一届，一级对一级负责；去产能减员分流，压力已经传递下去。谁只想多拿钱、不想多干活，在工作岗位上操作、质量、设备出事故，这样的员工在竞聘上岗时他第一个会下岗；对生产经营中每起事故进行严肃的追溯和问责，对中层干部从严管理、传递压力，去年马钢的亮点频闪。马钢人的观念已经开始转变，突出“胸有朝阳、感恩在心、风清气正、公平正义”的家园文化建设，在不同岗位、不同单位都体现出了凝心聚力的作用，我们在同一个家园，马钢好我们才能过得好。

职代会报告回顾了煤焦化公司去年的工作，通过聚焦精益运营实现高效生产、深挖对标拓展降本空间、现场管理持续改进以及技术革新等方面。我想说的是，在深化机制改革、强化绩效管理方面我要点赞。去年煤焦化公司开始逐级竞聘拓展到科级管理人员、作业长，在公司最早并且全部实行了授权组阁、竞争上岗，有19名科级管理人员主动让贤或转岗，有13名新同志走上科级管理岗位，管理岗位人员交流33人次，选拔16名进厂三年内的大学生开展雏鹰计划，选出10名青年学科带头人，5名优秀技能专家成为本公司首席技师。我想厂长（经理）就要做这些事情，把人力资源盘活，人尽其用，充分发挥调动人的积极性，把最重要的岗位给最适合的人去做。煤焦化公司在此工作上的力度在全公司名列前茅，今天参会职工代表比去年年轻了许多，年轻就是活力。

邱经理的报告提到了去年的不足：环保工作比较粗放，三·二八属地工亡，体系建设主导性不强，人力资源优化有待提高，设备管理欠佳，发生了新区皮带着火、3号焦炉红焦落地等事故，缺乏降本新举措等。煤焦化公司去年的12个月中，降本目标完成率最低70.25%、最高95.37%，降本目标差额最低126万元、最高734万，全年欠降本任务4409万元。不是每个单位都按月完成降本目标，但去年12月很多单位都完成了降本任务，煤焦化公司未能完成100%降本，有5号焦炉检修停下来的客观因素，我相信今年煤焦化公司降本工作一定能走在公司前列。

职代会报告阐述了今年的形势与任务，明确了主题：用卓越管理树品牌、用改革创新谋发展。我们班子要谋划好煤焦化公司的今后发展，抓住加快发展的有利时机，把这个发展蓝图设计好，抓紧切实可行的项目，围绕煤焦化公司增加产量、提升质量，降低成本、保护环境的难题，要坚定信心、勇于担当，在整个生产运营中，围绕操作、设备、环境、方法、工艺五个方面，拎出其中的薄弱项，把要求提得更加明确，使各项工作落地生根。对于2017年的任务，煤焦化公司用了五个“精”：精益制造、精心谋划、精细管理、精炼队伍、精品文化，对此完全赞同。这五个“精”我认为需要斟酌一下谁排在首位，一个企业最重要的应该是谋划在前、干在后面、管理跟进、文化引领、带好队伍，才能实现精益制造。一定要把这五大举措分解下去，每个目标及实现都是“精”的过程。

去年公司考核煤焦化公司三项关键绩效指标：焦炭成本占40%，焦炭产量占50%，焦炭质量占10%。吨焦降本计划70元，实际结果是吨焦降本62.68元；焦炭产量超计划完成目标，焦炭质量稳定，合格率始终在99.5%以上。煤焦化公司在马钢是一个大的单位，目前职工1700多人，领导班子6人、科级干部54人、作业长68人，2015

人均月奖金只有1088元，2016年达到1834元，增长746元，在股份公司24家单位中名列前茅，如果2016年完成了降本任务，人均月奖金将超过2000元。2016年煤焦化职工年收入在6.34万元，人均成本在9万以上，所以用人成本是高的，提高劳动生产率、减员分流是必然，在岗职工要有充分的竞争意识、职业感和敬业感，在岗一天、干好一天，各种岗位国家有明确的退休年龄。

我和煤焦化公司有缘，去年打了很多次交道。去年初处理因合肥公司关停后剩下的焦油残渣，如果让外部单位处理要六七百元每吨，还可能造成二次污染，困难时刻我把汪开保副经理带去了，顶着压力，变废为宝，拉回煤焦化公司内部处理，这项工作为公司创效、为合肥公司减负，为这个事情，焦油拉来卸车我几次到煤库现场。5号焦炉从拆炉到检修，我记不清来了几次，一是看施工进度，二是看焦炉内部，借新建的机会一层层看清焦炉里面是什么结构，这期间我认识了5号焦炉的技术员、作业长、车间主任。今年雨水较大，长江超警戒水位，当宁芜线两头铁路都被雨水冲断后，每天煤的库存下降很快，我爬到厂调度室顶上看煤场堆垛，十分担心封炉等待。铁路开通酷暑来了，开始抢卸煤补库存，我知道此时卸车的压力大，要求每天给卸车工供高温汤，确保不发生员工中暑。煤焦化公司每一座干熄焦炉检修，我都会到现场来钻到炉子里看。处理煤焦化公司安全生产：一次是焦炉炉顶风机管道爆炸烧伤一名职工；一次是我现场确认外协工死亡因旋转接手上没有防护装置；一次是干熄焦炉操作室腐烂脱焊；一次是焦化新区高层皮带失火；为了处理6号焦炉炉底高炉煤气泄漏点也来过两次；更巧合的是年底公司安排安全大检查，煤焦化公司就是我的检查点。在大公司职代会我在煤焦化公司代表组，跟职工代表做了深度的交流和沟通；煤焦化公司科技成果发布会我做了点评；5号焦炉投产准备会是我来主持的。我和煤焦化公司因工作相连，只记得干的事情，记不清来的次数了，所以我觉得我和煤焦化人很亲近。

群雁高飞头雁领，火车跑得快全靠车头带。对煤焦化公司现任领导班子做一个客观的评价，这是煤焦化历史发展中最年轻的一届领导班子，年轻就应该有活力、有激情，上下一起奋斗，一年来的工作证明，这个领导班子也是完全胜任的。对这个班子提出要求，一定要抓好党建和发展工作，班子成员一定要在德、能、勤、绩、廉上严格要求自己，以身作则。我相信这个班子能够深入现场解决问题，将发展的蓝图都装在心中，勤于思考、善于学习、积极探索、自我加压。2017年煤焦化公司将会为马钢做出更大的贡献！

# 提供精准的产品和服务 实现供应链的合作共赢

## ——在华菱星马2017年供应商大会上的发言

（2016年1月11日）

尊敬的华菱星马刘董事长，尊敬的各位来宾、朋友们：

上午好！

很高兴参加华菱星马汽车（集团）股份有限公司2017年度供应商大会。我谨代表马钢对华菱星马汽车（集团）公司多年来的支持和友好合作表示衷心的感谢！“马钢以材料、制造、技术、应用、服务、五位一体，为华菱星马提供产品和服务，实现供应链的友好合作”。

华菱星马汽车（集团）是国内知名的重型卡车、重型专用车及零部件生产研发基地，是国家重点支持的工业企业，主要产品是重型汽车底盘及整车、发动机、重型专用车、客车、汽车零部件等系列产品。尤其是华菱重卡已经成为中国高端重卡的领导品牌，华菱星马已成为年产10万辆重卡、5万台发动机、核心汽车零部件以及年产5万辆重型专用车的生产基地。

马钢公司是国内2000万吨级钢铁生产基地之一，近年来我们坚持转型发展，以结构调整、创新驱动为主线，构建多元产业协同发展新格局——钢铁主业，主要业务集中于马钢股份公司，拥有马鞍山本部、长江钢铁、合肥板材三大钢铁生产基地；多元产业，即矿产资源、工程技术、贸易物流、节能环保、金融投资、信息技术、新材料等七个非钢板块。目前，马钢在钢铁行业中的竞争力排名正在稳步提升。马钢从钢材销售商转向材料服务商，2016年马钢总共销售汽车板208万吨，2017年计划汽车板280万吨，马钢与华菱星马、北方重工、陕西汽车、中国重汽、奇瑞汽车、徐工集团、三一重工、海伦哲、上海通用、重庆长安、悦达起亚有着直供关系。

马钢与华菱星马具有良好的合作前景，自2012年开始双方开始建立稳定的合作关系。但由于近几年国家宏观经济进入转型升级的阵痛期，双方都曾遭遇下游需求外部环境，企业经营发展遇到过困难。即便如此，双方依然坚持转型发展，对内变革突破、创新发展，对外开拓市场、提升服务，正是基于我们对发展道路和前进方向认识的一致性，使得我们之间的合作逆势前行，深度和广度得到不断拓展。特别是在高强专用板和新产品等领域，双方相互支持，取得了显著的进步。

我们的战略合作在钢材的销售数上。2012年马钢供华菱星马的钢材产品大约是1600吨，2015年已经达到了1.3万吨，2016年更是超过了2万吨！

我们的战略合作在钢材品种结构上。在2012年马钢销售给华菱星马的钢材基本是普碳和低合金，而到2016年产品品种主要是M750JJ、M520JJ、S700MCD、Q500C和M510L等品种，高强高的结构占比高达66%。

我们的战略合作在相互融合的供应链上。2016年通过供应商早期介入的EVI服务模式，马钢积极主动参与进华菱星马的下游产品设计和制造，同集团下属的安徽星马专用汽车公司、星马汽车当涂分公司、湖南星马专用汽车公司、华菱星马零部件公司及华菱汽车等子公司均开展了深度合作。在华菱星马的大力支持下，马钢的服务水平得到进一步提升。

为支持星马能设计出更加轻量化的汽车散装水泥车，我们成立EVI活动项目，设计出用500MPa级高强钢取代原普碳材料的方案，在去年4月份成功通过验证，罐体结构减轻20%，整车减轻5%，去年该500MPa级产品供货超过了预期。我们开展了S600MC高强钢、M510L等汽车大梁钢、冷轧汽车板等产品的认证和试模工作，现已实现批量供货。在与华菱车桥特钢有限公司的合作中，我们开展了重卡前轴用钢、变速箱齿轮用钢和后桥减速齿轮用钢的认证，去年11月首次向华菱车桥公司供应了一批车轴产品，为双方未来的合作开辟了崭新的领域！

我们的战略合作关系还体现在互为市场的购销联动上。在供应钢材的同时，我们业绩及采购华菱星马车辆，在互为市场的战略优惠政策下，2015年马钢股份公司下属单位及集团公司下属单位，共向华菱星马购买星马搅拌车、华菱4×2、华菱6×4牵引车。今后马钢公司通过与自己的物流承运商协作，要求优先购买华菱星马车辆，实现在供应链合作共赢。

朋友们，华菱星马与马钢公司都是始终致力于“用产品和服务为用户创造价值”的理念，我们的合作前景广阔。中国人的一句老话：远亲不如近邻，同在九华路上有缘分，华菱星马好，马钢好，马鞍山市会更好。我们高度重视与华菱星马的战略合作关系，为提供更加精准的、个性化的产品和服务而努力。为此，马钢已经建立起了五位一体客户服务体系。

祝愿华菱星马在新的一年经营出佳绩！祝愿与会来宾在新的一年事业兴旺、万事如意！谢谢！

# 我心中的眼睛和尺子

## ——在检测中心二届三次职代会上的讲话

（2017年1月13日）

杨本华主任刚才作了检测中心二届三次职代会报告，各位代表听得很认真，这份报告是实事求是的，可以用于检测中心今年工作的指导。本华主任2011年8月由车轮公司党委书记、副经理调任到检测中心任主任、党委副书记，到现在已经五年多的时光，这是他人生又一个重要的履职期。在这五年时间里本华主任带领班子付出很大努力，现在检测中心在公司的位置、在全体马钢人心中的形象，发生了很大的变化，各单位对检测中心的认可度得到了极大的提升。在座的是工作在检测中心不同岗位的职工代表，我们心里都比较过：原来的检测中心是什么工作状况，现在又是什么状况；原来的管理是什么模式，现在又是什么模式；原来我们在抱怨什么，现在我们又在希望什么；原来在检测中心存在的漏洞，现在已经堵上，存在的分散，现在已经优化整合，存在的低效，现在得以提升。这些变化，职工代表最有发言权，心中是有数的，因为本华同志即将调任公司人力资源部经理的岗位，公司安排我来参加检测中心的职代会，所以说出这些话。

我是个工作快节奏的人，怕动不动坐下来开会，怕用开会来调查研究、用开会来推诿扯皮、用开会形式来落实工作。我一个月只主持召开一次技术质量例会，限时两个小时，事先将会议的议题点出，谁牵头负责组织攻关团队，简单报告问题解决方案，重在结果，经过三年的历练，技术质量队伍培养出了一批人。我不喜欢空谈一番、主观臆断、脱离实际，大小领导都要注意不要浪费时间。2013年7月，检测中心原辅材料流程再造检验总结会，我作过评价；2015年元月，检测中心检验站点整合后运行分析会，我提过问题。公司每次调整检测中心班子，都安排我来，检测中心在公司的位置与其他单位不同。今天参加职代会，翻了工作笔记本，我静静地坐在办公室思考了一下，把本华主任的职代会报告认真地看了一遍，对过去工作的总结和今后工作的打算，我有同感。

此次的职代会报告可以说是一个数字报告。用数字，就是实实在在的；用数字，就是可以测量的；用数字，一定是要准确的。数字不同于文字，文字是可以修饰美化的，文字是可以泛泛而谈的，代表们不一定记住了。去年检测中心组织机构上发生了大的变化：作业区由9个精简为5个，南北两个钢轧检验站合二为一，这个变化影响到不少同志的工作，也影响到某些人的利益。去年公司考核检测中心的关键绩效指标，检验准确率达到100%、检测及时率达到100%，检验及时率有时厂里还有些意见，我们是充满信心的，但服务工作难免别人有意见，这里需要的是及时的沟通。去年检验外购原燃辅料1738万吨，因指标不达合同标准，质量扣款1782万，这是检测中心的贡献，原辅燃料的进厂关把住了，不让不合格品混进来造成损失。检验了237978件车轮，查出危害性缺陷25件，出厂把关是严格的，现在车轮的质量稳定下来了，在237978件车轮中检出25件危害性缺陷，概率是万分之一；检测出不合格品647件，这个概率是千分之一，检测中心在车轮产线上做到了忠于职守。在质量体系的运行上，检测中心经历审核和配合公司参与体系审核、产品认证、许可证检查共44次，其中现场审核进行了117次。在设备上，检测中心添了9套石灰粉自动取样机，二铁1#炉和4#炉的生铁炉渣通过风洞送样实现了自动化分析，SAP系统升入云端，ERP发生了17次变更的需求。在基础管理上，检测中心进行了10次工艺纪律抽查，形成13项技术秘密，参加公司科研成果项目4项、中心级科研成果13项。在人员层面上，24个部站整合成了14个室站，开办培训班37次、培训职工1270人次，人员精简80人、替代劳务工46人。在党建和企业文化上，3名党员、2名优秀职工参与讲党课，划分了45个党员责任区，310名党员结对子，评选了3名质量卫士，提出了95条合理化建议。这一组数字就是检测中心2016年工作的精华所在。

我也以一组数字报告马钢的情况。2016年，马钢股份公司本部产铁1382万吨，同比增加57万吨；产钢1464万吨，同比增加62万吨；产材1374万吨，同比增加24.8万吨。这组数据和我们息息相关，铁、钢、材实现增长，意味着检测中心担负的任务量在增加。2016年，股份公司实现了销售收入410亿，2015年是375亿；2015年股份公司本部亏损38.9亿，今年股份公司本部实现盈利12.72亿。这一组数字说明公司2016年生产好、经营好、效益好，所以马钢全体职工收入增长，家园文化正凝心聚力。

2016年，检测中心增强了责任担当意识，积极主动服务于生产经营识，确实是锐意变革突破、推动管理创新。尤其是着力强化了在原燃辅料、理化、钢轧三个检验板块的精益管理。同样的评价指标，翻出前三年的数字与去年的对比，我们会看到这其中的变化，实事求是、客观公正、一目了然，分组讨论时，建议多讨论这些变化的原因，之前是什么样，之后是什么样，为什么发生变化？其实都与各位职工代表有关，是大家努力工作得来的。一个是原料的输入检验，一个是产品的出厂检验，公司充分肯定检测中心2016年所做的工作，你们的工作有力支撑了马钢的生产经营，代表公司向检测中心表示衷心的感谢。

我从面临的形势和任务说一说检测中心2017年工作。《马钢日报》上已经公示了，张林平同志即将出任检测中心的主任。本华同志在这风险岗位已工作5年，理顺了机制，在机防人防上为监管好手中的权利做出了业绩，此次既是交流、又是重用，有更难的公司人力资源工作等着本华去做。一把手变动了，检测中心班子成员应该在过去工作的基础上，面对2017年的任务，该抓什么？先抓什么？后抓什么？同步抓什么？如果在原有的水平上继续提升是好事，如果能守住没有下滑也是不错的事，千万不能在原有的水平上下滑了。希望新的领导班子继续努力、团结一心，要在原有水平上稳住并有新的提升。检测中心2017年的工作是经过班子集体讨论的，坚持资源整合和科技检测双轮驱动一定是检测中心释放活力、解决各种困难的指导思想。我觉得现在检测中心机关大了，要把机关变成服务部门，变成和检验站点紧密联系的纽带；科级干部要有担当意识，要意识到自己分管的这一块对公司影响大小，都和自己是否用心尽力工作相关。公司要减员分流，这是2017年的重要任务，检测中心也要减，通过资源整合、科技检测，该进的进、该退的退，每一项检测都应该是有价值的、有效能的。

公司职代会提出目标：坚定不移的深化改革，坚持不懈的做强品牌，使马钢成为更具有竞争力的企业。检测中心的工作主题：打造整合升级优势，创建马钢检测品牌，与公司的目标是吻合的。为什么公司要提出这样的目标与主题，马钢本部钢铁主业就这么大规模了，不会再有新建铁、钢、材扩充产能的项目获批了，资源有限，马钢要想生存下去并过的好一点，只能盘活现有资源，变成高附加值产品，要创建自己的品牌了。我们的汽车板比宝钢差1000多元每吨，电工钢和太钢、武钢也差到200~300多元每吨，一样的标准、一样的钢卷，用于制造同样的产品，因为品牌溢出，价格就有差异。创建品牌是马钢2017年一项艰难的工作，这个品牌可以是一个大的马钢商号，在华东地区马钢是有影响力的，但更多人知道的是宝钢；也可以是某个产品，马钢的车轮、H型钢是品牌，马钢的家电板现在也很有名气，富士康、格力、美的采购量很大，有些客户用马钢的电工钢和汽车板替代，因为我们的性价比很高。马钢二级单位冷轧总厂、三铁总厂、四钢轧总厂很有名气，马钢的高级技术主管、首席技师也挺棒的。在检测中心工作的首席技师杨丽珠，退休之后被返聘回来，她在车轮钢金相图谱检测方面是大拿。未来是一个品牌竞争的时代，公司在获得全国质量奖后起动品牌建设是正确的决策，我们要积极融入，把本职工作做到极致就是马钢品牌的建设者。

2017年检测中心的工作目标：完成降本任务1200万元；实现毛利润4800万元；外购原燃辅料分类检验实施率100%；车轮产品“零”缺陷出厂；钢材产品综合判定准确率100%；理化检验抽查合格率100%；重点建设项目按计划完成；进一步完善廉洁风险防控体系建设；实现工亡、重伤事故为零，轻伤事故不超标。这些指标，年年都提但年年都要有新的进步，细化分解和实施过程是至关重要的。

我特别关注检测中心提炼出的检测人的文化。经过千锤百炼、得到员工认可、能够延续传承下去的就是文化，搞品牌创建离不开企业文化，全国质量奖也是这样要求的。“检测人实事求是，1是1，2是2”，这个文化应弘扬、宣传、传承，职工能够把这些文化落实到工作中去。2016年公司决定，采购中心对采购的原料实行从头至尾负责制，各单位从过去货到、取样、送检、看结果，变为采购中心委托检测中心、计量处做服务，谁主管谁全权承担责任。过去理化检验的人说：“我只对试样负责，其他我不管”，仅仅对试样负责行吗？比如原辅料检测，试样检测出来粉矿含铁是63%，整堆料连60都不到，如果这一堆10万吨，公司要损失多少？个人对自己的工作负责，但检测中心要对检验、计量处要对计量的全过程负责！

面对2017年提出的工作，要能够拎出一些重点的工作，抓重点工作的落实必须有一套好的方法，以点带线、以线带面，事倍功半和事半功倍真的差很多。张主任要在检测中心层面拎出2017年的重点工作、重点事情，具体到4个室8站，从上到下、从下到上揉在一起，坚持PDCA循环，这样做工作一定会开创新的局面、取得好的结果。

检测中心必须保证各类原燃辅料质量信息的输入，为公司把关，把自己检验的信息和数据结果快速向使用单位传递；必须保证公司整个生产制造过程，检验数据是正确的、及时的，按照检测数据往下走工序是不会出错的；必须保证产品出厂到用户手里是放心的，客户检测结果和我们是一样的。

2015年是马钢极其困难的一年，2016年马钢人奋力拼搏，取得很好的经营业绩。还是这些设备、还是这些人，为什么有这么大的进步？市场因素我不否认，我认定马钢需要的是改革，无论是大改革、小改革，重要的是真改革。公司推行“授权组阁、三年一届”，这对干部的压力是巨大的，三年一届，你对公司是不是有贡献，有没有业绩。公司真正的人力资源是一线紧、二线松、三线臃，还有看不见的战线。减人就是竞争上岗，谁在人、机、料、法、环过程中老是出事故，经过考评那就要下岗，职工代表应积极支持改革，将危机感传递下去。去年公司严厉了问责机制，每周六生产经营视频会，要求各单位处干全体参加，轮流汇报工作，各类事故都要追究到处干的管理责任。我们的高炉实现了稳定顺行一千多天，公司内部生产均衡高效，没有内忧就不怕外患。面对的外部市场是一样的，市场好我能抓住机遇多盈利，市场不好我能咬定指标多降本。所以只有持续优化管理、不断实施改革，才能成为具有竞争力的企业，这需要马钢职工都参与这种竞争。

2017年元月，公司制定了开门红的生产计划：股份公司本部要实现利润2.5亿，现在看来没问题。我希望检测中心新的班子继续敢抓敢管，在德、能、勤、绩、廉上按高标准要求自己。用我们的眼睛、我们的双手、我们的标准、我们的检测为马钢家园增光添彩。

# 附　录：

## 强化科研攻关　提升自主创新

### ——股份公司开展2016年科研与技术攻关项目结题验收评价工作

（2017年1月17日）

2016年，股份公司进一步加强了科研与技术攻关工作，瞄准当期生产经营难题和未来发展核心技术组织实施科研和技术攻关项目，2016年组织实施科研攻关项目75项，有力支撑了股份公司2016年生产经营目标的实现。

2017年1月17日、18日和19日，股份公司常务副总经理、总工程师高海潮亲自担任组长，组成3个评价组，对2016年底按计划应结题的38个科研攻关项目进行了结题验收评价。经严格对照项目目标，21个项目完成项目目标，可以结题，16个项目未完成目标，需延期执行，1个技术攻关项目因客观条件变化终止。21个可结题项目中评价等级为A等的1个，A−等3个，B+等10个，B等5个，B−等2个。

从评价验收情况看，股份公司2016年组织实施的科研与技术攻关项目取得了较好的成效，如：

1、创造了直接经济效益约1.26亿元，其中降本增效约1亿元，开发的新产品实现销售利润约2600多万元；

2、支撑高炉稳定顺行，如二铁总厂承担的“二铁总厂3200m³高炉开炉达产研究”技术攻关项目，通过攻关，开炉12天日产量达到7500t以上，吨铁煤比稳步提升，11月份达到145kg/t，12月份迈进150kg/t以上。

3、支撑新产品开发，如通过“双面干法涂搪用冷轧搪瓷钢研制与开发”项目实施，基本实现了马钢搪瓷钢产品全覆盖，全方位满足不同用户需求，“马钢牌”搪瓷钢在业内形成了良好口碑，2016年实现销售总量达1.7万吨，销售利润近900万元。

4、促进了产品质量提升，如冷轧总厂承担的“马钢宽规格冷轧带钢板形控制及连退机组跑偏预防控制关键研究”项目，通过攻关提高了2130连退机组的防跑偏能力，自2016年7月起实现了连退机组因炉内跑偏停机事故零次，跑偏停机开炉事故极大降低，实现了宽幅板、超极限宽度2米宽幅板在连退机组的稳定生产。

5、知识产权方面，申报了 17项专利和14项技术秘密，其中发明专利13项，形成企业标准5项。

近年来，公司不断强化科研攻关管理，技术人员科研能力和技术水平不断提高，

但仍然存在一些问题，这在延期执行的项目中表现尤为突出，如：项目实施过程技术难度估计不足、进度安排不合理导致目标不能按期达成，工作思路和研究方法不科学，项目组在研究过程不会寻求内外部资源支持，过分依赖“产学研”合作，等。

高海潮常务副总经理、总工程师在验收评价过程中，要求科研人员一定要坚持求真务实的工作作风，要将技术引进和自主创新有效地结合在一起，不断提高技术创新能力。强调科研工作一是要方法正确，研究思路和方法要科学合理，要注意加强沟通，分享经验，遇到困难要主动问题升级，寻求公司内外部资源和管理层帮助。二是方向明确，研究工作重点要紧密联系公司发展需求，如汽车板方面，产量2016年已经达206万吨，2017年将达280万吨，近期和中长期工作重点是“稳量提质”，要通过科研开发工作提高汽车板品质、提高高附加值汽车板比例，以提升汽车板整体盈利水平；如铁前系统方面，在确保长周期稳定顺行同时，要瞄准行业指标先进水平，开展降低燃料比、烧结返粉率等关键技术指标攻关，降低铁水成本。三是要后评价，要重视项目结题验收后科研成果的应用转化和跟踪验证，要把科研攻关取得经验和技术成果固化到现场作业文件中，已经解决的技术难题不能反复。

公司将依据《生产经营绩效管理办法》对结题验收的科研和技术攻关项目进行奖励。

# 附 录：

## 让我与你握别

1月23日上午，大寒刚过，却温暖如春。

这是第几次去10号高炉，高海潮自己也记不得了，作为股份公司常务副总经理，自从分管生产以来，这个高炉他去过很多次，尽管10号炉是个“让人放心的炉子”。

“这个高炉1958年投产，当年刘少奇委员长就视察了10号高炉。20世纪80年代是10号炉的黄金期，是当时冶金系统著名的‘红旗炉’。2004年‘三改二’工程，拆除原10号、11号、12号高炉，新建新10号、新11号高炉，改造后生产一直平稳，最佳时期，这个炉子日产超过1700多吨，也可以说是马钢的‘功勋炉’。”说到10号炉，高海潮如数家珍。

穿过蒸汽管道，拾阶而上，走过逼仄的通道，高海潮稔熟地推开了二铁总厂10号高炉中控室的门。总厂领导、炼铁分厂领导、当班职工围坐在操作台前，毕竟，高炉就要关停，而他们中很多人或多或少都有在10号炉工作的经历，这里有青春的记忆。

关停高炉安全首当其冲，高海潮详细询问：

“下午1点半的小修准备怎么样？”

“放残铁时候，炉皮、冷板处理方案是什么？”

“复风以后降料线作了哪些安排？”

“几点放残铁？风口位置怎么设定？”

“对残铁吨位你们有没有计算？”

……

关停10号高炉，在外人眼里是一段见证历史，而身在其中的职工不免有些伤感。高海潮看出了他们的心思，于是从国家去产能政策，周边居民的环境苛求，到10号高炉吨铁成本，他细细分析，“关掉落后产线，我比你们经历得多得多，原一钢的‘平改转’，老初轧厂的停产，老三轧的改造等等，哪个项目的关停不是更好的继续？况且4号、3号高炉，那里的操作条件更好！”暖心的话让职工们感到鼓舞。

从10号炉出来，恰遇这个总厂高级技术主管、炼铁分厂的支部书记、技师，他们都在忙着做停炉前最后的检查，高海潮再次叮嘱。

离开10号炉，转个弯就是二铁总厂刚刚投产的3号炉，偌大的停车场整洁宽敞，阳光真好，洒满崭新的高炉。

有诗写道：让我与你握别，就把祝福别在襟上吧！

《马钢日报》：洪红

# 附 录：

## 全力推进科研攻关项目实施

### ——股份公司开展2017年科研与技术攻关项目立项论证工作

（2017年2月10日）

2017年2月9日全天，股份公司常务副总经理、总工程师高海潮担任组长，股份公司副总工程师担任副组长，对公司2017年科研攻关项目进行立项评审。本次共征集98项科研攻关项目，经科技管理部初审，推荐公司立项评审38项，最终23项获得立项，其中钢轧系统14项，铁前系统9项。

从立项评审情况看，股份公司2017年获立项的科研与技术攻关项目中，铁前重点围绕高炉稳定顺行，提指标、降成本；钢轧重点聚焦三大类十个系列产品，扩品种、促升级。

一系列促进高炉长周期稳定顺行、提高指标的项目获得立项。三铁总厂围绕提高煤比“4000m³高炉170kg/t煤比攻关”以及支撑提高煤比的科研项目“三铁4000m³高炉高煤比下改善煤粉燃烧性能研究”获公司立项。二铁总厂围绕提高煤比的“提高二铁总厂4#高炉煤比”项目以及围绕降低2#烧结机固体燃耗的“烧结机料面煤气喷加研究及应用”等项目也获得公司立项。

一系列扩产能、稳生产的项目获得立项。四钢轧围绕三座转炉产能释放提出的“释放转炉产能”攻关项目获得立项，冷轧总厂围绕汽车板产能释放“2130酸洗冷连轧产能释放及汽车外板生产技术攻关”攻关项目获得立项。

围绕产品结构调整的项目获得立项。冷轧总厂围绕2#镀锌线产品结构调整提出“2#镀锌线汽车板生产技术攻关”攻关项目获得立项。

一系列瞄准高端领先产品研发的科研项目获得立项。高磁感取向硅钢、Al-Si镀层热成形钢、新能源汽车电池外壳用钢、雾霾吸附功能型涂镀钢板等产品研发类科研项目，均代表了马钢当前各产品领域内的最高产品档次，部分产品国内尚属空白。

评审专家组一致认为，这些项目水平高、难度大，对扩大公司产能、稳定生产、调整公司产品结构和提升产品品牌有着重要推动作用，希望项目组长勇于担当，不怕失败，全力推进科研攻关项目实施，尽早出成绩、创效益。

高海潮常务副总经理、总工程师强调，所有暂未能获得立项的科研攻关项目，项目组根据专家评委的意见，认真分析整理，准备充分后可参加公司后续的立项评

审，公司向每一位科技工作人员敞开大门，鼓励申报科研攻关项目。暂未能获得立项的项目，主要问题是：项目未能瞄准公司当前精益运营和技术创新方向，项目目标不明确、未量化，项目组对项目未进行充分调研、准备不足，申报项目过于依赖“产学研”合作等。

技术创新是公司发展的动力，培养科研人员技术创新能力是公司的核心任务，科研人员要在完成科研攻关项目的过程中成长和完善，高总还希望：1、公司科技人员围绕解决当期工艺技术难题、产品结构调整等，策划科研项目；2、申报项目时，一定要了解项目的过去-现在-未来，只有充分了解过去的情况后，针对现状，科学合理制定未来需要达到的目标；3、研究思路和方法要科学合理，要注意加强沟通，分享经验，遇到困难要主动问题升级，寻求公司内外部资源支撑。

# 用心做好技术质量工作

## ——在四钢轧总厂2017年技术质量大会上的讲话

（2017年2月10日）

今天的技术质量会很紧凑，到现在1小时30分钟，台上各位都是干实事的人，不讲空话。台下各位更多的时间值守在一线，现场情况清楚，运行管控也就稳定。四钢轧总厂承担重的生产任务，如果各级干部以开会来解决问题或会风不好，那生产肯定搞不上去，所以首先表扬今天的会风。我连续第四年参加四钢轧总厂技术质量大会，内容形式相对固定，总结好去年技术质量工作、部署好今年技术质量工作，会议就算达到目的。在座各位都是四钢轧精英，技术质量工作依靠你们。技术质量工作有时候很难、有时并不难，难在持之以恒，难在坚持标准，有策划就要有实施、有实施就要有检查、有检查就要有处置，这是新版ISO9001:2015标准的要求。宝钢是样板，但他们也在PDCA的循环上又加上“认真”，企业都有自己的文化、管理的方式，只要坚持做好基础工作，技术质量水平就可以提升。

我担任公司总工程师以来，有几件事情是咬紧牙关，不畏困难坚持做了下来。一、每个月本人主持召开技术质量例会并事先思考问题，会前就会议议题及问题做调查与沟通，对上次会议落实进行检查，对下次会议点明议题。二、每月定期在《马钢日报》发布公司质量信息，制造过程追溯到总厂、分厂的每一条产线，产品质量追溯到分厂、班组、个人。三、持之以恒在不同的场合给工程技术人员提供舞台，创造学习交流的机会，技术质量工作的环境得到保护，科研、技术攻关的立项、结题、评审形成共识，公司技术质量工作已经进入新轨道。

四钢轧总厂是公司技术质量水平最高档次产品的代表。从铁水脱硫到转炉、到RH、LF、1#2#3#连铸机、到炼钢铸坯质量分级判定、到热轧2250、1580、到平整重卷后再延伸至冷轧总厂到汽车板、家电板、电工钢、酸洗板等产品。在制造流程中，整个生产自动化水平、设备状况、上下游工序都必有技术质量的保障，如果每个环节都有99%，那整个流程下来的质量成本难以承受。牢固树立最高质量的概念，养成这样严格生产的习惯才会促进我们的品牌建设。改变一个坏习惯很难，养成一个好习惯也很难。

公司在技术质量方面评价四钢轧的关键绩效指标是什么？还是要凭借数据说话，可以是过去、现在的对比，也有今后的要求，用数据说话是最重的语言。四钢轧总厂的技术质量指标：去年板带产品计划执行率达到98.40%，比2015年提高1.12%；计划兑现率达到95.4%，比2015年提升1.53%。这两个指标的进步饱含了我们的技术和质量工作，司小明总工会上感谢了范满仓副厂长所带领设备团队的支持，他们都是幕后英雄，现代化工厂都依赖设备，这不仅仅是设备正常运行，而是设备的功能、精度都满足。内外部质量总损失2016年公司考核指标是5元/吨，实际完成是4.73元/吨，降低0.27元/吨，去年四钢轧产量736万吨，为公司挽回了将近200万元损失；2016年公司考核外部质量异议指标0.61起/万吨，实际完成是0.21起/万吨，降低0.4起/万吨，同样乘以736万吨产量，为公司实实在在减少质量异议接近300起。这是产品质量的关键指标，说产品质量好，计划执行率、计划兑现率要上去，用户质量异议要下来，这几个硬性指标是可以测量的。我要强调，每一项指标都与四钢轧的总体工作，特别是与人、机、料、法、环各环节紧密相连。人就是人的操作，机就是设备维护，料就是原料作为产品的输入，法就是正确方法，环主要指作业环境的保障，写所需、做所写、记所做，质量保证体系的运作，只有这些得到全面提升，才能得到关键技术质量指标的提高。当然，还有产量、成本、安全等指标，但今天开的是技术质量大会。

2017年四钢轧总厂面临新的任务，刘国平厂长在报告中说，面临着高产能、扩品种、提质量、强品牌等多重挑战。面对这些挑战，小明总工除了与国平厂长签订目标责任书以外，还分别与6家代表单位签定了目标责任书，层层传递压力。完成好四钢轧2017年技术质量目标，应重点突出目标管理，着力规范项目运行，进一步推进标准化，强化实绩监测评价，健全关键人员评价，完善质量设备精度，加强不合格品控制，着力推动品牌建设。每项工作要有细化措施，把一个看起来很难实现的目标分解好了，完成也就不难了。针对2017年四钢轧技术质量工作，刘国平厂长提出4项要求：优化目标管理体系，全面激发人的活力；夯实标准化基础工作，完善卓越绩效管理模式；深入推进技术创新，加速技术创新步伐；推进“三品”建设，打响四钢轧品牌。我要强调“三品”指的是品种、品质、品牌。品种就是品种结构，产品品种单一没有竞争力；品质就是产品的档次，同类产品你排在什么位置；品牌就是有影响力，客户愿意花高价。我们同样生产汽车板，但国内认可宝钢汽车板是一流，我们同类型汽车板要比宝钢少500~800元/吨，因为不是品牌。马钢的规模已经到头了，公司将品牌建设作为2017年提升马钢竞争力、具有战略性的工作起动了，做好品牌建设不可能一蹴而就，但品牌与效益是直接相关的。有意思的是今天发言的三个人都提到了品牌，毛学庆书记、刘国平厂长在报告中都提到“将本职工作做到极致就是品牌”，质检站代表发言也讲了这句话，我觉得这句话一定会在马钢全体职工中认同，每个人都把自己的本职工作做到极致，马钢品牌也就诞生了。毛书记对2017年技术质量工作也提出了指导意见：树立品牌意识，打造质量文化，必须彻底摒弃重产量轻质量的落后观念；树立品牌意识，打造质量文化，必须加大技能培训的力度，把持续提升职工操作技能作为提高产品质量的有效途径；树立品牌意识，打造质量文化，必须创新工作

方法；树立品牌意识，打造质量文化，必须扩大舆论宣传，营造良好氛围。今天司总工、刘厂长、毛书记的报告可以总结为8项工作、4项要求、4点意见，异曲同工，中心就是要实现2017年四钢轧总厂技术质量新的目标。对签订的目标责任书中设定的各项指标，攻关能否实现、成绩能否稳固，我们充满了信心。

四钢轧总厂在册职工1988人，驻厂高级技术主管7人。公司高级技术主管一共100人，在四钢轧设置了7人，可见四钢轧的重要性，技术攻关需要领军人才。高级技术主管在四钢轧有诸多角色可以扮演，有不少重头戏可以去领唱，我与各位高级技术主管都有过平时对话、有过工作接触，我认为他们是优秀的、是有能力的。公司有三支队伍：行政管理、技术主管、操作维护，我们高级技术主管要努力工作，无愧于自己的职称。公司对高级技术主管的要求是带题上岗，公司给予配置所需的资源。首席技师邬琼，始终坚守在炉台上，从三钢轧到四钢轧，百炼成钢，300吨转炉现在干到超超深冲钢、取向电工钢，水平的确很了不起。公司高管徐小伟牵头“进一步释放转炉产能”的新课题，我们现在离设计产能800万吨还有差距，大转炉顶底复吹技术，高品质钢控制碳氧浓度积，在技术平台可以尝试，不断前进。退休返聘的首席技师张文全，帮助四钢轧总厂恢复3#铸机设备精度，在技术革新上有自己的发明专利，解决了我们存在的问题。四钢轧总厂现有高级技术主管加首席技师一共8人，占总人数比例

0.4%，再加上具有高级职称的高级工程师和高级政工师38人，占全厂总人数比例也只有1.9%，确实是少数，所以人才是第一资源、是宝贵的。四钢轧总厂不仅要提拔人才，更重要的是培养人才，所有的人才都是担当责任中成长起来的。在四钢轧总厂38位高级工程师中有研究生4人，其他的都是本科学历，最大年龄56岁、最小34岁，现在看梯队结构好，希望未来四钢轧在座的各位，一年一进步、一年一台阶，助工晋升为工程师、工程师晋升高级工程师、高级工程师向正高级工程师去冲。我作为公司总工程师提供服务，职称对工程技术人员而言是如何结合自己的工作来满足评定职称的条件，写论文、总结、专利，参加技术攻关、科研项目等等，我们一定要在工作中掌握正确的方法，以问题为导向，我们要学会借用资源，团队合作，不停的追逐设定的目标。

公司元月份实现开门红，主要是因为铁厂和四钢轧生产的高水平。1月份四钢轧产钢73万吨，日均23500吨，班产27炉左右，RH处理量达到58.9%。1月份1580热轧产能35.88万吨，占比42.61%，2250热轧产能47.6万吨，占比57.39%，汽车板一次投料合格率指标很好，今年公司设定280万吨的汽车板目标，靠我们的工程技术人员在整条生产线把住技术质量关。股份公司本部1月份实现3亿利润，2月份设定盈利目标为2.25亿，实际可能会实现2.5亿，现在外部采购销售市场给力，内部生产均衡稳定，马钢产品在市场上有了好的口碑。过去产品质量问题大部分是内在，性能波动大，而现在用户反馈的大部分是表面的瑕疵。产品质量是一个永无止境追求的课题，我们现在每月排出前三位的缺陷，分析是什么因素造成的。产品质量是企业的生命，客户满意度调查对马钢产品质量评分上升，这些变化都展示了正面的成绩又揭示了背面的问题，技术的、质量的、管理的各类问题，归结下去是人的问题，我们工程技术人员也有水平问题。

2016年马钢从2015年的巨额亏损泥潭中走了出来，在这两年马钢发生最大的变化是什么，竞争力从哪里提升起来？第一、高董事长对人的思想工作抓得非常紧，弘扬正能量凝聚职工斗志，和党中央的要求保持高度一致。第二、突破了对干部的管理，授权组阁，竞争上岗，三年一届，处干、科干、作业长不行的下来了，全公司16名处干、230名左右的科干、350名左右的作业长离开了原岗位，各级管理团队焕发了活力。第三、开展高炉体检预警机制，用科学的管理方法，实现高炉长周期稳定。第四、钢轧品种结构发生了重大调整，现在板带比达到73%，资源做到优化配置。第五、倡导工程技术人员不在现场就在市场，通过现场、市场的摸爬滚打，让有实力、有贡献的工程技术人员名利双收。第六、获得了全国质量奖，在追求卓越的过程中，我们有了里程碑，起动品牌建设，循序渐进。同样的人、同样的设备，正是这些变革，有力的支撑了公司现在的生产经营。

四钢轧总厂很重要，我觉得四钢轧需要有新的任务。2014年四钢轧总厂只承担了1项公司科研任务：KR渣在线理化回收渣铁生产工艺线工艺试验，这个课题到现在还没有结题。2015年承担了2项公司技术攻关项目：降低2250和1580热轧堆钢、1580热轧加热炉烧损控制，均已通过结题，但档次不高。因为我们品种结构不停地调整，2016年我们两条热轧线的堆钢次数又超过了2015年，我们是在努力但未达目标要求。2016年承担了9项科研和技术攻关项目，计划结题5项，通过公司结题验收评价的有3项：提升IF钢包全氧控制技术攻关、热轧板带轧制稳定性研究、热轧机组产品压氧麻点缺陷攻关，延期结题的有2项：RH高效化工艺技术研究、热轧带钢氧化铁皮缺陷控制优化技术攻关。2017年结转和新立项的科研项目还有5项。2016~2017年公司在四钢轧科研和技术攻关项目共投入了1425万元，其中研产销合作费用1400万元。未来，我们还是在技术质量上下功夫，公司也会继续加大投入，在这些科研和技术攻关课题中，让我们的工程技术人员得到成长，成为解决公司技术质量问题的大拿。

科研和技术攻关项目选题非常重要，可以是总厂级的、可以是公司级的、也可以是省部级的。通过调研把过去搞清楚，把问题摸清楚，设定可达到领先或先进水平。在人机料法环上分别做出设计，做什么工作，课题就出来了。选定的科研和技术攻关项目，如何咬定目标不放松，不能是年初提报、年末总结，中间的过程要投入更大的精力，同样搞科研项目和技术攻关，一定是有一个中间过程的、一定是经历PDCA循环的、一定是有产学研的、一定是调动了相当多资源的甚至有失败的，有了这样的过程，没有达到最终目标，整个课题也会取得较大的成绩。公司科研和技术攻关项目的大门是敞开的，报上来经评审被打回去的应仔细把过去搞清楚、调查现状、未来标准定得可测量，可以再次申报。我们申报的课题，包括总厂今天签订的科研项目和技术攻关项目，第一要和自己过去比、和过去的平均水平比、和过去的先进水平比、和过去的历史最好水平比；第二要和同行比，对标单位是什么、前三位是什么，都要能得到必要的信息。我们做技术质量工作不是尽力去做，而是签订课题的问题得不到解决，你吃不香、睡不好，这才是真正用心去做。

很高兴今天来和大家交流，我要为四钢轧总厂2016年技术质量工作点赞、嘉奖，给2017年技术质量工作支持、鼓劲！

# 怎样做好市场研判工作

## ——给市场部职工讲课

（2017年2月20日）

看到市场部招聘的年轻人，我心里有些放心。因为年轻充满活力、年轻渴望学习，年轻人代表着市场部乃至公司的未来。茂晗经理邀请我来讲课，因为我认真所以对我是个负担，想做好任何事都要付出，不然就难以得到好的结果，我一个月以来在心里琢磨，我能给你们讲些什么，直到今天才觉得可以来讲了。我的标题很简单：市场研判是个极难的工作，市场研判是个不太难的工作。国内钢铁权威市场分析机构有几家，对市场的研判大家都在引用，人云我云也是可以的，所以说市场研判是个不太难的工作。但是同样的市场由不一样的人来做会有不同结果，所以说市场研判是极难的工作。今天我讲的内容是自己对市场研判的思考，主要分为以下几个部分：市场研判、市场部职能、市场部新员工的学习、马钢生产经营、采购与销售、怎样学会工作、给市场部员工的话、市场格言。

马钢生产经营离不开市场，高海建董事长要求马钢职工不在现场就在市场。首先，我们要看到市场的变化是有规律的，现在通讯技术很发达，计算机、手机得到普及，通过大数据分析，我们获得市场信息的速度非常之快。第二，对市场研判的评估现在像马后炮，但是如果没有这项工作，就没有办法对市场研判做评价。第三，市场是有突变的，而且在时刻发生，就像足球比赛一样，输赢存在随机性，乌龙球、幸运球都可能发生，如何对突变做预测是考验水平的。第四，市场研判做到精准极难，但是抓住波段不难，上下震荡有一个延续的过程，这必然有波段，有时在持续上升，有时在连续下降，难点在对持续时间点的判断。第五，市场研判人员应尽早发布报告，如果仅提供同步或滞后信息，就没法指导行动。

我看了市场部的职能，根据公司管理标准GFSP/C501第三版规定：一是由总经理牵头制定的年度、月度生产经营计划。这牵动公司生产经营的主动脉，方方面面的工作乃至党群工作都要围绕着来开展，企业要生存，没有一个好的生产经营计划不行，所以每次都由钱总牵头，多个部门参加，结合上月生产经营情况、当前市场预期以及当月可能的需求变化来制定。年度计划是个大本子，重要但是不涉及操作细节，比如2017年生产经营计划提出铁1440吨、钢1525吨、材1430万吨，大的年度计划好做，但做月计划很难，从宏观到微观，要考虑到每一个细节平衡。二是由总经理牵头的营销计划管理，包括市场分析与研究，销售计划、价格制定、顾客服务测量。三是由副总经理牵头的采购计划管理。四是市场部参加的26项管理过程及业务流程，其中A角24项、B角2项。所以市场部的压力是大的，在市场部工作要学的东西很多。

事先要求市场部新员工写出入职感文，看后感到这批年轻人中有优秀的人才，大家快速融入环境，找到了再次学习的平台，市场部是一个充满变化的地方。一、很多人写到市场调研人员收集信息渠道的建立非常重要，到市场部首先要建立自己的渠道，通过良好的人际关系及情报的相互交换，对别人真诚开放才能换来别人对你的开放。铁前就是很好的例子，在反复宣贯下，我们敞开大门，马钢微信发表的高炉稳定顺行解析报告3天点击量超过1万次，很多钢厂来马钢学习大高炉稳定的经验，不一样的原料、设备、环境、地点，我们不用怕竞争，不能别人找你时就搪塞过去，反过来人家也会这样对你。现在外出学习别人接待我们，然后是真诚的沟通，在情报的相互交换过程中寻找共鸣。我们内部也一样，相互之间信息交流共享。渠道和建立的方法是多种多样的，但一定要有开放的心态。二、细节决定成败，能关注到别人筛漏的信息，千万不要把重要的信息漏掉，因为站在不一样的角度，声音来自方方面面，不对等的信息相互干扰，但一定不要迷失方向。三、近3年来，钢材市场大起大落，让人难以理解，下跌时如过山车，令人望而生畏，而上涨时又并非供需关系发生变化，这讲的是事实，中国钢铁工业走到今天，去产能才刚刚起步，2016年下半年到现在钢铁行业还算不错，但绝对不是供不应求，因为掌握不了真实的信息才导致一时的冲动，做出短时间的决策，供需关系决定市场，这才是市场走势的根本基础。四、市场研究是一门经验加逻辑、加预测的艺术工作，要定期跟踪客户信息。我们的客户不是单一客户，贸易商和直接用户不一样，要注意相关品种之间的相连性，铁涨了钢就要涨、钢涨了材就要涨。五、市场部是钢材价格特别关注单位，能够感受到资源、库存和市场。现在更关注是马钢钢材销售价格，我们同样要加强对原燃料价格的关注，市场部能把握两头市场才会越来越强，钢铁企业上产量的日子一去不复返，市场部注定要在有限的资源上做经营。六、我们的主要工作是信息收集、加工分析、整理报出。关键是要建立属于自己的信息库，提炼出自己的东西，有的人掌握诸多的信息，需要决策时梳理不出，有的人掌握不多的信息，提供出决策信息时难以让决策者信服。七、加工信息必须有多种方法、更宽的范围，有宏观、有微观，从宏观到微观、从微观到宏观。你看到一条河干了，能否想到是不是没有下雨或是地区性的干旱，还是整个国家都缺水了。八、书本上学的只是皮毛，要有在实践中学习的方法。干一行爱一行，要敬业爱岗、严谨务实，还要有个人悟性，想一想自己在市场部能起到什么作用，对马钢公司能有什么贡献，千万不要以为是大学生、在机关工作，就了不起了。不论对任何人来讲，终身学习都至关重要，时刻看到自己的不足，在未来的较量中，最终是看每个人坚持学习能力怎么样。九、把自己锻炼出在任何单位都有饭吃、能端住饭碗的技能，这句话很有分量，说过去是学什么专业的没用，心态不好抱怨收入不高，要看自己做出了什么贡献。我认为跳槽很正常。郎永淳从央视跳槽到找钢网，市场部历史上也有优秀的职工跳槽。美国斯坦福大学校长有一句话是这样说的，大学不仅只是教一门技能，大学最重要的是教人转变思维，这使人终身受益，不要把自己局限住，要有开拓进取的思想。十、市场部团队现在有章部长、夏仕卿和苏珑两位高管，他们已经在多年的市场经历中积累了经验。我现在感到各位能进市场部是幸运的，有挑战自我的舞台和愿意培养新人的团队，有好的氛围和团队文化。要珍惜这样的工作环境，分析市场单打独斗不行，团队形不成合力也不行，担子一个人是挑不起来的，只有分工协作才能担起重任。入职到现在，我给你们分了三个档次：第一档次，已经找到了工作方法，现在继续努力，不断完善，向高水平迈进；第二档次，还在寻找工作方法，要加紧学习、加快进步；第三档次，处于混乱状态，没有工作方向，还不会工作，好像自己仍在大学里读书，不知道自己工资是从何而来甚至还觉得待遇低。通过你们对自己的入职小结，这三个档次的人我看的很清楚，你们彼此也相互做个评价，找出存在的问题，尽快进入新的工作角色。

我在马钢工作已经三十六年了，马钢的发展过程我是见证人、参与人。任何一家生产型企业其实都有三个过程：原料输入、加工制造、产品输出。对钢铁企业而言，输入要买进矿石、煤炭、辅料、合金及其他材料，加工要经过炼铁、炼钢、热轧、冷轧及延伸多道工序。对买的行为，马钢制定了一整套原燃辅料采购标准，可以独立行使权力，关键是买的价格，因为市场价位、品种品质、需求批量、交货时间与地点等因素，我们必须与供方商定，这需要市场部为公司适时作出同行价格的参考系。加工过程在公司内部，因为各道生产工序都有标准要求：品种、品质、成本、产量、投入、产出，从矿石到铁水、从铁水到钢坯、从钢坯到热卷、从热卷到商品完全在我们自己的管控之中，所谓竞争在市场，但竞争力在现场。关键是销售，马钢输出品种较多：线、型、板、轮、特。过去马钢最早引入高速线材轧机，但现在正逐步放弃普通建筑用线材，转型为深加工企业用线材原料，如弹簧、轴承、紧固件等，虽然还有技术上的难度，马钢线材正在从供给侧做结构性改革。马钢H型钢是国内知名品牌，目前公司正着手上马重型H型钢生产线，这又是填补国内空白的产品，当然我们也有落后机组生产的工、角、槽钢。马钢最早的板材是中板，那时中板国内市场缺货，让别的钢厂很羡慕，紧跟着薄板快速发展，CSP、2250、1580、冷轧、彩涂、家电板、汽车板，品种很多。马钢车轮厂现在叫轮轴事业部，由过去仅生产车轮到现在生产成套轮对。马钢特钢是全国特钢行业后起之秀，根据竞争力分析报告，我们紧随兴澄特钢之后，与东北、大冶、宝钢同一竞争水平，我们干得不错，但现在只有设计能力的60%，依然任重道远。

一个买、一个卖就是市场，买的尽可能便宜一点，因为有用量大的要求，与行业水平比，与周边单位比，还有供应商的选择，通过竞争招标买。卖的尽可能贵一点，那就要看产品特色、服务水平和我们的用户身份。马钢H型钢就是卖得贵一些，因为是品牌，有加价背景。除了买的尽可能便宜一点，企业当然要求卖的尽可能贵一点，销售不容易，学问很深。中间加工过程尽可能“省”一点，操作、设备、原料、工艺、环境均有制约的空间，对标挖潜。在现在充分竞争的市场上，一流的钢企：买的便宜一点、卖的贵一点、中间省一点，三个“一点”都有评价标准，体现企业综合素质，彰显竞争力；三流钢企：买的贵一点、卖的便宜一点、中间多耗一点，三个“一点”也都是可以测量得，企业内忧外患，处在亏损边缘上。马钢2015年为什么巨亏？当然亏损是行业性的，但也有不亏损的钢企；马钢2016年为什么获利？当然盈利也是行业性的，但也有不如我们的钢企。马钢曾经几次处在亏损中，都是采购、制造、销售问题的叠加。2016年下半年的马钢，赶上了市场好时机，上半年亏损不小，下半年“三个一点”抓住了，2016年股份公司最终税后利润12.6亿。因为计提折旧水平的降低，这种盈利和过去盈利是不在同一个尺度上衡量的。马钢要从根本上摆脱生存危机的问题，还是三个“一点”的问题，即做到买的便宜一点、卖的贵一点、中间省一点。马钢曾有过内忧外患，高炉不稳定，生产事故多！现在，高炉稳定1000天以上了，证明高炉体检预警机制是一套科学的方法。对马钢来讲，我们已经从过去只是想着把生产搞好、能力不够做两头市场研判的低级阶段，到现在把两头市场研判看的最重要的中级阶段，我们一定要走向生产经营的高级阶段。两头市场研判第一不能犯方向路线的错误，第二不能让波幅超出设定的范围，第三不能抓不住市场短时的机遇，对市场研判绝不是猜一枚硬币的正反。

在生产经营过程中，马钢需要培养自己的经营人才，我们不缺生产人才，一大批高级技术主管、首席技师、工程师、高级工程师，但两头市场的人才少得可怜。要培养自己的经营人才，必须变革体制机制，不拘一格选人才。一年前销售公司就通过不限身份、不限专业的招聘，充实了50名左右的销售人员，这其中不少人已崭露头角。市场部今年招了不少人，因为我们非常缺乏这方面的人才，希望各位自己的努力，你能在较短的时间占领制高点，担当一面、独当一面，大浪淘沙，这就是你人生的机会。各单位一把手工作的方法对培养人很重要，章茂晗是一个爱学习的人，我也愿意来为他添油加柴，跟着好人学好人，一头狮子能带一群羊，但一只羊绝对带不了一群狮子，希望市场部新职工不畏困难，在不同的岗位上努力学习，勤奋敬业，因为敬业是起码的要求，是成功的基础。

市场部从2001年设立已经17个年头了，现在看来市场部越来越重要了。第一任经理李建设，现在是长钢公司董事长，他在高线、销售公司、市场部干过，履历丰富。因为他研究过市场，现在管理长钢公司游刃有余，只要市场有机会，长钢公司总能抓的准，盈利也不少。第二任经理张文洋，现在是股份公司副总经理，他在中板、CSP、四钢轧、市场部干过，也担任过股份公司总经理助理，他现在负责组织公司内部生产。他体会到市场之难，从内部生产角度更好地迎合市场。第三任副经理戴华强，原任销售公司经理，这个岗位更换很好。第四任经理章茂晗，他在二轧、H型钢、钢构公司干过，实际上，在钢构当总经理时就已经和市场紧贴在一起，有买有卖，有这个履历，公司聘他为市场部经理。多年来市场部的工作理解的人不多，也一直没有评价标准，不知市场部能发挥什么作用。现在市场部在公司的位置显赫，总经理直管，对采购、销售、生产都要发布要求，特别是丁毅董事长在2016年职代会报告上评价到：2016年我们两头市场研判准确率达到70%。

搞市场调研的人最基本技能是信息加工处理，各类图表每天必看。外行看趋势，内行看门道，要把横坐标和纵坐标看懂，清楚表达什么意思，对每一张图表都要有变化的分析，专业视角和别人不同。一张某一时间内价格指数变化情况的图表，非专业人员看到的是一条线，那市场研判人员要看到是一个面，有专业的水平来解读表格，价格波动几次、总体趋势是什么、最低最高发生的时点、同自己的预判比是什么、环比同比、有无周期、涨跌原因、波动和波段有没有可寻的规律等等，这样全方位的来看，是有水平的，能很快学到东西、得到进步。价格变化趋势图表都是有规律的，有因素的相关关系，跌、涨、稳周期及时间段，分析为什么会处在跌、涨、稳，这是市场分析人员要与采购与销售人员一道来回答的。

采购与销售就是买与卖，市场部负责制定采购与销售的指导价格。采购资金占马钢成本的70%左右，马钢的原燃辅料是买贵了？还是买便宜了？我们现在的定价能否做到准确、可靠、方法正确？销售产品是马钢资金的唯一来源，现在销售定价可以是锁定、回溯补差，总的看采购和销售定价是否还有改进的空间？定价模式包括指数定价、对标定价、成本定价、招标定价、总包定价、综合定价，主要是看每种定价模式在当期生产经营中的适应程度。对不同的供方与买方定价模式要有不同的策略，马钢两头市场现行定价模式设定前提是我们都是马钢家园的主人翁，缺乏价格的激励作用，未来马钢两头市场想进一步运作更好的话，要有一套完整的模式。内部完成定价以后：定价低了，采购人员反馈市场买不到，现在市场价都比我们的定价高，是单方面信息还是全方位信息，这值得调研。定价高了，销售人员反馈市场卖不掉，现在市场价都比我们的定价低，逐级报告后调整我们的定价，企业就会失衡。现在权力在市场部，市场部如何有权直接评价我们采购与销售的工作？在采购与销售市场，当价位一路上行，怎样制定采购、销售策略，震荡时怎么做，下跌时怎么做？反之，当价格一路下行，怎样制定采购、销售策略，震荡时怎么做，下跌时怎么做？我们现在的决策方法欠缺不少，经过循环往复市场变化，回溯马钢多年来的采购与销售，很多经验值得汲取。干好市场调研、抓好采购与销售工作真的很难！美国耶鲁校长理查德讲：学会知识不难，但换一种思维方式难；沙钢集团总裁沈文荣讲：我们的买卖都是基于集体讨论、个别人决策做出的；全国质量奖评审委员会主任韩福荣教授讲：凡事讲原则，原则有例外，例外有约束。我觉得这些都适用于采购和销售，搞市场研究的人，你们不要拘泥于不变的规则，没有一本真正的市场教科书，市场研判是经过苦练出来的真功夫！

我们市场部的员工怎样学会工作？首先，要清楚我们处在哪个时段位置，无论是采购定价还是销售定价，不能离开现实做市场研究。钢价上涨、原料下跌，企业光彩一时，但好景不长；钢价下跌、原料上涨，企业艰难岁月，日子难过；钢价下跌、原料下跌，企业不同命运，时差会致命；钢价上涨、原料上涨，企业盈利不同，但受上下游产业限制，不能持续。发布市场调研报告，要判断清楚处在哪个阶段，因为在不同阶段做决策会有不同的方法。社会主义市场经济理论不同于资本主义市场经济理论，在创新的道路上，市场与政府两手都在动。钢铁协会是无权威的协会，行业严重供大于求，去产能但在增产量，利润排在加工型工业末位。与之相比，煤炭协会是具权威的协会，行业自律、行政干预、减产增效，真正的去产能去产量。第二、市场调研人员应该具备获取准确及时信息、并综合处理的能力。现在是信息时代，有人握有第一手信息，真实、对称，多处信息源、多条信息渠道来获取信息，并能去伪存真，全方位分析信息，遴选加工出决策信息。应该关注决策后的评估，事后算账可以理清疑惑。第三、信息来源很多，关注钢铁行业的信息网络有我的钢铁网（www.mysteel.com)、钢之家(www.steelhome.cn)、中国联合钢铁网(www.custeel.com)、有色金属信息网(www.cnmn.com.cn)、找钢网(www.zhaogang.com)；关注钢铁行业的报纸、刊物有《冶金经济参考》《世界金属导报》《中国冶金报》《中钢协大中型钢铁企业对标挖潜汇总资料》。我们更应该特别关注公司内部采购、销售员工反馈的信息、分管领导的态度及职能部门的声音，把这些信息揉捏在一起，找出信息之间的差异，结合公司的实际发布调研报告及指导采购销售价格。

今天我看了市场部发布的《市场信息周报》（第60期），时间是2017年2月17日（周末）发布。首先是本周市场行情及价格：重点通报了钢材市场行情及价格、马钢库存统计、原料市场行情（铁矿石、煤焦、废钢）。第二是本周市场信息动态：介绍了宏观信息、上下游行业信息（中汽协、基建、家电、房地产）、钢铁行业信息、钢厂动态、停产检修信息，收集面是广的，但以文字为主，图表数据引用较少。第三是下周市场预测：长材、下周上涨行情得以延续，但不排除小幅震荡调整；型材、下周行情走势保持弱稳或小幅跟涨；板材、下周中板保持平稳，酸洗冷卷下跌，硅钢、镀锌震荡下行，彩涂稳中趋强；汽车板、下周汽车板价格平稳；特钢、下周特钢以稳定为主。我们做出得的预测我们要验证，坚持PDCA，循环进步。我建议市场部把小幅震荡、保持弱稳、行情延续等用词，内部做个定义，从文字变成数字，直至可以测量。如果一直这样用，称职、优秀的市场调研员做出的预测必须既有方向、又可度量。第四是原料市场：铁矿石、下周铁矿石价格震荡上行；煤炭、下周煤炭价格稳中

趋降，有小幅下行空间；废钢、下周废钢市场维持涨势，价格有望突破1950元每吨。做市场预报必须有过去、现在、未来，上期发布的《市场信息周报》，要有一个《上周市场信息周报回溯报告》，市场部内部对其中每一项内容的正确与错误做到心中有数。

市场部的员工，善始善终坚持学习，用学习解决一切困难和难题。一张典型高强钢汽车板强度与延伸率关系图，横坐标是抗拉强度、纵坐标是延伸率，强度高、延伸率就低，强度低、延伸率就高。但市场上需求的汽车板是强度高、延伸率也高，一张图表比说什么都清晰。要找到一种好的工作方法，形成个人的工作技能。市场部的工作像人的一日三餐天天要做，要随时准备应对市场突变的方案，是处变不惊，还是随之而变，还是发出预警，市场部的工作就是不停地梳理回溯过去和不停地预判未来的趋势。要用自己对市场把握的成熟度激励自己保持干劲、充满激情，用工作的不足反思自己、找出问题、拿出举措。

我选择了几句市场调研经典格言：毛泽东说没有调查就没有发言权；巴菲特说风险来自于你不知道自己在做什么，别人贪婪的时候我恐惧，别人恐惧的时候我贪婪；史玉柱说不要只看塔尖，二三线市场比一线大；经常想想自己在工作中存在的难题，将军是从战场上打出来的。期货市场是未来的天气预报。资源有限、创意无限。

最后说明：本人长期从事企业内部的生产技术工作，对市场的发声能力不够；本人今天所谈的意见，仅供参考，诸多事项是直觉和经验；本人接受市场部的邀请，深知市场对公司生产经营决策的重要；在座的各位要不断提升市场研判的能力，希望我们市场部的“天气预报”越来越准。

# 认真做好IATF16949标准转换和ISO9001标准换版

（2017年3月23日）

今天，我们在这里召开股份公司新版16949标准转换和新版ISO9001标准换版项目的启动大会，同时有集团公司部分二级单位参加会议。

国际标准化组织（International Organization for Standardization）1987年发布ISO9001，1994年换版，2000年换版，2008年换版，这是第四次换版。同样ISO/TS16949专用汽车标准1999年发布，2002年换版，2009年换版，2016年换版，这是第三次换版，从1999年到现在仅中国的汽车制造和汽车消费水平，也足以证明发展很快，必须以客户关注为焦点了，现在是IATF16949（International Automotive Task Force）。这两个新标准，从结构和要求都发生了较大的变化：强调了高层领导在质量管理体系建设和运行中的作用，明确最高管理者对管理体系运行的有效性负责，要求质量管理体系要融入到公司核心业务中；新标准源于客户要求，终于客户满意，基于风险的思维，着力过程的控制；新的16949标准突出了汽车行业的要求，其变化部分涉及到诸多方面。这些新内容对标准转换和换版是必须引入执行的。

新的16949标准转换和新的ISO9001标准换版工作是公司今年质量工作的重点工作，我们要紧密围绕2017年公司生产经营方针目标和工作主题，做强马钢品牌。

围绕质量管理体系标准换版项目，作如下工作布置：

首先是组织领导。成立项目组系统策划质量管理体系升级换版的推进工作。我担任项目领导小组组长，副组长：副总经理张文洋，科技管理部经理张建，企管部经理张吾胜。同时公司成立项目工作组，项目工作组由科技管理部承担标准换版的组织协调推进工作。

**我们的工作目标，此次公司质量管理体系标准升级换版，确立3项工作目标：**

1、按照新版16949标准和新版ISO9001标准要求，建立并提升起质量管理体系，推动其有效运行；

2、2017年9月下旬，通过汽车板、线棒产品新版16949标准现场审核，获得新版16949认证证书和新版ISO9001认证证书；

3、2017年12月，通过铁前系统、钢轧系统和公辅系统新版ISO9001质量管理体系现场审核并获得认证证书。

两个新版的国际标准已经发布执行，旧版的标准即终止执行了，以旧版获得的认证证书也已终止了使用，所以要重新获得认证。简单说就是国际标准的写所需完成了，马钢必须按照国际标准的写所需重新做好我们的做所写。因此，找出不同点与差距，修改我们的质量手册、体系文件、作业指导书。

为了顺利完成换版工作目标，策划了推进换版工作四个阶段：

第一阶段：策划与培训阶段，时间在4月份。重点工作是：有针对性地开展各层级的培训；重新识别质量体系所需过程，明确过程责任，构建文件化质量管理体系架构；重点工作在开展现有体系与新标准要求的不同点与差距分析；确定改进的主要措施。

第二阶段：文件编制与发布阶段，时间在4月上旬~6月中旬。重点工作是：梳理现有文件，确定体系文件清单；开展文件编制、修订、评审、发布，同时做好文件的宣贯培训。

第三阶段：实施运行与改进阶段，时间在5月~8月底。重点工作是：文件的有效运行、监控过程KPI指标；对薄弱环节进行专项整改；开展内审员培训；展开体系、过程、产品审核；开展管理评审等。

第四阶段：认证审核阶段，时间在9月下旬和12月。重点工作是：改进提升；接受新标准认证的现场审核；完成审核发现问题的整改等。

**最后是主要措施：**

1、加强组织领导明确职责分工，建立推进机制。推进工作，按公司领导层分工由我负责，科技管理部、企管部组织具体落实，每月下达月度标准换版推进行动计划，公司每月召开例会，检查完成情况，解决出现的问题。各单位也要制定工作计划，一把手要亲自抓换版工作，将换版工作与日常生产经营有效融合。

2、加强培训教育。要组织落实好标准的培训和体系文件学习宣贯工作。各单位分管领导和各APQP组长、技术质量部门科长、内审员、贯标联络员，要经过培训并考核合格，特别是对发布的公司体系文件要组织学习和宣贯，确保贯彻执行到位。

3、加强协调推进。推进过程中要按照PDCA方法，坚持以问题为导向，寻找出我们现有体系运行的薄弱环节，按照体系方法，进行专项攻关，建制度，抓执行，严审核，促进体系运行的有效性和效率，提升质量管理体系运行的成熟度。

公司将以这次标准换版升级为契机，以顾客满意为关注焦点，重新梳理提升我们公司的质量管理体系，更加清楚ISO9001标准、IATF16949标准、VDA6.3标准三个标准之间的关系，将质量管理体系的方法应用到生产经营活动中。

我相信，在公司领导高度重视和我们的共同努力下，借助TUV-NORD汉德公司的支持和帮助，公司新版16949标准转换和新版ISO9001标准换版工作一定能按时完成，促进公司管理水平及产品质量的提升，为做强马钢品牌夯实基础，提供保障。

# 特钢产品质量关键在细节

## ——在特钢公司年度质量工作例会上的讲话

（2017年4月1日）

法国ASCOMETAL公司技术总监米歇尔先生带专家团队来特钢工作两次了，对马钢特钢公司有个评价：有一流的设备，工程技术人员很聪明，工艺规定落实到操作这一层面时细节把握不到位，所以产品质量有波动。希望特钢公司管理层和工程技术人员改变工作方法，更多地关注到细节中，这样产品质量就会稳定。现在方向没错，道路也很正确，我们应该按规矩走好，细节决定成败，我是爱抓细节的人，曾在电炉投产初期抓过普通职工的培训，从测温取样方式，到精炼造渣用图谱等。高炉为什么实现了长周期稳定？每年公司要组织两次对高炉主要操作人员作业指导书的考试，及时结合已经变化了的条件修订高炉操作指导书，上一版与这一版修改了什么？为什么修改？坚持班、日、周的体检预警基础管理活动，实现了长周期稳定，这是我推荐的工作方法。

今天表彰了10项质量管理优秀成果，分量都很重。关键是表彰的成果来年不要又变成问题，又要继续攻关。所以拿了奖励的同志，千万不要认为工作完成了、事情结束了，必须长期去关注，过去发生的问题又发生了就必须清楚说明，是“做所写”违规而不是“写所需”的变化。管理基础是不是松动了？技术的突破依靠管理跟进才能巩固。这次技术质量部拿了生产过程质量控制量化评价成果奖，产品服务部拿了蒂森克虏伯汽车发动机零部件通过VDA6.3过程审核奖，销售部拿了客户需求精细化管理奖，我向你们表示祝贺，但同时为今后的工作担忧。获奖是达标，获奖是鼓励，获奖是起点。近期埃斯科公司对特钢工业线材原料不符合使用标准出了报告，必须退货，而我们一些观念上还存在着错误。过程控制、过程审核、客户需求都有不足，要持续改进和完善下去。所以到明年开质量工作会的时候，必须对今年获奖的成果再重新审视、做出评价，看看这些成果是巩固提升了，还是滑坡下降了？

今天表彰了10位质量管理先进个人，业绩突出。葛承玲获奖发言很好，我问了她两个新版标准换版中的问题，把握得准确，她是硕士研究生，现任特钢的质量体系管理员。希望小葛在贯标、用标的差距上下功夫，以审核发现问题为导向，特钢公司产品对这方面的要求很高，需要培养出一个体系管理的专家。公司现在体系管理工作是由科技管理部的周晓岚高级技术主管担当，公司每年诸多的审核后，落实整改项的意见，均出自于她。标准吃得透，现场情况清。希望小葛成长为特钢公司的周晓岚，在曹经理的领导下，把特钢质量管理体系牢牢抓起来。曹经理今天是按照质量体系框架讲解工作方法及要求的：以顾客关注为焦点，领导带头作用，全员积极参与，用过程方法，持续改进，循证决策到关系管理。要找到一套好的管理方法，我们不能不学习或者只满足于现状，公司正在进行ISO9001:2015和IATF16949:2016换版，体系换版必备知识培训后考试，针对所有体系管理人员包括公司中层以上管理人员。我是公司首席质量官，我一直在学习，一直在找寻自己的工作方法。在技术质量的岗位上就要自己找压力，要觉得事事都有责任，如果你对质量保证体系实际运行不清楚，那就要出问题了。

今天质量工作会是特钢公司极为重要的会，每年到这个时候都要开，公司开了分厂开、分厂开了班组开，因为特钢产品质量有更高的要求，职工的质量意识形成是需要有一种固定方式来促进的。一定要坚持PDCA循环，因为风险产品在特钢公司比重很大。参加今天会议的有一百多人，制造部、客服部、技术部三位部长在台上报告工作时，我看了一下台下，约四分之一的人在玩手机，还有几次手机响铃声，能坐在这个会场的都是特钢公司的管理团队中兵头将尾，收入都不低，有的人素质和能力还不够，要遵守规矩，因为态度决定一切。今天三位部长报告，不仅给在座各位听的，我要求能分层次再往下去宣讲，给自己限时，给自己圈子里的同事发布这个PPT，因为今天的这些信息对各位工作确实有用，有用的东西就会有兴趣、愿意学。公司技术质量例会上每次发布的报告，都会组织继续往总厂及需要的分厂灌输，在技术质量例会上做报告时，组织参会人评分，限定在15分钟。现在公司整个质量状况较稳定，一定要有支撑的招数和办法。高振波的报告中有诸多案例，我觉得工程技术人员想听，也应该清楚这都是花了成本后应吸取教训的。设备保障部朱主任报告把去年哪些是设备的薄弱项作了点评，应该和点检维修的相关人员讲清，有的上升为单点课，有的应写入设备手册。曹天明经理宣贯的内容是什么？各位职能部门主管要求的工作是什么？要紧密结合在一起。生产管理部蒋志明负责生产事故的责任追溯，从每天的调度记录看，特钢公司几乎每天都有小的生产故障。能不能在2017年把小事故上升到一般性事故、一般性事故上升到大事故来考核，如果标准不变，其实每一起小事故的叠加对特钢都会造成不小的损失。改判品、废次品的问题，是谁的责任？应该继续追踪下去？如果一个人犯错，始终没有追究到他的责任，那他一定无所谓。如果一个人犯错，第一次受到处罚、第二次要写检查加处罚、第三次可能面临离岗培训，那他一定会用心学习、提高技能、牢记于心。我是一直强调基层管理必须往细节上推进至神经末梢。

每次新产品开发，都会投入很大的精力。从设计方案到实施过程，有几次轮回，但新产品开发完成以后，在稳定整个制造过程中还有细化的工作并未及时跟进。新成品开发是难以一枪命中靶心的，但是正常生产过程中都应以靶心为目标，有水平控制在8~10环之间，这要靠细化操作手册到每一步的要求，APQP也不是一次策划就定型，PDCA循环有没有？设计过程中的D-FMEA交代到位了吗？制作过程中的P-FMEA也要到位。这些都要宣传、教育、培训、总结、再实践，我们工作关键还是坚持PDCA循环、要闭路，整个质量改进一定要持续下去。特钢车轴钢全氧水平，平均控制在10个ppm以下的比例超过90%，看上去很好，是一个很高指标，但是不达标的炉次这个指标可能在11~13，还是在18~25个ppm之间，它数据分析的正态分布如何，按3西格玛还是6西格玛测评，如果一次偏差过大，而又放至用户，对下道工序很有可能就是“炸弹”。所以要不断把内控目标往前提，这些指标留给工程技术人员不仅是进行统计分析，还要发现问题，以问题为导向往下追溯，直至问题的解决。特钢公司现在的产品质量异议，质量追溯时总厂考核了分厂，分厂考核到了个人，据我调查这个处罚力度已经大打折扣，一起事故总厂扣了分厂500元，结果分厂只考核责任人100元或者50元，剩下的分厂就在大家头上平摊了，这样的责任追溯达不到教育员工目的，希望能重奖重罚，不能以平时工作辛苦了来让步执行，功是功、过是过。冷轧总厂做的挺硬，建议你们和他们交流经验。某个岗位是风险岗位，经常面临问题，奖罚已经到位，虽然经过培训和教育，但是仍然无改进的效果时，唯有换人了，这没问题。钱总要求冷轧总厂出厂产品用户质量异议为零，这个目标怎么能做到呢？但冷轧总厂去年从之前的100起/月产品出厂表面质量异议，降到只有30起/月，这就是进步，公司也给予了嘉奖。所以不要怕风险在自己这里很难控制，只要没有犯重复性、典型性的错误，只要进步了，总厂一样会给奖励。质量追溯报不是简单转一圈，签个字、扣个奖就结束了，如果这样工作方法太简单了，当某个问题老是得不到解决，不断发生波动的时候，就要研究工作方法，研究怎么跟进？所以对质量追溯发现的问题必须要往下沉，细节决定成败。

3月份特钢公司轧钢整月生产，干了29055吨，这是一个最好纪录；外发产品4.4万吨，也创造了投产以来最好的纪录。但是3月份质量事故1起，生产操作事故及故障9起，影响生产1246分钟，发生设备事故15起，影响生产877分钟，累计各类事故37个小时。这些数据是要追溯下去的。大的方面是进步了，但进步的速度赶不上别人。特钢公司也不是孩子了，通过共同努力、奋力拼搏，由不满负荷到满负荷，曹经理现在有强烈的危机感，各位也应该有危机感。如果觉得很轻松，每天混日子，首先害了自己，竞争上岗可能被淘汰，其次还耽误了特钢公司的发展。特钢不能容忍质量事故，保持危机感和压力感，就是我们不断向前的动力。

没有管理制度的企业是不行的，有制度不执行也是不行的。在非成熟企业，每过一段时间，制度应该根据自己所处不同的阶段，需及时跟进和修订。用突击的方法解决问题，临时动员一下，抢些产量普通企业可行，加把劲放量满足客户订单量，但对特钢我们不能这样做，单件、小批量、多品种，讲的一定是质量。有制度最可怕的是制度形同虚设、不执行，或者执行中大打折扣。有些事可以拿出来测量，最终评价以数据说话。

想问下特钢公司各位带“长”的同志们，是不是有了一套工作方法？在管辖的区域，方法是不是适合？不适合要怎么改进？如何通过不断努力，使区域各项管理能够跟进、提升，最终达到公司的要求。我与特钢公司有缘，只要听到一件特钢产品有问题时，感觉就像自己没干好一样，我还有哪些工作没有跟上呢？我工作尽心尽责，知道公司哪座高炉波动了，我马上就要去，挤出时间去看看是什么原因造成的？不仅听工长说，还向炉长问，不耻下问，直到问到明白为止。工作要有一种节奏的感觉，今天主要想谈的是工作方法比工作经验还重要。

特钢取得了很大进步，从亏损到盈利，到开发出各类高端新产品，马钢特钢已经有了名气了！在座的各位，能站多高，特钢就能站多高；能走多远，特钢就能走多远；对自己要求不能低了，否则特钢没希望了。未来特钢竞争一定是非常激烈的，我想提醒特钢公司特别注意现在的定位，是一个朝气蓬勃的青年，初中毕业，要成为一名优秀的高中生，他要定位争上名牌大学为奋斗目标。现在不能再犯小学生的错误了。

责任追溯是一种管理方法，如果责任追溯不再纵深下去，到此为止，那给出的“药”就会有抗药性了。一项工作不会总是创新，而在于持续坚持、持续完善、持续推进，逐级管理者知道这套管理方法的利与弊。工作要有章法，按制度管理，把自己负责区域的事情做好，上道工序真的服从下道工序，这样特钢公司一定会更好。特钢不要争产量，均衡生产，一定是争产品质量的档次，我们特钢月产5万吨是马钢公司一天的产量，就是要在这点产量上体现出功夫和能力，体现出特钢的“特”字。在生产过程中，坚持对影响质量实行叫停制，不能把质量把关留在后面。产品质量不是检验出来的，是制造出来的，把“人机物料环”过程中每一个细节都控制好。

在座的各位，检查自己的工作还存在哪些问题，用别人的资源帮助自己，用自己的资源帮助别人。特钢公司必须从严管理，必须强化培训，同一个品种规格的产品保持一样，要在生产经营的细节上下功夫。

# 如何当好高级技术主管？

（2017年4月2日）

按照公司计划，今年举行两次高级技术主管讲座，请高管们谈谈如何当好高级技术主管。目的是通过高管们讲述在工作中取得的成绩和个人的工作方法，来启发或者培训我们自己。今天有五位高管登台作了演讲，孙业长高管是矿山设计研究院院长，他履历丰富，从事矿山工作多年，围绕矿山工作在国内外都做过项目，他对罗河矿发展有贡献，是复合型人才，敢于担当，善于发现问题，找寻解决问题的办法，他在报告中特别讲到，高级技术主管提出问题时实际上就已经开始解决问题了。唐胜卫高管在公司能环部工作，是公司聘任的第一批高级技术主管，围绕着钢铁工业生存下去，面临着越来越大的环保压力，如何系统规划和解决好公司环境方面所存在的问题，做了深入调研，在报告中重点强调了团队的作用，要千方百计借用各种资源服务于工作中的难题，他的报告给出了解决工作难题方面的办法。叶明成高管发展方向是机械和电气复合在一起，是公司冷轧最早培训出来的人才，2008年公司1#镀锌线加热炉事故给了机会，琢磨修复方案的问题，在冷轧的机械和电气上展现了解决问题的能力，他始终紧贴在生产现场，在生产设备稳定顺行的前提下，更多的关注着冷轧的产品，马钢的家电板、镀锌板、酸洗板都留下了他工作的痕迹。沈昶高管是技术中心的博士生，现在又担任特钢公司副总工程师，去年六月份公司发出车轮钢夹杂物攻关的标书，他勇于竞标，经过答辩，现在承担着重任。从博士生到技术中心炼钢所所长、再到特钢公司副总工程师，对他是很好的历练，他的工作方法已发生很大转变，用理论指导实践、用实践来验证理论，他不仅是要写出完美的“写所需”，也能够在“做所写”上自己参与整个制造过程，承担的攻关课题现在能够达到设定的目标。佘世云高管驻扎在煤焦化公司，刚才的汇报耐人寻味。在他身上能感到过去老夫子和现代工程师的气质结合，我和他在现场碰面次数不少，每当煤焦化公司生产、设备出现问题或遇到困难时，总能看到他在现场出谋划策并干在其中，他拥有专业发明专利和技术秘密，在工作中敢于担当、积极作为，在煤焦化公司是很受尊重的人。

公司2005年开始聘任高级技术主管，已经过去十二年的时间了，这其中有40%的高管从技术岗位走向处级干部岗位。过去高级技术主管聘任以后，基本没有什么管理工作，主要凭借高管自己的工作能力和敬业态度去进行工作。我担任股份公司总工程师后，高管是我依靠的一支很重要的力量。同样需要交流、需要展示的舞台、需要学习更新知识，每年新聘高管、在任高管都要带题上岗，与公司签订科研项目、技术攻关课题，因此策划开展了高级技术主管讲座这项活动，至今共举办了四次。让高管们登台报告工作，我们为高管提供这个舞台，就是要求高管不仅能干、还要会讲，既激励自己又培训他人，诸多难题在解决的过程中都是花费精力的，讲述出工作的方法，让高管之间有一个互动的平台。高级技术主管是马钢的宝贵人才，是马钢各个专业的领军人物，如何定位并做好自己的工作？我想在座的应认真思考。通常情况下，高管应能指导工程师和高级工程师编写新需的作业指导书、内控标准质保体系中的D-FMEA，能在自己所管辖的领域内，充分掌握工艺、设备、能介、控制方面的技术条件。公司对高管的定位就是结合生产实践中出现的问题，以问题为导向。首先在“写所需”方面，能够做出完整的检查和评定，“写所需”有没有问题？运行实践后要不要修改？现在的版本要不需变动。其次“做所写”有什么样的问题？发现的问题怎么样改进？事实上“做所写”高管也应该担负起对内部员工培训任务。

我选择看了部分高级技术主管的个人履历，公司现有高管100人，我在工作中经常和他们交流，也向高管请教一些我不懂的问题，应该讲受聘的高管都是优秀的。但是如果在整个高管团队内部相互比较的话，同样可以有三个档次。首先是资深高管，他们在自己的专业领域有很高的造诣，当我们遇到困难时，自然会想到请他们来参加问题的谈论，公司在重大项目决策时，也会请这些高管做调研或者发表意见。比如孙维高管现在任埃斯科特钢公司总经理，带领团队开发并生产汽车用弹簧、轴承、曲轴用材料，谁能担当此事，公司选出了他。江波高管是马钢品牌产品车轮的权威人士，这么多年一直从事这方面研究，始终跟踪车轮使用的质量状况，常受铁道科学院邀请参加研发工作，挺有名气的。叶光平高管在自动化控制方面水平很高，他全身心地融入到H型钢产线中手到病除，从头至尾，不仅是自动化控制，包括设备、产品、质量、成本等等，可以讲不分分内分外的工作，均做出突出贡献。今天发言的矿业孙业长高管，公司质量体系的周晓岚高管，都是通过自身不断努力得到公认的资深高管。公司这两年需要培养方方面面的人才，新聘任选拔的一批高管，公司给了头衔是因为现阶段他们在某个专业中相比其他人优秀，通过一些科研及技术攻关项目展示出了能力。如刘启龙竞聘了板坯边角部裂纹缺陷攻关项目后成了高管。还有一些新聘的高管是因为现实弱项的需要，如李应江高管担当四钢轧精炼工序，徐小伟高管承担四钢轧转炉炼钢工序，他们过去的表现都有了基础，现在取得成绩也看到了。介于资深高管和新聘高管之间的各位高管人数比较多，诸位有多年从事专业工作方面的优势，无论是在产品、设备、工艺、技术上，承担着一定的压力，尤其是在新产品开发，产线设备、工艺出现问题，质量发生波动的时候，高管水平如何，背后是有评价的。高管应该是懂设计、懂制造，今天也应该了解市场。现在马钢的生产经营是以顾客需求为输入、以顾客满意为输出的。两头清楚占据中间，我觉得就更优秀了。每位高管可以评价一下自己现在什么位置上，敬业是第一位的，我想各位应该有追求的方向，不停地向上追求。公司打造技术团队、操作团队和管理团队三支队伍，技术团队的代表就是高级技术主管，操作团队的代表就是首席技师，管理团队主要是以处干为主。如果三支队伍能够齐头并进，都有严格的考评及退出管理办法，都怕自己落伍、“人”领先了，那马钢的竞争力一定是高的。

2016年上半年马钢非常困难，下半年我们抓住了市场机遇，全年取得了12.8亿利润，行业排名第四位。今年公司制定了全年目标不低于去年的利润水平，但一季度马钢生产经营取得了非常出色的业绩，已经超过去年的利润水平。为什么我们能取得如此好的经营业绩？首先就是内部生产稳定，马钢现在是铁产能小于钢产能、钢产能小于材产能，所以炼铁稳定至关重要，现在我们把炼铁的稳定放在首位，铁前的一批高级技术主管的确在高炉稳定顺行1100天中做出很大努力，二铁总厂聂长果、三铁总厂吴宏亮、煤焦化公司钱虎林、炼铁技术处张晓宁等高管，都全身心地扑在使炼铁生产能够稳定的各项科研技术攻关和难题解决中。马钢过去困难时期是内忧外患，现在公司党政领导做出了一系列正确决策，马钢家园产生了极大的凝聚力，这其中包括充分调动了三支队伍的积极性，马钢历史上也从来没有像现在这样重视两头市场研判，无论是对销售还是采购，我们高管设置的面也增大，两头市场研判方向更准、波幅可控，马钢变得越来越好。以高海建董事长为首的马钢集团领导班子引入了竞争机制，对处级干部、科级干部、作业长都实行了层层竞聘，2016年公司有22名处级干部、231名科级干部、289名作业长离岗。

今天向各位公布2016年度公司高级技术主管考核结果。100名高管中，5人为2016年8月份新聘任不参加考核，1人因身体原因免于考核，真正参加考核的高管94人，分为矿业组、工程技术组、铁前组、炼钢组、轧钢与成型组、经营组、设备组、公辅组8个单元。考核的依据主要是高管个人签订的绩效合同，考核的内容主要是工作任务的完成情况和业绩的结果。工作任务评价核心是攻关课题的评价，按照攻关课题的目标、推进及结果，由科技管理部牵头，人力资源部、技术中心、高管驻扎单位参加组成评审组；业绩评价由人力资源部牵头，组织工会、科技管理部等部门组成评审组，对每一项业绩都进行评审和确认。根据考核结果，公司对2016年度高级技术主管按比例分成A、B、C三档，其中A档25%、B档70%、C档5%，最终A档23人、B档66人、C档5人。到了公司级高级技术主管这个位置上，薪酬由公司人力资源部发放，人是派驻在各相关单位，事实上是处在工作无人管、自己找事干、主动去担当的岗位。在A档中有6名高级技术主管被评为AA级，他们是技术中心江波、科技管理部周晓岚、长材事业部叶光平、煤焦化公司余世云、设计研究院孙业长、技术中心吴保桥。评为C档的高管，分别驻扎在港务原料总厂、特钢公司、轮轴事业部、技术中心、重机公司。五位同志为什么成为末尾，这些同志的材料我看了，有主观努力不够的成分，工作业绩中没有参加公司级的课题，本人也没有选择难题攻关，没有发表论文，没有申报专利或获得技术秘密，一年时间内的工作平平淡淡或十分平庸，和高管的位置不相称，基层职工的口碑很重要。按公司对高级技术主管的考核规定，连续两年落在末尾，要取消高级技术主管的资格。根据2016年度高级技术主管考核结果，公司对获得AA档的高管，额外给予了20%的绩效年薪嘉奖；获得A档的高管，额外给予了10%的绩效年薪嘉奖；获得B档的高管，按照标准绩效年薪给予兑现；而对于获得C档的高管，要求派驻单位对其工作提出要求，当年只兑现了绩效年薪的80%。

今天开2017年度上半年高管工作报告会，主题是如何当好高级技术主管。无论你是获得A档、B档、C档，你都要思考自己如何能当好高级技术主管。我想应该是学习、工作结合起来，学习要努力学习、工作要努力工作，不是尽力，而是用心，高级技术主管驻扎在各个单位，怎样把自己的工作干到极致，驻扎单位会给出评价的。在今天这个范围公布高级技术主管的考核结果，是让各位知道自己所处的状况。今天五位高级技术主管的报告都很好，会上以PPT形式发布了，建议把PPT转换成文字，由科技管理部提交给《马钢日报》上登出。今天参会的各位，要求还像过去一样，会后写出如何当好高级技术主管的感受文章。各位是公司的人才，工作中要习惯留下痕迹，高级技术主管应该是能干、会讲、善写。高炉稳定顺行1100天以后，公司组织编写了《马钢炼铁技术与管理》一本书，有八十万字。本人明年退休，现在整理自己在股份公司高管岗位上的工作，用业余时间，最终写出一本书。希望我们各位工作与生活都是丰富多彩的。今年高管讲座在十月继续进行，希望高管积极争取上台，其实怎么当好高级技术主管是我们在座的应经常思考的。

# 附 录：

## 2017EVI项目结题验收及相关EVI、重大设计变更项目立项论证会小结

7月18日下午2:30，公司办公楼1027会议室，股份公司常务副总经理高总主持了2017EVI项目结题及EVI项目（第二批）、重大设计变更项目立项论证会。会前，高总要求所有汇报人员脱稿介绍项目情况，启发大家学会用“讲故事”的方式汇报项目。这一形式不但大大提高了会议效率，同时也充分考验了汇报人员能力和水平。

会前，高总以亲自执笔三铁A炉抢修请奖报告之事勉励大家，要学会主动担当，千万不要“一级安排一级”最后由最基层人员完成公司重要工作的官僚作风，一定让最明白的人做最重要的事！

会中，高总逐个对项目做了点评，分享了自己在马钢多年的工作经验和感悟，并对与会人员、特别是年轻技术人员进行点拨、提出了要求，现将本次高总的点评和指导小结如下：

### 一、结题项目验收

1、屹豊热成形钢认证项目：直奔主题，询问课题长在合肥驻点几天，两批次带出品处置的进展。当得到课题长满意的回答后，高总直接给予了表扬，勉励大家依此为榜样。

2、华菱星马轻量化项目：家门口的用户也要多走动，不能稍有怠慢，要做好眼皮底下用户的维护。

3、格美淇项目：尽管技术难度不高，但准确识别用户需求，为公司带来了良好效益。要求项目组要多学习、研究和提高，多收集高端用户产品解剖分析，未来以更强的技术和能力赢得高端用户和市场。

4、合汽锻前轴项目：在肯定项目的同时，也要求课题长在对待用户异议时，不要一味在用户方面找问题，也要从自身来全面分析。勉励课题长胡芳忠博士要多担当，拓展视野，把特钢的各个产品技术工作都担当起来，全力为马钢贡献智慧和激情。

### 二、EVI立项、重大设计变更项目评审

1、硅钢新能源电机项目：点评项目名称不能清晰地展示项目将要做什么。在项目组较好地汇报了立项意义、必要性、具体内容后，要求项目组根据实际工作目标，

调整项目名称、明确项目目标。——高总就该项目反映出来的一些问题，做了较深入的点评：项目汇报一定要在项目组内讨论至少3遍以上，汇报时一定要做到让外行清楚你要做什么、你准备怎么做；内行要明白你的水平怎么样，千万要避免一两个人“闭门造车”！

2、4个家电板项目：对客户要有准确认识、发现客户需求、追索客户问题来源、深入了解用户以及项目组如何能为用户带来产品、性能、质量以外的增值服务，以主动的思维方式，从用户角度考虑问题，最后以我们的能力以期达到、实现“以不变应万变”的境界。

强调项目汇报一定让明白的主力技术人员汇报，能力弱、经验少的年轻技术人员经不住几句问、浪费大家时间、也容易挫伤年轻人，年轻同志可以来多听听，长长见识。另外对于被否决的项目，高总也鼓励大家回去好好思考、修改和提炼，要有“屡战屡败、屡败屡战”精神，好好锤炼好项目，下次再申报。

3、3个汽车板项目：合肥长安降本项目目标评价难，指导项目组按照拿到的订单数量来评价，以结果看效果；在评价吉利项目、奥托立夫安全件认证项目，高总肯定了项目的必要性，同时勉励两位技术骨干在技术提升方面要有计划，每年做什么、达到什么水平，今后向何处发展都要及时梳理。

为了提高汇报效果，高总还建议汽车板团队今后项目汇报时，首先应展示客户的需求在哪一代，用汽车板发展强度与韧性图显示出来，试制的汽车零件用白车身展示出用在什么部位，一目了然。汽车板团队技术人员非常赞同，并表示今后依此实践。

### 三、重大设计变更项目评审

力拓车轮项目：高总问了陈刚高管几个问题，回答都不太全面，高总都给予了补充，勉励年轻同志要多了解这样的高质量的评审对能力的要求，争取今后自己上台讲的时候能表现出众。

电动自行车硅钢项目：勉励技术人员多了解用户和竞争对手，客观认识马钢产品所处的境况，不断提高技术水平。

会议期间，高总以事实说话，强调技术人员一定要多思考、多实践、多找自己的不足、不断拓展自己能力；工作要实在、有计划，多从用户角度分析考虑问题。

通过会议，与会者对高总的不倦教诲和分享理念表示认同和受益匪浅，并准备在今后的工作中认真实践和改进。

技术中心董梅

2017.7.25

# 校企合作碰撞出科研新火花

## ——在马钢与安工大炼钢技术交流会上的讲话

（2017年9月23日）

昨天接到通知，今天在安徽工业大学冶金学院召开炼钢技术交流会，因为周六李校长要来参加，我们把马钢炼钢厂的厂长、总工、高级技术主管都召集了过来。我本人参加工作以来从事过小电炉、平炉、转炉再到大电炉的炼钢工作，虽然清楚当今炼钢的发展方向及存在的问题，但也是一个好的学习机会。乌总从法国回来以后主管公司的炼钢技术工作，他有不少想法和做法，但还是要靠在座的各位共同努力把马钢炼钢方面所立的科研项目、技术攻关项目一项项完成。今天马钢炼钢专业参会的人员，出自安徽工业大学、东北大学和北京科技大学各占三分之一，东大和北科大是著名学府，安工大冶金学院现在的名声也挺响的，我和乌总毕业于此，长江后浪推前浪。范教授和乌总策划了马钢与安工大炼钢技术学术交流活动，我们每位今天都要带有任务，结合自己的工作岗位，会后写个交流报告，万事开头难，万事坚持更难，会议只是起点，更重要的是会后能有哪些行动、可做那些事，这是更重要的东西。可以直接写出安工大现在能做什么事情而我们做不了，和安工大可以共同研究什么课题及如何分工，把我们当前困惑与安工大前沿科研结合起来，可以站在不同的角度。感谢李校长今天专门参加这个会，这是非常好的形式，我希望形式与工作结合能产生实实在在的效果。海建董事长给我的一项重要任务是培养人，安工大是我的母校，我们七七届的大学生入校至今已40年，虽然人都到了退休年龄但干劲依然很大。这些年的工作积累了很多经验，今天学校聘任我为兼职教授，每年给冶金学院做些专题讲座，聊一聊我所掌握的信息，探讨理论与实践中的问题，借助这个舞台，发挥自己的光和热，能把我务实的工作作风及方法给诸位留下印象。我们确实需要继续教育，放弃学习后会自我感觉良好，飘浮在空中，只有长期的学习、终身学习，才能得到提高。

中国钢铁工业是国民经济的重要支柱产业，中国钢铁的技术水平现在和世界顶尖的钢铁水平并肩领跑，过去大却不强，现在是又大又强。国产航母战舰、核电用钢、高铁桥梁、海洋钻探都用自己的钢材制造。马钢炼钢今年是真正达到2000万吨钢规模，由一钢轧总厂、长材事业部、四钢轧总厂、特钢公司、长江钢铁构成。马钢要做品牌，从钢材的销售商转变为工业材料的服务商，通过钢铁冶金技术不断提升，产品结构不断调整，始终追求在国际、国内有领先的产品。马钢家电板年产300万吨，名列全国第一，进入了格力、美的、苏泊尔、西门子等家电制造企业，应用于冰箱、空调、彩电、洗衣机中。马钢汽车板在行业内是后起之秀，今年计划280万吨，现排在全国第四，从超深冲的软钢到高强度用钢，汽车的安全件及内板、外板，已经进入国外独资品牌中。马钢H型钢年产200万吨，作为国内第一品牌，覆盖全球标准的生产能力，产品走向世界的重点工程中，如在C919大型飞机的制造厂房、港珠澳大桥中已采用了，马钢现在投资巨资新上国内第一条重型H型钢产线，中型材升级改造工程已经开工，这些用于钢结构的关键材料，马钢正走向更高端。马钢高速线材，过去是普通建材，现升级改造之后定位是工业材料，包括弹簧钢、轴承钢、曲轴钢、汽车用高强冷镦钢等。马钢特钢年产100万吨，目前处在产品开发的高峰期，最典型是车轴钢，过去国家标准规定车轴用钢必须是模铸生产，我们用模铸干了一辈子，靠着马钢团队的力量，我们从国外车轴产品订单做起，赢得了业绩，终于开发出连铸生产的车轴钢，是马钢建立了新的国家标准，经过科研、技术攻关以及在标准方面全面审核通过，我们不仅生产重载车轴、普通车轴，现在高铁车轴都能生产。马钢高铁车轮已通过了国内所有标准，包括CRCC的认证，用不了多久了，马钢高铁车轮将运行在祖国的各条线路上。马钢从普通牌号的电工钢研发，到今天可以生产全系列无取向电工钢，直至现在的取向电工钢，技术已全面掌握。我所通报的这些信息，其中炼钢工艺技术和产品质量都是顶级的了，我们马钢今天来的各位，全清楚的不多，安工大冶金学院的教授知道的更少，所以我们需要更多理论与实践的结合。

今天安工大冶金学院的多位教授精心准备，作了出彩的报告。我对报告交流的内容，结合我的工作发表一些意见供参考。周教授的基于冶金基本理论指导下的课题研究。特别是三传，从铁水包到钢包，再到中间包，从一张铁碳相图在吹炼过程中的变化，到渣系及结晶器钢水的凝固，系统、完整地肢解冶金过程，内容很丰富，既有实验室试验也有工业性试验，有很多真实的案例。1999年我和周教授合作过溅渣护炉的课题，马钢历史上转炉炉龄首次从6000炉左右突破一万炉炉龄，获得了省科技进步二等奖，因为理论与实践的结合，从那以后，马钢所有大、中、小转炉都通过了溅渣护炉技术，转炉的炉龄不是问题了。所以说科研项目一旦获得成功，解决生产经营中需要解决的问题，变成一个现实成果，价值是非常了不起，我们今天更需要以关键问题为导向的科研成果。

夏副教授的转炉炼钢效益最大化工艺机制研究。从金属料到非金属料直至气体材料，在操作模型基础上建立管理模型，理论要有实践的应用案例，如何验证模型的正确性及存在问题，设计模型时有假设的静态条件，重要的是模型设计出来有诸多应用的案例。验证不能把一次成功就定位成功，必须能重复再现，还要能回溯过去，模型需要多次的修订。在模型不成熟的时候要借用过去可用的数据来验证，马钢历史有大量的实践数据可供分析使用，只有模型应用起来，变成知识能力后才是有用的东西。

周博士今天报告了转炉高废钢比冶炼的实现技术。马钢现在正主抓这件事，这个课题现在、未来都有意义，去产能不许再上新高炉，各家钢企都想着降低转炉铁钢比，多吃废钢提升产量，转炉铁钢比做高做低关键是看经济性，未来马钢考虑淘汰100吨以下的转炉，转过来上电炉，全吃或半吃废钢，长材事业部铁钢比可以做的很低，板带产品的铁钢比也要做在0.950的水平。马钢今后的铁水资源已经固定了，铁钢比是个变动的数字，一定要有可行的技术来支撑，做课题不仅是理论上的研究，更重要是实践效果，马钢可以成为安工大的试验工厂，我们的转炉有40吨、60吨、120吨、300吨，高炉有500m³、1000m³、2500m³、3200m³、4050m³，各种废钢资源丰富，试验用废钢可以加工，完全满足试验需求。这个课题需要作准热量平衡，对大、中、小转炉，输入的热量是多少，输出的热量是多少，落实到具体的转炉上，变理论计算后的虚拟为验证结果的实战。

芮副教授的CSP流程免LF精炼的渣洗工艺开发。这是老调重弹，但老树发新芽也足以成为惊人的事情，马钢CSP从投产至今，没有不经过LF炉精炼的钢水去浇铸的，我们可以做尝试，用出钢后的渣洗及吹氩站的功能免LF炉，课题就在家门口，我们现在炉炉钢水都要经过LF炉，吹氩站的渣洗功能与LF炉造渣功能的不同与相同之处是什么，我们要干什么产品，我们过去低牌号硅钢炼钢工艺原来是LF加RH双联工艺，后来把LF甩掉变成RH单联工艺。马钢CSP产品的定位及升级，现在是个大问题，我们要登高望远，可以去做深入的研究，能够设计与使用好每种产品的炼钢工艺是很好的课题。

邓博士今天报告了IF钢渣系控制技术，所谓炼钢即炼渣。马钢冷轧产品十年前就使用了IF钢，从深冲到超深冲，到现在汽车板件的超超深冲，如何设计好我们IF钢系，现在是从理论到实践，从实践再到理论。我们把DC04以上的钢种定义为IF钢，四钢轧现在每月要干10万吨以上，我们现在使用的渣系科学合理吗？尽管我们已经有过几次渣系的调整，终渣检验的数据也很多，有哪些功能过剩或不足，根据大量生产的过程与结果可以做哪些调整或变化，细节上有很多课题可以深挖，我们欢迎邓博士来参与工作。

岳教授的课题是中间包感应加热技术。马钢从特钢公司设计那天起，就有上中间包感应加热的建议，至今还没有上。现在全国钢铁行业中间包加热用的最好的，有权威人士说兴澄特钢用的是日本的技术装备，也有人说邢台特钢用国产技术装备验证效果也不错。为什么这项技术使用得很少，因为非特钢生产不会使用并增上这套设备，现在连铸中间包容量增大了，过热度在一炉钢浇铸中变化并不大，从头浇到尾过热度控制可以小于5℃，所以是否应用这项装备技术各家钢企是依据所生产的产品来决定。中间包加热概念已经接受了，但通过电磁感应不仅可以加热还可以去除钢水中夹渣，验证这个技术不难，确实是理论实践上必须相统一的东西。

何博士的连铸结晶器专家系统的开发。这个课题国外做了、用了，国内也有引进的，也有自己开发的。我们形成一套连铸结晶器专家系统，不是为了防止漏钢。2014年起马钢各种铸机漏钢已是小概率事故，国外开发漏钢预报系统的初衷与我们现在不同，他们因为人工成本太贵，一台铸机上只有2~3人在操作，所以我们的专家系统开发要回归到中国的实际，回归到中国钢厂的需求。现在对结晶器做的研究很多：结晶器的水模拟流场，钢水在结晶器里的坯壳产生裂纹，出了结晶器坯壳的变化，结晶器型腔冷却和结晶器的寿命，结晶器如何实现高拉速等等。何博士这个课题基点定在哪里，因为不是我们现在的需要，兴趣不高，我们主导开发这个系统从硬件及软件上看，不是冶金学院的特长，我们更希望发挥我们的优势。

彭世恒教授的课题，智能化连铸坯质量在线判定系统开发，在全国有板材生产的企业中都有应用。马钢四钢轧总厂有这个系统，是专门为了汽车板生产而上的，现在判定出的一级铸坯、二级铸坯、三级铸坯应分别投放在不同的产品上，还需要随着产品质量的提升和生产技术的进步继续优化下去。做课题研究及开发首先应静下心来在现场蹲守三个月，做充分的调查研究之后再提出问题，提出问题就是解决问题的一半，拿出解决问题的方案到实践中去试，这样你的课题自然就和工厂的需求对接起来了。

王博士的课题，今天是纸上谈兵，采用固有抑制剂法和铸坯低温加热工艺生产Hi-B钢。电工钢是马钢产品开发成功的一个案例，我们已经开发了全系列的无取向电工钢，在开发中高牌号的无取向电工钢时我们借助了上海晶龙技术咨询公司的力量，这个团队中有武钢和宝钢的退休专家。为开发高牌号无取向电工钢，我们曾联系过韩国公司、德国公司，要价是相当的高。现在我们中高牌号的W270、W300、W350全都已干出来了，在这个课题合作上，上海晶龙公司负责提供工艺技术标准要求，我们双方合伙一起来实现。现在取向电工钢的技术也已经扩散开来了，今年我们取向硅钢产量达到6万多吨，生产的是Q110、Q120取向硅钢，我们的Hi-B研发已经开始。什么是Hi-B的高温路线？什么是低温路线？为什么有的单位用高温工艺路线？有的单位用低温工艺路线？高温路线与低温路线的根本区别是什么？不能只在网上搜罗信息，重要的是能摸清生产实际。当今社会，能得到一手信息的人最有本事。

孔教授给我们报告了夹杂物分析检验平台。借助于安工大的这个平台，我们可以有合作的课题，马钢干了这么多年的车轮钢，现在做的硫化锰包裹硬相夹杂研究，我们尚未把夹杂物图谱建立出来，今后的高铁车轮、大功率机车轮都有需求，真正把冶金科学研究服务于当前生产实际，这个课题很重要。

今天我们与安徽工业大学冶金学院的炼钢技术交流会是个结合点，我们知道了安工大在干什么、能干什么、还想干什么，你们也清楚我们在干什么，需要得到什么样的外援。产品制造工艺流程设计完了，违背炼钢原理肯定是干不成的，但我们是否做到了最好，马钢和安工大就钢铁冶金专业双方可以有合作的课题。此前我为特钢提

了精炼渣系的课题，原先都觉得不是很难，几次讨论后又觉得这个课题要把目标缩小、把时间放长，我们要解决当前生产中关注的问题，理论与实践紧密结合。实事求是讲，我们同北科大、东大的教授也多次在一起探讨课题。令我感动的是马钢CSP二级系统升级改造，北科大的何教授，带着他们团队租房子住在马鞍山，课题调研时上白班、上夜班，他都在现场跟着。他有二级控制模型，但需要清楚输入与输出的每一个参数，两年时间后在马钢干成了。当初这个项目提出升级时，国外知名公司要价在2500万元，我们干了这个项目只用了不足1000万元。现在四钢轧总厂、冷轧总厂为提升生产效率、产品质量，项目一个接一个在做。安工大冶金学院是很强的，我、范鼎东、乌力平都记得我们的李大径、朱本利老师，他们教会了我怎样做事，让我终生受益，没有他们的教育我可能也走不到今天的岗位。当然我也要感谢我们安工大，马钢高炉2014年失常，炼铁的杨教授春节不回家，夜间就在主控室的台子上守着，现在他在高炉上名气很响，讲课到了高炉，在高炉上谈高炉操作和高炉长寿，很受尊敬。教授也好、高工也罢，不仅是名誉，要有本领不足的恐慌感，知道真正能驾驭得了什么事情。

感谢安工大提供这样的机会，今天我们双方进行了很好的交流。今天马钢参会的人员要写出参会的体会，结合实际能提出问题，公司组织分析汇总后，我们再组织与安工大交流，下次安排4~5个马钢炼钢专项，由我们的高级技术主管登台报告，我们一定要互动起来，擦出火花，把这种形式推进下去，一年一年春播秋种，我们都会有丰硕的成果。

# 时刻绷紧质量弦 牢牢守住生命线

## ——写在“质量月”活动收官之际

又是一年秋风起，一年一度的“质量月”也将在月底正式落下帷幕。在过去的一个月里，马钢各单位紧扣生产经营实际，聚焦“大力提升质量、建设质量强国”活动主题，将各项主题活动落到实处，让“质量月”真正成为了优质产品生产月、质量管理提高月、名牌产品打造月，起到了以月促年、全面提升的良好功效。

确保产品质量、坚持以质取胜、提升质量水平、追求卓越质量，这是马钢人对于质量的理解和追求。9月23日的周生产经营视频会上，公司领导两次强调：“百忙千忙、忽视质量是瞎忙；千苦万苦、不抓质量会更苦”。振聋发聩的声音，再次给马钢人拧紧了发条、敲响了警钟。

“质量”，是企业的永恒主题。对于这点，马钢人有着深刻的体悟。就在数年前，产品质量还是我们不可言说的痛点。吨材质量损失居高不下、客户质量异议频发，产品质量上的“短板”不仅直接影响了经营效益，同时也给马钢品牌形象带来了负面影响。产品质量的忽好忽坏，成了当时马钢生产经营起伏不定的一个缩影。痛定思痛，马钢人以“全员强化质量意识，全力夯实质量管理，全面提升产品质量”为目标，打响了一场产品质量攻坚战。

公司领导亲自挂帅、靠前指挥，各单位快速响应，积极行动。在一系列雷霆举措的强有力推动下，在全体干部职工的坚持不懈努力下，成效逐步显现：

质量管理不断强化——创新性地实施产品质量控制红黄绿灯管理，有效改进质量不稳定产品的订单兑现和制造能力提升。组建了“五位一体”客服体系团队，从售前、售中和售后提供全流程产品服务和技术服务，受到客户的一致好评，有力地提升了客户满意度，并大幅降低了产品损失。

质量体系持续完善——通过推行先进质量管理方法，完善计量保证体系、标准化体系和质量保证体系，严格原材料、生产过程、产品出厂和储运销售的全过程质量控制。以技术质量例会和《马钢日报》为平台，聚焦技术质量重难点问题开展工作。每月在《马钢日报》开辟质量专版，充分利用公司的媒体平台向全员传递公司的质量信息。

产品质量进步显著——根据数据统计和问卷调查显示，我们的吨材质量损失、质量异议、客户抱怨显著减少；我们的客户满意度、忠诚度，市场美誉度、占有率不断提升，马钢产品实物质量形象焕然一新，为走好品牌建设长征路奠定了良好的基础。

产品质量的好转，也为企业运营质量的改善，经营业绩的提升提供了有力的支撑。马钢于去年实现强势扭亏，股份公司荣获第十六届“全国质量奖”。今年，马钢依托良好的质量基础，抢抓市场机遇，朝着近年来历史最好经营业绩发起冲击。成绩的背后，是全员质量意识的巩固强化，是工作质量的全面提升，也是马钢质量文化力量的初步体现。

瑕不掩瑜。在肯定成绩的同时，我们应该清醒地看到，在当前的生产经营过程中，质量异议依然时有发生，质量问题还在困扰着我们。让我们看看几个发生在近期的案例：

陕西某汽车厂客户反映，马钢宽度连退汽车面板部分存在超宽缺陷，产品尺寸公差符合标准，却不符合他们的要求。原因是我们未能对客户的需求进行准确的识别与转化；

日本某公司投诉马钢H型钢存在表面划伤等问题，投诉产品量达278吨。原因是我们对产品的表观质量管控仍不到位；

合肥板材公司生产的铝硅镀层热成型钢产品，由于存在表面划伤缺陷，遭到了投诉，客户电话甚至打到了总经理的手机上。原因还是出在了表面检测上。

以上几个案例涵盖了马钢当前的拳头产品和战略产品，和马钢的品牌形象息息相关。而认真分析产生这些质量异议产生的原因，并非由于技术没掌握，设备不给力等“不可控因素”，更多是由于“人为因素”所至，出在了基础管理和岗位责任心的缺失上。无独有偶，近期公司发生的一些设备故障、安全事故，也同样值得我们深度反思和警醒。一言以蔽之，我们的质量工作做得还不到位，我们的全员、全流程的质量意识还有待提升。

千里之堤，毁于蚁穴。确实，在大好的生产经营形势下，我们看似可以承受得起这样的质量损失，但倘若听之任之、任其蔓延，产品上的小划伤可能发展为客户心里的大划伤，客户对我们的小不满也可能逐渐滋长为大愤怒。钢材市场波诡云谲，一旦市场有变，“攻守”异势，质量追溯势必接踵而至。到时客户走了、订单丢了、市场没了，岂不是得不偿失、悔之晚矣。

面对这些本不应该出现的错误，我们不妨反躬自省。生产经营持续向好，我们是不是有些飘飘然了？产量压力加大，我们的质量管理工作是不是放松了？看看自己手头的工作，我们每个人有没有百分百严格执行操作规范？

百忙千忙，忽视质量是瞎忙。当前公司正处于近年来生产经营最好的“黄金时期”，而质量是维持当前生产经营良好态势的基石。作为长流程现代化钢铁联合企业，任何一个环节、一个岗位、一个操作的随意而为，都有可能让之前所有工序的努力付诸东流。随着近年来公司产品升级、产业链延伸、国际化经营战略的稳步推进，我们的产品结构在优化，产品技术含量在提升，客户对我们的要求同样与日俱增。客户是企业的上帝，只有满足客户需求，得到客户认可的产品“质量”，才是真正的高

质量。这就要求我们全面、精准识别用户需求，进而转换到内部过程质量控制中和产品的检验把关上，确保出厂产品的质量符合客户要求；要持续对客户需求和特殊需求进行识别，建立产品“内外设计”的管理思路，进而以工艺技术标准、控制计划和作业指导书等形式在制造单元落实客户要求，从而从源头上减少质量异议的发生。

千苦万苦，不抓质量会更苦。今年是马钢品牌建设之年。品牌建设，质量先行。产品质量一头连着我们的市场，一头连着客户的口碑、产品的声誉。是让产品质量成为阻碍品牌建设的“绊脚石”，还是成为推进品牌建设的“推动器”，命运就掌握在我们自己手中。“把本职工作做到极致就是品牌”，在质量管理工作中，我们也同样应该秉承这样的理念，以“零缺陷出厂”为目标，不断朝这个目标努力和靠近。这就要求我们着力解决产品制造过程中的质量控制薄弱环节和控制短板，持续改进质量；着力加强工序间质量把关和产品的出厂把关，使不合格品不转序，不满足用户要求的产品坚决不出厂。

过了一段苦日子的马钢人，理应更加珍惜当前难得的好日子。忆苦思甜是为了不忘初心。质量，是一场我们永远都输不起的持久攻坚战。推动产品质量再提升，我们要重新出发，继续前行。

古今兴盛皆在于实，天下大事必作于细。2017年的质量月即将画上句号，但质量工作永不止步。奋战四季度的战鼓已经擂响，冲刺全年目标的号角也即将吹响。让我们胸怀梦想、脚踏实地，以更坚定的信心、更昂扬的斗志、更踏实的作风、更精细的管理、更有力的举措，全面推动马钢质量工作再上新台阶，把“建设质量强企、共建美好家园”的口号落在每个环节、每个岗位、每个职工的心上，质量强企、品牌兴企，用更加优质、更值信赖的“马钢制造”奉献客户、服务社会，迎接党的十九大胜利召开。

# 炼铁长周期稳定是我最大的心愿

## ——在铁前例会上的讲话

（2017年10月13日）

我不愿靠开会来解决问题，我的工作方法是遇到问题就深入现场，认真调研去找办法、解决掉。所以我每月召集的会议只有公司技术质量例会，这个会议前对拎出的主要问题，有点题、有准备、有专人、有要求、有评价、有检查。各级领导不应是有事才去现场，要养成无事也去现场的习惯。

近期公司高炉在提喷煤比，但煤焦化公司新区、老区焦煤资源都紧张，主要原因是前期原有的资源保供点出了问题，又接着一个国庆长假期，跟着十九大会议召开又有一些安全的措施。低库存运行我们内部外部均有风险，碰上煤炭行业抓安全、抓稳定，少挖煤还多赚钱的行情，使我们品种断货，总量也只有一周的使用时间，被迫调整配煤比，对焦炭质量稳定产生影响，采购中心要高度重视。虽然经理们去跑市场了，山西焦煤有专列过来，但阳泉曲还是断了，高海建董事长亲自和煤矿矿长去联系，我估计此次要达到煤的品种及总量稳定的保供上来，可能会有二十天的时间。铁前的稳定对外部条件的要求也是稳定，不要以为把进口焦煤临时顶替上就可以了，铁前已经发出预警，采购中心要思考一下工作中存在什么样问题。市场都一样，但我们的工作就是要做出不一样来，我们要正确理解低库存的概念，看不清市场的变化、抓不住短时的商机，那就是狭义的理解。把低库存概念引申来讲，能不能多占用别人的资源，用好马钢的信誉，以不同的支付时间及方式，利用好我们是直接使用的买方，做好我们的零库存。我不分管采购，但在常务副总经理的岗位上，必须多管事，因为采购对焦炉配煤造成影响，焦炭质量指标已经下滑了，会对高炉稳定造成影响，所以我对采购有自己的理解。同样对矿石资源也是如此，一讲到矿石库存现在也总是听到低库存的限量，有公司场地的库存，有运输途中的量，还有外部港口的库存，不同计量下的低库存战略，也不应造成配矿的波动。当前低库存下的保供，稍有不慎会造成整个铁前系统的波动，所以采购中心要精心保供，不能眼睛向外推责任，要有长期战略，要做到未雨绸缪。马上就要进入冬季，要想到可能发生的困难，有积极的应对预案。

10月10日公司为2#高炉技术改造工程举行点火开炉仪式，海建董事长要求集团公司和股份公司的领导全部参加，每人一把火炬为2#高炉点火，体现出公司对铁前的高度重视。点火开炉仪式后，海建董事长强调马钢集团主要靠马钢股份，马钢股份主要靠炼铁稳定，而高炉顺行是要铁前各项工作来支撑的。丁毅总经理强调铁前是一个系统，现在高炉实现长周期稳定，希望铁前的成本能够在同行中领先，各项技术指标紧盯对标企业。新任公司副总经理、兼二铁总厂厂长伏明自我加压，开炉7天后让2#高炉达到设定目标。今天我在铁前例会再次传达这些，是想告诉各位公司对铁前的高度关注，如果铁前不稳，马钢不会有这两年好的生产形势和经营效益，所以在座的各位，不管你在铁前哪个岗位上，都要有担当意识、责任意识、大局意识。2#高炉技术改造工程从5月18日开始停炉到10月10日点火烘炉，经过146天的日夜奋斗，依赖我们自己的检修队伍，酷暑高温，干得非常艰苦。在2#高炉检修的146天内，公司每天少出铁6000吨，现在市场很好，订单充足，我们其他七座高炉都在增量，几乎每天产量都达到三万六千以上，也创了新的历史水平，同时钢后也很给力，铁钢比做的好，已经降至0.930的历史好水平，让公司抓住了市场机遇，今年马钢的利润也将是历史从未有过的高记录。

我时常在想，今年铁前系统到底又有哪几件大事？伏明在2#高炉点火仪式上表态，一周内快速达产，现在我们怎么这样自信，这绝对是铁前系统的大事。3#高炉从大修后开炉到投产，产量稳稳站在日产3000吨水平上，历史上3#高炉经历了多少年都从未爬上这样的台阶，而现在并不吃力，全部外购焦炭，现在3#高炉操作很顺，两道气流发展均衡，炉前平台上还有绿化的景点，炉前工的精神面貌轻松向上，这绝对是铁前系统的大事。我们编著《马钢炼铁 技术与管理》一书，从看似一件很难以完成的工作，我们总体设计，到分专业实施，在各位的共同努力下，现在已经通过了审核，进入编印制版环节，虽然抽出编写人员在黄山疗养院，但有那么一种做事的精神，每天工作时间比在单位上班还长，这绝对是铁前系统的大事。我们申报的课题《马钢高炉体检与预警机制》，最终被中钢协专家委员会17位专家全票通过为管理创新成果奖一等奖，这绝对是铁前系统的大事。我们铁前人到底改变了什么，让铁前的文化发生今天这样的变化，让铁前有今天这样的全新格局？我们要从总厂层面和公司层面想一想马钢炼铁的文化应该怎样延续和推出新的东西。

我关心的是我们的高炉、焦化、港原、烧结、球团在内的整个铁前系统，1320天已经稳定过去了，今年马上也过去了，再往后还要能实现持续的稳定。我把这个管生产的接力棒现在传给伏明了，压力是巨大的。伏明从现在起不仅盯着二铁的几座高炉，要盯着整个铁前系统，今年高炉曾出现一段短时的波动，最后的结论就是系统不稳定造成的，各自眼睛向内后系统因素解除，高炉又恢复稳定了。历史上马钢高炉出过名，红旗小高炉享誉全国，之后我们的高炉落后了较长时间，现在我们比过去任何时刻都更接近马钢高炉再铸辉煌时刻，稳定了，获奖了，有名了，出书了，但压力随之而来，如果我们的高炉又稳不住了，重演我们过去高炉失常的往事，从下至上都会承受不了，在座的各位始终都要保持警惕。想一想2015年、2016年、2017年我们一步步走过来的路，我们做出的一件件事，我们相信有能力争取高炉长周期的稳定下去。

我感到2015年、2016年、2017年这三年，公司对铁前是大力投入的，包括焦化、港原、球团、烧结和高炉本体，公司级的科研项目和技术攻关课题现在都申报，各单位自己的领衔项目和外委合作项目通过立项、通过实践、通过结题，取得了很好的效果，后评价情况也都是不错的，形成一种活跃的氛围。港务原料总厂的块矿烘干系统在同行产生了影响；码头卸船漏料装置的改进，既解决了矿粉落入江中，又减轻了劳动强度及作业安全隐患；煤焦化公司干熄焦炉寿命的提高，焦炉煤气的置换，焦炉环境治理，都是技术与管理突破带来的成果。公司对铁前整个系统各类技术攻关会全力支持的，把铁前、钢后一样对待，只要有想法去攻克难关，那公司就调配资源。在座的各位都是铁前的工程技术人员，不学习时就觉得自己什么都不差，一学习才能发现自身很多不足。炼铁技术处已向公司报告了铁前系统三年内应实施的20个技术项目，没有科研项目、技术攻关项目，面对每天重复一样的事情，工作中的积极性就会慢慢衰减，自找难题会激发人的斗志并改变人的精神面貌。

我很高兴看到铁前年轻工程技术人员的迅速成长。公司举行的炼铁分厂厂长、高炉炉长、核心作业长高炉操作指导书修订与考试，我看到这么多的研究生、本科生在铁前，我们真的是藏龙卧虎。我相信未来是马钢铁前最强的时候，因为这批年轻的工程技术人员赶上了好的学习时间，赶上了现在开放的环境。因为工作的方法正确，取得的成效得到认可，铁前续聘和新聘了首席技师和高级技术主管。作为公司的总工，我深知马钢炼铁人才有潜力，有相当长的时间了，我们炼铁人能动手，但不一定能动嘴，现在因为高炉体检预警机制，有了共同的平台，用数据说话，培养了炼铁人是能动手、能动嘴。曾经铁前存在着资格老、官文化情况，不是以历史数据分析为依据，而是谁官大谁定工艺参数，真的是错位了，现在我们做到数据化、科学化、标准化。所以二铁和三铁的两位一把手把炉况把握及指挥操作的大权交给了殷欢、吴宏亮，我希望你们当个好厂长，不要在操作方案上去定调，要在管理层面上给出足够的支撑。高炉体检预警应对机制是我们马钢人的创新，一大批年轻的炼铁工程技术人员在这个过程中得到了历练，都有了满意的收获感。

我对铁前很有感情，而且越来越深了，我快到退休的年龄了，对铁前充满了不舍。我想对伏明、发元说，炼铁现在的工作状态一定要坚持下去，如果坚持不下去，高炉还会发生过去的失常，铁前就会退步，马钢可能再次回到连生产都困难的日子。高炉的体检、评分、优化我们一定要坚持认真做下去，不断推进，这样各项评分因子对炉况的预判才能越来越准，每个丢分项丢分后的举措一定要回溯验证。每半年一次的体检预警应对案例发布会，一定要坚持认真做下去，除了炉长外还应把工程技术人员请到台上来讲，我们来听，给他们提供更大的舞台。我们今年完成了《马钢炼铁技术与管理》一书，足足八十万字，真的挺了不起的，我希望明年能出一本高水平的炼铁论文集，我们一定要巩固学习的氛围。每位科级干部、核心作业长、区域工程师每年都要亲自动手写一篇铁前系统的文章和体会，在马钢家园微信公众号和《马钢日报》上发表出来，要听到我们炼铁人的声音，看到我们铁前人的文章，给自己鼓劲，为自己的工作喝彩。公司每年末对铁前系统的一次性额外奖励不变，这项政策有特别的作用，根据当年铁前的创新点、亮点以及新的突破，实事求是把钱花在刀刃上，落在具体人头上，激励有突出贡献的炼铁人。去年二铁、三铁总厂把几座大高炉用灯光装扮了一下，在每年冬季辞旧迎新的时候矗立在整个马钢厂区，让我们真的有不一样的感觉，让上夜班的职工有欢喜的心情，搞一个活动容易，坚持下去很难，自己看着习以为常，这里坏了不管，那里有问题不问，遇到事情突击处理一下，这不是管理。管理最大的特点是持之以恒，始终用劲、始终坚持、始终跟进这项工作，这样时间长了形成真正的不同的文化，最终汇聚成企业的精神和魂。

在炼铁生产稳定后，在提升各项指标后，我们追求高炉长寿，但最近因3#高炉水冷壁漏水，扰乱了3#高炉自大修投产以来高产水平，这家制造的冷却壁我们在长钢高炉使用过程中也出现同样问题。针对此事，我们应该立刻组织调查，到供货的河南漯河球墨铸铁冷却壁厂去做二方审核。调查或审核组可以包括招标中心、纪委、重机公司及设备部的同志参加，看看现在损坏的几块冷却壁的原始制造记录，把工艺控制卡拿出来，看制造时间、看产品成分、看制造参数的控制。如果我能挤出时间，我亲自去查这家冷却壁厂，只要“写所需”明确的，但“做所写”没有做到，那就是100%的责任。新检修过的高炉一个月时间，操作一切正常，发生了冷却壁漏水，一定要赶紧把手伸出去、把腿跑出去，实地审核并查到对方的原因，我们必须索赔。我们内部要查制造过程中谁去监制的，厂内打压试验是怎样进行的，要追溯责任、从严管理。今年公司16名处级干部因为工作不到位、负有责任，被责成做了检查并给予考核，现在稳定的生产秩序来之不易。我最怕的就是现在一味地追求最低价中标，而忽略了产品质量的优劣，高炉要实现长寿命周期，对高炉抠钱会得不偿失，炉缸就是要用法国陶瓷杯、德国炭砖这类一流的产品，铜冷却壁或者优质球墨铸铁冷却壁并采用软水冷却，有这些基础保障，才有高炉长寿命。就是因为最低价中标了这个厂家制造的冷却壁，今后会是致命的问题，新炉子就暗伤在身，3#高炉每天3000吨的均衡稳定产量，因为这几块冷却壁出了问题而被打乱了节奏，我们的正常操作都保证不了，责任在我们各级管理者，现在又要准备停炉更换几块还是几带冷却壁，损失是很大的，我们一定要吸取教训并处理好此事。

在座的管理者，要学习管理的方法。过去我们讲“人、机、料、法、环”会对一件事产生影响，分析质量事故、操作事故总是从“人、机、料、法、环”上来找原因。现在各类审核都会用“过程控制”的方法来评价，讲“人”的责任时，谁对这个“人”作了培训教育，如果没有那为什么不对这个“人”进行培训教育，企业有没有员工培训计划，这就是现在来查的东西，不是头痛医头、脚痛医脚，重点查你背后的东西。同样，“机”，设备正常运行，查你的点检和维护记录，查你的设备开动效率；“料”，原料输入，查你为什么要买这种原料，依据是什么，供料稳定性如何，运输条件怎么样，有一条达不到就会开出审核不符合项，让你的产品拿不到通行证。现代管理导出的“人、机、料、法、环”不是像过去纯粹的就事论事，而是更深一步的演变，使管理向前再推进一步。我们铁前的管理人员要努力学习，这样本领才有进步，因为铁前对公司太重要了。

# 对照规划 不忘初心 检查落实 继续前进

## ——在集团公司战略评审会上的汇报

（2017年10月27日）

今天集团公司召开2017年度战略执行情况评审会，受总经理委托我代表股份公司对集团公司十三五规划中钢铁主业板块做自我评价。评价的依据是集团公司十三五规划、股份公司十三五规划、丁毅总经理2016年12月在公司职代会上的报告及股份公司2017年生产经营计划等。按照经营总体情况、产品规划情况、供应链规划情况，把评审的结果作出汇报，并对规划调整提出建议。

### 一、经营总体情况

股份公司按规划目标整合“线、型、板、轮、特”五大系列产品为“轮轴、长材、板带”三大业务单元。2017年轮轴板块占比3%、长材板块占比30%、板带板块占比67%。

2016年股份公司本部营业收入482亿，2017年计划营业收入467亿，现在预计达到580亿，再加上长钢、合钢等股份分子公司的收入，股份（集团）公司2017年营业收入预计将达到772亿。2016年股份公司的利润13.7亿，2017年计划实现利润10.22亿，由于今年以来公司内部生产组织好、外部经营市场好，一季度即完成了全年利润计划，后根据实际情况调整了两次利润计划，第一次在五月末调整利润计划为16.43亿，第二次在九月初调整利润计划为29.64亿，现在预计全年利润总额达到45亿元以上，创出历史新高。

2017年股份（集团）公司预计铁产量将达到1818万吨，比去年增加3.1%，钢产量将达到1992万吨，比去年增加5.37%，至此，马钢集团中的钢铁主业今年真正站在2000万吨钢规模的台阶上，材产量将达到1885万吨，比去年增加5.19%。钢铁产量增加的原因归结于：去年9月马钢本部4# 3200m³高炉投产带来了铁水增量，及在运行高炉的稳定并增产；铁钢比有了新的下降，2015年为0.945、2016年为0.940、2017年预计为0.930；公司四钢轧总厂炼钢产量稳步提升，2015年为725 万吨、2016年为736万吨、2017年预计为800万吨；冷轧产品产量持续增长，由热轧变成冷轧的量，2015年为503 万吨、2016年为561万吨、2017年预计为568万吨。

股份公司研发费用占销售收入的比重逐年递增。从2012年起至2016年，分别为0.63%、1.06%、1.37%、1.49%、1.56%。预计2017年占比为1.70%，这与“十三五”规划中研发投入占销售收入2%的目标有差距，问题在研发方向和新产品定位上要准确。但相比2016年前五年的研发费用，绝对研发经费投入额2017年预计投入8.65亿元，比去年净增研发经费近1亿元。

股份公司新产品开发呈现出快速增长趋势。2016年新产品销售量259万吨，2017年预计将达到287万吨，增长10.8%。2016年新产品销售收入100.89亿，2017年预计将达到113.31亿。新产品销售量和销售收入的增长，主要是汽车板、家电板、电工钢的品种结构，在向中高端价值链客户提供材料服务。

股份公司吨钢综合能耗，从2011年的647kgce/t开始逐年下降，2016年实现破六进五，达到597kgce/t，2017年预计达到583kgce/t，每年为内部降本增效做出较大贡献。“十三五”规划目标是到2020年吨钢综合能耗降至580kgce/t以下，根据现在的节能减排项目投入和管理方法提升，股份公司有望在2018年提前实现“十三五”规划目标。

股份公司人均粗钢产量逐年在提升，截至今年9月份，股份公司在职职工25778人，预计2017年人均粗钢产量636吨，较2016年的561吨/人提高75吨/人，现在的问题是人可以减下来，但人无去处。虽然较“十二五”末进步173吨/人，但与“十三五”规划要求，在2020年股份公司实现1000吨/人的目标相差甚远。

在经营总体情况中，采用了六项KPI指标进行评价，较好地完成了五项指标。

**二、产品规划情况**

股份公司“十三五”规划目标是钢铁配套生产规模达到2000万吨左右，打造成为“独具特色的钢铁材料服务商”。产品战略目标是到2020年品种钢比例超过50%，形成一批具有竞争优势的拳头产品，吨材平均售价比行业水平高200元/吨左右。营销战略目标是到2020年市场布局优化、营销服务精准，战略客户达50%以上、直供比达60%以上、钢材出口比达10%以上。

我们板带板块销售指标情况：2016年板带产品销售920万吨，板带比65.8%，直供比66.7%，销售收入259亿元；预计2017年板带产品销售970万吨，板带比67.3%，直供比67.9%，销售收入358亿元。对照2020年的产品规划目标：板带产销总量达到1000万吨，现在仅差30万吨，实现这个目标，板带比达到70%以上，没有问题，但公司资源调配是以追求利润为导向的，四钢轧总厂炼钢与热轧产能连续提升，品种规格也可以与市场需求吻合；销售收入达到350亿元以上，这个目标今年就已经实现；唯一难的是直供比，且是中高端优质客户达到80%左右，这需要我们努力开发新的产品，从顶替进口和垄断产品入手，以自己的优势和产品性价比与终端客户建立直接合同关系。

我们轮轴板块销售指标情况：2016年车轮销量12.75万吨，销售收入14.62亿元，国内市场占有率40%，车轮出口2.5万吨；预计今年车轮销量15.0万吨，销售收入13.45亿元，国内市场占有率45%，车轮出口3.0万吨。2020年的目标是形成轮轴配套生产能力，车轮24万吨、车轴10万吨，轮轴销售收入超100亿元，主要产品国内市场占有率

40%以上，出口销售总额较“十二五”末增加50%以上，这是马钢最具竞争力的战略产品。根据今年的实际情况来看，由于货车轮销售比例提升，导致销量提升、销售收入下降；高附加值的高速车轮、机车轮和客车车轮销量未能同步提升；由于轮轴坯采用市场化定价机制，车轮盈利能力下降。这个规划目标必须结合国内外市场需求与供给，做出修订与调整，否则实现2020年目标难度较大。

我们的长材板块销售指标情况：2016年销量805万吨，销售收入177亿元，其中型钢销量186万吨、线棒销量599万吨、工业线材销量20万吨；预计今年销量844万吨，销售收入272亿元，其中型钢销量180万吨、线棒销量640万吨、工业线材销量24万吨。2020年的规划目标是长材年产销量923万吨，销售收入约200亿元，其中型钢年产销量327万吨，综合竞争力和市场占有率国内领先、世界先进，线棒材年产销量596万吨，实现高端精品和低成本优势。今年受供给侧改革和打击地条钢的坚决，长材市场已经颠覆了预期，企业追求利润是本能的行为，提升建材产量，大幅增加了公司效益。我们工业线材产品档次不是很高，但我们相信有能力提升产品质量档次。对照2020年的规划目标，仅有一项KPI指标即工业线材产品档次尚有差距。

我们产品营销主要措施：一、推广钢材销售新模式：创新轮轴一体化销售模式，提高马钢轮轴板块服务能力；探索客户管理经验，创建客户贡献评价指标体系；创新建材销售模式，承接重点工程订单，直接服务最终客户；借助中信保等授信保险，有效推进终端用户开发。二、引进先进营销服务体系：依托APQP工作组和重点产品五位一体营销体系，全面推行EVI模式；加快名牌汽车主机厂认证；完善分级、分类服务模式，建立客户走访机制；借助财务公司平台，探索为客户提供融资服务。三、健全营销体制机制：拟在武汉、重庆新建加工中心，增设迪拜公司；完善现货、电商、套保和采供一体化等协同销售体系；完善汽车板备库保供机制；建立健全销售管理机制，构建和更新顾客和市场、营销服务等新的管理。

我们的关键指标完成情况：“十三五”规划针对顾客与市场、产品升级两方面提出战略客户比例、品种比、直供比、钢材出口、顾客满意度、吨钢材售价超行业平均水平的六大关键指标中，有四项指标持续稳定提升，两项指标略有下滑。其中出口指标下降是因为国内市场比国际市场好，或许我们有短视行为，吨材盈利能力指标下降则说明同行的竞争力提升的更快。对照2020年规划目标，预计六项关键指标总体能在规划期限内实现。

出口指标完成情况，预计2017年出口111万吨，同比下降6.1%，主要是：欧美等区域市场受反倾销影响，销售渠道受限，销量降幅明显；国内外钢材价格倒挂，导致产品出口意愿不高，根本是终端渠道开发力度仍欠缺口。汽车板销售完成情况，销量继续大幅提升，预计全年完成235万吨，比去年增长9.3%；预计市场占有率达8.2%，比去年提升0.6个百分点，其中直供比79.2%。家电板销售完成情况，预计全年销量

205万吨（不含普通冷轧），同比增长7.8%；预计市场占有率20.5%，比去年提升1.5个百分点，直供比基本持平。硅钢销售完成情况，预计全年销售58万吨，同比增加5.8%，其中高牌号硅钢12.5万吨，同比增长18.4%；市场占有率达6.42%。热轧板卷销售完成情况，预计全年销量325万吨，同比增加28.1%，其中高强和极限规格品种钢接近192万吨，品种比接近43.08%，提升明显。彩涂板销售完成情况，预计全年销量9.4万吨，同比增长8.0%，冷轧总厂合并了彩涂板事业部后，调整了营销模式，在重点工程和家电用户开拓中取得较快进展。型钢销售完成情况，预计全年销量136万吨，同比下降3.6%；在造车材的推动下，H型钢品种结构较去年有所改善，品种比上升7.7个百分点达到52%；预计中型材全年销量44万吨，同比下降0.8%。线棒材销售完成情况，预计全年销量220万吨，同比增加2.9%，其中工业线材24万吨，同比增长21.8%。特钢销售完成情况，预计全年销量47万吨，同比大幅提升74%，品种比上涨1.5个百分点。车轮销售完成情况，预计全年销量15万吨，同比增长18%；预计全年销售环件3.5万吨，同比增长37.2%；预计全年出口车轮3万吨，同比增长20%。

对照产品规划看2017年的实际，我们的亮点是：EVI销售模式从汽车向全系列产品拓展；高效益及重点品种的产品有较大提高；拓展销售渠道，有效提升直供比；紧跟市场需求变化，提升建材销售量；汽车板获多项知名主机厂认证；电商平台销量进一步增长；推进期货现货相结合销售模式；营销管理取得较大进步。我们的不足是：少部分高效益产品兑现率问题；板带类产品带出品问题；公司整体紧随市场的意识问题；开发战略客户和优质终端的问题；出口渠道建设问题。

### 三、供应链规划情况

“十三五”规划中供应链的战略是实施精益采购模式，打造具有永续竞争力的供应链；目标是采购综合竞争力在全国大型钢铁行业中排名前六。根据公司目前采购成本来看，马钢采购在行业中排名，进口矿是18名、炼焦煤是32名、动力煤是10名、喷吹煤是28名、焦炭是44名，距我们的目标差距较大。马钢过去拥有的优势现在不再体现了，马钢辅料的保供存在着风险，我们的企业要永远存在下去，就必须有战略投资，资源布点、运输方式、环保达标必须健全完善。

现在对供应链措施是：按不同原燃辅料品种类别的特性，根据市场环境的变化，选择灵活的定价机制、资金支付等政策；实行采购与铁前、钢后系统联动机制，采购服务一体化工作开始实施；实施前期策划、中期执行、后期评估的全过程管控模式。我们要打造差异化的供应链，对相对垄断产品，引进战略供方，对充分竞争性产品，要广开门、设门槛。

通过对供应链规划的评价，我们今年亮点是：采购部门对供应商开展了二方审核；煤焦采购战略供方实现山西主焦煤铁路直供运输；本部废钢基地建设项目已启动；采购流程已经纳入公司供应链管理体系。我们的不足是：二方审核对重点客户未能全覆盖；焦煤资源总量和品种保供存在风险；后期需加大推进辅料基地建设。

**四、规划调整建议**

依据2017年股份公司生产经营的业绩，董事会批准要实施的技术改造项目，需要对“十三五”规划中，铁、钢、材的产能进行调整；同样依据2017年的销售实际和后期市场的研判，需要对“十三五”规划中汽车板、家电板、热轧结构钢、硅钢、彩涂板、长材、特钢、车轮的产品结构做出调整。调整的目标是：全面推进品牌战略，提升综合竞争力；根据国家规划推进智能制造系统；全面开展对供应商的外审并淘汰一批；根据大物流体系发展方向提升资源保供能力；构建全球化采购、销售等资源网络。

根据2016~2017年公司实际运营情况，对照“十三五”规划目标，将各母项延伸至子项，匹配相应的得分权重，我们的评价结果是：生产经营满足规划要求，可以评95分；产品结构总体达到规划要求，可以评90分；供应链与规划目标差距较大，尚有很多工作需推进，仅能评68分。我们建议：马钢在规划中应更多的关注两头市场的变化；销售与采购应创新并完善体制机制；外部市场是难以预测的，应投入更多的精力，内部生产组织是可以控制好的，从对内向对外，这样马钢一定具有更强的竞争力，对照规划，不忘初心，检查落实，继续前进！

# 附 录：

## 2017年述职报告

2017年是马钢历史上又创辉煌的一年，内部生产经营组织得好，外部市场稳健向好。全公司按照马钢集团控股有限公司十八届一次职工代表大会提出的“坚定不移深化改革，坚持不懈做强品牌，开创马钢转型升级、健康发展新局面”工作主题的要求，瞄准目标，采取措施，在感恩在心、胸有朝阳、公平正义、风清气正的马钢家园文化引领下，在公司党委强力推进矩阵式党建，全面嵌入和保障生产经营、改革发展指导下，马钢人的感恩意识、责任意识、竞争意识、共享意识全面得以提升，马钢的竞争力在2017年得到了大幅提高和展示。

### 一、今年担当的几项重点工作完成情况

1. 抓好公司的生产稳定运行。

今年公司周六视频调度会开的很好，管理走上正轨，中层以上干部人人参加了一周工作汇报。借助于这样一个平台，计财部每周报告外部原料采购市场波动情况、钢材市场销售价格的涨跌情况、内部降本计划的完成情况；制造部通报一周生产完成情况，尤其是各类事故造成的影响、产品质量的突出问题、质量总损失和用户异议索赔金额、生产计划执行率及订单兑现率；设备部通报一周设备运行情况及关键设备运行指标；能控中心通报一周能耗指标及超标原因分析；炼铁技术处通报高炉运行稳定情况。公司坚持从严管理，对生产、设备、安全、质量工作中出现的每一起事故，向中层管理人员问责并追究相关人的责任。对各类调度人员，早调会要求通报本人的姓名及班次，适时给予工作的点评，提升他们的工作责任和能力。日复一日，我每天值守公司早调会。

2. 保障在线生产高炉的长周期顺行。

股份公司是集团公司最重要的经济支柱。在整个生产经营中，因铁的规模能力小，所以铁是最重要的生产条件，抓好铁的生产就必须抓好铁前整个系统的稳定生产。高炉已经稳定顺行1360天了，能否继续稳定下去，并在稳定的基础上提升各项经济技术指标，这是需要长期坚持做好的工作，需要铁前焦化、港原、港口、物流、铁运和公司采购中心的全力支持，当然也要有更高的要求。今年继续在高炉体检、预警报告、应对举措的有效评价上下功夫，继续对高炉操作指导书进行修订并考试，有事无事去现场看看，组织高炉总工程师、高级技术主管、炉长、核心作业长的学习交流活动，通过组织编写《马钢炼铁技术与管理》一书，对担当职责的明确，对生产过程

的梳理和认识，进一步提升了认识水平，铁前形成了一盘棋的好氛围，铁前文化又有了新的内涵。对铁前工作，我从未有放松的想法。

3. 在培养工程技术人员上下功夫。

对内是现场、对外是市场，这是我们工程技术人员施展才能的舞台，也是表现能力的机会。在去年让工程技术人员定位自己是能指导工作，还是同别人一道工作或仍处在学习过程中之后，今年我们的工程技术人员都很努力，进步很大，取得了不俗的业绩，铁前工程技术人员完成的一个个课题也很有成就。马钢的汽车板、家电板、电工钢新品开发不断，质量稳步提升，马钢的H型钢、热轧结构钢、螺纹钢筋、工业用线材，在创建品牌上继续有了新的作为。产品质量先期策划（APQP）工作组，已经在实战中较好地掌握了工作方法；先期介入的供应商（EVI）工作模式，使我们较好地帮助客户解决问题并获得订单。经常和他们交流，给他们建议，给他们鼓励与支持，工程技术人员在现场盯住"写所需""做所写"，经过一次次循环，提升了技能，我们合肥板材厂铝硅涂层产品的研发，公司招标竞聘的车轮钢降低夹杂物攻关课题都取得了好的效果。今年各单位的总工程师、副总工程师、高级技术主管等一大批工程技术人员发挥了作用，得到了公司的认可，看到他们作风的转变，工作进步，我感到十分欣慰。

4. 坚持做好技术质量管理工作。

技术与质量工作既紧密相关又有本质的不同，技术是企业竞争力的基础，质量是企业产品的形象。作为公司总工程师，把握好对技术质量的管理工作很重要。今年我们在"顾客至上、持续改进、精益制造、追求卓越"的质量方针指引下，以顾客为关注焦点，持之以恒地持续改进我们的技术质量管理工作。总体设计与实施了ISO9001:2015新标准和IATF16949:2016新版标准的换版工作，从质量手册、程序文件的修订、发布到宣贯，从员工的学习理解到制造管理过程的贯彻执行，完成了外部、内部审核发现问题的整改，实事求是地解决过去的短板问题，完成了质量管理体系的升级换版工作。坚持认真对"写所需""做所写""记所做"的要求及考核，消除了管理中的"两张皮"。今年体系运行评价是好的，二方、三方审核是达标的，新产品的开发超计划完成，公司产品质量稳定，顾客满意度继续提升。今年继续坚持每月一期质量信息在《马钢日报》上刊登，每月一次点题的技术质量例会，红黄绿灯的项目推进管理评价，质量总损失的分类甄别及归类，滚动式的科研项目及技术攻关，立项或结题的评审。我们在技术质量管理工作上已走出了马钢自己的模式，方向正确、道路不错，坚持下来就是胜利了。

**二、今年几项关键绩效指标及相关工作落实情况**

1. 在2017年的生产经营中，负责抓好内部降本工作。铁前降本从年初达标率88.89%起步，提升至现在的达标率99.9%；四季度新调整的降本目标，现在达标率是

94.55%。钢轧总厂降本从年初达标率96.19%起步，提升至现在的达标率101.72%；四季度新调整的降本目标，现在达标率是96.13%，为2018年内部降本打下了好的基础。2017年公司内部降本5.43亿元，其中铁前贡献2.64亿元，钢后贡献2.38亿元，产品结构调整实现增利5.6亿元。

2. 2017年度公司质量总损失进一步降低，其中外部质量总损失再次降低，质量异议起数大幅下降，用户满意度稳重提升。全年吨材质量总损失为8.11元，低于计划考核值，减少损失792.73万元；质量异议总起数为1050次，与去年同比下降728次，降幅为40.94%；用户满意度从2016年的89.79分，提升至2017年的92.98分。

3. 全年新产品开发量62.3万吨，新增销售收入26.3亿元，实现销售利润2.11亿元，转产35个牌号的新产品。今年在58万吨的电工钢产品中，高牌号及取向电工钢总量12.5万吨，占比21.6%；汽车板销售总量235万吨，其中高强汽车板97万吨，占比41.3%，汽车面板13万吨，比去年上升了5.7万吨。

4. 质量管理体系有效运行，全年接受外部审核42次，开展内部专项审核10次，通过各类产品认证13次、二方审核17次，公司32项体系和产品认证证书保持率100%。

5. 科研项目和技术攻关项目有了新的收获。全年科研项目评审了68个，通过率71.01%；全年技术攻关项目评审了30个，通过率63.33%；全年科研项目结题28个，结题率66.7%；全年技术攻关项目结题12个，结题率70.6%；今年共对17个科研项目做了后评价；股份公司科技项目创效2.38亿元。

6. 2017年股份公司计划产铁1440万吨、钢1525万吨、材1432万吨，预计产铁1417万吨、钢1532万吨、材1424万吨，与去年相比，铁增量2.57%、钢增量4.63%、材增量3.62%。

7. 股份公司安全生产情况稳定，全年千人负伤率0.65，重伤0人、工亡1人，均比去年业绩指标好。

8. 集马钢多年来炼铁历史，完成了《马钢炼铁技术与管理》一书的编写，全书80万字，由冶金工业出版社审核后出版了；马钢申报的高炉运行评价与预警保障体系的构建与实施，被中国钢铁工业协会评为2017年冶金企业管理现代化创新成果一等奖；马钢高速车轮技术研究与产品开发，获安徽省科学技术一等奖；液化天然气储罐建设工程专用低温钢筋的研判，获安徽省科学技术三等奖；马钢主持修订并发布国家标准四项，新制定发布企业标准30项；全力推动马钢品牌创建工作，马钢无取向电工钢获安徽名牌，矿用重载车轮和获安徽工业精品，铁道车辆耐候H型钢获冶金行业实物金杯奖，LZ50车轴钢获品质卓越产品。

## 三、个人情况报告

1. 按照公司党委的要求，认真学习贯彻党的十九大精神，在学懂、弄通、做实上下功夫，先后为四钢轧总厂、检测中心、废钢公司党员宣讲党的十九大精神，以自己的理解与学习体会，从“人民有信仰，民族有希望，国家有力量”，从新时代中国特色社会主义道路，从“国家的富强、民主、文明、和谐、美丽，社会的自由、平等、公正、法治，人民的爱国、敬业、诚信、友善”与十九大报告紧密结合，联系我们的工作实际，宣讲取得好的效果。

2. 自觉落实公司各项规定，强化自身学习，坚定不移地和以习近平总书记为核心的党中央保持高度一致，严格遵守党的政治纪律、组织纪律，以共产党员的标准严格要求自己，以先进模范、优秀党员的人和事为自己的学习榜样，为马钢家园贡献自己的力量。

3. 自觉接受广大职工的监督，坚持勤政廉政的工作作风，把握好自己手中的权力，本人按规定申报的事项没有变化，无违纪。为人民服务，担当起自己的职责，积极努力地工作，深入调查研究，带领好我们的工程技术人员团队，为提升马钢的竞争力使出全身的干劲。

4. 今年股份公司在公司党政的坚强领导下，超额完成目标。尤其是矩阵式党建、党委巡视工作、家园文化、去产能、减员分流起了关键支撑作用，我们要持续深化改革，要敢于把自己放在改革的前列，我将反思自己的不足，听取各方面的意见，胸怀朝阳，感恩在心，一腔激情，带着满满的正能量去工作。

# 后　记

1958 年冬天，我出生在一个参与抗日并南北征战的军人家庭。

1978 年春天，年轻的我从下放的农村返回城里，再次背上书包和行囊，走进飘满书香的校园，成为浩劫结束后的第一批天之骄子。

转眼，已是 2018 年的春天。我的人生，又进入新篇章。

就好像一艘几十年来一直行进在大河中的船，无论风和日丽还是涛声巨响，这艘船始终用尽全力沉稳把舵、乘风破浪。现在，大河拐了个弯。河水不再湍急，两岸风光别样秀丽，只是环顾四周，似乎同行者渐少。但大船却能更清晰地听到自己的声音——2018 年新年钟声敲响的一瞬间，我曾问自己这个即将退休的“老马钢”，回首往事，是否真的坦坦荡荡、无怨无悔？

1982 年的那个冬天的早晨，仿佛就在眼前。那一天，我怀着兴奋与期待，踏进马钢机修厂铸造车间。半车间的黄沙，半车间火红的钢花，工人师傅们埋头劳作，精雕细琢。马钢历史最悠久的五吨小电炉，端坐车间一角，绽放着耀眼的白光，发出阵阵怒吼。我那颗年轻的心，瞬间被它的某种雄性力量鼓荡起来——我们这批恢复高考后的第一批大学生，个个胸怀抱负，都想为国家的繁荣昌盛贡献毕生力量。我也不例外。渗入骨血的军人家庭干练硬朗的作风，让我迅速适应了正处改革开放大潮中的热火朝天的钢铁世界。

就这样，一埋首，就是数十年。再抬头，人生已是一甲子。但是，真的无悔！

这四十二年，我从下放知青到大学学习，从机修厂到公司办公室，从一钢厂到生产部，从生产部再到一钢轧总厂，从出任公司副总工程师、总经理助理到股份公司副总经理和总工程师，最后再到出任股份公司常务副总经理，可以说，我将所有的青春热血都奉献给了深爱的马钢，并因这份深爱，不断鞭策自己，用激情与冲劲努力延长着青春！

是的，虽然我已有四十二年的工龄，但仍然觉得自己有一颗年轻的心！

工作于我，是全身心的付出。身，是我热爱现场，无论身处何种岗位，我都爱跑现场、蹲现场、守现场；心，是我爱在每一项工作行进过程中不断反思、总结、思考，只有这样，才能在实践中加快自我成长的步伐。所以，随行的包中总少不了一本笔记本。随时记录，随时计划，随时写下脑中与工作有关的点滴感受和想法，这已经成为我的习惯，这个习惯更成为我的工作技能。笔记本，不仅是我工作的见证，更是对我的鞭策和监督。它提醒着我，每时每刻都要用一丝不苟的态度面对一项项具体的工作，不能懈怠疲沓，更不能妄自尊大。每一天静默地如实记录和整理，也让我的内心始终保持一种理性、稳定、积极的秩序感，在收获成功时不至于狂喜，在遭遇挫折时不至于颓丧无力。

工作计划、讲话稿、考察见闻、高管会议等等，都一一记录其中。笔记本，就是我最忠实的工作伙伴。

现在，我将在公司高管岗位工作的这五年来的工作实录，拿出著书，和曾经在大河上共同劈波斩浪的各位同仁们分享。相信翻阅之后，定能感受到我的赤诚之心。如有工作方式或方法可以借鉴，我更感欣慰！不过，书中收录的工作日记的简要文字和日常点滴细节，文字表述确有不够细致严谨之处，还恳请一一见谅。

在这里，我要衷心地感谢所有在工作中对我支持、指导的各位亲爱的领导、同仁们，感谢一路走来的各位尊敬的合作伙伴，感谢支持我全力拼搏的我的爱人张玉美，也感谢为了本书校对、整理的任劲松、洪玲、刘冬冬、俞玉碧及马钢工程技术集团文化传媒科技分公司的各位同志们！更要感谢冶金工业出版社给予我的大力支持！

大河转了个弯，但依旧气势磅礴、碧波荡漾。

回首往事，作为几十载与企业风雨同舟、荣辱与共的一名“老马钢”，我无怨无悔，更无比幸福！衷心祝愿我们的马钢一路向前、荣光永远！

高海潮

**图书在版编目（CIP）数据**

在公司高管的岗位上 . 文集 / 高海潮著 . — 北京：冶金工业出版社，2018.4

ISBN 978-7-5024-7783-7

Ⅰ . ①在… Ⅱ . ①高… Ⅲ . ①马鞍山钢铁公司 — 工业企业管理 — 文集 Ⅳ . ① F426.31-53

中国版本图书馆 CIP 数据核字（2018）第 058657 号

在公司高管的岗位上 · 文集

**高海潮 著**

---

出 版 人　谭学余

地　　址　北京市东城区嵩祝院北巷 39 号　邮编　100009　电话　(010)64027926

网　　址　www.cnmip.com.cn　电子信箱　yjcbs@cnmip.com.cn

责任编辑　刘小峰　曾　媛　执行编辑　任劲松　刘冬冬

美术编辑　彭子赫　版式设计　孙跃红

责任校对　郑　娟　责任印制　牛晓波

ISBN 978-7-5024-7783-7

冶金工业出版社出版发行；虎彩印艺股份有限公司印刷

2018年4月第1版，2018年4月第1次印刷

169mm×235mm；23.5印张；508千字；363页

定　　价　90.00元